下卷

劳榦 著

劳榦先生著作集

海峡出版发行集团
福建教育出版社

文字与文学

十干试释

十干及十二支之文皆假借也。许君释六书以令长二字为假借之例，实有未纯。朱骏声以朋来二字为例亦非定训，其甲乙诸字无在而非假借，以之为例，最为明白。许君置之而不举者，则囿于汉世五行生克之见，而直以十干为本义也。晚近以来，由于资料浸增易于比较，干支命意，多有新说，但其间仍有未尽者，今先就十干之义论之。

甲、近人以为即鳞甲之甲，其说甚是，甲骨作十当指鱼鳞中隆起之处，非鳞与鳞之界也。

乙、此字与解作玄鸟之乚字为同文。大徐引《唐韵》，乙乚二字本属同音。段玉裁始略改其音读。即就段氏所改而言，乚字为乌拔切在脂部（按董同龢支音表当读 iɐt）。乙字为余笔切，在至部（当读 iat），脂至旁转，乌余古纽同在影部，仍然可以通读。故《史记》解释乙字以"万物生轧轧也"为说，轧字正从乚，是汉代人亦以为二字同音也。广韵甲乙之乙与玄鸟之乚同在质韵，音组亦同，足证大徐不误。第以许君别乚与乙为二部，段氏不得其说，别为二字，反滋纷扰。今案金文乙字正作鸟形（其形为乚），亦即乚字，惟甲骨因难于镌刻，用单线耳。

至于许君分乙字为两部者，无他，盖乙为玄鸟之说，流传有自，不能辄废。而许君序次甲乙，又必欲分配五行四时。虽明知本属同文，亦为之别异。今既不信阴阳五行之论，有关造字本原，则亦不必拘牵旧文，分为两部。事甚着明，不烦辩论也。

丙、金文作丙，甲骨作丙，皆象蚌形，亦即说文中之魶，魶，蚌也。

丁、即后世之钉字，无异说。

戊、即后世之钺字。

己、当即后世之记字，言记号也。汉简中收件人多有签字，其形多作形，此即由篆文字变化而成。

庚、象形，或亦为即钲字，则形不类，案此字应为锽字所自出，言钟声也。

辛、象舌形，当即言字之初文，旁岐出者指言出于舌也。

壬、金文作，中博，象丝附其上。《类篇》：“桱经丝具。”即此字也，自壬变为巠，更变为桱。而从桱展出之丝则为经，从梭展出之丝则为纬，则经之义亦从桱（即壬）引申而出也。

癸、金文作或，甲骨作，其形至不一致，因之甚难悬揣。案此字即揆字或楑字，犹言度也。度即度量。诸形或示用尺，或示用手，或示用矢。《考工记·矢人》疏：贾公彦综诸本文，得矢长一尺五寸，则矢确可以度量。吴氏其昌谓矢交揆而成癸，言矢诚是矣，惜转想作交揆，竟未达此一间也。

（刊载于《大陆杂志》，第36卷第11期，1968年6月）

六书转注试释

一个字在形体上的转变等分歧，属于转注部分；一个字在意义上的引申及声音上的借用，属于假借部分。依造字的观点看，可以比较的说，"本有其字，因用增形，谓之转注。""本无其字，依声托事，谓之假借。"

六书中的转注，是六书中发生很多争执的一项类别。本来就任何一个字来说，在六书中的前四类：象形、指事、会意、形声，已经可以完全包括进去，至于转注和假借，这两类，仅就字的形体上来说，实在是多余。从周代就已开始定立这两类的原因，可以说"保氏教以六书"，是教育上的应用，而不是字形分类上的应用，所以加上后来这两类，是有理由的，其中最难于捉摸的，而且最容易引起误会的，还是班固《汉书·艺文志》的"六书为造字之本"那句话。

最先要解决的便是"造字之本"的"字"，指的是什么？若是这个字指的是本义的字，只包括原有的字形结构，不包括后来的变化，那就显然不是。因为六书既然包括了"假借"，就不可能以为这个"造字"的"字"是本义的字。既然假借决非本义，那就转注并不一定非是本义不可。因而只将前四类属于本义，后两类属于本义以外的事，并与班氏所说没有什么不合。

再就六书的命名来说，依照《汉书·艺文志》前四类都称为"象"，如象形、象事、象意、象声，后两类却不称为"象"，所以照班固的意思，后两类和前四类不在一个层次上。杨慎说前四类是经，后两类是纬。戴震说前四类是体，后两类是用。都已经把分别性指出来，只是经纬、体用这一类的名字太玄虚，杨戴两氏又未曾下过定义，比较难于认定。如其稍微的订正一下，就不如说前四类是常，后两类是变。常是原有的本义，变是因为需要而增加的形体或意义。班氏所说的"字"是兼具常与变而言，造字不仅涉于赋形，并且也要把命意加上，造字才算完成。如其不然，那就要一定认为一经造字赋形，立刻就有"假借"出来，这在事实上不会有的。

因此六书所指的是文字的功能方面，包括六书的形体、相互关系和应用上的变化。倘若认清楚六书原有的范围是教育上的意义超过了纯分类上的意义，那么这种性质范围的定立，当然是必要的。

前四类既然是文字的分类，便不应该彼此相兼。象形不能兼指事，会意不能兼形声，如同脊椎动物不能兼无脊椎动物，显花植物不能兼隐花植物一样。但是属于后两类的，却必需原来属于前四类中的某一类，然后再发展为后两类中的某一类，只属于前四类的，却不一定每一个字都有他们的转注和假借。

假借的意义比较明朗，其中第一，是有意的引申，如同"令""长"二字就是属于这一项；第二是无意的同音借用，如同"甲""乙""丙""丁""之""乎""者""也"等等，就是属于这一项。只有转注一类，因为许慎给的定义有些含混，而举的例字又可作种种不同的解释，从唐代以来，解释转注的就非常不一致，直到现在仍然没有定论。

许慎在别的类中，都举了两个字作为两个例证，只有在转注类中，举出来的"考""老"二字，只能算一个例证，所以除去内容含混以外，并且在例证中也没有比较，这也增加了后代的争执。"考""老"二字在形声义三方面都有相同，因此后代的人对于转注的解释，从形、从音、从义的都有种种不同的意见，成为一项文字学中，各方面都可能牵涉到的争论。

许慎给转注的定义是"建类一首，同意相受"，这是属于转注的两个条件。"同意相受"比较容易明白，凡是《尔雅》一书举出来的都是同意的字。问题只在转注一类的"同意"，究竟同到什么程度，是否需要更密切的同意，还是像《尔雅》举出那些字的很宽泛的同意。至于建类一首，问题在所讲"一首"是指什么。有人以为一首指部首，这却有疑点。因为五百四十部首是许慎定的，而转注的类别，至少应当在晚周时期，《周礼》的编纂时候已经有了。所以在此不可以用部首来解释，如其不用部首来解释"一首"的首字，那就只有把"同源"来解释"一首"。因此"建类一首"就应当解释做"就类别来说，二字出自一源"。"建类一首，同意相受"，就应当解释做"两字归于同类，同属一源，而意义上还保持相互关系的同意字"。至于声韵上是否相关，因为许氏未说过，自然不算一个必要条件。当然，若意义上相关，声韵上的相关就可能很大，这只是转注中的现象，却不是转注中的涵义，不能算在定义限制之内的。

从来释转注的人，都不免于支离破碎，愈讲愈晦，只有戴震《答江慎修论小学书》认为转注就是互训，是最合理的。他说："转相为注，互相为训，古今语也。""数字共一用者，如初、哉、首、基皆为始，卬、吾、台、予皆为我，其义转相为注曰转注。"专管义训不涉形声，在各家解释之中，可说是最能得其简要，真是"探骊得珠，鳞甲无用"的诠释了。他的唯一缺点，就是只着重在"同意相受"，没有太理会"建类一首"。假若能够拿他的基本观念，在"建类一首"上面加以修正，他的看法仍然是十分有用的。

戴氏互训的说法，太宽泛了，依照他的原则，《尔雅》全书都是转注。但是《尔雅》中的同意字，其相关程度，非常不一致。倘若严加限制，立刻会减少许多。若再追溯来源，只保留同源的字，那就保留下的非常有限了。同理，专以同源来搜集意义上相关的字，在《尔雅》以外，还可找出一些。照这种限制下的互训，在范围上就不仅仅只是"训诂之事"，而是显然的在"造字"的原则以内，这就和班固的说法也可以通行不悖。

老和考所以能成为转注，是因老和考本来同是一字，考字所从，并且是老字的省形，这就合于建类一首的条件。至于《尔雅》中的所谓同义字，例如初和哉，首和基，肇和祖，元和胎，俶和落等，除去在命义上有些相似，或者在引申的意义上有些相关以外，在字源上根本是毫无关系的，这就不能成为转注了。照这项原则推演下去，只有同源的字，如同且和祖，享和亨，寿和畴，信和讯，鬻和粥，殳和投，乡和卿，裘和表，生和姓，黄和光，也和它，士和仕，授和受，朋和凤，善和鄯，人和仁，平和枰，乃和厥，筑和築，劦和协，喜和憙等等，来源相同而且流别纵然略有不同，实际上仍可互相关涉的，这就和老考二字的关系最为相近。拿这些字的相互关系做为转注，也就更为合理一些。

现在的问题是为什么要在六书立出转注一门呢？答覆是这样的：因为六书是代表古代文字教学的几个方面，都应当传授学童的，前四类是纯粹关于字形的结构，对于造字的功能来说，还是过于死板，不能通变。因此还需要补充两项，第一，是一个字在形体上的转变等分歧；第二，是一个字在意义上的引申及声音上的借用。前者就是属于转注部分，后者就是属于假借部分。当然这些仍然可以算做造字后期的变化，班氏把这些认为造字之本，自然也并非不合逻辑的事。这就看把"造字"这一个词的定义是如何定的了。

如其认为造字是广泛意义的字，依照造字的观点来看，那就可以比较的说"本有其字，因用增形，谓之转注"来和"本无其字，依声托事，谓之假借"相对。当然，这只能算做一个补充的定义，还要用许氏规定的原谊。

（刊载于《中国语文》，第 23 卷第 4 期，1968 年 10 月）

446

古诗《明月皎夜光》节候解

古诗十九首《明月皎夜光》诗云:

> 明月皎夜光,促织鸣东壁,玉衡指孟冬,众星何历历。白露沾野草,时节忽复易,秋蝉鸣树间,玄鸟逝安适。昔我同门友,高举振六翮,不念携手好,弃我如遗迹。南箕北有斗,牵牛不负轭,良无磐石固,虚名复何益。

全时皆言秋景,独"玉衡指孟冬"一语为不可解。

今按《月令》"季夏之月,蟋蟀居壁","孟秋之月,凉风至,白露降寒蝉鸣","仲秋之月,鸿雁来,玄鸟归"。就诗中的节令言之,不能晚过仲秋之月。

其释"玉衡指孟冬"一语者,大致不越下列各类。

一、言太初改历以前之孟冬当于秋七月者

此说《文选》李善注主之。善注曰:"上云促织,下云秋蝉,明是汉之孟冬,非夏之孟冬矣。《汉书》曰高祖十月至霸上,故以十月为岁首,汉之孟冬,今之七月矣。"此说后人治选学者多不信之,盖岁首自岁首,节令自节令,岁首可改,而节令四时不可改。今据史汉所记,虽岁首之月,太初以前与太初以后不同,然春夏秋冬四时则始终无异,不得混四时与岁首为一,其理甚明。原不应羌无故实,徒以臆断之辞议古人历制也。

二、言孟冬为九月已入十月节气者

此说出于《文选》五臣注之张铣,曰:"上言孟冬,此述秋蝉者,谓

九月已入十月节气也。"闵齐华《文选瀹注》因之。但治学之道，若作调停之说必致两无一当。古今节候自有恒常。秋自秋，冬自冬。九月而入十月节，乃太阴历之月以太阴为主，年节不相应之故。当此际会，白露早已为霜，而促织秋蝉，玄鸟已悉随节令之秋早去，不能因太阴月尚在九月，而迟留以待。故诗中所言皆按节令之秋而言者，与历书月份，初无关涉。若牵入历书之太阴月，实为辞费，决不能解释此问题也。

三、言斗柄与玉衡所指方位不同，玉衡若指孟冬，则斗柄所指实为秋季者

此说出于吴淇之《六朝选诗定论》，及张庚之《古诗十九首解》（艺海珠尘本）。吴淇曰：

> 《史记·天官书》云，斗杓指夕，衡指夜，魁指晨。尧时仲秋夕，斗杓指酉，衡指仲冬。然星宿东行，节气西去，每七十二岁差一度，历家谓之岁差。汉去尧二千余年，应差一宫，此时仲秋夕，斗杓当指申，衡应指孟冬。观此时所用物色，的是中秋无疑，通晓历法者自明，旧法泥定孟冬大谬。

张庚曰：

> 《史记·天官书》，斗杓指夕，衡指夜，魁指晨。尧时仲秋夕，斗杓指酉，衡指仲冬。此言玉衡孟冬，是杓指申，为孟秋七月也。然白露为八月，促织鸣东壁又即豳风"八月在宇"义，元鸟逝即《月令》"八月元鸟归"。然则此诗是七八月之交。旧注泥沙煞孟冬十月，大谬。吴氏据历家岁差法以为汉去尧二千余年，此时仲秋杓当指申，衡指孟冬，此说亦未尽然，盖今时仲秋，杓犹指酉也。

按《史记·天官书》所言本是汉时天象，此段原文为：

北斗七星，所谓旋玑玉衡，以齐七政，杓携龙角，衡殷南斗，魁枕参首。用昏建者杓，杓，自华以西南；夜半建者衡，衡，殷中州河济之间。平旦建者魁，魁，海岱以东北也。

今按《天官书》全部无一谓所言为尧时天象，其中"所谓旋玑玉衡，以齐七政"一语，乃释北斗即《尚书》之旋玑玉衡，非谓所言为尧时方位也。本是汉时天象，何来岁差？吴氏此言，殊为蛇足。张引吴氏未能从《史记》本文订正，反谓今时斗建与汉相同，则为巨谬，汉时仲秋初昏时杓指酉，今时仲秋初昏时斗杓所指，岂西方乎？（按今时阳历九月卅日下午七时斗柄指西南，十月三十日下午七时斗柄方指正西，参见天文研究所各年天文年历，及陈遵妫先生《星体图说》）

然此仍支节问题，吴张本意固当别论。今必需认定《史记·天官书》所指为汉时天象，与尧时今时均无关涉。汉初至汉末仅四百年，天象仍未过宫，《天官书》可以通盘适用，不必更谈岁差问题，则简捷易明矣（其实若以尧时或以今时为征证，尚有一北极星位置交替问题，若非颛家计算，得有结果，即无法谈。今因此问题，本不甚繁，仅引《天官书》即可证明。原不必迫究当时真实天象如何布置也）。

按吴张二氏所据最要之证据为《史记·天官书》"用昏建者杓，夜半建者衡，平旦建者魁"一节。张守节《正义》曰：

杓，东北第七星也，华，华山也，言北斗昏建用斗杓星指寅也。……衡，北斗衡也，言北斗夜半建用斗衡指寅也。……（魁）言北斗旦建用斗魁指寅也，……随三时所指有三建也。

夜始于昏终于旦，若平分昼夜漏刻，应旦与昏相对，而夜半与日中相对。汉代所分时名据《左传》杜预注而分其日夜，当为：

昼：日出　食时　隅中　日中　日昳　晡时　日入
夜：人定　夜半　鸡鸣

昼夜之际：平旦　黄昏

据《史记·天官书》言候岁美恶之时，及《汉书·广陵王胥传》《昌邑王传》，与居延汉简所记邮驿，与此名目正同。故昼夜所分之时，并不平均，即夜稀而昼密，汉代昼夜共分百刻，若以十二除之亦难适绝。故其能不能平均分配每时为若干刻，自在意中。哀帝及王莽分昼夜百二十刻，盖即期其平均分配者，卒未通行。据《隋志》梁武帝始改昼夜为九十六刻，每时得八刻，始通行至今。在汉代不平均十二时之际，平旦、黄昏、日中、夜中，实分日夜为四段。今按《史记》意，以孟秋为例，推斗建所在如下：

	昏时	夜半	平旦（日中）
杓（斗柄）	申方（标准方位）	亥方	寅方（巳方）
衡（北斗中部）	巳方	申方	亥方（寅方）
魁（北斗前部）	寅方	巳方	申方（亥方）

盖星辰所行方向与日所行之方向相同，即皆绕此极自东而西。依《天官书》所说而推论之，其结果必如是也。按此表而推之，则昏时斗杓指申之孟秋季节，玉衡应指孟夏，即巳方。照《天官书》原意相推，殊无法得孟秋时衡指孟冬之结论。

或谓孟秋昏时，杓指申方，衡指巳方，其所对之方位为亥方。亥方即孟冬之方位。北斗中部不能正指一方，仅能侧对一方，故其一侧对巳，则其他侧当对亥。然如是解释，迂曲太甚，不当作此奇诡之论也。

故吴张之说其支节问题之谬误，即置勿论，而其本意亦与其所根据之《天官书》不合。其言虽较李善、张铣为精，仍未足取也。

四、以孟冬为孟秋之误字者

此说出于元刘履《选诗补注》，方廷珪《文选集成》及张为骐《古诗〈明月皎夜光〉辨伪》因之。然字作孟冬，自晋已然。陆机《拟明月皎夜光》亦称"招摇西北指，天汉东南倾"。招摇指西北即斗柄向孟冬方位。

此后李善诸家以及文选诸本无不作孟冬。若于古无征，强为臆断，非所言校雠之事也。

其余杂说不更悉举，今列其要者，略如上方。《清华学报》第十一卷第三期，俞平伯先生《古诗〈明月皎夜光〉辨》，曾为博引，并曾详辨，可供参证。

今按诗中原义，玉衡之意当仍为杓即斗柄，李善注曰："《春秋运斗枢》曰'北斗七星，第五曰玉衡。'淮南子曰：'孟秋之月，招摇指申。'"五臣注周翰曰："玉衡，斗柄也。"玉衡之为斗柄，注家皆如此说，然亦有其较早之根据。《礼·曲礼》正义引《春秋运斗枢》云：

> 北斗七星，第一天枢，第二璇，第三玑，第四权，第五衡，第六开阳，第七摇光。第一至第四为魁，第五至第七为杓。

《史记（天官书）索隐》引《春秋文曜钩》曰：

> 玉衡属杓，魁为旋玑。

《淮南·天文训》高注曰：

> 斗，第一星至四星为魁，第五至第七为杓。

《晋书·天文志》曰：

> 魁，四星为璇玑，杓，三星为玉衡。

故衡与魁杓并立言之，则衡当北斗之中央，《天官书》所谓"杓携龙角，衡殷南斗，魁枕参首。用昏建者杓，杓，自华以南；夜半建者衡，衡，殷中州河济之间。平旦建者魁，魁，海岱以东北"。《集解》引晋灼曰"衡，斗之中央，殷中也"即此。然单言玉衡，则指斗杓而言，与斗魁璇玑相对。《春秋文曜钩》及《晋书·天文志》皆如此说。《史记·天官书》言"北斗七星，所谓旋玑玉衡，以齐七政"，虽未言何者为旋玑，何者为玉衡，其义亦不出此。此为《尚书》旧说，与今《尚书伪孔》说"璇，美玉，玑，衡；王者，正天文之器可运转者"不同。《史记索隐》所引马融，郑玄之说以玑衡为浑天仪，其原书当为《伪孔》所本。然此自系后出异说，与《天官书》不相关涉也。

故北斗三分之则为魁、衡及杓。二分之则为魁柄，魁即璇玑，杓即玉衡。此两种分法在《史记·天官书》实已并存。但就诗论诗，陆机所拟作无异最早之诗注，其"招摇西北指"一语，无异明谓玉衡指孟冬为杓指亥方，即玉衡为杓。则玉衡之解释在本诗中惟有依陆机原意认为斗杓，不应更生歧义。且吴淇、张庚所用北斗三分说以解诗其义不可通，说已见前。则说此诗惟有仍以玉衡为杓，求其可通而已。

按古代之天文方位及中星，咸以初昏为准则，而并及平旦者。盖是时漏刻易于校正。五星咸可窥见。而日躔所次，亦可于是时窥定之。故斗建所在亦以初昏为准。《史记·天官书》虽言用昏建者杓，夜半建者衡，平旦建者魁，而其准则实在初昏之杓，《淮南·时则训》言招摇所指之方位与《史记》所言初昏杓建方位相同，亦无容置疑者也。

斗建之方位既以初昏为准，若晚至夜半，则斗柄已移，显然可见。假设此诗节候为孟秋七月，汉时初昏斗建当在申方，但至夜半不寐，则斗柄指亥方矣（仲秋八月斗初昏指酉，人定后指亥，亦与此略同）。诗人怨望朋友，怀有隐忧，以秋节而言斗柄指孟冬，即所以示其耿耿不寐之衷怀也。古诗情景，不寐是其一端，而岁晚怀人，独居对月，尤常与不寐之情景相对照。在十九首中，如《凛凛岁云暮》《孟冬寒气至》《明月何皎皎》诸诗，亦皆有此意境。

魏文帝《杂诗》云：

漫漫秋夜长，烈烈北风凉。展转不能寐，披衣起彷徨。彷徨忽已久，白露沾我裳。俯视清水波，仰看明月光。天汉回西流，三五正纵横。草虫鸣何悲，孤雁独南翔。郁郁多悲思，绵绵思故乡。愿飞安得翼，欲济河无梁。向风长叹息，断绝我中肠。

以此诗之境界言之，于时则秋夜凄清，于地则他乡作客。因而明月、白露、草虫、候鸟，在在皆激起愁思，使人不寐，若与《明月皎夜光》较之，则秋夜明月、白露草虫、候鸟亦复相同。惟一为他乡独客，一为孤露无援。其事虽殊，其情则一。则于其不寐之解释，自不得谓之甚僻。魏文"天汉回西流"一语正谓星河秋季本自西北而东南，夜晚则回西，此亦可与"玉衡指孟冬"对证也。

唐沈佺期《古歌》云：

> 落叶流风向玉台，夜寒秋思洞房开。水晶帘外金波下，云母窗前银汉回。玉阶阴阴苔藓色，君王履綦难再得。璇闺窈窕秋夜长，绣户徘徊秋色光。燕姬彩帐芙蓉色，秦女金炉兰麝香。北斗七星横夜半，清歌一曲断君肠。

所谓横夜半者，即谓北斗至夜半异其方位也。又唐刘方平《绝句》云：

> 更深月色半人家，北斗阑干南斗斜。今夜深〈偏〉知天色〈春气〉暖，虫声新透绿窗纱。

北斗阑干亦即北斗横之意，在春季或秋季斗柄当略指东西，夜半则指南北而横立天际矣。凡古今言北斗星河易位者，大多言漏刻已晚，则玉衡孟冬一诗，或亦不当外此也。

《明月皎夜光》一诗之解释，师友中如邵次公、徐中舒、俞平伯诸先生及朱伯商先生均有所论述。尤以俞平伯先生之《〈明月皎夜光〉辨》汇合诸家，加以论证，最合参考。虽结论与本篇均不相同，然本篇基础实建筑于从前已有之论证上。蚕业开辟，原在前人。故对李善五臣以次以迄现代之论述，皆当致感谢之意（对于汉代历法亦曾蒙董彦堂先生指示，谨于此致谢）。本篇所未备，尤希海内贤达共教正之。

以下四诗，乃逯钦立先生抄示者，此皆古人不寐之诗，可为本篇例正，今附于后。

苏武《答李陵诗》：

> 寒夜立清庭，仰瞻天汉湄。寒风吹我骨，严霜切我肌。忧心常惨戚，晨风为我悲。瑶光游何速，行愿去何迟！仰视云间星，忽若割长帷。

李陵《录别诗》：

> 晨风鸣北林，熠耀东南飞。愿言所相思，日暮不垂帷。明月照高楼，想见余光辉。玄鸟夜过庭，仿佛能复飞。褰裳路踟蹰，彷徨不能归。

阮籍《咏怀诗》：

> 开秋兆凉气，蟋蟀鸣床帷。感物怀殷忧，悄悄令心悲。微风吹罗袂，明月耀清辉。晨鸡鸣高树，命驾起旋归。

魏明帝诗：

> 昭昭素明月，辉光烛我床。忧人不能寐，耿耿夜何长。揽衣曳长带，屣履下高堂。东西安所之，徘徊以彷徨。春鸟向南飞，翮翮独翔翔。感物怀所思，泣涕忽沾裳。

（以上四诗皆系节录）

论述既竟，闻唐立庵先生曾有解说载战前《益世报》。遍觅不得，未审内容，附识于此。

（刊载于《文史杂志》，第 3 卷第 11—12 期，1944 年 6 月）

古诗《羽林郎》篇杂考

古诗辛延年《羽林郎》云：

　　昔有霍家姝，姓冯名子都；依倚将军势，调笑酒家胡，胡姬年十五，春日独当垆。长裙连理带，广袖合欢襦，头上蓝田玉，耳后大秦珠。两鬟何窈窕，一世良所无，一鬟五百万，两鬟十万余。不意金吾子，娉婷过我庐。银鞍何昱燿，翠盖空崺嵼。就我求清酒，丝声提玉壶；就我求珍肴，金盘脍鲤鱼。贻我青铜镜，结我红罗裙；不惜红罗裂，何论轻贱躯？男儿爱后妇，女子重前夫；人生有新故，贵贱不相渝。多谢金吾子，私爱徒区区。

右诗[①]见《玉台新咏》，而郭茂倩《乐府诗集》，列入"杂曲歌辞"。左克明《古乐府》"霍家姝"作"霍家奴"，"崺嵼"作"踟蹰"，"丝声"作"丝绳"，"渝"作"踰"，大抵皆是改字，难于必据。诗借冯子都为题材而称为金吾子，与诗题羽林郎者不称，朱矩堂谓："题曰羽林郎本属南军，而诗云金吾子则知当时南北军制俱坏，而北军之为害尤甚也。"以此解之，亦嫌牵强；盖乐府往往填旧谱而成，故诗之内容与旧题未必尽合，如古诗用《雁门太守行》咏王涣事；而魏文帝用《猛虎行》咏婚姻事，皆其例也。

　　霍家姝《古乐府》作霍家奴，丁福保《全汉晋南北朝》诗云："古诗

---

① 此处原文为竖排，故诗在右。——编者注

士之美者亦曰姝，如《豳风·干旄》之诗彼姝者子是。"黄晦闻先生《汉魏乐府风笺》云："案《毛传》，姝，顺貌，彼姝指贤者；子都何人，乃以干旄之贤者比之乎？《汉书·霍光传》云，霍氏奴入御史府，却蹋大夫门。又曰光爱幸监奴冯子都。又曰使苍头奴上朝谒莫敢谴者。是霍氏诸奴明具《汉书》。如冯子都王子先等，服虔曰，皆光奴。以此证之，当为奴字。"今案以文义衡之，奴字为是，然乐府主于协律，往往改字就声，姝字亦不得谓为笔误。例如沈佺期之《独不见》，原作"卢家少妇郁金香"，而郭氏《乐府诗集》则作"郁金堂"；"姝"与"奴"，"堂"与"香"，皆清浊相殊，宜有协有不协，"绳"之与"声"亦可同此例而推也。

"调笑酒家胡"，《汉魏乐府风笺》云："顾炎武《日知录》，《史记·匈奴传》曰，晋北有林胡、楼烦之戎，燕北有东胡、山戎。盖必时人因此名戎为胡，而下文遂云筑长城以拒胡，是以二国之人而概北方之种也。节案两汉称胡者不止北方之种，《后汉书·马援传》，伏波类西域贾胡，到一处辄止，是西域诸种亦称胡。此言酒家胡，盖即西域贾胡也。"今案晦闻先生说是也。王静安《西胡考》云："汉人谓西域诸国为西胡，本对匈奴与东胡言之，《海外东经》云，西胡白玉山，在大夏东；又云昆仑山在西胡西，白玉山及昆仑山，即今之喀喇昆仑。是前汉人谓葱岭以东之国曰西胡也。《说文解字》玉部，珛石之有光者璧珛也，出西胡中。又邑部，鄯善，西胡国也。又系部，缬西胡毳布也。鄯善在葱岭东，毳布，葱岭东西皆产之。璧珛则专出葱岭以西罽宾大秦诸国。是后汉人于葱岭东西诸国皆谓之西胡也。魏晋六朝犹袭此名，《后汉书·西域传》赞云，逷矣西胡，天之奥区。《宋云行记》云，鄯善城主是吐谷浑第二息宁西将军，统部落三千以御西胡。又云，惠生在乌场国二年，西胡风俗大同小异，不能具录，是南北朝人亦并谓葱岭东西诸国为西胡也。西胡亦单呼为胡，《汉书·西域传》，西夜与胡异，其种类羌羌行国，逐水草往来，是其所谓胡乃指西域城郭诸国，非谓游牧之匈奴。后汉以降，匈奴浸微，西域诸国，遂专此号。罗布泊所出之魏晋间木简，所云胡浮窟、胡犁支者，皆西域人名。而鄯善龟兹所产铁谓之胡铁，所作舌头金谓之胡舌金。又魏晋以来凡草木之名冠以胡字者，其实皆西域物也。"案《吴志·士燮传》云："燮兄弟并为列郡，雄长一州，偏在万里，威尊无上。出入鸣钟声，备具威仪；筰箫鼓吹，车骑满道，胡人夹毂烧香者常有数百。"士燮雄长交州，此言胡人亦自葱岭以西之人自海道达于交州者而非匈奴或东胡甚为著明。此诗所言胡姬虽未能确指为匈奴或西胡，然匈奴之俗长于游牧，西胡之俗长于贾市，此在匈奴及西域名传可以分别推定之者；酒家之胡其为贾胡自不容多疑也。西域贾胡之来中国者，除晦闻先生所举《后汉书·马援传》一条外，在《后汉书》尚有以下诸条。《李恂传》："西域殷富，多珍宝。诸国侍子及督使、贾胡，数遗恂奴婢、宛马、金、银、香、罽之属，一无所受。"《孔奋传》："时天下扰乱，唯河西独安，而姑臧称为富邑，通货羌胡，市日四合。"《梁冀传》："尝有西域贾胡，不知禁忌，误杀一苑，转相告言，坐死十余人。"《西域传》："立屯田于膏腴之野，列邮置于要害之路，驰命走驿，不绝于时月；商胡贩客，日款于塞下。"皆可证明胡之贾盛，且有趋至京师者。又《班超传》："六年秋，超遂发龟兹鄯善等八国，合七万人及吏士贾客千四百人讨焉。"《汉书·地理志》："粤地处近海，多犀象、毒冒、珠玑、银铜、果、布之凑，中国往商贾者，多取富焉。番禺其一都会也。自日南障塞徐闻合浦船行可五月，有都元国。又船行可四月，有邑庐没国。又船行可二十余日，有谌离国。步行可十余日，有夫甘都庐国。自夫甘都庐国，行可二月余，有黄支国。……自武帝以来皆献见。有译长属黄门，与应募者俱入海市明珠、璧流离、奇石异物。赍黄金杂缯而往，所至国皆禀食为耦，蛮夷贾船，转送致之。"从《班超传》，可知在鄯善有贾客甚多。据《地理志》，则中国自南海诸国有属于黄门之译长及应募者入海与蛮夷市易，而中国商人亦集于番禺焉。是《士燮传》所言交州之数百胡人，当系贾胡与中国商人为市者。由此言之，自西汉以还迄于三国，南海贸易之盛，固未尝变也。南海与胡市贾皆西胡，未尝有匈奴人，则京洛之西域贾胡，单称胡人自未足异。郭茂倩《乐府诗集》引《古乐府》云："行胡从何方，列国持何来。氍毹毾㲪五木香，迷迭艾纳及都梁。"此所言胡正指西域人，亦可与上引各条相印证也。

"长裙连理带，广袖合欢襦。"连理及合欢并称嘉木，假以为喻也。裙，《说文》云："衣褱也。"段玉裁曰："上文曰褱也，褱物谓之褱，因之衣前裣谓之襮，方言禅衣有襮者，赵魏之间谓之袣衣。郭云，前施襮囊也，房报切。按前施襮囊，即谓右外裣。《方言》无襮者，谓之裎衣，即今之对裣衣，无右外裣者也。襮衣无襮，礼服必有襮，上文之襮袥衻谓无襮者，唐宋人所谓衩衣也。《公羊传》曰，反袂拭面，涕沾袍，此袍当作襮。何注曰，衣前襟也。《释器》，衣皆谓之襟，袥谓之裾，袥同衻，谓交领；襮连于交领，故曰袥谓之裙。郭景纯曰，衣后襟，非也；《释名》，裾在后之说非是。"又《广雅》："直衿谓之幭，袒饰襮明袡袍襦长襦也。"王念孙曰："《内则》云衣不帛襦袴，《说文》云，襦短衣也，一曰䵊衣，《释名》云，襦毦也，言温毦也。《急就篇》注云，长衣曰袍，下至足跗；短衣曰襦，自膝以上；一曰短而施要者曰襦。深衣，《释例》云，《吴越春秋》，越王夫人衣无缘之衣，施左关之襦，襦下有裳，则襦为短衣可知；其似襦而长者，则特别之，曰长襦。《史记·匈奴传》，绣袥，长襦是也。直衿亦作直领，《释名》云，直领邪直而交下，亦如丈夫服袍方也。《汉书·景十三王传》，刺方领绣，晋灼注云，今之妇人直领也。绣为方领，上刺作黼黻文。《方言》袒饰谓之直衿，郭注云，妇人初嫁所著上衣直衿也。《方言》又云，襮，明谓之袍。《尔雅》，袍，襺也；《玉藻》云，纩为襺，缊为袍，《释名》云，袍，丈夫着下至跗者也。袍，苞也，苞内衣也。妇人以绛作衣裳，上下连，四起施缘，亦曰袍，义亦然也。"盖妇人之衣为通裁，而上下相连，或曰袍，或曰长襦，其义一也。男子则以上衣下裳为主，与此相异。《诗》言襦，虽未能必其为长襦，然言长裙，即长大裣，未有短衣而特长其大裣者，由此而言，必长襦矣。广袖，华人之服与胡人不同者。《采繁》"被之僮僮"疏："少牢云，主妇衣侈袂。"《少牢馈食礼》："主妇被锡衣侈袂。"注："大夫妻尊，亦衣绡衣而侈其袂耳。盖半士妻之袂以益之，衣三尺三寸，袂尺八寸。"疏："士妻之袂二尺二寸，祛尺二寸，三分益一，故衣三尺三寸，袂尺八寸也。"此所言衣者谓袖长，祛谓袖宽。大夫尊于士，故大夫妻袖之宽与长并加于士者三分之一，是古者以广袖为尊，且以为华美也。汉世服制士庶之别不严，具见贾谊疏，然古者以为尊贵者汉世犹以为华美矣。自汉以后，南朝图绘若《女史箴》则女子为广袖，若敦煌莫高窟诸魏隋供养人像则皆狭袖。唐代承北朝之习，初皆狭袖，自开元以后始通行广袖以迄五代与宋世，而西夏人则又为狭袖矣。凡此见于诸窟者皆章章可考也。此言胡姬广袖，足征汉世胡人虽纷入中国，然犹承汉人风习，不似后世胡人多沿胡俗。然《续汉书·五行志》云："灵帝好胡服、胡帐、胡床、胡坐、胡饭、胡箜篌、胡笛、胡舞，京都贵戚，皆竞为之。"文化交流自非一朝一夕所能致。更就王氏静安《胡服考》言之，中国相承胡服亦久已有之，是未便以此诗言胡人服饰中华，遂谓胡人文化影响于汉世者尚非强烈也。

"头上蓝田玉，耳后大秦珠。"蓝田与大秦对言，并云远方之宝也。玉产于西方，《禹贡·雍州》："厥贡惟球琳琅玕。"然玉实不产于秦，故李斯《谏逐客书》曰："陛下致昆山之玉。"昆山者，即《史记》所称："天子案古图书，名河所出曰昆仑者也。"此其为地当在秦以西，当今和阗，亦即汉于阗境矣。惟秦境实有蓝田，《国策》："秦取楚汉中，大战于蓝田。"此蓝田者汉以后犹以为县，属京兆。班志曰："蓝田，山出美玉，有虎侯山祠，秦孝公置也。"然班氏徒以蓝田之名附会而成，了无实据。《魏书·李先附李预传》："历征西大将军长史，带冯翊太守；府解，罢郡，遂居长安，羡古人飧玉法，乃采访蓝田，躬往，攻得若环璧杂器形者，大小百余，颇有粗黑者，亦挟盛以还。至而观之，皆光润可玩。预乃椎七十枚为屑食之，余多惠人。后预及闻者更求玉于前处，皆无所见。"此所谓若环璧杂器者，政皆古人旧玉，非采山之玉也。自关中之蓝田，不复产玉，于是说者谓蓝田之玉竭矣。然李斯时已不云玉产于关中，而汉时《盐铁论·力耕篇》亦言："美玉珊瑚出于昆山，珠玑犀象出于桂林，此距汉万有余里。"关中之玉亦徒有其名，此关中素不产玉，未可以玉竭为说也。大凡玉之产出，美者如于阗，次者如祁连，大都璞在河中，自河中偶得之。玉之美者，虽幸成一遇，非力可求。然残存碎玉，固宜着迹频仍，不致遽无所见。而关中之蓝田，则除灰石（Limestone）清泉，更无所有。是以章鸿钊创作《石雅》，即以产玉蓝田，不在关中而在于阗为说。今按蓝田上古音假定为 Klâm-d'ien，而于阗原名在晋时据尼雅（Niya）故城斯坦［因］所获之佉楼（Kharosthi）文书，已作 Khodana 则从 R-D-N 形式之对音而来，亦未见必不可能也。至于雍州诸县，则龟兹骊靬，并从西域地名，又何必致疑于蓝田乎？

"大秦珠"者，或以《后汉书·西域传》："大秦土多金银奇宝，有夜光璧、明月珠。"《三国·魏志》注引《魏略》："大秦多金银、铜铁、铅锡、神龟、白马、朱髦、骇鸡犀、瑇瑁、玄熊、赤螭、辟毒鼠、大贝、车渠、玛瑙、南金、翠爵、羽翮、象牙、符采玉、明月珠、夜光珠、真白珠"等为相解释。然此所谓明月珠、夜光珠、真白珠之类，究为一种传闻，未可据信大秦珠者即是明月夜光珠也。

虽然夜光珠明月珠诚为一种虚构，然其传说之因亦未始不流传有自，而与此有关之传说，即所谓"木难珠"是也。木难始见于曹植乐府《美女篇》"明珠交玉体，珊瑚间木难"。《说郛》引晋沈怀远《南越志》曰："木难金翅鸟口结沫所成，碧色珠也，大秦土人珍之。"《御览》八〇九引晋郭氏《玄中记》云："木难出大秦。"晋崔豹《古今注》则云："莫难，一名木难，其色黄。"《御览》八〇三引晋郭义恭《广志》云："木难珠，其色黄，出东夷。"木难一名，其为珠自不容疑，而其色为碧或黄，其产地为东夷或大秦尚有歧说。且木难命名之原义究从何种语言对音而来亦无从知晓。然东夷之朝鲜海以及西方之印度洋并皆以产珠见称。姑无论木难一名原起自东夷或大秦，则此名在汉书间亦可以之指西方产出之珠则可知之。更以曹植诗言之，珊瑚与木难交间。珊瑚本红色，则木难与其谓为东方之黄珠，毋谓宁为西方之绿珠，色彩较为调协也。

《南越志》所称之"木难，金翅鸟口结沫所成，碧色珠也"。《翻译名义集》卷八摩罗伽陀珠条云："《大论》云：此珠翅金鸟口边出，绿色，能辟一切毒。"此字在梵语为 Marakatah，本于《大智度论》，而《大智度论》至姚秦时始由鸠摩罗什译为汉文。沈怀远所据者当在此以前，当为南越所传之佛教传说，与《大智度论》译本无关，盖可知者。然其传说与《大智度》所记同源，则不容疑也。Marakatah 在英语为 Emerald，为绿柱石之一种，即称为翠玉者，产于红海沿岸。同时中国称为琉璃者，则为 Veluriya，其对音为璧流离。英文为 Aquamarine，其色为海水之青色，亦为绿柱石之一种。故二者本质料相同，惟色泽略异，在中国将二者混而为一，亦非一奇异之事，然则汉晋西方之木难固同时可以指璧流离珠。章鸿钊

《石雅》认为木难或即琉璃，其称碧色珠者亦犹言琉璃珠，其言自非无可取也。

Emerald 及 Aquamarine 既俱为绿柱石之一种，故其间亦难有显著之区别。而绿柱石之名 Beryle 亦本出于语根碧流离 Veluriya。故在同类传说之下，《一切经音义》谓："琉璃为金翅鸟殼"与木难为金翅鸟口结沫所成，本属同源，而《增一阿含经》所称：

> 又日，别食一大龙王、五百小龙，达四天下，周而复始，次第食之。命欲绝时，诸龙吐毒，不复能食。饥火所烧耸翅直下，至风轮际，为风所吹，还复上来，往返七次，无留停足。遂至金刚轮山顶上命终，以食诸龙，身肉毒气，发火自焚。难陀龙王恐烧宝山，降雨灭火，滞如车轮，身肉消散，唯有心在，大如人脞，纯青琉璃也。轮王得之，用为珠宝。帝释得之，为髻巾珠。

在此一节，琉璃与金翅鸟有关尤为显著，而帝释以为髻巾珠，则以琉璃为珠固亦释典原义也，然则此诗所谓"大秦珠"者，固宜有夜光明月之珠、真白珠，以及木难珠数义。然夜光明月之珠，仅见传闻，难于确指。据实而言，仅有真白珠及木难珠。真白珠者，东迄乐浪，南达合浦并皆有之，虽间来自大秦，未见有何殊异。则所言大秦珠者，若就地域之特殊性而言，谓其为木难宜较切也。

白鸟库吉在《大秦的木难珠》一篇中（见《市村博士古稀纪念东洋史论丛》，《塞外史地论文译丛》第一集，商务书馆有译本），提示一新观念，即，鸟、蛇，与珠之关系。虽其中论断未见皆审慎可取，然此一新提示则不无若干新颖之意义。今论大秦珠，并附及之。

此诗在后世常为诗人所常采用效法，例如王维《洛阳女儿行》即直用"金盘烩鲤鱼"。而张籍之《节妇吟寄李东平》诗云：

> 君知妾有夫，赠妾双明珠。感君缠绵意，系在红罗襦。妾家高楼连苑起，良人执戟明光里。知君用心如日月，事夫誓拟同生死。还君

明珠泪双垂，何不相逢未嫁时。

此诗情韵双绝，言简而意切。然其体势命意皆从古诗《羽林郎》出，《羽林郎》委婉而《节妇吟》俊拔，"何不相逢未嫁时"尤为传诵人间名句。然草莱之辟则不得不谓始于《羽林郎》一诗矣。

（刊载于《文史杂志》，第 6 卷第 3 期，1948 年 10 月）

枚　乘

　　汉世文学渊源于楚声者，辞赋实为其大宗。相传高帝时陆贾已仿《楚辞》，而其文不传。文帝时贾生始为《鵩鸟》，惜誓以自伤，其赋今存，颇具义理，源于屈宋而微有别。然辞意朴质，犹具古风。至于藻缋为主，益以详赡，导杨马之先河，启班张之家法者，则当推枚叔矣。

　　枚叔，名乘，淮阴人。少为吴王濞郎中。景帝时，吴王以怨望谋叛。乘上书谏。吴王不用，卒以覆败。七国既平，乘由是知名。景帝召拜为弘农都尉，乘久为大国上宾，与英俊并游，不乐吏职，引疾去官。遂游大梁，为梁孝王宾客，梁客多善辞赋，而乘为尤高。孝王薨，乘归淮阴。武帝自为太子已闻其名，及即位，遂以安车蒲轮征，乘年已老，竟于道中病卒。诏问乘子，无能为文者，于大梁得其小妻之子皋。皋为文速，不通经术，时杂诙谐，颇类俳倡。虽得宠幸，卒不任尊官，终于侍从文臣之职。《汉书》有《枚乘传》，枚皋事亦附见。《枚乘传》录其《上吴王书》，而《文选》则载其《七发》。《汉·艺文》称有赋九篇，其中《柳赋》及《菟园赋》见于类书。《玉台新咏》以古诗十九首中多为枚乘作，然李善《文选》注曰："五言并云古诗，盖不知作者，或言枚乘，疑不能明也。诗云'驱车上东门'，又云'游戏宛与洛'，此则辞兼东都，非尽是乘明矣。"今按五言诗之起，当在东京，而古诗十九首或竟至曹魏，非乘所能作也。今不录，录其《七发》云。其辞曰：①

---

　　① 此特著其要者，其详见五臣，李善，不更及也。

　　楚太子有疾，而吴客往问之。曰："伏闻太子玉体不安，亦少间乎？"太子曰："惫，谨谢客。"客因称曰："今时天下安宁，四海和平，太子方富于年①，意者久耽安乐，日夜无极，邪气袭逆，中若结轖②。纷屯澹淡，嘘唏烦酲，惕惕怵怵，卧不得瞑。虚中重听，恶闻人声，精神越渫③，百病咸生。聪明眩曜，悦怒不平。久执不废，大命乃倾。太子岂有是乎？"太子曰："谨谢客，赖君之力，时时有之，然未至于是也！"

　　客曰："今夫贵人之子，必官居而闺处④。内有保母，外有傅父，欲交无所。饮食则温淳甘脆，腥脓肥厚。衣裳则杂遝曼暖，燀烁热暑。虽有金石之坚，犹将销铄而挺⑤解也。况其在筋骨之间乎哉？故曰纵耳目之欲，恣支体之安者，伤血脉之和。且夫出舆入辇⑥，命曰蹷痿之机，洞房清宫，命曰寒热之媒。皓齿娥眉，命曰伐性之斧。甘脆肥脓，命曰腐肠之药。今太子肤色靡曼⑦，四支委随，筋骨挺解，血脉淫濯，手足堕窳。越女侍前，齐姬奉后⑧。往来游宴，纵恣于曲房隐间之中，此甘餐毒药，戏猛兽之爪牙也。所从来者至深远，淹滞永久而不废，虽令扁鹊治内，巫咸治外⑨，尚何及哉？今如太子之病者，独宜世之君子，博见强识，承间语事，变度易意，常无离侧，以为羽翼，淹沉⑩之乐，浩唐⑪之心，遁佚之志，其奚由至哉？"太子曰："诺，病已，请事此言。"

---

　　①　富于年者，言年尚少也，《汉书·昭纪》，帝方富于春秋。

　　②　结轖，轖，车籍交革也。

　　③　越，散也；渫，发也。

　　④　内寝之门曰闱门或曰闺门。闺处，言长于妇人之手，不出户庭也。《孟子》言"女子之嫁也，母命之，往送之门"，亦即此门矣。

　　⑤　挺，犹言劲也。

　　⑥　舆，马车箱也；辇，宫中所乘，用人之事也。

　　⑦　曼，泽也。

　　⑧　越女、齐姬，泛称国外之姬妾。

　　⑨　扁鹊，医也；巫咸，巫也。

　　⑩　淹沉，犹淹滞也。

　　⑪　浩唐，浩荡也。

客曰："今太子之病，可无药石针刺灸疗而已，可以要言妙道说而去也。不欲闻之乎？"太子曰："仆愿闻之。"客曰："龙门之桐，高百尺而无枝。中郁结之轮菌①，根扶疏以分离，上有千仞之峰，下临百丈之溪，湍流溯波，又澹淡②之。其根半死半生，冬则烈风漂霰飞雪之所激也，夏则雷霆霹雳之所感也。朝则鹂黄③鸧旦鸣焉，暮则羁鸲迷鸟宿焉。独鹄④晨号乎其上，鹍鸡哀鸣翔乎其下。于是背秋涉冬，使琴挚斫斩以为琴，野茧之丝以为弦，孤子之钩以为隐，九寡之珥以为约。使师堂操《畅》，伯子牙为之歌。歌曰：'麦秀蕲兮雉朝飞，向虚壑兮背槁槐，依绝区兮临回溪。'飞鸟闻之翕翼而不能去，野兽闻之垂耳而不能行，蚑蚁闻之拄喙而不能前，此亦天下至悲者也，人子能强起听之乎？"太子曰："仆病未能也。"客曰："犓牛之腴，菜以笋蒲。肥狗之和，冒以山肤。楚苗之食，安胡⑤之饎，抟之不解，一啜而散。于是使伊尹煎熬，易牙调和，熊蹯之臑，勺药之酱，薄耆之炙，鲜鲤之鲙。秋黄之苏，白露之茹⑥，山梁之餐，豢豹之胎，小饭大歠，如汤沃雪。此亦天下之至美也，太子能强起尝之乎？"太子曰："仆病未能也。"客曰："钟岱⑦之牡，齿至之车；前似飞鸟，后类距虚。稻麦⑧服处，躁中烦外。羁坚辔，附易路。于是伯乐相其前后，王良造父为之御，秦缺楼季为之右。此两人者，马佚能止之，车覆能起之。于是使射千镒之重，争千里之逐。此亦天下之至骏也，太子能强起乘之乎？"太子曰："仆病未能也。"

---

① 轮菌，《史记·邹阳传》作轮囷，盘屈也。

② 澹淡，澹荡也。

③ 鹂黄，黄鹂也；鸧，鹍也。

④ 鹄，天鹅也。

⑤ 安胡，雕菰也，今世俗称为鸡头米。

⑥ 茹，菜之总名。

⑦ 钟岱，钟，钟山，即阴山也；岱，代也，《汉书·地理志》，钟代石北，迫近胡寇。代本产马之地，所谓"代马依北风"者也。

⑧ 稻麦，稻田所种麦，言以之食马则马肥。

客曰："既登景夷①之台，南望荆山，北望汝海，左江右湖，其乐无有。于是使博辩之士，原本山川，极命草木。比物属事，离辞连类。浮游览观，乃下置酒于虞杯之宫。连廊四注，台城层构，纷纭玄绿，辇道邪交，黄池②纡曲。涸章白鹭，孔雀鹍鹄，鹓雏鵁鶄，翠鬣紫缨。螭龙德牧，邕邕群鸣。阳鱼腾跃，奋翼振鳞。潝漻③菁蓼，蔓草芳苓。女桑河柳④，素叶紫茎。苗松豫章⑤，条上造天。梧桐并闾，极望成林。众芳芬郁，乱于五风。从容猗靡，消息阳阴。列坐纵酒，荡乐娱心。景春佐酒，杜连理音。滋味杂陈，肴糅错该。练色娱目，流声悦耳。于是乃发激楚之结风，扬郑卫之皓乐，使先施⑥、徵舒、阳文、段干、吴娃、闾娵、傅予之徒，杂裾垂髾，目窕心与。揄流波，杂杜若，蒙清尘，被兰泽，嬿服而御。此亦天下之靡丽、皓侈、广博之乐也，太子能强起游之乎？"太子曰："仆病未能也。"

客曰："将为太子驯骐骥之马。驾飞軨⑦之舆，乘牡骏之乘，右夏服之劲箭，左乌号之雕弓。游涉乎云林，周驰乎兰泽，弭节乎江浔。掩青蘋，游清风；陶阳气，荡春心。逐狡兽，集轻禽。于是极犬马之才，困野兽之足，穷相御之智巧。恐虎豹，慑鸷鸟。逐马鸣镳⑧，鱼跨麋角，履游麛兔，蹈践麃鹿。汗流沫坠，冤伏陵窘，无创而死者，固足以充后乘矣。此校猎之至壮也，太子能强起游乎？"太子曰："仆病未能也。"然阳气见于眉宇之间，侵淫而上，几满大宅。客见太子有悦色，遂推而进之曰："冥火薄天，兵车雷运。旍旗偃蹇，羽毛肃纷。驰骋角逐，慕味争先，微墨⑨广博，睹望之（此之字衍文）有圻，

---

① 景夷，楚台名。
② 李善曰：黄池当作湟池，言城池也。
③ 言水清净之处。
④ 女桑，《见豳风·七月》；河柳，柽柳也。
⑤ 豫章，樟树，大木也。
⑥ 此皆杂凑人名，不必皆曾实有其人，若必求其身世以实之，则凿矣。
⑦ 飞軨，车饰，以彩帛施于车后者。
⑧ 镳，銮铃也。
⑨ 墨，烧田也。

纯粹全牺，献之公门。”太子曰：“善！愿复闻之。”

客曰：“于是榛林深泽，烟云闇莫，兕虎并作。毅武孔猛，袒裼身薄。白刃磑磑，矛戟交错。收获掌功，赏赐金帛。掩蘋肆若①，为牧人席。旨酒嘉肴，羞炰脍炙，以御宾客。涌觞并起，动心惊耳。诚必不悔，决绝以诺。贞信之色，形于金石。高歌陈唱，万岁无斁。此真太子之所喜也，能强起而游乎？”太子曰：“仆甚愿从，直恐为诸大夫累耳。”然而有起色矣。

客曰：“将以八月之望，与诸侯远方交游兄弟，并经观涛乎广陵之曲江②。至则未见涛之形也，徒观水力所到，则恤然足以骇矣。观其所驾轶者，所擢拔者，所扬汨者，所温汾者，所涤汔者，虽有心略辞给，固未能缕形其所由然也。怳兮忽兮，聊兮栗兮，混汩汩兮。忽兮慌兮，俶兮傥兮。浩瀇瀁兮，慌旷旷兮。秉意乎南山，通望乎东海。虹洞兮苍天，极虑乎崖涘。统揽无穷，归神日母。汩乘流而下降兮，或不知其所止。或纷纭其流折兮，忽缪往而不来。临朱汜而远逝兮，中虚烦而益怠。莫离散而发曙兮，内存心而自持。于是澡概胸中，洒练五藏。澹澉手足，頮濯发齿，揄弃恬怠，输写澹浊，分决狐疑，发皇耳目。当是之时，虽有淹病滞疾，犹将伸伛起躄，发瞽披聋而观望之也。况直眇小烦懑，醒醴病酒之徒哉？故曰：发蒙解惑，不足以言也。”太子曰：“善！然则涛何气哉？”

客曰：“不记也。然闻于师曰，似神而非者三：疾雷闻百里；江水逆流，海水上潮；山内出云，日夜不止。衍溢漂疾，波涌而涛起。其始起也，洪淋淋焉，若白鹭之下翔。其少进也，浩浩澄澄，如素平白马，帷盖之张。其波涌而云乱，扰扰焉如三军之腾装。其旁作而奔起也，飘飘然如轻车之勒兵。六驾蛟龙，附从太白；纯驰皓蜺，前后络绎。颙颙卬卬，裾裾强强，莘莘将将。壁垒重坚，杂似军行。旬隐匈磕，轧盘涌裔，原不可当。观其两傍，则滂渤怫郁，闇漠虚突，上

---

① 肆，陈也；若，杜若也。

② 汉初吴都广陵，故吴亦曰广陵，亦犹魏之称梁，韩之称郑也。曲江，浙江也，参见傅斯年先生：《说广陵之曲江》。

击下律，有似勇壮之卒。突怒而无畏，蹈壁冲津，穷曲随隈，逾岸出迫。遇者死，当者坏。初发平或围之津涯，荄轸谷分，回翔青篾，衔枚檀桓。弭节伍子之山，通万骨母之场，凌赤岸，篲扶桑，横奔（下脱一字），似雷行。诚奋厥武，如振如怒，沌沌浑浑，状如奔马。混混庉庉，声如雷鼓。发怒庢沓，清升逾跇。侯波奋振，合战于藉藉之口。鸟不及飞，鱼不及回，兽不及走。纷纷翼翼，波涌云乱，荡取南山，背击北岸。覆亏丘陵，平夷西畔。险险戏戏，崩坏陂池，决胜乃罢。瀄汨潺湲，披扬流洒，横暴之极，鱼鳖失势，颠倒偃侧。沈沈湲湲，蒲伏连延。神物怪疑，不可胜言。直使人踣焉，洄闇凄怆焉。此天下怪异诡观也。太子能强起观之乎？"太子曰："仆病未能也。"

客曰："将为太子奏方术之士有资略者，庄周、魏牟、杨朱、墨翟、便蜎、詹何之伦[①]，使之论天下之释微，理万物之是非。孔老览观，孟子持筹而算之，万不失一，此亦天下要言妙道也。太子岂欲闻之乎？"于是太子据几而起，曰："涣乎若一，听圣人辩士之言。"涊然汗出，霍然病已。

"七"在文选别为一类，其发展见许世瑛先生之《枚乘〈七发〉与其摹拟者》，刊在《大陆杂志》六卷八期。

[引自《中国文学论集（一）》，1958年4月]

---

① 魏牟，见《荀子·非十二子》，便蜎，环渊也；詹何，见《吕氏春秋·审为篇》。

蔡琰《悲愤诗》出于伪托考

　　蔡琰著述传于世者有《悲愤诗》及《胡笳十八拍》，《胡笳十八拍》不见于本传，亦不见于《文选》《玉台新咏》各书，唐刘商《胡笳曲》序称"胡人思慕文姬，乃卷芦苇为吹笳，奏哀怨之音，后董生以琴写胡笳声为十八拍。"故《胡笳十八拍》不出于蔡琰之手，唐人亦自知之，惟《悲愤诗》见于范书本传，故世间多以为真，虽或有疑之者，然立证未充，故亦未能遽使人相信也。

　　《后汉书》八十四《列女传》：

　　　　陈留董祀妻者，同郡蔡邕之女也。名琰，字文姬。博学有才辩，又妙于音律。适河东卫仲道，夫亡无子，归宁于家。兴平中，天下丧乱，文姬为胡骑所获，没于南匈奴左贤王。在胡中十二年，生二子。曹操与邕善，痛其无嗣，乃遣使者以金璧赎之，而重嫁于祀。……感伤乱离，追怀悲愤，作诗二章。

沈钦韩《疏证》为之释曰：

　　　　《南匈奴传》："灵帝崩，天下大乱，于扶罗单于将数千骑，与白波贼合寇河内志郡。"《魏志》："初平三年，太祖击匈奴于扶罗于内黄，大破之。"四年春"袁术引军入陈留，屯封丘，黑山余贼及于扶罗佐之"。据史则匈奴曾寇陈留，文姬所以没也。玩文姬诗意，则其被掠在山东牧守兴兵讨卓，卓劫帝入长安，遣将徐荣、李蒙四出侵掠，文姬为羌胡所得，后乃流落至南匈奴也。时邕尚在，故有感时念父母之语，其赎归也，家门灭绝，故有"既至家人尽"语。此当初平年事，传云兴平，非也，兴平则李郭之乱，非董卓矣。

何焯《义门读书记》曰：

> 《董卓传》："卓以牛辅子婿，素所亲信，使以兵屯陕辅，分遣其校尉李傕、郭汜、张济击破河南尹朱俊于中牟，因略陈留、颍川诸县，杀掠男女，无复遗类。"文姬流离，当在此时，《蔡邕传》："邕在长安与从弟谷谋东奔兖州，又欲遁逃山东，时未必以家自随也。苏氏以董卓既诛，邕乃随坐，不应文姬先罹祸乱，疑此诗为后人作考之不详也。

今案诗与传所记显然违反，必有一误，传中所记无瑕可指，而诗则与史实不合之处甚多，此必诗与传本不出于同一来源，而范蔚宗并录之，诗中史实既不可信，则诗必非文姬原作，苏氏之言甚是，惜未能多所发挥耳，以下更就诗中不合之处而论证之：

> 汉季失权柄，董卓乱天常。志欲图篡弑，先害诸贤良，逼迫迁旧邦，拥主以自强，海内兴义师，欲共讨不祥，卓众来东下，平土人脆弱。来兵皆胡羌。……长驱西入关，回路险且阻，……边荒与华异，人俗少义理。

按文姬被获之胡为匈奴，非董卓，董卓部下虽杂有羌胡，究与匈奴左贤王不在一地而各行其事，董卓之众出于凉州，经河东至洛，后入关中，既入关中，便不再归河东，故其军队活动之范围为函谷以东至于汝颍一带，而以关中为根据地，至于匈奴则以河东为根据地，间出师至河内河南，侵掠既毕，复归河东，自董卓入洛迄于凉州兵崩溃，董卓部下与匈奴单于从未合流，详《悲愤诗》诗意，则文姬为董卓部下所略，而董卓部下皆是胡骑，遂长驱而入关中。既到关中，即可有两种结果，第一、匈奴即在关中，文姬乃直接为匈奴所得；第二、文姬本为匈奴以外之胡骑所得，辗转而入匈奴。

就此两种或然性之结果而言，皆为不可能之事，从第一种结果而言，事实上匈奴不在关中，诗中明言"长驱西入关"，显然非由匈奴部下直接略得，故此种或然性不能成立，从第二种或然性而言，文姬为董卓部下之胡骑所得，非匈奴单于部下，则文姬西入函关，事仍未了，必经若干周折，始达河东，但诗中叙述甚详，显然谓出关而后，即是胡境，并无再东返河东之事，则是此诗之作者，其心中并无董卓与匈奴单于之区别，则第二种结果亦无事实上之可能，而况若属于第二种结果，文姬乃董卓部下所掠而非匈奴直接掠得，则其时蔡邕尚存，蔡邕向为董卓所尊敬，决不至对其女而不能庇护。至蔡邕死后，则董卓已前死，李傕、郭汜扰乱关中，其兵力不及陈留，与诗意亦不合，故第二种结果，就此方面而言亦属不可能也。

> 边荒与华异，人俗少义理，处所多霜雪，胡风春夏起，翩翩吹我衣，肃肃入我耳，感时念父母，哀叹无穷已，有客从外来，闻之常欢喜，迎问其消息，辄复非乡里，邂逅徼时愿，骨肉来迎己。

据诗中所言，西出关以后即达边荒，边荒风俗为胡俗，气候亦与中国不同，不惟此诗之作者想像如斯，即后世画文姬归汉图者，亦与画昭君出塞图画同一之背景，在草原中，点缀一二穹庐，更有驼队出没其间，于情理而言，应无不合矣，但据《晋书·刘元海载记》，则匈奴自东汉初年已还逐渐南迁，原自西河美稷南迁离石，至东汉末季则单于在河东平阳而部众在上党泫氏，即今山西高平县，假如《悲愤诗》诚为文姬所作，则作者当在邺中。平阳气候与邺不殊，泫氏纬度当在邺以南，虽海拔稍高，与邺相差亦不过远，应不至所谓"处所多霜雪，胡风春夏起，翩翩吹我衣，肃肃入我耳"也，至于迎文姬者，乃是曹氏所遣使者，非其骨肉。《御览》八百六引曹丕《蔡伯喈女赋》序曰："家公与蔡伯喈有管鲍之好，乃命使者周近，持玄璧于匈奴，赎其女还。"曹丕序文与范书《蔡琰传》合而与诗不合，是则传为事实而诗由伪托，可无疑也。

> 兼有同时辈，相送告离别，慕我独得归，哀叫声摧裂，马为立踟蹰，车为不转辙，观者皆歔欷，行路亦呜咽，去去割情恋，遄征日遐迈，悠悠三千里，何时复交会？念我出腹子，匈臆为摧败，既至家人尽，又复无中外，城郭为山林，庭宇生荆艾，白骨不知谁，纵横莫覆盖，出门无人声，豺狼号且吠，茕茕对孤景，怛咤糜肝肺，登高远眺望，魂神忽飞逝，奄若寿命尽，旁人相宽大。

以上一则诗中，亦多误谬，如"行路亦呜咽"句，在游牧民族之俗中，相处者皆同一部族之人，列穹庐，逐水草而居，无所谓"行路"也，此云"行路"又是汉地风光，与前文不一致矣。"悠悠三千里"，按泫氏距陈留，不过三百里，与陈留至邺，道里相同，何得谓三千里，此由此诗作者，未读《刘元海载记》原有史料（《刘元海载记》出于崔鸿《十六国春秋》，以前尚有各种记载，范书所载当出于晋人之手，当时十八家《晋书》未成，匈奴记载流通较少，故未为作者所悉也）。以为献帝时匈奴仍在塞外故有此误也。至于"城郭如山林，庭宇生荆艾，白骨不知谁，纵横莫覆盖，出门无人声，豺狼号且吠"。此为大乱之后，一时之现象，三五年后辄复生聚，依范书本传则文姬在胡凡十二年，此十二年中正曹操经营中原之日，岂有陈留重地，任其荒芜而未曾置意者，可见此诗之作者纯出臆断并无实据也。

传言文姬在胡凡十二年，此数字最为确实，盖曹操之根据为山东西部及河南南部，而河南北部及河北全省在袁绍手中，山西则在袁绍部下高干之手，非曹操使者所能前往也。曹操破邺在建安九年，至十年遂定井州，假定曹操赎蔡文姬在建安十一年，则逆推十二年为兴平二年，正为李傕、郭汜叛变关中大乱之时，《后汉书·献帝纪》："兴平二年十一月，李傕、郭汜等追乘舆，战于东涧，王师败绩，……杨奉、董承引白波帅胡才、李乐、韩暹，及匈奴左贤王去卑奉迎，与李傕战，破之。"是匈奴左贤王曾于兴平二年率部至长安，其纳文姬当在此时，故文姬没于匈奴乃在长安，非在陈留，亦即蔡邕随献帝至长安，确以家自随。何焯引邕与其从弟谷谋东奔事为言，实则此事与家在长安与否并无关涉，不能在正反两方作任何证据也。

更就曹操赎文姬之事实言之，曹操所以能赎文姬者，当然主要之可能性为建安十年以后，壤土与匈奴相接，其间并无阻碍，故前此决无赎取之可能，抑亦曹操取邺以后，诸事大定，始有心好整以暇，忆及故人，前此似并无此闲情逸志。其次，匈奴所以能允曹操赎文姬者，非必贪取金帛，亦由曹操破袁氏以后，威震殊方，匈奴不敢不从其求耳，若如诗所述，则文姬入匈奴为未久，即返故乡，是时曹操不惟无从遣使，而且声威亦不足为匈奴所重也。

再就当时情况而言，曹操遣使入匈奴，文姬归时当然随使者同返邺城，万无先到陈留之理，既到邺城，即由曹操主婚，嫁与董祀，其间并无怀吊陈留之余暇，若依诗所记，则由匈奴直返陈留，然后嫁与董祀，竟无曹操之一段安排，此揆情度理之不可通者，然则今传蔡琰《悲愤诗》出于伪托，已无可疑，至于第二首则从第一首词意推衍而出，更不足道。大致五言之盛，始于建安。东汉虽有班固、赵台、刘炎诸诗，然皆朴拙固陋，难言文藻，虽有秦嘉夫妇之诗，亦难断言非出伪托，《悲愤诗》词意兼茂，如真为文姬所作，而早于建安，将在五言诗衍进中，成为不祧之祖，不幸此诗与其事迹竟不相合，是则五言诗除时代不明之十九首外，以文辞论，真当溯自建安诸子矣。

（刊载于《大陆杂志》，第 26 卷第 5 期，1963 年 3 月）

陶渊明行年杂考

渊明年寿最早之材料惟见于萧统之《陶渊明传》，称渊明"自宋高祖王业渐隆，不复肯仕。元嘉四年，将复征命，会卒，时年六十三，世号靖节先生"。从来作渊明年谱行述者咸据此说。然六十三之数与渊明诗文所记，咸不相符。梁启超《陶渊明年谱》，曾列举八事，以证渊明年寿为五十六。古直改订梁谱，作《陶靖节年谱》，定渊明寿为五十二。逯钦立作《陶渊明年谱稿》，亦从古直之说。然五十二之说虽较为后出，而其证据仍多可议，是疏通证明，尚有待也。

考渊明诗文之中，与其年岁相关者，计有：

《归田园居》："少无适俗韵，性本爱丘山，误落尘网中，一去三十年。"①

《游斜川诗序》："辛酉正月五日，天气澄和，风物闲美，与二三邻曲，同游斜川，临长流，望曾城，……欣对不足，率尔赋诗。悲日月之遂往，悼吾年之不留，各疏年纪乡里，以记其时日。"②

《游斜川诗》："开岁倏五十，吾生行归休，念之动中怀，及辰为兹游。"③

《怨诗楚调示庞主簿邓治中》："天道幽且远，鬼神茫昧然，结发念善事，黾勉六九年。弱冠逢世阻，始室丧其偏，炎火屡焚如，螟域恣中田。风雨纵横至，收敛不盈廛。"④

《连雨独饮》："云鹤有奇翼，八表须臾还，自我抱兹独，黾勉四十年。"⑤

《辛丑岁七月赴假还江陵夜行涂中》："闲居三十载，遂与尘事冥，诗书敦宿好，林园无世情。"⑥

《乙巳岁三月将建威参军使都经钱溪》："伊余何为者，勉励从兹役。一形似有制，素襟不可易。园田日梦想，安得久离析。终怀在壑舟，谅哉宜霜柏。"⑦

《戊申岁六月中遇火》："中宵伫遥念，一盼周九天。总发抱孤介，奄出四十年。形迹凭化往，灵府长独闲。贞刚自有质，玉石乃非坚。"⑧

《丙辰岁八月中于下潠田舍获》："曰余作此来，三四星火颓。姿年逝已老，其事未云乖。"⑨

《饮酒二十首》："少年罕人事，游好在六经，行行向不惑，淹留遂无成。竟抱固穷节，饥寒饱所更。"⑩

又："畴昔苦长饥，投来去学仕。将养不得节，冻馁固缠己。是时向立年，志意多所耻。遂尽介然分，拂衣归乡里。冉冉星气流，亭亭复一纪。"⑪

《杂诗》："昔闻长者言，掩耳每不喜。奈何五十年，忽已亲此事。求我盛年欢，一毫无复意。去去转欲速，此生岂再值。倾家持作乐，竟此岁月驶，有子不留金，何用身后置。"⑫

《挽歌辞》："荒草何茫茫，白杨亦萧萧，严霜九月中，送我出远郊。"⑬

《晋书·隐逸陶潜传》："以宋元嘉中卒，时年六十三。"⑭

《宋书·隐逸陶潜传》："潜元嘉四年卒，时年六十三。"⑮

颜延之《陶征士诔》："春秋若干，元嘉四年月日卒于寻阳县之某里。……年在中身，疢维痁疾。"⑯

以上各节所记，多按成数，未必皆是确实数字。且或有版本上异文。萧统之《陶传》，与《宋书》《晋书》属于同一系统，咸认为渊明寿六十三。萧统与沈约同时人，而唐修《晋书》则较后，是六十三之说可推至梁世。然其主要疑点，乃与颜延之诔中所述"年在中身"不符。"年在中身"，用《书经·无逸篇》"文王受命惟中身"成语，注家向来认中身为五十，不可能至六十以上，且颜延之为渊明朋友，及身亲见，自较萧统所知为深切。此为最有力的反证，由梁启超提出来以后，无法反驳。

又梁启超云："与子俨等疏，玩词意当是遗嘱，而仅云：'吾年过五十'。"今按此书原文云：

天地赋命，有往必终，自古贤圣，谁能独免。子夏言曰："死生有命，富贵在天。"四友之人，亲受音旨，发斯谈者，岂非穷达不可妄求，寿夭永无外请故耶？吾年过五十，而穷苦荼毒，家贫弊，东西游走，性刚才拙，与物多忤。自量为己，必贻俗患，俛俛辞世，使汝幼而饥寒耳。常感孺仲贤妻之言，败絮自拥，何惭儿子，此既一事矣，但恨怜靡二仲，室无莱妇，抱兹苦心，良独罔罔。少年来好书，偶爱闲静，开卷有得，便欣然忘食。见树木交荫，时鸟变声，亦复欢尔有喜。尝言五六月北窗下卧，遇凉风暂至，自谓是羲皇上人。意浅识陋，日月遂往，缅求在昔，渺然如何，疾患以来，渐就衰损，亲旧不遗，每以药石见救。自恐大分将有限也。（下略）

此言五十以后大病，预料不起，乃与子书，正与颜延之诔"年在中身"相合。按陶集所收，有《自祭文》，有《命子诗》，有《拟挽歌辞》，皆是预料不起，而先作者。盖据延之所言，渊明乃患痁疾，亦即病疟，渐致虚损，乃始逝世。则渊明此信，政当与自祭文同时，亦即当在元嘉四年丁卯秋间。时年已过五十而未至六十也。

当然，尚可谓此书乃五十余所写，至六十三始逝世。然以自祭文证之，则《自祭文》与颜诔丁卯年相符。而《命子书》五十又与颜诔之"中身"相符。是《命子书》《自祭文》，以及颜诔，皆是丁卯年所作，彼此互证，皆合符节。故梁氏所举此二证皆甚坚强。惟此二证仅能证明渊明年寿，已过五十而不及六十，尚未能定其确数也。

五十至六十间，凡有梁启超五十六及古直五十二两说，五十二说主要根据为《饮酒诗》第十九首，"是时向立年，志意多所耻，遂尽介然分，拂衣归乡里"。然其证实有未确。逯钦立《陶渊明行年简考》云（《读书通讯》第五十期）：

梁谱云："义熙七年辛亥，先生四十岁，祭从弟敬远文，中有相及龆龀语，知先生与敬远年岁相差不远。又有年甫过立语，知敬远卒时仅三十余。若如《宋传》六十三岁之说，则先生是年当已四十七，相及龆龀之敬远，亦当在四十内外，与本文不相应矣。"今案梁谱定渊明是年四十，而敬远三十余，彼此相差，且至九岁。则渊明十二丁忧时，敬远年仅三岁，与"相及龆龀"之语，实亦不合，此一事也。

梁谱又云："先生作彭泽令，旋复弃官，实义熙元年乙巳事，年月具见归去来辞，时先生年三十四也。《饮酒诗》云，'是时向立年，志意多所耻，遂尽介然分，终死归田里'，即叙此事，若先生得年六十三，则彼时已逾四十，不应云立年也。"今案敬远仅三十余，已云"年甫过立"，若渊明此时已三十四，安得称为向立。则梁谱以彭泽去官时为三十四岁，与《饮酒诗》实亦不合，此二事也，此足见梁氏五十六岁之说亦难成立也。

今案梁氏说据渊明祭徒弟敬远文，渊明四十岁时，敬远年甫过立，所谓"年甫过立"者，可指年三十一，亦指三十五，非如逯君所说，不能较三十一多一岁，当渊明十二岁时，敬远定属三岁也。假如渊明十二岁时，敬远年五六岁，又何不可称为"相及龆龀"，据此一端，岂可以驳梁谱乎？再就"龆龀"二字之命意言之。据《韩诗外传》言："男子八月生齿，八岁而龆齿；女子七月生齿，七岁而龀齿。"是龆龀乃男子八岁之事。"相及龆龀"者，明指渊明八岁，敬远始生。若如逯君及古直氏渊明五十二而卒，则敬远卒时，渊明三十六，仅长四岁，便非"相及龆龀"矣。故当渊明十二岁时，敬远年始五岁；渊明四十岁时，敬远方三十三岁，与"年甫过立"亦正相合，假如三十三岁不称"年甫过立"，便将称为"去不惑当有七载"，古今安有如此行文之法乎？因此据渊明祭徒弟敬远文，不惟不可以推翻梁谱，而适足以证明梁谱之不可易。

至于"向立"之义，犹言"近立"，言去三十不远，可指三十以前，亦仍可指三十以后。渊明《饮酒诗》，自吴仁杰起，皆以为在一年中所作。逯君亦从其说，而系其年于义熙十一年乙卯，渊明四十岁时。去辞彭泽令时（时将义熙元年乙巳，逯谱以为渊明三十岁）。凡十载。但《饮酒诗》言"冉冉星气流，亭亭遂一纪"则作诗时去辞官时乃十二年，非十年也。假如照逯君言渊明三十辞官，则作诗时已四十一岁，释"向不惑"为近四十则可，释向不惑为不至四十则不可。若释"向立"为"近三十"，则梁谱三十四岁辞彭泽令未为不合，而《饮酒诗》作于四十五岁称"近四十"亦未为不可也。

又逯君《陶渊明年谱稿》（《中央研究院历史语言研究所集刊》第二十本）云："《论语》：三十而立，四十而不惑，此云'向'者，谦辞；又《饮酒诗》'是时向立年'与此同例。"诚为读书有得之言。然国人叙年岁，以年长为尊，则年长者宜谦言幼，而年幼者不宜僭言长。渊明《饮酒》两诗，言向立者乃三十四，言向不惑者乃四十五，正与谦辞之意相合。然则"向立"一语，不惟不可以推翻梁谱，抑亦可以证梁谱之是矣。

今略依梁谱，排列渊明诸诗文有关年岁如下，盖其中颇有后出之义，非梁谱所能尽也。

晋简文帝咸安二年壬申　渊明生。卒于宋元嘉四年，丁卯。年五十六。

晋孝武帝宁康二年甲戌　渊明四岁，其程氏妹生。《祭程氏妹文》云："慈妣早世，时尚乳婴，我年二六，尔才九龄。"即渊明十二岁，其妹九岁。当长其妹三岁，应在是年生。

晋孝武太元四年己卯　渊明八岁，从弟敬远生。渊明祭从弟敬远文，言"相及龆龀"。"相及龆龀"者，渊明正在易齿，而敬远始生也。故敬远当生于渊明八岁至十岁间，若在渊明八岁以前，即非"相及龆龀"而为"相共龆龀"矣。《祭从弟敬远文》云："岁在辛亥，月惟仲秋。"又云："年甫过立，奄与世辞。"则敬远之卒，当在三十一至三十三之间。

晋孝武太元八年癸未　渊明十二岁。渊明父卒，见于《祭程氏妹文》。梁谱称："慈妣当为慈考之误。"

晋安帝隆安三年辛丑　渊明三十岁，作《辛丑岁赴假还江陵夜行涂中》诗。有"闲居三十载"语。

晋安帝元兴三年甲辰　渊明三十三岁。刘裕讨桓玄，裕行镇军将军，渊明为镇军参军，有《始作镇军参军经曲阿作》诗。

晋安帝义熙元年乙巳　渊明三十四岁。渊明为建威参军，作《乙巳岁三月为建威参军使都经钱溪》诗。

八月将彭泽令，十一月去职。程氏妹卒。

作《归去来辞》，题乙巳年冬。

晋安帝义熙二年丙午　渊明年三十五岁。作《归园田居》，言"误落尘网中，一去三十年"，三十年就成数而言也。

晋安帝义熙三年丁未　渊明三十六岁。渊明作《祭程氏妹文》。文云："义熙三年，五月甲辰。程氏妹服制再周，渊明谨以少牢之奠，俯而酹之。"

晋安帝义熙四年戊申　渊明年三十七岁。作《岁六月中遇火》诗。有"奄出四十年"语，犹言将至四十也。

晋安帝义熙七年辛亥　渊明年四十岁，作《祭从弟敬远文》。文云："岁在辛亥，月惟仲秋，旬有九日，从弟敬远，卜辰云窆。"作《连雨独饮》诗。

晋安帝义熙十二年丙辰　渊明年四十五岁。作《丙辰岁八月中于下潠田舍获》诗。诗中有"曰余作此来，三西星火颓"之句。星火颓，谓大火星西逝，每年一度，至此凡十二年也。作《饮酒诗》二十首，诗中有"冉冉星气流，亭亭复一纪"，亦与此意相同。

宋武帝永初元年庚申　是年夏六月，宋受晋禅，渊明四十九岁。改名曰潜。作《停云》时，有"八表同昏"之语。作《读史述》，在《夷齐》诗中有"天人革命，绝景穷居，采薇高歌，慨想黄虞"之语，在《箕子》诗有"劧伊代谢，触物皆非"之语。《鲁二儒》诗有"易代随时，迷变则愚；介介若人，特为贞夫"之语。

宋武帝永初二年辛酉　渊明年五十岁。正月五日，作《游斜川》诗，有序。诗曰"开岁倏五十，吾生行归休，念兹动中怀，及辰为兹游"等语。五十或作五日，盖浅人因辛酉年据《宋书·本传》则为五十八，不得为五十，遂妄改之。然开岁倏五日，则与下文"吾生行归休"意不相属，自不可为据也。渊明归田园至此已有十六年，但其间非全无再出意，至是年则晋祚已终，义不仕宋，决意不复出仕，遂曰归休矣。逯谱因以为渊明卒于五十二，系此诗于元嘉二年，是岁乃乙丑，非辛酉。不得已乃附会于乙丑年正月五日曰值辛酉。但若以辛酉纪日，当云"正月五日辛酉"，不得曰"辛酉正月五日"序文次序既不可改，自不得谓为纪日也。

宋少帝景平元年癸亥　渊明五十二岁。作五言《答庞参军》诗及四言《答庞参军》，庞时为卫将军王弘参军，奉江陵宜都王（即宋文帝命）使上都。

宋文帝元嘉元年甲子　渊明五十三岁。颜延之为始安太守，道出寻阳，以钱二万贻渊明，渊明以为饮酒之资。

宋文帝元嘉二年乙丑　渊明五十四岁。作《怨诗楚调示庞主簿邓治中》，有"结发念善事，黾勉六九年"之语。六九或作五十，非。盖六九非寻常语，而五十则寻常语。非寻常语自易由俗士改为常语也。

宋文帝元嘉四年丁卯　渊明五十六岁。是年渊明卒。作《拟挽歌词》及《自祭文》。

综前所述，渊明年岁卒于五十六，凡渊明之文字皆可排入，无复疑问。且皆一照通行本原文，无庸改字。若按旧说六十三，困难一一排入，而排古逯二氏说，亦多所牵强。至梁说最生问题者，为"相及龆龀"一语，今则"相及龆龀"反为五十六之确证，其他则更无需疑虑矣。

（刊载于《自由学人》，第 1 卷第 3 期，1956 年 10 月）

《桃花源记》偶记

看到"中副"九月底那篇《谈报纸的学术批评风气》，讲到《桃花源记》问题，引到陈寅恪先生的《〈桃花源记〉旁证》，并谈到金发根君《永嘉乱后北方的豪族》。陈先生是我的老师，在他写那篇时候，我还特别到清华听他的功课（那时我已在北大毕业，所以并无学分）。他讲的还有那篇文章以外的意见，而金君的那本书也是由我指导而作成的。我对于陈先生这篇早已读过了许多遍。不错，陈先生的《〈桃花源记〉旁证》是近三十年学术界一篇大文章，关于坞堡问题，真是发千载之覆，但也只有坞堡问题才是这篇文中精华所在，桃花源问题不过装饰而已。因此，陈先生既已探骊得珠，我们就不必再刻舟求剑。

《桃花源记》的性质只有两个可能，记实或小说（即 non-fiction 或 fiction），如其是记实，就得承认"嬴氏乱天纪"的嬴秦时代，及捕鱼为业的武陵人，都是实事，一点不可更改，如其可以更改，那就是小说而非记实。小说可以有真的背景，但小说的背景并非仅仅限于一个，决不能根据其中一个可能的背景而排斥其他的可能。

《桃花源记》在文学上是一个成功作品（胡适之先生认为是中国第一篇成功的短篇小说），陶渊明的手法非常高明，其中包括许多复杂的因素，使人看来什么也是，什么也不是。依照陈寅恪先生的看法，《搜神后记》是陶渊明所作，并非伪书，而《桃花源记》也收在里面。就此一点来看，其中是否神仙故事，便有考虑的余地。在桃花源中有"自云先世避秦时乱"一语，此篇简明，无一字虚设，说"云先世避秦时乱"，语意已足，把"自云"二字加上，便是疑辞。苏东坡虽然说杀鸡作食，岂有仙人而杀

481

者乎？但既属仙人，便擅幻术，鸡未必是真鸡，杀亦未必是真杀。诚然，一定说只是神仙故事，了解便涉浅薄，在陶氏原意之中，当然有其理致在内，有意的涉笔于神仙与非神仙之际，笔调自然显出空灵，也就增加了内容的复杂性，使人一时难以揣度。也许陶氏在实事背景与神仙设想之外，别有一种哲学思想，但这是在表面上所看不到的。

这也许是我的偏见，我是不希望把桃花源放在豫西崤函之际的。这一带在陇海铁路尚未完工以前，我曾经坐骡车往返于西安和观音堂之间，我的印象这一带都是干枯的黄土峡谷，除去灵宝县还有些白杨和枣树以外，没看到桃花，尤其是一点竹子也没有。"良田美池，桑竹之胜"，总觉得放在长江流域，心里才比较合适。诚然在黄河流域，坞堡众多，并不仅一个檀山坞，但就文中风景而言，我是喜欢把它向南搬一下，心里才舒服些。这一点对于坞堡理论不是重要问题，我想可以不必斤斤计较的。真的，对于前辈的理论，也似乎不必像两汉博士传授那样墨守，丝毫不许移动。就在东汉时期，郑玄对于马融，也间或偶出自己的意见，不曾有人批评过。何况到了今日，眼看别人日进千里之时，我们自己似乎更不必只许崇拜权威，不讲是非，来阻塞学术进步之路。

至于《桃花源记》的根据出于多元一事，陈先生也曾把王隐《晋书》所举的刘驎之入衡山采药一个故事，认为是其中来源之一。刘驎之入衡山采药，和刘晨入天台山采药，依照比较民俗学的方法看来，当然是同类型的故事。所以我们也不必深固闭绝，陈先生亦不至如此固执，一定认为只有实事记载的一个可能，对于其他可能相涉的故事，不必再加理会的。

龚定庵《己亥杂诗》："陶潜酷似卧龙豪，万古浔阳松菊高，莫信诗人竟平淡，二分梁甫一分骚。"这几句可谓知言。

不过陶渊明的诗是有两种不同的方向的，一种平淡，另一种激昂。在标准的后一种中，如同《拟古》的"辞家夙严驾，当往至无终。问君今何行，非商复非戎。闻有田子泰，节义为士雄，斯人久已死，乡里习其风"。这里却比较可以认为对于坞堡的怀念。坞堡的聚集，在汉末动乱时已经发展了一些规模，到永嘉之乱，全国民族大移转，在中国北方更成了一种主要的团结力量，祖逖击楫渡江，只得到晋元帝少数援助，后来成为中州重镇，使石勒不能展尺寸之长，还不是靠着坞堡中的民众？渊明以名臣之后，生不逢辰，当易代之时，虽然不能"军次石头"，又何尝不可作"佛佾中牟"之想？及至时移世易，归去田园，在人生经验及道佛哲学之中，悟出全凭主观信念，亦"饥食首阳薇"，可以自作夷齐。所以在《五柳先生传》自称为"无怀氏之民欤，葛天氏之民欤"，根本不承认那个非法政府的存在。这也就是他的另外一种体裁，趋于平淡的由来。这种特殊的体裁，特殊的风格，特殊的趋向，对于当时从曹子建、陆士龙以至于谢康乐学来的风格都是一种反叛。也无怪高手的批评家钟嵘还不能欣赏。

拿这一点去了解《桃花源记》，虽然可能他在各处的不同来源得到灵感，但最重要的还是两点．第一点是《老子》中"甘其食，美其服，安其居，乐其俗，鸡犬之声相闻，民至老死不相往来"这个原则，并不需要任何的学理；第二点就是依照他自己所住的栗里，就地取材。他设想他自己就是桃花源中的人，"耕种有时息，行者无问津"，并不要什么"问津者"。

《桃花源记》中的名物，桑、竹、蚕、桃、鸡、犬、阡陌，都一一可以在《归园田居》诗中找到。而"漉我新熟酒，只鸡招迫局"，正是"设酒杀鸡作食"的注解，"虽有荷锄倦，浊酒聊自适"，"归人望烟火，稚子候檐隙"，也正指"黄发垂髫，并怡然自乐"。所以"男女衣着，悉如外人"，正是要点明"远在天边，近在眼前"，如其作"悉异外人"，不惟依照校勘学的原则，决不容许；而且如此一改，行文立刻显着板滞，无异点金成铁，就选文立场来说，也不能容此一改。

坞堡的形成，是由于流民的移荡，而五胡暴政，石虎赫连勃勃更甚于苻生。刘子玄说"秦人不死，知苻生之厚诬"，虽据传闻，亦有多少事实。所以"嬴氏乱天纪"的"嬴氏"和谢康乐诗"秦帝鲁连耻"的"秦"是同指刘裕的。只是康乐还做过"玉玺诚诚信，黄屋示崇高"的诗，而渊明就始终不合作。《咏荆轲》诗所言"飞盖入秦庭"，也意中指的那个"秦"（《咏三良》也指的那个"秦"，或是指王镇恶、王修、沈田子的事）。朱晦庵称渊明"自豪放得来"，确实不错，并且还可以看出"豪放"和"平淡"方向不同，仍是从一个出发点引出的。

《桃花源记》的来源，可能出于渊明自纪，陈先生当时也有过这个想法，并推断陶氏祖先可能为湘楚渔人。后来因为证据不够，未多为引申。并且为强调坞堡中的兴趣事项，把《桃花源记》也用上去。但现在看来，渊明拿自己经验，以及自己的感想，作为小说中的材料，也并非全然不可能的。

如其把以上的哲理因素和政治因素加上去，那就不难知道渊明为什么那样去做一个清苦的隐士，以及为什么他的行为和他的诗体那样别成一格。他是无意成名的，他也不曾想到他的文学史地位到了后世会变的那样高。只要明白他的特殊性和一致性却是少有先例的，这样对于他的作品就可以多一番了解了。

（刊载于《"中央"日报》，1969 年 11 月 13—14 日）

李商隐诗之渊源及其发展

（一）绪言

中国诗的技巧，到了盛唐的时期，发展成为一个高峰。其中尤其是杜甫的诗在"语不惊人死不休""老去渐知诗律细"的原理之下，创造了许多的法则。但是杜甫的文学上的动机，仍是为文学而文学的，本来文学的本质还是不出于"文采"和"文辞"，其中诗的目的不过是"创造幻境"，小说的目的不过是"说故事"。历来的文学虽然都可以"载道"，但载道只是文学的功用，而非文学的目的。犹如科学的功用虽然可以做出种种机械的工作及合成的物品，而科学的目的却只是为真理的发现，并不涉及将来的应用。杜诗的伟大是由于取材的丰富，可以为后世取法之处实在太多，决不是杜诗的伟大只是因为他专"包括政治的衰亡，社会的杂乱，饥饿贫穷的痛苦，战争徭役的罪恶，来一个黑暗的暴露与同情的表现，因而他的作品变成了历史，变成了时代生活的镜子（《中国文学发展史》所说）"。因为照这样来讲，只有劝善文、诉冤状，才是文学，只有对于某一些人有利害的关系才是文学，其余的无论文学上造诣如何高，影响如何深，都不是文学。举例子来说，《诗经》中只有"天实为之，为之何哉"一类的句子才算文学，而"萧萧马鸣，悠悠旆旌"一类的句子，就不算文学。杜甫的《兵车行》《石壕吏》、前后《出塞》一类的诗，在反对战争时，才算文学，在鼓励民心士气时，就不算文学。照这种看法，文学没有本身的目的，也没有永久的价值，只有依照应用时的需要程度来判断。这是对于文学及科学的态度来说，都是同样不对的。所以文学是无声的音乐，音乐是有声的文学。文学是以高超的技巧，用文字作工具，而转移强烈的情感，传递给一切的人，使别人也得到感情上的共鸣。至于传递的感情是那一种，那却与文学的优劣无关。

这一个看法，虽然和为人生的文学（所谓"普罗文学"也是其中的一种，只是更为偏激而已）完全不同，但也和艺术至上论也不一致。艺术至上论中走极端的唯美主义，承认美就是文学的目的和功用，而文学只是象牙之塔中隐者所有的放纵和欢乐。我们现在的看法，文学只是一种表现的技术，将强烈的情感与深刻的意象导给与人。至于情感和印象属于那一方面，那就在文学的目的上，可以不必追问。但是谈到文学的本质，虽然不必追问其应用，而文学产生以后，却自然的也发生了应用。文学的应用当然不是置身艺术之宫而孤芳独赏，只是应用在文学上属于第二层次，犹之乎工业应用在科学属于第二层次罢了。所以不可以拿应用来批评文学的优劣，但也不可以说文学的最高目的不含着应用，因而文学就没有应用一端。换言之，我们决不可以凭应用的方面，来批判文学的价值；但为了应用，我们却要好的文学。也就是既有了好的文学，自然会接触到应用问题。

文学是多方面的，文学的技巧与修养都应当取材广博，而不能以小小的天地来范围自己，因而我们就过去的精神遗产来说，就应当以纯粹客观的态度，来处置过去所有的一切。凡是有价值的，都应当加以尊重。我们知道在诗的方面，唐代是一个重要的时期，唐代杜甫是一个最重要的人。至于从唐代影响到后代，尤其从晚唐到宋，李商隐是把杜诗间接传达的一个人，因而我们就得注意到李商隐在文学史的重要性。

（二）李商隐诗的影响

李商隐是一个学杜甫而最成功的人。在晚唐诗人百家众体之中，他可以说是晚唐诗人的领袖。从杜甫以后，元白浅近而李贺雕琢，只是各具一体，只有李商隐能汇集群流，蔚为大国。到了宋代初期，杨亿、刘筠、钱惟演等同入馆阁，以李商隐的诗体为主。他们唱和的诗收入《西昆酬唱集》中，后人因指李商隐以后的诗体为西昆体。其实西昆之名始于宋，唐

人只称李商隐诗为"三十六体",自西昆之名为宋人所通用,因称李诗也叫做西昆体了。元好问诗云:

> 望帝春心托杜鹃,佳人锦瑟怨华年。诗家总爱西昆好,独恨无人作郑笺。

此诗中的西昆,正是指李商隐诗而言,并非指后世的西昆体。不过李商隐诗在宋初势力极大,而当时诗坛,全为他的体裁所笼罩,这是实情。

到了石介作《怪说》,提出了五帝三王之道来攻击西昆体,于是宋代文学的趋向才开始转变。不过宋朝一代文宗是欧阳修,后来大文豪苏轼、黄庭坚、王安石等大都为欧阳修的继承者。实际上欧阳也是曾致力于西昆,后来才加以变化。在欧公集中尚可窥见其痕迹。又《四库全书总目〈西昆酬唱集〉提要》云:

> 其诗宗法唐李商隐,词取妍华,而不乏兴象,效之者渐失本真,惟工组织,于是有优伶掯扯之戏。石介至作《怪说》以刺之,而祥符中遂下诏禁文体浮艳。然介之说,苏轼尝辨之。真宗之诏,缘于《宣曲》一诗有"取酒临邛"之句。陆游《渭南集》有西昆诗版,言其始末甚详,初不缘文体发也。其后欧、梅继作,坡、谷迭起,而杨刘之派遂不绝如线,要其取材博赡,练词精整,非学有根抵,亦不能镕铸变化。自名一家,亦未可轻诋。《后村诗话》云:"《西昆酬唱集》,对偶字面难工,而佳句可录殊少,宜为欧公之所厌。"又一条云:"君仅以诗寄欧公,公答云:'先朝刘杨风采,声动天下,至今使人倾想。'岂公特恶其碑版奏疏,其诗之精工稳切者自不可废欤?"二说自相矛盾,平心而论,宜以后说为公矣。

《提要》所称是对的。义山诗体从表面看来,颇伤浮艳,但浮艳只是义山诗体的一端,而从另一角度来看,义山诗体还有镕经铸史、下笔千钧之处,而为晚唐一般诗人所不及。即就杨刘诸人而言,虽只取义山艳体一类，但其用心不苟，亦是为当时师法。此欧公所不能否定，也不必讳言之处。王安石深恶西昆体，在《张刑部诗序》中云："杨刘以文词染当世，学者迷其端原，靡靡然穷日力以摹之。粉墨者朱，颠倒庞杂，无黼黻文章之序，其属情藉事，不可考据也。"反对西昆甚为激烈。但实际说来，他的诗裁峻拔峭直，还是受到了反对西昆体的启发，也就是未尝脱离了西昆体的影响。此后宋代各家，虽面目各有特征，但有一点和晚唐其他各家不同之处，即不论说情说理决不轻率遣词。从北宋晚期以后，大都宁失之涩，不失之滑，此自义山师法，也是义山影响宋诗极为深远之明效。自明清以来，学李义山诗的虽然只是有限的几家，但是李义山诗却是家喻户晓，而李义山诗流行的广泛，亦不下于李杜二家。除去词的发展，到南宋长调盛行，其中尤其梦窗词深受义山衣钵真传之外，而诸家诗法也大都是表面学杜，而实际从李义山入手。清代同光以后江西诗体大为流行，但同时李义山的被人注意，也比较加深。张孟劬先生的重要著作：《玉溪生年谱会笺》，也正是同光以来诗学北宋，词宗南宋风气下的结果。

为着明了近百年的历史，明了近百年士大夫的思想及其心情是一个非常重要的工作。为着明了他们的心情和性格，就应充分欣赏近百年的文学著作，如其不然对于明了近百年思想，有时终不免有些浮光掠影，不尽切当。尤其对于近百年来诗词有深切关系的李义山，更应当作一个渊源的工作。

（三）李商隐诗的渊源及对于李商隐的影响

李商隐主要是学杜的，其中被人注意的如《锦瑟》《无题》诸诗，虽然属于学杜的别体，但仍然出于杜诗。就《锦瑟》一诗而言，此诗向来列于李商隐诗集的第一篇，可能义山自订诗稿时已是如此。此诗叙述其生平得意与失意以及诗的创作，虽然隐约其辞，实际上还是一篇自序。而其中"锦瑟"二字，实亦出于杜诗。

杜甫《曲江对雨》：

　　　城上春云覆苑墙，江亭晚色静年芳。林花著雨燕脂湿，水荇牵风翠带长。

    龙武新军深驻辇，芙蓉别殿谩焚香。何时诏此金钱会，暂醉佳人锦瑟旁。

义山诗中屡言锦瑟。虽然与杜诗锦瑟不尽相同，但仍然还是有若干关联的。再看李义山的《锦瑟》诗：

    锦瑟无端五十弦，一弦一柱思华年。庄生晓梦迷蝴蝶，望帝春心托杜鹃。

    沧海月明珠有泪，蓝田日暖玉生烟。此情可待成追忆，只是当时已惘然。

这两首的相同处都是不大可以了解。只是杜甫有家国之思而义山的《锦瑟》诗却不是。《锦瑟》诗情致迷离，构成了一个幻境，这种幻境正和诗的境界是非现实的，正相符合，因而不必过分的追问。最重要的两句还是"此情可待成追忆，只是当时已惘然"。这就说明了诗意构成的经过。诗的根据是一种强烈的感情，但却用一种含蓄的方式表现出来。有强烈的感情才能引起别人强烈的共鸣。用一种含蓄的方式，也就是《礼记》所称的温柔敦厚。《锦瑟》诗充分表现了温柔敦厚之意，用比拟的法则，说明了他生平的遭遇，来表示他的生命和他的创作是不可分的。而最后两句来说明创作与情感的关系。这就形成了他的诗序，而"锦瑟"二字也就成为他的作品的象征。

    义山诗是学杜的，因而有些诗充分留着杜诗的形式，如《二月二日》：

    二月二日江上行，东风日暖闻吹笙。花须柳眼各无赖，紫蝶黄蜂俱有情。

    万里忆归元亮井，三年从事亚夫营。新滩莫悟游人意，更作风檐夜雨声。

至于学杜诗的气势和力量的，如《重有感》：

> 玉帐牙旗得上游，安危须共主君忧。窦融表已来关右，陶侃军宜次石头。
>
> 岂有蛟龙愁失水，更无鹰隼与高秋。昼号夜哭兼幽显，早晚星关雪涕收。

如《定安城楼》：

> 迢递高城百尺楼，绿杨城外尽汀洲。贾生年少虚垂泪，王粲春来更远游。
>
> 永忆江湖归白发，欲回天地入扁舟。不知腐鼠成滋味，猜意鹓雏竟未休。

自然，其中终不免加入他自己的成分。不是每一个字都如同杜甫的苍劲。

当然，凡是任何一个唐人都深入六朝气息的，例如《泪》：

> 永巷长年怨绮罗，离情终日思风波。湘江竹上痕无限，岘首碑前洒几多。
>
> 人去紫台秋入塞，兵残楚帐夜闻歌。朝来灞水桥边问，未抵青袍送玉珂。

这首诗表面是一个七律，而实际是仿照江文通的赋，做成了一首诗。因而其中的排比，还是目的在敷陈著名的事实。倘若想就所举的事实而认为悼李德裕，当然是可以的，不过不去追求，也是一首好诗。

义山诗也有学韩愈的，如著名的《韩碑》，便显然的师法文公，并且冯浩也曾经特别重视此诗，置于全卷之首。但这究竟是一个仿效之诗，没有他自己的成分，因而也无法过分推重。我们总觉得与其说义山受韩愈的影响大，不如说他受李贺的影响更大。李贺虽然是韩愈激赏的人，但他的诗格却是自辟途径，受到韩愈的影响不大。李贺诗中最有成就的是七言古诗。他的七言古诗是具有六朝表面，但却对于铸词和命意都是钩深致远，决不以轻率的态度去应付，因而每一句都是非常费劲去做的。这种费力去做诗，虽原有孟郊贾岛开其先河，但在晚唐人之中只有李义山做的最彻底，而做底方法还是和李贺有直接关系，并且深深的影响宋人，以至于江西诗派。

李义山七言古诗之中，类似李贺体的颇为不少。其中《燕台诗》因为他自己非常得意，曾为此诗创作一个"柳枝"的故事。实际上有无此故事，在可信与不可信之间。不过《燕台诗》是他得意的重要作品，却在此可以证明。因而为着讨论义山七古，却不能不举出《燕台诗》。

《燕台诗》的原诗为：

　　春

　　风光冉冉东西陌，几日娇魂寻不得。蜜房羽客类芳心，冶叶倡条遍相识。暖蔼辉迟桃楼西，高鬟立共桃鬟齐。雄龙雌凤杳何许，絮乱丝繁天亦迷。醉起微阳若初曙，映帘梦断闻残语。愁将铁网罥珊瑚，海阔天宽迷处所。衣带无情有宽窄，春烟自碧秋霜白。研丹擘石天不知，愿得天牢锁冤魄。夹罗委箧单绡起，香肌冷衬琤琤佩。今日东风自不胜，化作幽光入西海。

　　夏

　　前阁雨帘愁不卷，后堂芳树阴阴见。石城景物类黄泉，夜半行郎空柘弹。绫扇唤风阊阖天，轻帷翠幕波洄旋。蜀魂寂寞有伴未？几夜瘴花开木棉。桂宫流影光难取，嫣薰兰破轻轻语。直数银汉堕怀中，未遣星妃镇来去。浊水清波河异源，济河水清黄河浑。安得薄雾起缃裙，手接云軿呼太君。

　　秋

　　月浪衡天天宇湿，凉蟾落尽疏星入。云屏不动掩孤嚬，西楼一夜风筝急。欲织相思花寄远，终日相思却相怨。但闻北斗声回环，不见长河水清浅。金鱼锁断红桂春，古时尘满鸳鸯茵。堪悲小苑作长道，玉树未怜亡国人。瑶琴愔愔藏楚弄，越罗冷薄金泥重。帘钩鹦鹉夜惊霜，唤起南云绕云梦。双珰丁丁联尺素，内记湘川相识处。歌唇一世衔雨看，可惜馨香手中故。

冬

天东日出天西下，雌凤孤飞女龙寡。清溪白石不相望，堂中远甚苍梧野。冻壁霜华交隐起，芳根中断香心死。浪乘画舸忆蟾蜍，月娥未必婵娟子。楚管蛮弦愁一概，空城罢舞腰支在。当时欢向掌中销，桃叶桃根双姊妹。破鬟倭堕凌朝寒，白玉燕钗黄金蝉。风车雨马不持去，蜡烛啼红怨天曙。

这首诗一看就会觉得是倾城绝艳，光采照人，而意义颇难索解。冯浩称"神味原本楚骚，文心藉以疏瀹"，这是对的。不过从表面看来，多言仙女事，因而他疑心"有所恋于女冠"。而今人言李义山对于女道士的情爱，也可以说溯本于此。不过似乎不应如此解释。因为命题和内容，有一个绝大矛盾，命题为《燕台诗》，而诗中所用典故，皆为江淮以南之事。这两点不免南辕而北辙。尤其"蜀魂寂寞有伴未？几夜瘴花开木棉"显然是指岭南地方。蜀魂是典故，而瘴花与木棉，却并非用典，而是实指一个贬谪之处。所以决不可能是李义山个人的恋诗，却应当是有所追悼。张孟劬先生以为吊杨嗣复之辞，可能近似。因为杨嗣复（文宗时宰相）之父于陵生于河朔，其后嗣复又坐贬潮洲，与燕台及木棉皆可相关。又嗣复姓杨，为隋朝同姓，而"玉树未怜亡国人"一句亦有着落。但其中有皇帝及妃子的典故，那就应当是指文宗及杨贤妃，为正当甘露之变以后，所以辞旨不能不隐约；追悼李德裕的"万里风波一叶舟"也是同样表现方法。所以李义山诗确有些有关政治部分。不过他的诗晦涩部分太多，不应当全指为有关政治，也不必说都是无关政治。至于柳枝故事，可能是义山故为掩饰的了。

当然，义山诗中也有颇成问题的，如：

松篁台殿蕙兰帏，龙护瑶窗凤掩扉。无质易迷三里雾，不寒长着五铢衣。

人间定有崔罗什，天上应无刘武威？寄语钗头双白燕，每朝珠馆
几时归？（《圣女祠》）

白石岩扉碧藓滋，上清沦谪得归迟。一春梦雨常飘瓦，尽日灵风
不满旗。

萼绿华来无定所，杜兰香去未移时。玉郎会此通仙籍，忆向天阶
问紫芝。（《重过圣女祠》）

相见时难别亦难，东风无力百花残。春蚕到死丝方尽，蜡炬成灰
泪始干。

晓镜但愁云鬓改，夜吟应觉月光寒。蓬山此去无多路，青鸟殷勤
为探看。（《无题》）

这一类的诗，在李义山集中是要占一个分量的。大部分是用着极美的辞
藻，含极深的意境，而内容却是不可强为解答。我们无法断定为是否淫奔
之诗，我们也不必断定是否淫奔之诗。因为作诗是一回事，而欣赏诗另外
是一回事。诗是要表现真挚的性情的，李义山诗却都是一往情深。"春蚕
到死丝方尽，蜡炬成灰泪始干"，是如何的用情专一和坚定。后来词人的
"衣带渐宽终不悔，为伊消得人憔悴"的成功在此；"似此星辰非昨夜，为
谁风露立中宵"，其成功亦在此。所以秦风"蒹葭苍苍，白露为霜，所谓
伊人，在水一方"固然是非常真挚；甚至郑风"子惠思我，褰裳涉溱，子
不我思，岂无他人"也相当天真；而"唐棣之华，翩其反尔，岂不尔思，
室是远尔"，就有些说谎了。诗教是温柔敦厚之教，只要合于温柔敦厚的
条件，三百篇虽郑卫不遗，我们读诗是随处可以以意逆志，不以文害辞
的，诗可以兴，可以观，应当照着纯净无疵的理想去观察，那么《国》就
自然好色而不淫，《小》虽就自然怨诽而不乱，而全三百篇也就自然可以
思无邪。这不仅是对于三百篇的看法，也是对于楚辞的看法，也是对于李
义山诗的看法。

（刊载于《幼狮学报》，第 1 卷第 2 期，1959 年 4 月）

李商隐《燕台诗》评述

　　李商隐的《燕台诗》，是几首神秘而难解的诗。但是读者虽然读过后似懂非懂，诗中含着的特殊的美却仍然可以充分表达。原诗为：

　　春
　　风光冉冉东西陌，几日娇魂寻不得。蜜房羽客类芳心，冶叶倡条遍相识。暖蔼辉迟桃树西，高鬟立共桃鬟齐。雄龙雌凤杳何许，絮乱丝繁天亦迷。醉起微阳若初曙，映帘梦断闻残语，愁将铁网胃珊瑚，海阔天宽迷处所。衣带无情有宽窄，春烟自碧秋霜白，研丹擘石天不知，愿得天牢锁冤魄。夹罗委箧单绡起，香肌冷衬琤琤佩，今日东风自不胜，化作幽光入西海。
　　夏
　　前阁雨帘愁不卷，后堂芳树阴阴见。石城景物类黄泉，夜半行郎空柘弹。绫扇唤风阊阖天，轻帷翠幕波洄旋。蜀魂寂寞有伴未？几夜瘴花开木棉。桂宫流影光难取，嫣薰兰破轻轻语，直教银汉堕怀中，未遣星妃镇来去。浊水清波何异源，济河水清黄河浑。安得薄雾起缃裙，手接云軿呼太君。
　　秋
　　月浪衡天天宇湿，凉蟾落尽疏星入。云屏不动掩孤嚬，西楼一夜风筝急。欲织相思花寄远，终日相思却相怨。但闻北斗声回环，不见长河水清浅。金鱼锁断红桂春，古时尘满鸳鸯茵。堪悲小苑作长道，玉树未怜亡国人。瑶琴愔愔藏楚弄，越罗冷薄金泥重。帘钩鹦鹉夜惊

霜，唤起南云绕云梦。双珰丁丁联尺素，内记湘川相识处。歌唇一世
衔雨看，可惜馨香手中故。

　　　　冬

　　天东日出天西下，雌凤孤飞女龙寡。清溪白石不相望，堂中远甚
苍梧野。冻壁霜华交隐起，芳根中断香心死。浪乘画舸忆蟾蜍，月娥
未必婵娟子。楚管蛮弦愁一概，空城罢舞腰支在。当时欢向掌中销，
桃叶桃根双姊妹。破鬟倭堕凌朝寒，白玉燕钗黄金蝉。风车雨马不持
去，蜡烛啼红怨天曙。

　　这四首诗实际是一个整篇。由四种变化的章法来表示四时不同的情
感。读后能了解词意固然好，如在似了解非了解之中，也会感觉到这是四
部乐章的音乐，在每一部乐章之中，音节上及情感上有不同的变化。美丽
的词藻，恰当的比拟，惊人的幻想，交织成为一串一串的警句。读者除去
领会中心意识而外，原不必在一字一句之中，去追求所实指的事物。这诗
的原作者并未曾希望读者能够完全了解，因此读者自无需完全了解。各人
仅可就各人的思索来意会这一篇诗。各人的思索本来无需完全符合作者的
原意，在任何一件艺术成品之中，"郢书燕说"并不见得一定是一件坏事。
尤其是带着神秘气氛的作品，作者原意也就多少希望读者来"郢书燕说"。

　　当然，这篇诗的中心意义还是可以了解的。这诗的中心意义当然是
"闺怨"，而闺中怨望心情的描绘，却是第三者的口气写出，并非闺人自己
的语调，因此其中的境界，也自然成为"无我之境"。假如读者不仅以欣
赏诗中的词华为满足，更希望了解诗中所表现的命意，那就可以追求到，
这首诗所代表的是唐代晚期，亦即九世纪时环境之下，一个天才诗人所设
想的闺中情感，这种情感是具有一般性的，虽然可以符合于某一个特定的
人，究竟不必以某一个特定的人为限。尤其原作者未曾说明是某一个特定
的人的时候，做一种索隐式猜谜，虽然有时可以多少满足某一些读者的渴
望或悬想，但这只是诗的欣赏以外的事，对于本诗的了解，不一定有多少
益处。

　　因此，假如你有心去和"《锦瑟》《无题》作郑笺"，你却无需乎枉抛

心力去猜谜，一心去追索诗中的女主人是谁，是贵家姬妾，是女道士，是小家碧玉，是和原作者有一面之缘，还是和作者有更深的关系。我们在一切都未能了解，而且也不可能了解的时候，我们不妨认为原作者是为做诗而做诗，除去和诗的欣赏有密切关系的以外，其他部分都是次要。

这一篇诗是有地域的背景的，其地域的背景是江淮及江淮以南，其中如：

> 石城景物类黄泉——石城用莫愁故事。
>
> 蜀魂寂寞有伴未——蜀魂用望帝故事。
>
> 几夜瘴花开木棉——瘴与木棉皆岭南景物。
>
> 玉树未怜亡国人——玉树后庭花用陈后主故事。
>
> 唤起南云绕云梦——南云指南方之云，云梦在荆楚。
>
> 内记湘川相识处——湘川指湘水之滨。
>
> 青溪白石不相望——青溪在建康。
>
> 楚管蛮弦愁一概——楚管蛮弦为南中景色。

这许多可以指实的地方色彩，是不妨认为诗中女主人是在南方的，假如再检查诗中北方地方色彩，如"济河水清黄河浑"，就知道北方地名偶一采用一二，不过不如南方地名那样多罢了。再诗题"燕台"，更是标准的北方。所以诗中忽南忽北，正是原作者故弄狡狯，无意将谜底告人。但是纯就诗中景物的传统来说，显然的，楚辞的景物是以南方为背景，而南朝诗人的诗，也以南方为背景。李商隐的诗虽溯源甚多，但除老杜以外，近则李长吉（李长吉诗也深受楚辞及南朝的影响），远则南朝诸作者，都对他有极大的影响。因而南方的景物，对他的诗，更有极大的适合。

唐诗中的南方影响，本来是没有多少疑问的。因为自晋室南渡之后，中原文化移转而来，东晋及南朝时代的诗人，的确是南方还比北方为重要。尤其南方的雨量和温度均远胜北方，均有助于南方农业的开发，加以江海运输的便利，更增加南方经济的重要性。再加上南方自东晋刘宋以还，一般说来只有小战而无大战，对于南方的安定及经济的发展，补助更大。隋代平陈，在军事上是北方战胜了南方，在文化上却是南方更超过了北方。隋炀帝的亡国，留恋江南是一个大原因，但唐代建国以后，从上到下，仍显然的无法脱离南方文化的因素，并且还有日就增加的趋势。

"初唐四杰"的诗是深受徐陵庾信的影响的，而盛唐的李杜还是出入于南朝诸家。到了大历、长庆，虽然走向极端雕琢或极端不雕琢两个路线，但元白之风到杜荀鹤而索然气尽，雕琢之风自孟郊、贾岛以至李贺已成大观，李商隐更以才华特胜，语意精练，成为一时重镇。至宋代初年，杨忆、钱惟演诸人更取法义山，奠定了西昆的风格。其后黄庭坚、陈师道等虽特树宗风，形成了宋诗的中坚，但其出言不苟，立意求新，和李商隐的作诗方法，仍是貌异心同。这种诗的作法，再转化为南宋的词，而梦窗、玉田，更为其后劲。

诗的雕琢与不雕琢，其分别并不在于白话和文言，而是由于基本态度之殊异。元白有意为载道之文，而李贺李商隐则完全不同。不惟驴背寻诗不是为着载道，就是"此情可待成追忆，只是当时已惘然"也不是为着载道。艺术诚然不能完全脱离人生，但通过艺术的技巧来表现出来的人生，不论是否获得人们心灵的共鸣甚至获得人们的眼泪，但这种"人生"是经过夸张以及改造过的。决不会和真实的人生，铢两悉称。所以艺术就是艺术，从艺术的角度来表现的人生，仍然是艺术。号称载道的文章，或号称"为人生"的艺术，其中的基本意义，却是"道"而不是"文"，纵然拿艺术来装饰一下，其中艺术的地位也不过是"装饰"罢了。诚然，我们不能说李商隐的作风，就是做诗的标准作风，但其艺术至上的观察，却是对的。

以下，再将四首诗的内容，作一个概括的叙述，其中所用典故，自朱鹤龄、冯浩等已有所笺证，今不多为叙及，以省篇幅。

第一首，春。以女主人的姿态，及春日的环境为主，而加以描述。其中故意表现见而复去，去而仍思，含着有余不尽之意。

第二首，夏。在万分难得相见之时，在炎天月下见到一面，仍然不能成为情侣。"手接云軿呼太君"，指女主人的母亲。前人认为仙女，误。

第三首，秋。不能相见，仅能以函札通款素，其情意可从李商隐别的诗中找出同样的情调。一、《春雨》："怅卧新春白袷衣，白门寥落意多违。红楼隔雨相望冷，珠箔飘灯独自归。远路应悲春晼晚，残宵犹得梦依稀。玉珰缄札何由达，万里云罗一雁飞。"二、《无题》："来是空言去绝踪，月斜楼上五更钟。梦为远别啼难唤，书被催成墨未浓。蜡照半笼金翡翠，麝熏微度绣芙蓉。刘郎已恨蓬山远，更隔蓬山一万重。""玉珰缄札""梦为远别""书被催成"，都是同样的情调。

第四首，冬。从冬寒衬托极端相思的情绪，其中字句都非常精练，作前三首的一个结束。

读罢这四首，每一句是可以了解的。句与句相接，有时意义转觉晦涩，但无论如何，还可以看出整篇文字的美，使读者领会文学上另外一个新的境界。我们应当认识一篇诗和一章音乐和一幅画一样，有时只能得到一个大致的意念，而这个意念，并不必各个人都相同。此外凡是代表意义比较复杂，而内容深刻的作品，往往都是艰深而晦涩的作品。这种艰深而晦涩的作品，在欣赏上所获的多寡，也看每个人的修养来决定其不同的程度。

（刊载于《文学杂志》，第 1 卷第 1 期，1956 年 9 月）

《李商隐评论》所引起的问题

元好问《论诗》绝句云："望帝春心托杜鹃，佳人锦瑟怨华年。诗家总爱西昆好，独恨无人作郑笺。"这是指李商隐诗而说的，其中所代表的意义，可以说兼具讽刺和称赞。自宋代初期以来，凡是读诗和作诗的人，几乎无人没有注意过李商隐诗。而受过李商隐诗影响的，也不限于所谓《西昆酬唱集》以下的支流遗绪。宋代江西诗派诸老的诗，虽然表面上与西昆并非一致，实际在方法上还是自西昆脱胎换骨而来。这是章实斋所说的貌异心同。甚至明代前后七子，标榜诗学盛唐，也不是绝对不从李商隐诗间接学杜。所以李商隐在后代诗坛中，在杜甫以下的系统里，实具有仅次于杜甫的地位。只因为李商隐负轻佻之名，而其诗中的美人芳草，亦多无从索解，因而过去评估诗人地位者，多不肯过分推重他。这不是出于治文学史的立场，而只是出于卫道的立场。

去年九月，台北中华诗苑出版了顾翊群先生著的《李商隐评论》，对于李商隐诗有另外的看法，认为李商隐的人格并不低。他是一个有骨气而反对阉宦的人。在他的诗中，除去了极少数的不足重轻的部分可能涉及男女情思以外，其余绝大部分是含有政治立场的作品。因为他坚强的反对阉宦，他也和著名的刘蕡一样，成为被压迫的人物。而牛李两党所以不肯过分培植他，私人的恩怨事小，政治上的关系事大。这一点在顾氏之前，张尔田及陈寅恪两先生都多少有此意见。不过，特别着重政治中的阉宦问题，视牛李党争为一个附带题目者，尚为顾氏之特见。

尤其可以注意的，是顾氏利用弗洛伊特心理学来分析义山诗境。顾氏虽非心理学专家，但他曾为分析义山诗对此用过功夫，并且请教过心理学专家，所以他的结构有相当可取之处。他偏重于潜意识方面，而结论则有以下各语：

> 义山幼时即困穷而须负责家计，其所受之心理挫折，在未与社会接触前，家庭之间必已有潜伏。从十岁起，迄遇令狐楚时，数年之间，自卑心理极度发展，而向上努力之冲动亦大。本为内向人而须献文于不够了解之诸公，故感慨必深。但出身于诗礼家庭，幼时父母之管教，就傅时叔父房之经书教育，人伦规范，亦造成其超级自我（Super-ego）于潜意识之中，严格督察，不许放纵。其后入世愈久，愈觉现实社会与其道德观念不符，故年未二十，即有出世之想。……义山少时人生之乐未曾享受，其潜伏（原排误字作"服"）之欲望，只得在幻想与梦昧中有时得到发泄。……迨登第后得王氏为妻，亦应心满意足，故此后郁结，非由于性的压抑可知。
>
> 余曾将冯浩《玉溪生诗集》六零二首予以粗浅统计。其中有酒字或醉字杯字者一百首，有泪字泣字啼字者八十余首，有梦字者六十余首，有柳字者五十余首，有宋玉楚襄楚宫神女之字样者四十余首，有七夕牵牛织女银汉等字者将二十首，有陈王宓妃者十首以上。夫弗氏理论自研究梦境开始，吾国列子中有大官尹氏与老仆夫梦中尊卑易位之故事，似是寓言。庄子梦蝶或是潜意识之显露，但或亦是寓言。若宋玉所赋楚王之梦高唐，陈王之遇洛神，均为盲冲力之涌现。……义山之伤心与牧之飞卿不同，而几与汉姆纳德（Hamlet）及依帝蒲斯（Oedipus）暨下蚕室之太史公相类。盖驱除宦寺，效力国家，目的不能达到。顾阻止令狐楚遗教之实现者，适为令狐绹。此诚为一种真正悲剧。故只得托诸美人香草，风花雪月，从吟咏中发泄郁结。但其含义之深，用力之勤，与飞卿牧之等诗，完全不同。

这一个分析的确非常警辟，发前人所未发。不过严格说来，当然尚有问题。因为我们从现有的材料来推断，确有材料不足之感。承认传统的看法，作正面的文字比较容易，对于历史上的文人，如屈原、司马迁、陶潜、李白、杜甫，以及王安石、黄庭坚、苏轼，都不成大问题。只有李商隐的生平和他的作品，确有矛盾而不能立即作有效解释之处。现在所要做的是一篇翻案文字，但是过去对于他不利的记载，却只有寥寥数语，既无充分的事实来证明，也无充分的事实来反驳。在我们没有找到当时舆论的充分根据之前，我们似乎不便以我们自己的推测来把旧说否定。从另外一点来说，李商隐是唐代的文人，不是宋代的道学家，是唐代的进士，不是汉代的孝廉方正。以韩偓及商隐之子的忠直来说，他的性情可能热情而忠直，但决不是一个拘谨的人物。照苏雪林先生的看法，李商隐专去找女道士、尼姑、宫女、贵妾去谈恋爱，或不免有些过分，这一点顾先生认为可能是对于政治方面的隐讳，也许是对的。但涉及艺妓或小家女（如顾先生所指的柳枝）的艳事也当然会有，因而就不能认为他是一个拘谨的人物。

在我看来，关于柳枝的一段艳情，也许就只是诗序所说，并未成功。只是唐代士子，机会太多，决不至于除此以外便一无所有。不过几首著名的《无题》诗，如：

> 迢递青门有几关，柳梢楼阁见南山，明珠可贯须为佩，白璧堪裁且作环。

> 昨夜星辰昨夜风，画楼西畔桂堂东，身无彩凤双飞翼，心有灵犀一点通。

> 来是空言去绝踪，月斜楼上五更钟，梦为远别啼难唤，书被催成墨未浓。

大都是未婚以前对于王茂元女（或其他人）单恋之诗。至于"贾氏窥帘韩掾少，宓妃留枕魏王才"。那就显然以贾充幕府比王茂元幕府。不过此时还在将成未成之间。到了"晓镜但愁云鬓改，夜吟应觉月光寒"，则显然是一首寄内诗了。

因此李商隐的性道德，大致不会特别好，也不致特别坏，还是一个随波逐流的人物。《唐书本传》所说的"诡薄无行"，还应当属于令狐家一段因缘。李商隐本来出身贫困，其能致身进士，完全由于令狐楚之揄扬。令狐楚方死未久，而商隐就入赘于旧府主政敌之王氏，诚然商隐意在美人，非关利禄，但绳以士君子之持操，不能不认为白璧之瑕。门生故吏对于旧府主之尊重，自汉魏南北朝以来，此风至唐未改。后来商隐虽然力图振作，但贻人口实之事，使他沉郁终身。令狐绹也非丝毫不念旧交，不过后来之推荐只是一种"救济"而非"提拔"。这种复杂的因缘，尽可形于笔墨，似不必专以阉宦问题来立说。

《锦瑟》诗在旧本《李义山诗集》中，皆置篇首，其为义山自编，别有用心，当甚可信。顾氏认为自身伤感之词，也是对的。不过此诗双关之意颇多，视为全集自序，似乎更可说明他的心绪。旧作《锦瑟诗解》一篇，今录于后：

> 锦瑟无端五十弦，一弦一柱思华年。
> 庄生晓梦迷蝴蝶，望帝春心托杜鹃。
> 沧海月明珠有泪，蓝田日暖玉生烟。
> 此情可待成追忆，只是当时已惘然。
>
> ——李商隐《锦瑟》诗

李商隐《锦瑟》诗在通行三卷本中均冠卷首，此为宋刊本以来原次。惟江安傅氏双鉴楼藏明嘉靖刊本始分类编次。然《锦瑟》一章犹在七律之首，从来注家皆从三卷本原次。惟冯浩作《玉溪生诗详注》，始以《韩碑》一章冠于全诗集之前。按以此诗冠首，当原从义山自订原稿而来，孟亭辄改，非原义也。

义山疑年，冯谱定为殁于四十六，张孟劬先生《玉溪生年谱会笺》则定为四十七。张谱一切多较冯谱为通。惟《上崔华州书》义山自称二十五者，谱中应在二十六方合。然二十六仍可就足岁称之为二十五，不为巨谬也。诗称五十华年，则此诗之成应在既殁之稍前，孟劬先生所谓："乃举成数而言，与'憔悴欲四十'正同，当时固不自料遽卒也。"此言深得说诗之旨。惟此诗辞意晦涩，不可卒解，积疑千古，自宋已然。宋人如刘贡父《中山诗话》，谓《锦瑟》为贵人爱姬之名，已属穿凿；而黄朝英之

《靖康缃素杂记》，则谓东坡云，出《古今乐府志》："锦瑟之为器也，其弦五十，其柱如之，其声也，适怨清和，以中间四句配之，一篇之中，曲尽其意。"即此诗又仅专为咏瑟而作。至《许彦周诗话》，更以刘黄二说配之，云："适怨清和，一作感怨清和，令狐楚姬人能弹此曲。"尤为不经之甚。元好问诗云："望帝春心托杜鹃，佳人锦瑟怨华年；诗家总爱西昆好，独恨无人作郑笺。"此于义山诗意之难解深致意焉，而尤标出《锦瑟》一章，亦由《锦瑟》为义山诗之代表作也。王士禛渔洋《论诗绝句》，亦有"一篇《锦瑟》解人难"之语。自明季以还，注义山诗者不下十三四家，然于《锦瑟》一诗亦复难言胜义。此非仅本事之难知，抑亦患在求深而反凿耳。

昨与王之屏先生谈及《锦瑟》一章，之屏告以孟心史先生《陈义山〈锦瑟〉诗考证》（《东方杂志》二十三卷一号）举五十弦以为悼亡之证据。然义山婚于王氏实在开成三年，冯氏《年谱》及张氏《年谱会笺》俱有考辨甚审。是义山成婚时乃二十七，非二十五。心史先生乃谓："义山婚王氏，时年二十五，意其妇年正相同，夫妇各二十五，适合古瑟弦之数。"夫义山婚年已知非二十五，其妇婚年更无从征定。若但以"意"为之，不足以言实证也。

以《锦瑟》牵及悼亡者，始于朱长孺笺义山诗，以本集《房中曲》"归来已不见，锦瑟长于人"为证。《房中曲》本为悼亡之作，应无疑义。惟《回中牡丹为雨所败二首》，已有"锦瑟惊弦破梦频"之句，回中应指泾原，而结语"前溪舞罢君回顾，并罢今朝粉态新"，以及第一首之"西州今日忽相期"，皆不似悼亡之作。则谓《锦瑟》一章必为《房中曲》之锦瑟，亦正难言。又《七月二十八日夜与王郑二秀才听雨后梦作》"逡巡又过潇湘雨，雨打湘灵五十弦"，亦未便牵及悼亡一事。若以《房中曲》言，此诗大体白描，不多用典，其"锦瑟长于人"一句之构成，或由其妇竟蓄有锦瑟。然必谓凡言锦瑟者皆为悼亡，则义山平生本事未能尽知，不敢下此断语也。

今所可以置论者，则自晚唐五代以还，义山诗早已为人所取法。而《锦瑟》诗为义山诗之始，亦自北宋已然。此诗本晦涩难懂，何以置之篇首，又何以凡言义山诗者所必及。是义山平定之诗稿已是如此，而西昆体盛行时固有相承之传述，当可料想。惟诗中所指则世论纷如，独孟劬先生述何义门"自伤"之言，谓"隐然为一部诗集作解"大略近之。然《会笺》中解此诗不能明"一弦一柱"之旨，而"沧海月明""蓝田日暖"又牵入令狐卫公之党争，则愈解愈远矣，似犹未达一间也。故今更就臆测，逐句补注以明之。

　　　　锦瑟无端五十弦，一弦一柱思华年。

　　《史记·封禅书》："太帝使素女鼓五十弦瑟，悲，帝禁不止，故破其瑟为二十五弦。"此言"无端五十弦"，言无端而悲也。则此诗之锦瑟或与他诗言锦瑟者不尽同，而与《房中曲》"锦瑟长于人"者，宜有相关之义。若锦瑟为其妇故物，而此诗以锦瑟自况，于情致自深。然此诗命意别有主题。身世为宾，身诗为主。故不得因有悲感之辞，便以为全诗皆属悼亡或自伤也。五十为便于双关用典，义山卒时仅四十七，五十就成数而言。惟义山自丧妇以还，顿多疾病，如《属疾》《西溪》《病中闻河东公乐营置酒》《南潭上亭宴集以疾后至》皆其例也。故其时所忖度者，已有夕照黄昏奄奄待尽之感。故自序其诗遂以五十为断矣。

　　"一弦一柱"者，冯浩详注以为"有弦必有柱，今者抚其弦柱而叹年华倏过，思旧而神伤也"，其言殊为皮相。按《史记·赵奢传》云："赵王田以（赵）括为将，代廉颇。蔺相如曰：'王以名使括，若胶柱而鼓瑟耳。'"此言瑟柱不可胶，所以为音之节度也。柱附于弦，柱移则音改矣。诗中以弦喻年，以柱喻事，言时日迁流，景物代变。平生踪迹，历历在目。追思畴昔，感在篇什。前言五十弦，此言一弦一柱，以见五十年来，年有悲欢离合。所以为全诗亦即为全集作解也。

　　　　庄生晓梦迷蝴蝶，望帝春心托杜鹃。

　　按此二句似晦而实明，句中所指"梦"与"心"而已。梦者庄生之晓梦，心者望帝之春心，蝴蝶杜鹃更不待解而自晓。惟何为言梦何为言心乎？则梦者诗之境界，心者诗之神思，神思与境界相依，故物我两忘，死生为一。故虽哀伤废黜而诗心自托于天地之间，若必举事以实之，则亦"高子之为诗"矣。

> 沧海月明珠有泪，蓝田日暖玉生烟。

此二句解者尤多，今并不取。此二句之主辞，上句为珠，下句为玉，余皆衬托耳。珠玉古来多以况文辞，曹子建与《杨德祖书》云："人人自谓握灵蛇之珠，家家自谓抱荆山之玉。"《文心雕龙·隐秀篇（残帙）》："互体变爻而化成四象，珠玉潜水而澜表方圆。"古今类此者至多，不可尽举。此二句正不必求之过深，以至无所不可以比附。至沧海月明、蓝田日暖则就珠玉之物色而言，以明文思之发不舍昼夜。泪则所以明悲情，烟则所以明幻象，则就其毕生之悼亡、伤逝、离忧，种种不平之事综合言之，初非有所专指也。

> 此情可待成追忆，只是当时已惘然。

此就上文总结言之。盖文发于心，不暇自择，奇诡波澜，若有神助。但既成之后，回忆旧时情景，更多新解。此就全集题之，以示平生少年时，期望与事实相乖，感怀与文辞互发，统合观之，更多奇趣，此则初时所不及料也。义山为人热情奔放，往往以泪写文。然周旋于牛李之间，出入于淫奔之咏，亦自有难言士君子之持操者。《锦瑟》一篇实为其自写之晚年定论。庄生晓梦，望帝春心，是耶非耶，孰为真我？安得不从惘然而成追忆乎？

（顾翊群先生著《李商隐评论》，中华诗苑出版，定价每册新台币二十元。）

（刊载于《文学杂志》，第 5 卷第 6 期，1959 年 2 月）

说王国维的《浣溪沙》词

　　寂寞，是产生文学作品的主要原因之一。人只有在寂寞中才能有反省和了悟的机会，因而许多文学中的精品是从寂寞中获得的灵感。当然，人生的经验并非可以从孤寂处得来。但是具有了人生经验以后，要将这些经验加以体会而描述在文字之中，那就还需要一个静态的环境及时间。

　　王国维的《浣溪沙》词：

　　　　山寺微茫背夕曛，鸟飞不到半山昏，上方孤磬定行云。试上高峰窥皓月，偶开天眼觑红尘，可怜身是眼中人。

这首词经过叶嘉莹先生两次解释过（详见上期本刊）。确是非常可爱的。并且充分的表达寂寞中的境界和希望。这一类寂寞中的收获，如《诗经》中的"萧萧马鸣，悠悠旆旌"所以独步千秋，也正是由于静观中的自得。这些静观中的自得，我们在成功的摄影中也往往可以看到。就各个角度来看，是会有千变万化的，但是追溯下去，还是可以觉到"万珠一本"。当然，还可有作者、读者、评者，种种立场之不同，以致于发生了种种的歧异。不过只要体会到了一个程度，总会发现了共通之点。

　　在汉魏诗人之中，总觉到曹子桓比曹子建更得静中之趣。曹子桓的《燕歌行》是现在所知的最早一篇七言诗（在斯坦［因］发现的汉简中有"目不见兮黑云多"，全首均为七言，不过间杂"兮"，尚留有楚辞形式的残余，不得谓为纯粹的七言诗）。其诗云：

秋风萧瑟天气凉，草木摇落露为霜，群燕辞归雁南翔。念君客游思断肠，慊慊思归恋故乡。君何淹留寄他方，贱妾茕茕守空房？忧来思君不敢忘，不觉泪下沾衣裳。援琴鸣弦发清商，短歌微吟不能长。明月皎皎照我床，星汉西流夜未央。牵牛织女遥相望，尔独何辜限河梁？

这是显然一篇描写思妇情绪的诗。这种内容是六朝隋唐以来所时常见到的。而曹子桓的别一首《杂诗》：

漫漫秋夜长，烈烈北风凉。展转不能寐，披衣起彷徨，彷徨忽已久，白露沾我裳。俯视清水波，仰瞻明月光。天汉回西流，三五正纵横。草虫鸣何悲，孤雁独南翔。郁郁多悲思，绵绵思故乡。愿飞安得翼，欲济河无梁。向风长叹息，断绝我中肠。

这一首诗和上一首的结构和情感都很相像，只是上一首诗所咏的是思妇，这一首诗所咏的是游子。但是两首诗的内容既非思妇亦非游子，而是曹子桓未为五官中郎将以前，不得君父之宠而发出来的"忧深思远"的情绪。这种"忧深思远"的情绪，正和晋国人所做的唐风，在法家政治之下，无可申诉，形成的"忧深思远"（此处用的是沈刚伯先生的意见），是一样的。再从近代的文学来看，俄国的文学是沉郁的。而俄国文学的沉郁，受到了俄国传统政治的影响，还较受了俄国气候的影响远为深重。因此，曹子桓赋有文学的天才，而情格和曹孟德并不相像。他和曹子建的天资横溢也不能比拟，倘不是贾诩举出了袁本初及刘景升当前的殷鉴，一言痟主，那曹子桓的前途只有做吴太伯、辽东丹王了。所以在这两首诗中，显然的是和曹子建的《洛神赋》是出于同一的情绪，是一种传统盼望君王的表现方法。只有从一种寂寞之感来表示深刻的忧怀，是他在这两首诗中比较特殊之点。当然曹子桓也是悲天悯人的，从模仿汉文帝的政治见解，可以充分看到，只可惜天下大乱，而他自己又只有七年的皇位，不会有所成功罢了。

　　当然，在这两首诗以前，例如司马相如的《长门赋》便是以抒情为主而非仅敷陈事实。不过这篇赋按着许世瑛先生的看法，这篇的作成只是一个纯文学的动机。换言之，只是一个才士要找一个题目来发挥他自己的文学技巧，其中并不见得有若何深忧熟虑的情致，因而比较这两首诗自然有深浅之异了。

　　和曹子桓时代差不多同时或稍后的，恐怕要算《古诗十九首》了。《文选》李善注云："五言并云古诗，盖不知作者，或云枚乘，疑不能明也。诗云：驱车上东门，又云：游戏宛与洛，则辞兼东都，非尽是乘矣。昭明以失其姓氏，故编在李陵之上。"编在李陵之上是对的，因为苏李诗（《李陵答苏武书》亦在内）都应当是晋代以后的作品，《古诗十九首》无论如何应当在苏李诗之前。李善称"非尽是乘"也嫌太保守，实际上无一首诗应当属于西汉的。岂惟"驱车上东门""游戏宛与洛"为东京语，其中"东城高且长""遥望郭北墓"，又何尝不是东京语？至于"古墓犁为田，松柏摧为薪"，更远在董卓破坏洛阳以后，至于"人生非金石，岂能长寿考，奄忽随物化，荣名以为宝"，"服食求神仙，多为药所误"竟似《典论》中语了。因此，《古诗十九首》非一人一时之作，上不逾东汉，而下可以达魏世。其中有忧深思远的，有在寂寞中发表情绪的，都可能不是曹子桓诗的渊源，反而可能是受到了曹子桓的影响。

　　从曹子桓杂诗这一个系统看来，"展转不能寐，披衣起彷徨"到阮嗣宗的咏怀诗，便成了他咏怀诗的起源。《咏怀诗》第一首：

　　　　夜中不能寐，起坐弹鸣琴。薄帷鉴明月，清风吹我襟。孤鸿号外野，朔鸟鸣北林。徘徊将何见？忧思独伤心。

首二句显然从曹子桓的《杂诗》变出。只是阮嗣宗雄辩滔滔，发扬蹈厉，与曹子桓的沉思默想、一往情深者异致。但其秉承所在，自不可没。

　　在《文选》卷二十九及卷三十中，选列了不少的魏晋南朝的杂诗，而这些杂诗，有不少是关于"秋夜"的。其中主要的目的，除去感怀之外，还有不少藉此述志。齐梁以后，变化较多，不再那样的陈陈相因了。不过在唐代诗人之中，还不都是貌异心同，新加的只是技术上的改进。

至于曹子桓第一首那种"思妇"的题材，那就古今作者更多，分析起来，可成专书，在此不必多叙。

这一种非常寂寞的境界，在宋词中也是有的，例如张先的《青门引》：

> 乍暖还轻冷，风雨晚来方定。庭轩寂寞近清明，残花中酒，又是去年病。楼头画角风吹醒，入夜重门静，那堪更被明月，隔墙送过秋千影。

苏轼的《卜算子·黄州定慧院寓居作》：

> 缺月挂疏桐，漏断人初静。谁见幽人独往来，缥缈孤鸿影。惊起却回头，有恨无人省，拣尽寒枝不肯栖，寂寞沙洲冷。

姜夔的《点绛唇》：

> 燕雀无心，太湖西畔随云去。数峰清苦，商略黄昏雨。第四桥边，拟共天随住。今何许？凭栏怀古，残柳参差舞。

以上的三首诗代表着三种不同的个性。张子野长于情韵，苏东坡长于理致，而姜白石则清劲过人。但这三首词都是从静处得来，从内心中发出。外面的环境不过是对于内心的一种感应罢了。其中感人最深的当然要数苏东坡的《卜算子》。不仅人境双忘，为天下之奇作，而且表现着东坡的清流身分，不与流俗合污，却以婉约之语出之，丝毫没有尘俗的烦赘。司马光的："笙歌散后酒微醒，深院月明人静"，吴文英的"怅惘双鸳不到，幽阶一夜苔生"，约略似之，却不能通首和这一部分相称。因而就不能和坡翁此篇，放在同等地位了。

王静安的《浣溪沙》在《苕华词》中所录的，共有十八首。而"天末同云"及"山寺微茫"两相衔接，似为一次所作。在樊志厚序中，特为激赏"天末同云"，其辞云：

> 静安之词大抵意深于欧，而境次于秦。至其合作，如甲稿《浣溪沙》之"天末同云"，《蝶恋花》之"昨夜梦"，乙稿《蝶恋花》之"百尺朱楼"等阕，皆意境两忘，物我一体，高蹈乎八荒之表，而抗心乎千秋之间。骎骎乎两汉之疆域，广乎三代，贞观之政治，隆于武德矣。方之侍卫，岂徒伯仲？此固君所得于天者独深，抑岂非致力于意境之效也？

按樊序本静安先生自作，其"天末同云"等词，在此看来亦当为先生的代表作。今引录于次：

> 天末同云黯四垂，失行孤雁逆风飞，江湖寥落尔安归？陌上金丸看落羽，闺中素手试调醯，今朝欢宴胜平时。

其"昨夜梦"及"百尺朱楼"则附于《观堂集林》之后，其词云：

> 昨夜梦中多少恨，细马香车，两两行相近。对面似怜人瘦损，众中不惜搴帷问。陌上轻雷听渐隐，梦里难从，觉后那堪讯，蜡泪窗前堆一寸，人间只有相思分。
>
> 百尺朱楼临大道，楼外轻雷，不间昏和晓，独倚栏干人窈窕，闲中数尽行人小。一霎车尘生树杪，陌上楼头，都向尘中老。薄晚西风吹雨到，明朝又是伤流潦。

这两首《蝶恋花》都是从外来文化到东方以后，一个凿空的新"境界"，而"蜡泪窗前堆一寸""闲中数尽行人小"，都是前人未曾道及。尤其"天末同云"一首，更是从尼采到叔本华的研究中，发出对人生绝望的哀音，这正是他在某一些地方胜过前人而又无法善于处置的原故。王国维是天资过人、尽心力学，而又能沟通中外学术思想的一个人。他的文学造诣和文学天赋也是非常高。但所不幸的却是生在十九世纪的晚期及二十世纪的初期。这个时期是科学的发展，逐渐控制了哲学，当时科学的造诣在外表看来似乎已经快到了尽善尽美，而实际上并不深入。拿当时浅薄的科学来批判一切精微的哲学，虽然是一个可笑的事，但在十九世纪末期的科学理论未曾证明其为浅薄以前，那就还得承认"科学具有绝对的真实性"。当时科学不论是否浅薄，总是科学，也就自然具有真理，也就自然可以批判一切。用当时科学造诣来抨击过去哲人，事实上未必能把他们都打倒。但一般人以当时科学见解为标准，合于者皆是，而不合于者皆非，过去哲人所持见解，应当都被认为一无足取。王国维是具有深切求知心力，而又负有悲天悯人的宗教情感的人，在这种场合之下，就会使精神方面陷于苦闷无法解脱的境地。因而他把哲学思想分为"可爱"与"可信"两种不同的类，"可爱"者不"可信"，"可信"者不"可爱"。因而他从此厌倦哲学，而做了哲学研究中的逃兵。但是他虽然放弃哲学的研究，他所受的哲学影响却无法遣开，哲学上的知识反而成为他心理上的伤痕。他的死决不是仅仅为的他政治路线上拥戴的清室归于消灭，更不会如同好为揣测的妄人认为由于几千元的债务，也不会因叶德辉之死，而"兔死狐悲"，而是由于当时正是海内大动荡之时，从思想上的出路到国家民族的出路都成为当前的大问题，因而唤起当前治哲学时一些苦闷的回忆。因而有了无所适从之感。这正是"天末同云"及"山寺微茫"两首词永远盘据了他的心灵，而影响了他的生活。

在"山寺微茫"这一首词中，前一阕是表示一种高超的热情和希望。而"上方孤磬"四字，更创造出来一种意境，不仅觉得看到，还觉得听到天使的呼声。这的确是一段非常具有宗教感的好辞。但到了下阕，会感觉到真理追求的幻灭，而一个世间的"人"，无从发现宇宙中的真理，终究还是徘徊歧路，只好做一个受庸俗世界所控制的一个人。一直庸俗下去，不会再见到天人合一。这真是思想界上的大悲剧。

这首词是一首上等的好词，因为具有其真实性，充分的表达而丝毫没有夸张的意味存在其间。他的确是出发于哲人式的悲悯，他的心是善良的，他的出发点与佛陀相同，但是佛陀在雪山中发现了佛法，而他在当时的哲学造诣中却鲜有所获。因而这两首《浣溪沙》就成了一个悲剧式的抒情诗。就悲剧性的文学言，当然有其崇高的文学地位。而就其悲天悯人的出发点言，就其静悟的方法言，虽然不是好的文学都应当这样做，好的文学却是可以这样做的。再从另外一方面说，哲理可以使得诗更好，也可以使得诗更坏；哲理不论其为入世或出世，总是从深思熟虑得来，哲理的发现，一方面是由于分析，一方面仍是根据"妙悟"，而这种"妙悟"，往往由静中得来，再通过了语言，做一种类似的描述。《浣溪沙》中的王国维，虽有出尘之趋向，但如何把出尘和入世，联接起来，他就深苦未能，但其妙悟却仍然盘据在心灵之中，呼之欲出。他的哲学见解，虽然因时代关系，似隔银河，迢迢难渡，而其词中对于内心的描述，却丝毫未隔。"天末同云"和"山寺微茫"同为一时所作，但他自己更欣赏"天末同云"，似乎因为对于他内心的彷徨歧路，距离稍远，他自己尚未觉得十分痛苦，而"山寺微茫"中的描述更近真实，这种袭击，甚至他自己也不堪感受了。因而他自己下意识中，就造成了故障。但是无论如何"山寺微茫"不仅是王国维个人的代表作，也是二十世纪初期时代心情的一个忠实描绘。这一个局面如何打开，迄今仍是一个重要的问题，未曾解决的。

（刊载于《文学杂志》，第 3 卷第 5 期，1958 年 1 月）

论神韵说与境界说

《人间词话》的境界说，现在为论诗词最通行一种理论，而其说实从神韵说转化而来。现在拟将其得失加以论述。

艺术的欣赏本来都是抽象的。不论原著是属于写实或者抽象，但欣赏的人总一定要在抽象方面去欣赏。专称为"抽象的艺术"的，不过对于自己的感觉特别加以夸张罢了，和一般艺术的欣赏方式，本无二致。至于音乐，当然都是极端抽象的，音乐的旋律代表着感情的脉动而决不是代表着声音的模仿，这也就成为人类共同的语言。

诗是要"求之于象外"的。也就是不着迹，所谓"羚羊挂角，无迹可求"，正是严羽《沧浪诗话》系统以下的最高标准。清王士祯本此意而创为"神韵"之说，以为论诗的法则。他的《论诗绝句》说：

> 曾听巴渝里社祠，三闾哀怨此中遗，诗情合在空舲峡，冷雁哀猿和竹枝。

他所称的"神韵"，实在只是"空灵"。他所选的《唐贤三昧集》便以王维、孟浩然为主。在他的看法之中，如陈子昂、崔颢、李白、杜甫、岑参、高适，虽有相当的地位，却并非崇尚的中心。这是由于他所认识的"神韵"较为褊狭，只能在一个比较小的天地中才能活动。因而在明人诗中，他最激赏是徐祯卿的《在武昌作》：

> 洞庭叶未下，潇湘秋欲生，高斋今夜雨，独卧武昌城。重以桑梓

念，凄其江汉情，不知天外雁，何事正长征？

这一首的情调是给人以清高的遐想，正和诗经《蒹葭》诗，表现着类似的意境和情致。他得名之作《秋柳》诗，便是一个显著的例子。《秋柳》诗第一首：

> 秋来何处最销魂？残照西风白下门。他日差池春燕影，只今残照晚烟痕。愁生陌上黄骢曲，梦远江南乌夜村。莫听临风三弄笛，玉关哀怨总难论。

以后各首也都是同样的风格。这一组诗的内容当然是过去各家所说，由于吊古伤今，而轻微露出了对明代兴亡之感；但是最吸引人的地方，还是诗中的风度，纵然所用的典故不是一看就能完全知道，但不必勉强去逐字逐句去了解，看过了诗的神情，也就自然的可以欣赏了。

在《渔洋诗话》中有一段说：

> 余以户部侍郎，祭告西岳，游慈恩寺。见塔有二绝句，《题秦庄襄王墓》："园庙衣冠此内藏，野花岁岁上陵香。邯郸鼓瑟应如旧，赢得佳儿毕六王。"问知为郃阳康乃心太乙所作。亟称之，异日诗名遍长安，而康不知也。康以此诗得重名，学使陆俨庭拔之。

按"六王毕"见于杜牧《阿房宫赋》，是非常普通的典故。只要了解这一句，其他各句当然也就容易懂了。这首诗是用轻微的讽刺来显出黯淡的轻愁，一层深似一层。然后再用一种悠闲的神韵来表达，所以被渔洋激赏。这也可见渔洋的作风是和此类似的，他的诗如：

> 宿鸟惊寒解报更，夜闻林雨达天明，迢迢绝涧千重瀑，寂寂中峰一磬声。（《德云庵晓起》）
> 吴头楚尾路如何？烟雨深秋暗白波，晚趁寒潮渡江去，满林黄叶

雁声多。(《江上》)

危栈飞流万仞山，戍楼遥指暮云间。西风忽送潇潇雨，满路槐花出故关。(《雨中度故关》)

蒲阪南来问钓船，风陵堆上隔风烟，黄河一曲流千里，太华居然落眼前。(《望见华山》)

都是用极经济的手腕，来表达有余不尽的意致。至于他的古体诗，也是多出于韦、孟，而用极清澹的笔调，做成了一种安闲雅静的格局，例如：

悠悠关内路，驱马桃林塞。归鸟岳祠边，长河远天外。人鸟下潼亭，落羽今犹在。夕日荐繁蘋，愁心逐征旆。(《拜杨伯起墓道》)

明月出东岭，诸峰方悄然。残雪尚在地，掩映西斋前。竹色既闲静，松阴媚沦涟。清晖一相照，万象皆澄鲜。此时憩寂者，宵分犹未眠。(《香山寺月夜》)

涧西翠微寺，迢迢翠微里。苍茫采樵路，似有微钟起。山风冷炊烟，斜日乱溪水。纷纷飞鸟还，行人去何已。(《晚望翠微寺》)

这都是摹仿盛唐诗人，非常形似之作。他在《渔洋诗话》中也说：

律句有神韵天然，不可凑泊者。如高季迪"白下有山皆绕郭，清明无客不思家"，曹能始"春光白下无多日，夜月黄河第几湾"，李太虚"节过白露犹能热，秋到黄州始解凉"，程孟阳"瓜步江空微有树，秣陵天远不宜秋"是也。余登燕子矶有句"吴楚青苍分极浦，江山平远入新秋"，或庶几尔。

这是用明人的警句，来比拟他自己的警句。其心中也当然有在"神韵"方面，来摹仿前人的设想。

再从以前各节比较来看，"神韵"实在是一种感觉上的一种形式。诗是一种有韵律的文字，从原作的感情及其组成的能力，通过了这种有韵律的文字，再来传达给读者。诗，虽然只是文字组成，但是每一个文字都包含了作者及读者感觉上的共同经验。自然，这种感觉上的共同经验，会随着地区、时代、社会背景、物质生活状况、年龄、性别而有所不同。但只要有相同之点，就会发生共鸣的作用。即今不同之点甚多，但有时文学上的误解，也许就有非常具有价值的新意。所以诗的欣赏，只是一种心理上的反应。从这个反应移动了感情，形成了种种不同的心灵脉动。

从心理的反应通过了感情而形成的心灵脉动，当然是抽象的，所以在清初的"神韵派"主张所谓"味外之味"也就是对的。所可惜的，他们所认为"味外之味"，只有一个类型，也就是所谓"禅心"。自然他们的主张也不免成为"挂一漏万"，而被其他派别，如"格调""性灵"诸派所反对了。

自然，格调和性灵的标准，当然更不足以尽诗的欣赏，格调的标准，到了末流只是一个空架子，而性灵的标准更会变成玩弄一点小聪明。格调型的诗，会变成虚有其表的诗；性灵型的诗就根本只是押韵的小唱。清末做宋诗的人们大致都是追随黄陈的一祖二宗，不多谈原则性的问题。到了王国维又想在诗复宋为唐，在词复南宋为五代北宋，于是提出了"境界"一个标准，更因为他在学术上的成就，联带着风靡天下。

他的《人间词话》说：

> 词以境界为最上，有境界则自成高格，自有名句。五代北宋之词所以独绝者在此。有造境，有写境，此理想与写实二派之所由分，然二者颇难分别。因大诗人所造之境必合于自然，所写之境亦必邻于理想故也。
>
> 境非独景物也。喜怒哀乐亦人心中一境界。故能写真景物真感情者，谓之有境界，否则谓之无境界。
>
> 严沧浪《诗话》谓盛唐诸公，唯在兴趣，羚羊挂角，无迹可求。故其妙处，透澈玲珑，不可凑泊。如空中之音，相中之色，水中之月，镜中之象，言有尽而意无穷。余谓北宋以前之词亦复如是。然沧浪所谓兴趣，阮亭所谓神韵，犹不过道其面目，不若鄙人拈出境界二

字为探其本也。

所以"境界"的理论实从沧浪渔洋的理论转变而来。但是"境界"二字所代表的是甚么呢？照王氏的意思，境界并不单纯的指外界的刺激，而内部的反应也包括进去，也就是境界实即是诗人行为的叙述。叙述的清楚就是"不隔"，叙述的不清楚就是"隔"。其中并无价值的因素在内。但王阮亭所提出的"神韵"却代表一种价值的估量，和"境界"并不在同一的层次。因而境界和神韵所代表的意义完全不同，神韵不能代替境界，境界也不能代替神韵。

静安先生提出来"境界"二字是混合的，他未曾下过精确的界说，并不能确指"境界"的标准未曾有价值的成分在内。而况他所举的例证都是古来的名句，自然也可以说"境界"的标准，只以此类的到达为限，太低的便不能够上他的标准。不过这种解释实际上也有困难，因为依照他的理论推演下去，不应在"隔"与"不隔"的标准以外，再来强分优劣。若照"隔"与"不隔"的标准来看，"池塘生春草""空梁落燕泥"是不隔，但史思明的"青梅一篮子，一半青，一半黄"又何尝隔？儿歌"张打铁，李打铁，打把剪刀送姐姐"又何尝隔？以至于小调、秧歌、鼓儿词、歌仔戏、流行歌曲也都是不隔的，因为"隔"就不会流行了。诚然，"不隔"就是显豁，显豁是修辞中一个重要条件，却未必便可成为文学批评上的最高标准。因为他把"不隔"当作批评标准，就不免把文词上的技巧当作文学上的到达。所以他批评南唐中主警拔的"细雨梦回鸡塞远，小楼吹彻玉笙寒"认为不如平庸的"菡萏香销翠叶残，西风愁起绿波间"，这就会使人无法了解他的批评标准是否正确了。

当然，静安先生的造诣与其风格也决不是这样低的。只因为他先有了一个尊唐卑宋的成见，以致于有所蔽。不过他的意见也还有可以注意的。如：

> 古今之成大事业大学问者，必经过三种之境界。昨夜西风凋碧树，独上高楼，望尽天涯路，此第一境也。衣带渐宽终不悔，为伊消

得人憔悴，此第二境也。众里寻他千百度，回头蓦见，那人正在灯火阑珊处，此第三境也。此等语非大词人不能道，然遽以此意解释诸词，恐晏欧诸公所不许也。

这里所说的"境界"是指修养的"到达"或"造诣"来说，也就是佛家所说境界的用法。因此王氏所指的境界，本义还是出于佛理，或更直接出于禅宗术语，和王渔洋的看法都是出自同源，因而隔与不隔也可能多少具有禅宗的意味。不过一涉到禅，就牵入了禅的困难，因为禅只是一种修养，禅门的术语，随着各个人的修养而有所不同，无法下一个普遍而精确的定义，也就不堪做一个文学批评的尺度。他所用此语的来源本出于禅语，但在应用时为着显明起见，变成了一种常识的用法，因而主要的见解遂变为以技巧性为中心的，不能再进了。

实际说来，静安先生所举的境界，至少包含着两种性质。在他所称以"隔"与"不隔"为标准的，不妨称为"物态"；而更高一层的，包括他所说的"气象""神"，则实是一般说诗的人所称的"意境"（这里所说的意境，指意思的造诣而言，与樊志厚《人间词序》，分意与境为两回事的，是不同的）。普通说诗时，物态确实是就显晦而分的，而意境却是按照高低分的。意境的描述，不是没有显晦的区别，但高低却更重于显晦。吴梦窗词的意境，就高低而言，有非常高的，而其物态，就显晦而言，诚不免于晦涩，因而王静安就对于梦窗词很不欣赏了。

静安先生的境界说，在他所举的小范围中，当然可以适用。但对于诗中的山谷、后山、简斋，以至于石湖、诚斋，词中的玉田、梦窗，显然都不能适用。但是他们在诗词中的地位，显然是不应当推翻的。因而他的理论也就不能不重为检讨了。

（刊载于《文学杂志》，第 8 卷第 4 期，1960 年 6 月）

诗的感受

论诗的标准，自从刘勰的《文心雕龙》做过些必要的启示以来，唐司空图做《诗品》才定下各种不同的格局。因为分类过于繁复，所以清朝诗人多喜用执简驭繁之法，这类的方法要追溯到宋严羽的《沧浪诗话》，所主张的"妙悟"，所谓"羚羊挂角，无迹可寻"。这种思想显然是从禅宗思想引申出来的。清王士祯用这一个原则，倡为神韵说，远溯司空图《诗品》的"不着一字，尽得风流"，"采采流水，蓬蓬远春"的情致，作为作诗的标准。天下翕然从风，奠定了新的趋向。他和他朋友提倡的神韵诗也确有长处，问题是诗韵诗的篇幅太狭，只有小诗才能符合这种条件。行之未久，便有此道已穷的感觉。此后当然还有不少诗评家提出新意见来，但最受人注意的还是沈德潜的格律说及袁枚的性灵说。格律或格调，自然也是论诗的一个标准，格调是靠的庄严宏丽，以气势慑人，神韵和格调虽同一是感觉上享受，但神韵只能领会，不可言传，其中主观成分是不能避免的，格调却比较容易去选择模范，容易有一个客观标准，但推行过度，还是只剩下了一个空架子。性灵说虽然清新，是一条易行的路，不过诗也决不是一条肤浅的路，如其走到肤浅的路上去，也就毫无余味可言，不成其为诗了。

这些标准的缺失，都是只在诗的各种造诣之中，只得到了一隅，而不能涵盖古今诗学的各方面，换言之，只在司空图《诗品》中的某一格局加以阐扬，虽然"执简"是做到了，"驭繁"并未做到，所以在这个层次之内，是无法找一个涵盖的标准的。如其要找涵盖的标准，不能在变化无穷的诗中选其中的一态，而是应当找各态中的共同点去出发才是道理。

王国维做《人间词话》，他举出了"境界"一辞作为标准，这是比较上可以涵盖的，所以在近代风靡一时。境界的原义，当然又是取自辞典。这是没有多大毛病的，不过应用起来，就不免有些困难了。因此他就选定了"隔"与"不隔"做优劣的标准。因为诗中境界必需"传达"，传达的程度，和显豁与不显豁的程度有关。却不见得显豁一定就好，不显豁一定就不好。如其以此做为唯一的标准，那就象征主义的艺术及抽象的艺术也就不会被欣赏，其流弊还是陷于肤浅的。

欧阳修《六一诗话》引梅圣俞的意见说："状难写之景，如在目前，含不尽之意，见于言外。"此处提到"景"和"意"，景和意也就是"情景"，这是王夫之曾经提到过的，只是清人读诗，未曾强调此说罢了。景是外界的移入，而情是内心的反应。这和第一个实验心理学家冯德（Wilhelm Wundt）把希腊的知情意三分法变为"感觉"与"感情"正有相通之处，诗的构想正是情景的联合，也就是外界的景，从感觉刺激了心灵，发出了感情的反映，我们所要注意的是诗人感情的反映如何的相通，如何增强或扩大诗的感觉与诗的"感受"，而不是显豁不显豁，宇宙间百千万亿的事物，诗是一种美的升华，在创作及批评的标准中，价值的判断应当是第一义，然后才能谈到传达。任何一种假设的标准，如其不能正确的作价值的判断，也就不能被认为是正确的标准的。

（刊载于《中华联谊会通讯》，第 22 期，1976 年 9 月）

中国的社会与文学

在《文学杂志》中，最近有居浩然先生的《说爱情》，和夏志清先生的《爱情·社会·小说》。居先生就一点来看一个问题，很有新颖独到的见解。夏先生加以补充发挥，使我们的眼界扩大。居先生认为中国旧的社会在某些方面是不合理的，因而中国过去也就不会有好的小说。夏先生认为美国近代的社会也不十分合理，因而不合理的社会并非中国社会所独具。以中国社会的材料来创作，未始不可以有伟大的作品产生。夏先生指出作家本身努力的重要，真是语重心长。

在我看来，两位先生都很有见地，只是不妨分别来说。以中国旧的社会为背景可能做成伟大的文学作品，这是事实；我们旧有的文学遗产之中，很少有可以称道的伟大文学作品，也是事实。伟大作品所以能称为伟大，不仅需要高超的技巧，还更需要超脱庸俗的思想。但就这一点来说，中国过去的文学，在各种体裁的诗里，确是有的，在小说及戏剧之中，显然都不够。

在章回体小说之中，只有《儒林外史》曾有不为时代庸俗思想所囿的表现，例如对于形式化的科学制度，及冷酷的礼教的讽刺，预告了这一种社会将要死亡。但是这部小说的整个结构却是一团糟。《镜花缘》是较高的理想和庸俗的见解混杂的作品，谈不上伟大。曹雪芹才华盖世，《红楼梦》的文学价值可以说很高，但里面所含的却只是根据了老庄思想中的浅薄部分而形成的人生见解，这是明清世俗谈论中所常见，并未曾超过了当时的庸俗社会。其他的小说，连《水浒》《三国演义》在内，都是庸俗思想的产物，再数下去，都可以说是"自郐以下"。当然，单是思想一点，并不足以成为批评小说的绝对标准。

以任何一种人类的社会为背景，只要有锐敏的观察，高超的理想，再加上纯熟的技巧，都可写成伟大的作品。这一点并不限于某一形态的社会。人类的社会决不可能为十全十美，永远将成为"扶到东来西又倒"。虽然其中还有优劣之区别，但其中的优劣是比较上的而非绝对的。既然问题永远会存在，因而文学作品也永远可以写出来。只要能了解所要写的社会，就不愁没有材料。夏志清先生认为不仅"漫爱"是小说的题材，"忠""孝""节""义"，一般老玩意，也都是很好的题材，这是对的。

从另外一方面去看，有许多问题是要到一些社会外面，才能体会得到，在这种社会里面的人，有时还是"不识庐山真面目，只缘身在此山中"。中国自宋代以后，一直很少接受外来的文化，中国文化的发展，差不多成为一个孤立的路线。尤其中国的政治，自宋、元、明以后更为一元化。中国的传统，本来是专制政体，自宋、元、明以后，君权更为集中，就中央与地方的关系说来，中央的权力也更为集中。中国从近古以来，只有一个至高无上的君权，不像欧洲中世纪以来，政治方面是有许多分崩割据的君，同时也还有较君权更神圣的教会。就拿日本来比较，和幕府抗衡的还有若干封建诸侯，并且商人手工艺者的社会地位，也不是中国所能比拟。在这一元的政治与社会形式之下，中国的思想及文学方面容易成为僵化。

美国选偶的方式，诚然比较轻率，但其中的成败利钝，还是由于个人发动，个人负责，播种收获，不必怨望他人。中国过去的人，从选偶以至于职业，无不受到一个不可抗力的支配，只有顺从而鲜能违抗。婚姻方面，小说中的佳人才子，大都是文人虚构而非社会上所实有，所以情节往往不真，凡是不真的文学，也就不可能成为好的文学。

父母之命，媒妁之言，并不见得都是错的。因为夫妻二人，假如阶级相同，生活类似，更容易互相了解。而且老年人长于人生经验，也许有时比青年人更有锐敏的观察及适当的抉择。这一种婚姻方式现在在日本及韩国，比在中国还更留存的多些。但以《红楼梦》来说，贾宝玉果真要发展他的事业，而不是潦倒终身，那就薛宝钗及林黛玉二人来说，谁对他的帮助大，真有讨论之余地。旧式婚姻方式所以成问题的，第一是有时完全不得到当事人的同意，而由监护人轻为决定；第二是婚后的生活受到大家庭的拘束，缺乏生趣。再加上居先生所说的"一个男人要是在闺房里陪太太漫爱，将被公认为没出息"，于是中国人的生活变成为那样的干燥无味。在农村中，晚饭过后，街头巷尾，男人只好找男人谈话，女人只好找女人谈话，各自成为一堆。这种婚姻发展的型式是比较简单的，虽然不是千篇一律，但其变化究竟比较少。若想根据这一点做成伟大的作品，的确是件很不容易的事情。

《红楼梦》所描写的情形是中国旧社会的一个特殊的例子。这种一个少男而周旋于众女之间，一个保守的家庭居然能纵容下去，总使人觉得不是一个正常的现象。在汉人礼法之家，可以说决不会有。也许曹氏出身包衣旗籍，本非中原礼法之家，再加上曹氏已经走向衰败之途，曹雪芹才会看到这种现象。过去世家子弟喜谈《红楼》者，又何尝不知其为不大常见。只是在十分拘检之下，这部书可以满足一般放荡的情绪，藉此多少可以逃避现实。《西厢记》本来情节简单，无甚意义，其所以流传众口，不过因为其中人物是典型的才子佳人，可以满足文士内心中自况。至于《聊斋志异》，谈狐说鬼，许多篇陈陈相因，现在看来是乏味的，但当时的人却真是在其中获得相当的满足。至于模仿它们的小说，在现在看来觉得更松懈，无组织，缺乏力量，但是在前几辈的人，所要求的正是如此。

中国青年人的思想，受了社会的变化，及文字使用方法的变化，已经和十年以前大不相同。在十年以前，《红楼梦》在青年之中，还可称为流行的小说，到了今天已经完全被改变了。现在台湾在高中就读的男女青年，几乎众口一辞的认为《红楼梦》是一部"读不下去的书"。其中原因大致是：一、《红楼梦》的结构方式，和现今一般结构方式大不相同，一开首就讲甄士隐，讲贾雨村，讲通灵宝玉，令人莫明其妙。二、《红楼梦》所用的语言，不是现代的语言，有些别扭。三、《红楼梦》的事实不是现代生活，这不算重要；然而《红楼梦》的感情不是现代的，就麻烦了。四、《红楼梦》的许多笑话，也不是一般青年所能了解。这几点，诚然不能否定《红楼梦》在文学史上的地位与其文学价值，但就对青年人的关系而言，《红楼梦》的时代，已经过去了。

虽然《红楼梦》的事实原"不是这样一回事"，过去几十年前的青年们，当所谓"红学"盛行之际，确有不少的人是以为他自己能够"风流倜傥"成为贾宝玉型的人物，他并且可以有机会周旋于"十二金钗"之间，到处使人发生好感。他可以具有超人的吸力，得到了薛宝钗，还使林黛玉依恋至死，此外还有机会可以纳妾。虽然贾府由盛而衰，但这无碍于贾宝玉之为贾宝玉。诚然，《红楼梦》写作之目的，可能是要写一个破落户的衰败经过，或者照夏志清先生所说，要表现一种宗教思想。只可惜章回体并不适于写这种故事，而现在人读来，更不免"买椟还珠"，忘了作者原有的意思。

时局的播迁，学校的教育，已使青年们多少恢复了"蛮性的遗留"，再受到了西方小说及电影的影响，更使青年们觉得健康和力量是美的标准，谁也不愿去做"贾宝玉型"的人物。从其他角度来看，鲁智深和武松是有力量的了，但那种"孤鸾寡凤"的生活，也不是青年人所愿。《三国演义》的周郎，《虬髯客传》的李靖，还有几分合于现代人的"浪漫"口味，但过去的作家对于他们的性格，并未曾有成功的刻画。

语言和文字是有阶级性的，在知识阶级之中，已经用惯了他们的语言和文字。当五四运动开始的时候，林纾反对白话文，曾指斥白话文为"引车卖浆"之语。不错，当时知识阶级的白话文未曾形成，当时通行的白话文确为"引车卖浆之流"所应用。现在三四十年中，新的白话文已形成了。甚至于所谓"普罗文学"，也是专属知识阶级所用的文体。但是五四以前的白话文显著的和现代的白话不仅不属于同一时代的文字，也不属于同一阶级的文字了。因而小说的章回体不惟现在再不能适用，并且旧有已成的章回体小说，也无一部适于现代的标准。在特殊情况之下，现代小说需要模仿低级社会人们的口吻，但这只是在特殊应用之下并不是作文的"常法"。旧式小说的起源本是说书，而说书又是预备给低级社会中人甚至于文盲去听的。因而无论写书的人辞藻如何，写出来一定非降低标准，使之不能登大雅之堂而后已。旧式小说的起源本来鄙俗，小说要成为严肃的文学作品，从文字到思想，都非根本解决不可。

中国小说的所以不够深刻，原因可以说由于"闲书给闲人读"，作者并无"为天地立心，为生民立命"的抱负。小说读者是些低级社会分子，他们无从了解深刻的命意，也是一个大原因。从另一方面说，哲理所以能有深度，还需要哲学家专心去做纯理的判剖，而中国哲学家所着重的却是些实际的问题。不仅讲性善的孟子为然，讲性恶的荀卿比孟子更为实际。不仅儒家为然，老庄也一样的实际，墨家的专务实际更不用说了。宋儒受到佛学的影响，才比较注意到纯理的论辩，而详细讨论到性的问题，把性分为天理与人欲来分别讨论。可惜他们工作还不够，对于人欲一项未曾深刻去研究，因而罪恶问题的理论也就鲜有进展。还有一点似乎更为重要，中国的政治组织是趋向一元化的，家有家主，国有国君，在家当孝，在国当忠。道德的标准，是忠臣、孝子、节妇，不容含混。其间更无争辩之余地。孟子讲征诛，其间还有一点彷徨或矛盾的因素，到荀子以后不再加强"革命"的因素，就更为简化了。中国的政治既然从来在一种绝对标准之下，循着名教的轨范，要"邪正立分，忠奸立判"，因而在中国小说戏剧之中，自然只有好坏两种人，并无人格分裂，内心矛盾的问题人物。即今有这种人存在，中国社会也不能容忍他们的存在。诚然，中国社会不能容忍这种人物的存在，本身就是一个小说的题材，但究竟没有多少人写过。

不错，从民国以来，中国社会及思想有一个非常大的变化。但是文学和艺术都得有相当安定的时间才能容许大家安心创造。民国以来的动乱时期实在太长了，纵然有可以写的材料，也得有一个安定时间，才有人去做整理消化创造的工作。

（刊载于《文学杂志》，第 2 卷第 6 期，1957 年 8 月）

论文章传统的道路与现在的方向

　　文学是要受到语言的限制的。语言变了，文学也随着变。中国语言的发展，是很特殊的，并且在发展之中，又受到了单音字的影响。因此它的发展是趋向于简单的句法和简单的篇章。它的优点是警句更容易造成，它的缺点是意义含混，不适宜于说理。假如以文学性质来分类，则印欧的语言，可以说是散文的语言，而中国的语言，可以说是诗的语言。

　　在中国传统之中，历史是被人看重的。但中国史家对于历史的叙述远不如对于历史编辑方法成功。这就由于历史编辑方法与语言文字无关，而历史的叙述，就要受到了语言文字的限制。至于说理之文，当然最成功的是庄子，其次是孟子。但庄子和孟子的长处，都是以观察锐敏胜人，而不是以理致分析胜人，还是论文中的"诗"，其长处并不靠着纯然说理的文字。

　　古往今来，在中国文学中间，诚然有不少精辟的命意存在其中。但是结构谨严，一步一步，一层一层的推进，无一字在前文中无来历，无一句在前文中不可以取得证明，真是不可数睹。换言之，我们过去，确有不少天下之至文，但这些好的文章，不过给予我们一些概念。至于这些概念，从何处得来；用何种方法来证明其为真实；究竟如何加以分析；分析之后可得到什么结果；把这个概念加以发展，有多少的可能性；似乎很少有人这样去做。纵然有人去做，也只大致说一个结果，并不将他的思想发展的过程叙述出来。这样的说理文字，简洁是简洁了，无奈不能充分发育一个完备的理论，而且也不能使人充分追随或批判这种理论。其中重要原因之一，当然是衡文的方式。是"气""骨"之说，而这种"气""骨"之说，还是从我们语言文字的特质引申而来。

"《春秋》谨严，《左氏》浮夸，《易》奇而法，《诗》正而葩"这是韩愈批评经典的文字。就现在看来，《左氏》诚然有某种限度以内的浮夸，但《春秋》也未见得就十分谨严。《诗》正而华（葩）是可以说的，但《易》未见得就奇而法。因为《春秋》据《鲁史》而成，《鲁史》本书成于众手，前后未必一致，而且书多阙文，命意未可解者尚多，谓之谨严，殊为太过。（孔子大约授过《春秋》，似乎不过把它当作教科书，不见得字字皆有深意。）《易》本卜筮之书，皆言常道，未可称为"奇"；至于所指之事，可以上下出入改定之处，也非常多的；尤其吉凶悔吝，更难具有定说，谓之为"法"，更未必然。这种原因，就由韩氏是用写诗的方法来写文章，完全用的冲动（或者也可以说是灵感），而不是由于分析，但用一种外表上的美来动人，而不是用理致来说服人。在韩愈以前的批评文字，刘知几的《史通》，刘勰的《文心雕龙》，陆机的《文赋》，都可以说是精心之作。这几位批评家在命笔之前，确曾先有一番经验存在，再由心中加以组织布置，以成论议之文。但是他们的文章，仍然受到了环境上、习惯上种种偏向的影响。等到他们写了出来，就自然成为"方其搦翰，气倍辞前，暨乎篇成，半折心始"了。于是他们的文辞，纵有精意，也被浮辞掩盖下去，如果不另加诠释，其中精意，仍是难以表达。

"意翻空而易奇，言征实而难巧"，用任何方法来表达，均有可以意会而不可以言传之处，纵以梵文组织之严密，亦不能例外。因此我们的批评文字所以说理不够透辟，并非完全由于我们传统方法的含混。有一种所谓"在言外"之"意"，可能任何言语方式，均不能表达。可是宇宙之中大部分精深的理论，都不是意在言外的；它们可以表达出来，只不是简单的言语所能叙说或分析的。数学是一种思想形式，符号逻辑也是一种思想形式，它们所赖于文字者极少；甚至有些思想，非我们人类的脑所能胜任，而需要"电脑"去帮助解决。因此有些"意"，根本就未曾从人类心中产生过，而是靠数学、逻辑，以及机械中的"言"推演出来。也就是"意"与"言"孰精孰粗，孰巧孰拙，只能就所指的范围，去个别论定，并非像古人所说那样"意精而言粗，意巧而言拙"。

再就"意"而说，所谓"意"除去了偶然有些奇诡而笼统的概念发生，成为所谓灵感，不是我们习惯上用的语言所能组织出来而加以表达以外，一般人的思想都是心中的语言，亦即脑子对自己在说话。一个懂得两种以上语言的人，可能会使用两种以上的语言去思想；但是他们还是要用语言去思想。所以文人讲到"意"与"言"之分的时候，其所谓"意"可能是：一、特殊精警的感觉，不是任何人类语言所能表达。二、用人类语言可能表达出来，但不是思想的人平常知道的语言所能表达；可以表达这种思想的语言，是在思想者所知语言之外（例如非汉文所有），或超乎当时时代范围之外（例如用现代语可以表达，而古代语不能表达）。三、思想者用他自己的口语可以表达，而用文章的形式，如骈文、诗或古文的形式就不能表达出来。四、原来思想者有一个广泛的意思，但用思想来组织时，就会忘掉了一部分而成为不完备的思想，或者需要非常多的语言才能表达，而原来思想者要做简洁的文章，不得不牺牲原有思想的一部分。

我们中国的语言，文法最简单，尤其是古代的比现代的简单。别国文字的文法，大致都由复杂走向简单，中文文法的发展恰巧相反。加上我们文学批评的方向，更是"居简而行简"，于是简单的方向，更为显著。文法简单的好处，是字的活用，超出了词性的界限，使得思想更为自由，思想不会太受文法的拘束。文法简单的坏处，是思想容易缺乏条理，以致思想变为简陋，而伟大的作品不容易产生。我们的语言，可以产生非常优美的句子，我们可以把字句装点成为特定的形式。我们的语言，可以规定每句的字数，成为整齐的形式，而使变化寓于整齐之中。四言诗，五言诗，七言诗，骈文。骈文中的四六体，以及八股文，都是在整齐句法之中，而充分表现对称之美。这种整齐而优美的形式，别国人士用他们自己的文字，也曾经试作过，结果却没有我们那么完美。这是我们特有语言给我们极大的成功，而使别国不能望其项背的。

从另外一方面说，也许得之于此便失之于彼。中国文字本身的美，使得美的发展太过，而思想条理，反而被窒塞了。韩愈的古文运动，本是中国文学一个转机，无奈他及他以后诸人的成就，均非常有限。他的目的虽在革新，而其方法，却是复古，提倡复古之后，似乎凡是古的就是好的，开物成务的理想，反而受到忽略。因此所谓"古文"者，不过是些假古董，内容常常贫乏得可怜。比韩愈稍前一些时候，陆贽的奏文还是用六朝传统的旧式，但曲尽事情，非后人所能及。是以古文之改革，对事理上的贡献，也就不太多了。韩愈以后，樊宗师故为艰涩，使读者难晓，原非古文正宗。欧阳修为北宋古文宗师，被推为韩昌黎以后第一人。但从现代批评眼光来看欧阳公之文，除去读起来甚为流利以外，并无多少了不得的贡献。

欧阳公平生最伟大的工作还是《集古录》，因为这是一个新的方法，整理新的史料，开古来未有的新路，确是一件繁重的工作。至于《新唐书》和《新五代史》已经是瑕多于瑜，而《新五代史》尤不及《新唐书》。等而下之，便是欧阳公的古文，这只是些人工雕琢，全无生命的玩具罢了。其实欧阳公多恃天资，而不太多读书，既得重名，便专以在文章之中玩弄姿态以为毕天下之能事。其中如《朋党论》中误灵帝为献帝，便是一个可骇的错误；他对于《昼锦堂记》，改了半天，才把"仕宦至将相，富贵归故乡"改为"仕宦而至将相，富贵而归故乡"。其实这种"而"字的用法，在先秦两汉文中，是很自然的，这两句的原文，当为"君仕宦而君至将相，君富贵而君归故乡"；项羽的"富贵不归故乡，如锦衣夜行"，按照当时行文之例全文实应为"吾富贵而吾不归故乡，如锦衣夜行"，把"而"字省略了。所以"而"字实在还有文法上的功用，欧阳公加此二字费了如许大力，而后世言古文者，还只认为与"文气"有关。那就由于唐宋以后的"古文"只是用古代的文来写当时之事。古代的文已和口语脱离，用法不甚显明，因此虽一字之微，还要费如许大事才用得上。

就文论文，苏轼之文实在欧阳公以上。这是由于苏轼之文从《汉书》出。他曾对《汉书》下过功夫，并且教人以分途注意为读《汉书》之法。现在看来，先秦各家之文，变化甚多，各家彼此不能尽同，因而难于袭用。至于《汉书》，多出于班固一人之手，数十万字中，用法差异不大，袭用起来，也就较为容易了。当然《汉书》用法已和北宋口语相差极大，所谓容易，还是比较上的。

所以韩愈以后的古文运动，虽然可能成为革新运动，但由于误认

"古"则必"美",因而千年以来作者不自知不觉的走上歧途,大家纷纷去做假古董,于是成为中国文坛的大劫。宋人语录因为重在表达思想,仿效了和尚的办法,用当时的口语来表达。在当时实为新的进展,但在现在仍然是不足取法的。第一,宋人语录受到了禅宗语录的影响,大都是简短而不重分析的记录;第二,我们不要忘掉了,朱文公死于一二〇〇年,乔塞(Chaucer)死于一四〇〇年,现在还有谁再写乔塞时代的文字?岂惟语录体不可再用,即是清末时期章回小说体文字,也不堪再用了。

我们相信世界任何一种文字都没有不可补救的缺点。我们都是中国人,中国文字语言为我们祖先数千年来文化所寄托,实无轻视之理由。只是近一千多年以来,我们的文章传统实在未曾走上正当的轨道,除去了清代汉学家还有几篇像样的文章以外,其余有方法、有内容的文字,实在太少了。到了如今,我们思想方式的进展,又不和清代汉学昌盛时一样,我们有了我们现代的思想方式与特殊辞汇。我们虽然受到了我们传统的影响,但我们的需要实非我们传统方法所能范围。因此我们现在的语文训练,只注意文字的应用而不注意思想方式的训练,青年们文学上有造诣的,差不多全由课外读物而来(尤其是得益于国文选本所排斥的"翻译文学"),这就无怪乎学校中国文一科用力多而成功少了。

我们现在另外一种问题,不是对于白话与文言的选择问题,而是白话文仍然不适宜于朗诵。我们朗诵文言,固然不能使人听得懂,朗诵一般写出的白话文,也不能使人听得懂:拿白话文做讲演稿,念出时还得加以更改。主要的原因,并非由于辞汇太多的关系(因为辞汇和意义有关,绝对不可减少),而是由于我们行文的时候还是省略太多,看还可以看得懂,听就听不懂了。这就可以证明,我们所写的白话,连不会写文言的青年所写的白话在内,都是受了我们传统写文言办法的影响,只管写的简洁,不管文章通不通。我们今后的文字,不该再力图避免繁芜了,我们应该顾到实际上的语法,不要直在那里专写电报式的文字。

(刊载于《文学杂志》,第 1 卷第 4 期,1956 年 12 月)

对于白话文与新诗的一个预想

白话文到了现在，总算已经到了成功的地步，现在绝大部分的论说文，都是用白话文写成。在十年以前，政府的告示，报纸的社评，还是以文言为主；现在已经非用白话不可了。这是很明显的，凡是政令、宣言、政论、社评，无一不含有宣传的作用，倘若用了文言，对于宣传的功效，要打一个极大的折扣，凡是做政治工作的人，谁也不愿意使他的努力归于白费，或是打一个很大的折扣，因此白话文就大量的用得着。

但是白话文的应用，多少已超出了从前开始提倡白话时代所预料。最先所想到的白话文的价值，还只是语而不是意。白话文创始的时候，所期的是朴实无华，免去文言文的无聊装饰。但白话文发展的结果，最重要的成功是成立了白话文所表现的思想内容，这种思想内容不仅为过去"选体""桐城派"所望尘莫及，就是曹雪芹、吴敬梓一辈人也未曾梦见。十年以前，王力氏的《国语文法》还曾用《红楼梦》来代表国语，这种文法到了今天恐怕已经不尽适用。《红楼梦》只代表二百年以前的一种北平方言，并不代表现代的国语以至白话文。显然的，二百年的时间，较维多利亚时代到现在早一个半世纪；然而这二百年中，中国人的生活方式、思维方式变化之大，决不是英国近五十年中的变化所能比拟。维多利亚时代的英文已不能代表现代英文，乾隆时代的北平方言，又岂能代表现代的国语？所以我们得认清楚：现代国语就只限于现代人所说的国语，现代白话就只限于现代人所写的白话文，决非任何种其他的古代文言或白话所能代替。

文字的体裁决定于思想的内容，思想的内容决定于社会的背景。就白话文来说，过去思想方式所能表现的，白话文完全可以表现出来。而白话文所能表现的，旧式的文字体裁有许多方面并不能表示。大致说来，凡和现代社会有关的事物，决不可以用文言文来写，假如勉强用文言文来写，写出来一方面并不能达意，另一方面还不是真正的文言文。就目前一般学人对于文言的造诣和功力而言，可以说谁都不及严复，严复的翻译，就文言文的章法来说，确实很像样，但他写成这样的文言文，可以看出费了很大的气力；对于原文却仍然未能做到忠实。现在人们的环境，和严复的时代又不大相同。那时还是一个文言文的环境，如今不用说看不到好文言文，除去古书外，能看到文言文已经不容易了。即令严复生于今日，也将感到非常大的不便。

现在的人们所写的白话文，偶然夹一点文言文的字句，还可以安置妥贴，但这和纯粹做全篇的文言文，决不是一回事。夏济安先生《白话文与新诗》（本刊二卷一期）文中，所举的三月八日《联合报》的社论：

> 女权运动是十九世纪最大的成就，但女权运动却是跨进廿世纪以后才达到高潮。妇女们为了纪念她们解脱历时漫长的社会枷锁，终于在四十八年前的今天产生了这一妇女节。年逢此日，全世界妇女都以高度兴奋的情绪，去欢度其自己的节日。

这一段意思并不太复杂，但文言文却就难于表达。假如用文言文来直译，就只好如此：

> 女权运动者，十九世纪之最大成就也。然其高潮，则当溯自二十世纪之开始。妇女之枷锁历时已久，为纪念解脱之成功，终于在四十八年前之今日，立此一妇女节。年逢此日，全世界之妇女皆以高度兴奋之情绪，以欢度其自有之节日。

这样只能勉强"算是"文言文，而这一种文言文假如让庄孟来看，一定看不懂，而让韩欧来看，准会笑掉大牙。但这样可笑的文言文，从清末的报纸以至于五四时代的《学衡》，还不是大家都在那样的做？其实这种文言文，除去把"的"字改为"之"字，"了"字改为"矣"之外，那有一点合于文言文的结构。真要做文言文，至少得不用白话文的思想。但这样那能办得到？我曾想到了一种意译：

> 妇道之隆，于今百载，脱羁絷于斯世，是可纪焉。溯佳节之立，历岁四十有八，自有是节，而天下之妇人，欣欣然矣。

文言文至少得这样做，当然，这样做还不够理想。但其中所包含的内容，比起白话原文来，已经完全不是那么一回事。白话文和文言文有这点内容上的差别，这已不是文体问题所能概括的了。谁要是用"削足适履"的办法，硬要用文言文来表达白话文的思想，那是非常危险的。明明不相等的东西而误以为相等，就会使得思想含混，是非不明。许多年来国家的厄运，和这种思想的含混，也许不无有关。凡是一个有思想、曾受过科学训练的人，就应当对于这类的混乱思想加以戒惧，加以避免，决不可加以鼓励。

文章的形式，既然代表思想的内容，那么和现代思想无关的事物，还是可以用文言文去表达。例如叙述宋儒的义理和汉学的考证，不涉及近代的方法，是可以用文言的（当然，用白话文也可以）。犹如"九章算术"的方法虽已陈旧，但拿来算"四则杂题"仍然可以适用。清代汉学家的文言文体，假若只用来讨论清以前的问题而不涉及近代思想有关的问题，目前还是可以适用。但是文章一涉及现在思想及现代制度，那种文言文体恐怕就大不适用了。

中国的文言文，是永远的流行下去，或者将来有一天会被人忘掉，只有少数人才能了解，这却是关心中国文学将来的一个严重问题。当然，将来的状况是无法去预测，勉强去推想，一定要错误十之八九。因为将来的演变，必需先要知道将来的社会以及文化之中，会出现何种事实，然后根据这一些事实，来推定有关的问题。而这些将要发生的事实，决不是现在人的能力所能完全推想出来的。尤其现代的文化进展更快，因此推想将来的事实，也就更难准确。所以将来的局面，大部份是属于不可知的。

大体说来，文言和白话是两条不平行的线，文言是已经凝固的，白话却要一直在变迁，文言不会变，大致已成定局，白话要变，前途的方向还是无法预料。所能知道的，只有一点，即文言和白话间的距离，将来要越变越远。因此，过了一个相当遥远的时期，一般只会懂得当时人的白话，而现在常用的文言及白话，可能都不能懂得了。这件事实是无法补救的，惟一的办法是设法把我们的社会及文化停滞于目前的状况，文化不改，语言也自然可以希望不改。但这是不可能的，因为第一，我们的文化，现在已嫌停滞了，如何还可以设法阻塞我们将来的进步？第二，我们现在已无法闭关自守，想设法停滞我们的文化，根本是不可能的事。

长江后浪催前浪，世上新人换旧人；后之视今，亦犹今之视昔。但看"年年桥上"的游人，年年都在递换；则"立言"的不朽，也只在一个有限时间。偶然受人注意，原用不着矜夸，终于归于岑寂，亦用不着惊异。

至于诗的发展问题。倘若参透这一存废兴衰的大关，也就八九不离十了。"人是屋檐水，点点滴旧窝"，"君以此始，亦以此终"，这还不看的很明白吗？无论多好的诗，总有一天被大多数的人所忘掉。虽然，大致方向还是可以寻找的。中国诗的起原，差不多都是从"乐府"转变的。上溯《诗经》，是无首诗不入乐，以至于汉魏，五言诗及七言诗都是从乐府转变而成。再由五言古诗及七言古诗受乐律的关系而变为近体。唐代是七绝盛行的时代，而唐代的著名七绝，也无一首不可以歌唱。到七绝盛行之时，因为歌唱的原因，转变成为词，元以后更转变成为曲。但是现在，诗、词、曲，都不可以歌唱了，循此道去发展，将来的诗，可能是从可以歌唱的字句变来。这是可能的一条路。

但是这并非唯一的路。"不歌而诵谓之赋，登高能赋可以为大夫。"自汉以来的赋虽然都只是铺陈堆砌，到了六朝晚期及唐，流俗之赋，却在那里说故事。敦煌卷子中的《韩朋赋》《晏子赋》，虽用赋体，实是俗文学。这种俗文学到了"负鼓盲翁"之手（其实荷马何尝不是这一类人？）而一变再变，以至达于闺阁间，成为闺秀文学的《天雨花》《笔生花》《再生缘》《同心栀子》之流。再回过头来看，盲左的管仲、晋文公、伍子胥、越王勾践的故事，可惜只用了散文，假如用上韵脚，还不都是些好诗？

不过，最可能的新诗道路，是前两条道路都不是，而是顺着现在新诗的道路去发展。过去用旧诗方法，企图加以改革的，如黄遵宪、吴芳吉，无不失败，未曾给人们开辟下可走的道路。新诗到了现在，并未全部成功，但也未失败。全部的成功，是新诗代替了旧诗；全部的失败，是到处旧诗复活，再无人理会新诗。但是现在，两种情形都不是，而是双轨的并行着，其中的意义，代表着旧诗有深厚的基础，而缺乏新的境界，新诗具有新的境界，而无深厚的基础。旧诗犹如已老而未衰的老人，新诗犹如还未成长的儿童，彼此都不算年富力强的社会领导者。在目前这一代人，以至以后两代、三代的人中，这种情形可能还会继续下去。直到最后，没有人能懂得文言诗的时候为止。

至于现在做诗的人，不论是新诗或旧诗，似乎不必计较将来的人如何看法。艺术的理想是自己取得安慰而不是卑躬屈节来敷衍别人。所以做旧诗的人，只要自己认为尽了最大的力量，能够得到二三友朋的欣赏就可以了（还不是和做了一盘好菜请客差不多）；世俗的观感已经可以不管，将来的显晦，更是多余。做新诗的人，当然可以加上抱负，但是成功与否，目前完全不知道。也许几百年后，会在尘封中的书库中翻检出来，成为若干年后主持风骚五百年中的李杜，但这是不一定的事，谁也无法预料。诗人们！既然要做诗人，那就一切都不要顾忌，还是努力做好，努力做多，尽量的做下去。

（刊载于《文学杂志》，第 2 卷第 2 期，1957 年 4 月）

旧诗和旧诗上的启示

从文言白话的争执，再一发展当然会到新诗和旧诗的争执。但是争执的人们必需先要有一个常识上的了解，才可以谈这个问题。这就是"文言"和"白话"不能认为是一种的"语言"（language）。他们至少是两种语言，或者可以说是两种以上的语言，就是文言还可以分为若干种，白话也可以分为若干种。文言的文法和白话的文法很不相同，一个没有学过文言的人给他读文言他是绝对听不懂的，这就是两种不同语言的显明的证据。既然是两种不同的语言，那就不能互相代替，对于拿文言当本来语言（mother tongue）的人，不必勉强让他用白话发表意见（当然拿文言当本来语言的人，现在是没有的，但在理论上是可以有的）；拿白话当本来语言的人，也不必勉强让他用文言发表意见。同样的方式，也可以适用于文言诗（旧诗）和白话诗（新诗）。这是两种不同的语言写出来的诗，彼此各有范围，是不能互相代替的。

在台湾新诗人的集会，据说只有二十多人；旧诗人的集会，据说每次在台北都有一千多人。这只能说是一时的现象，因为旧诗人需要旧诗的训练，新诗人也需要新诗的训练。但就现在的趋势来说，具有旧诗训练的人只有一年一年的减少。等到旧诗没有人会做，或则只有很少人会做的时候，就是新诗全部成功的时候。这个例证并不太生疏，试看五十年前做"律赋"的人还很多，做骈文的人更多，现在做律赋的人已经没有了，会做骈文的人也非常少。这种情况也可以适用于将来的旧诗上。

旧诗和新诗既然基于两种不同的语言上，所以要开新的领域，只有新诗可以做到，任何对于旧诗改革的企图，都是徒劳无功的。文言文和旧诗都已经定型了。定型的原因是文言文的文法和组织，无法而且也不应当再有任何的变更来适应现代人的思想。假如勉强稍作变更，就会大大的违反了文言文的义法，仍然不能达到真的表达思想的目的。至于旧诗，那就改革更为困难，有些人只偶然用几个新的辞汇，就自以为多少达到了改革的目的，实际说来，一方面是破坏了旧诗完整的固有气氛，而改革思想的目的却仍然无法达到。例如吴子玉将军过去做过含有一句"坐罢火车又火船"的诗，当时也未尝不是有改革旧诗的企图，但他去世后所出的文集，这首诗被删掉了。删掉的原因显然由于不适于旧诗的格律。

唐代晚期以至于五四运动的前后，也曾经有不少企图改革旧诗的人。例如黄遵宪就是一个非常重要的人，但黄遵宪的诗体却无人再敢步武了。因为要想学他就得费一股极大的劲，而所费的劲比做纯保守的形式还要费的大，而其结果却仍然得不到许多人欣赏。后来"白屋吴生"吴芳吉又重创一种文言的新诗体，他的创作天才的确还不错，可惜他死了，他的诗也死了。这种当前的教训，试问为什么要做新体文言诗呢？为供自己欣赏，为供少数朋友们欣赏，管他身后之名，完全作保守的形式已经非常够了。至于想有一种抱负，领导一百年以内的青年们，显然的任何一种文言诗都是不可能做到，何必费很大的劲，看着前面已经有了榜样，还要"覆车重轨"。

做旧诗的人是不是只有古人，却没有自己呢？我的答复：当然不是的。不过旧诗一定要有旧诗的格律，这些格律是不能废弃的，稍一废弃，便失掉了旧诗的完整性。这种完整性是表现在读诗的感觉上，使人读到以后，在韵律上得到了调和完美的感觉。加进去不调和的分子，立刻感到一种噪音的侵袭。因此从传统以来的习惯，构成了一种不可以再改变的规格。这是一切古典艺术的共同现象，旧诗当然也不例外。现在保守与革命（旧诗与新诗），各有一条大道摆在面前，不可能再有第三条道了。

当然在旧诗形式之中，因为体裁的殊异，其中表达的范围，也是各自不同。这里要特别声明一下，凡是古近体诗、词，以及曲，都应当认为是不同形式的旧诗。只是词曲受到的限制比较多，就表现能力来说，不如古近体诗的方便罢了。在古近体诗中，近体却更为近代旧诗诗人所愿用。七言也比五言的近代旧诗诗人所愿用。

就作诗的难易来说，古诗决不比近体诗难。并且做一个叙事诗，只有古诗才做得到，近体诗是无法胜任的。只是做古体诗不容易做的太短，做长了就更不容易藏拙。做古诗并非那样说做就做，古诗有一定的古诗文法组织和古诗应用的辞汇，其距离白话，要比近体诗更远，因而所需要的准备与训练，要比近体诗为多。加之做旧诗要毫不用典，是一个不可想像的事（典故是一种比喻，应用的好，时常用少数字的典故，得到等于多数字的效果，往往可以使得色彩更为鲜明，意义更为强烈）。做古诗篇幅较长，适当的典故就更难于寻找，因而做古诗的困难就更为增加，一般人做古诗的时候也就较为减少了。

律诗比绝句更为一般人所喜欢做，也是有原因的。绝句只有四句，却需要构成一个完整的意思，其中每一个字都不能虚设，这已经够难了。尤其是一首绝句只平铺直叙的说出了一个意思，这首诗一定不是好诗。好的绝句必需表面看着是一个意思，里面还包含更深一层的意思，才算"含蓄有致"。在一个人接触的事物里面，那有那么许多是"含蓄有致"的事？加以文学上的表现方法，从配列、组合来计算，都是有一定限度的。唐人最长于绝句，把绝句表现的方法差不多用完了。再应用起来就成为蹈袭，而不能再像前人所作那样的意味深长。因而近数百年中，好的绝句虽然并非没有，但是做起来，却是一件非常费力的事。

近数十年来，尤其是江西诗体作风之下，旧诗作者总是好作律诗，尤其是七律的。当然和黄陈诸子的范作有关。不过律诗确也有律诗便利之处。古诗和绝句的确不容易做到够上水准，古诗当然比绝句尤难。王闿运的《夜雪集》，在他不认为传世之作，却还够得上好诗。至于他的古诗，他自己认为得意的，却只能袭汉魏人的形貌，一点创作性也没有。近世仿元白长诗的，以王闿运《圆明园词》、樊增祥《彩云曲》，王国维《颐和园词》为最有名。其中最不像元白的是《颐和园词》，却以《颐和园词》的最好。当然《颐和园词》是最难懂的一首，不过在功力上，在情感上，在他个人的身分上，都要算是一个最成功之作。但是如同王国维那样渊博的人，并世而言，实在太少了。因而古诗也当然不可轻于尝试。——古诗既不易作，绝句也不易作，只好选择律诗。

律诗除去了江西诗派的遗范以外，主要的还是律诗可以用工力制胜，做到近乎水准，其他各体就不能。古诗要求的是"腹笥"。绝句要求的是全篇的诗意。律诗的要求就比较容易些，只要全篇有一二警句，其他部分可以相衬托，就可以了。当然做唐人诗法的，认为律诗要有很高的格调。这只是悬一个高不可攀的标准，要求每一个人做到太白尚不可及的《黄鹤楼》诗，那不是宏奖诗裁之道。律诗自有律诗的甘苦，如人饮水，冷暖自知，诗人不可专图偷懒来专作律诗，却也不可以轻视律诗而以为不可轻作。

至于作诗的人喜欢作七言诗，似乎有两种原因。第一，是只有七言和五言两种选择，而八言九言，并无此诗体。那是因为中国的诗都是从乐府转变出来的。音乐的基本旋律不可以附入太多的音节（Syllable），每句词的音节嫌少时当可加入衬字，音节嫌多时减掉字就困难了。所以除去长短句以外，旧诗以五音节或七音节为每句的标准，较为方便。形式既成，诗人就这样用下去了。至于就容纳思想来说，七言句子当然比较五言句子为复杂，因而可以容纳下的思维方式也比较多，对于表达情感当然亦有好处，一例如"关塞极天惟鸟道，江湖满地一渔翁""梦为远别啼难唤，书被催成墨未浓"等，都不是五言所能表达的。尤其中国语言一两千年以来，颇有从单节音变为多节音的趋势，每句一定要较多的音节才能把较近代的语言变化容纳下来。所以七言较五言为流行是当然的。因而今后的新诗用九言十言为句，也不是一个意料以外的事。

至于词和曲，那就更非旧诗可比。因为词和曲本来可以表现的范围就比诗为窄。虽然在词的发展过程中，曾有人想扩大词的领域（例如辛稼轩、刘政之之类），但为词的体裁所限，始终没有进入到词的正统，词的意境就永远被限制到那个小的圈子里面，尤其是词不是诗，曲不是词，到词变为曲，范围便更为有限了。诗、词、曲虽然都是从乐章变来，但诗不是"倚声"，词和曲都是"倚声"。"倚声"的作品，当然要严格的受声的限制。在旧声当传于世的时候，只要会唱也就会据声入谱，但现在已经无法再唱词了。我们已经失掉了宋人的方便，例如姜白石就可以将《满江红》的入声韵改为平声。现在只有依照古人已填好的四声，按谱照填（这一类的谱，例如万红友的词律）。填的结果，是否真合古人旧律还不知道，但已桎梏性灵达到了无可再高的地步了。这种情况，那里是纾情，简直是受罪。又岂能有方法大量的领导后进，问津于词学之坛，至于依《九宫大成谱》来填曲，就更费事了。其次，不论词和曲的旧谱，都已过时，即使能设法复原，也只有少数的人会唱。在过去的时代，并无新诗存在，词和曲也未曾取得了诗的地位。到了现在，词曲已经到了半僵的状况，除去做文学史研究上，有他们的地位以外，不可能再起死回生。因而对于词曲的前途，更无需再寄托太大的希望。

从以上的分析，旧时（包括诗、词、曲）的前途，当然是悲观的。不过对于将来诗的方法，诗的内容，以及诗的格律上还可能有若干新的启示。就以最近论争中的问题，诗要显明呢，还是要深晦呢？这两点在过去诗法的趋向上，还都可以得到他的根据。现代的诗人们仍然可以在遗产中的考验上来各行其是。这种形状不符而性质相同的例，在史法的批评上叫做貌异心同。文学的范畴虽然有限，但从貌异心同的原则上去做，还是大有发展的余地的。

（刊载于《文星》，第 7 卷第 4 期，1961 年 11 月）

欢迎胡适之先生并谈语文运动

在文学革命运动三十三年以后的今天，胡适之先生来到台湾了，我们要欢迎胡先生。但我们很惭愧的，在中国语文方面，这些年以来，诚然有了不少的进步，但还保留着许多年前不少的问题。

我们决不能否认我们前代的遗产，我们也决不能否认过去文学中的价值。但总觉得非常可惜的，我们古代的文学，总多少的有些畸形发展。这个畸形的发展，是在语文方面过于看重装饰，而且过于看轻真实。因此许多文学作品都只是些文字的游戏，而不是人类生活的表现。

中国古代文字的记载，不诸是简册、钟鼎、甲骨，都有一个共同的趋向，就是简洁。极端的简洁，就成了电报式的纪录。这种文字形式的好处，是"事增文省"，而其坏处是意义模糊。凡是好的文言文，多不是说理详明，而是富有含蓄。所以不但骈文不是好的说理文，就在唐宋以后的古文也不是好的说理文。凡是好的命意，从思想到语言，本来要打一个大折扣，但从语言转写成为文言文，更要打一个更大的折扣。文字是发表思想的工具，本来不是装饰品，文言文既然不能负发表思想的任务，只保存了装饰品的功用，那就势必走上改变的一途。

在文学革命的发动的时候，正当桐城派古文弥漫一时之际，胡先生是一个治哲学的人，对于思想的分析和表现，是比较别人更为注意的。同时胡先生也是一个对于文学有精深修养的人，他了解世界文学上一般的趋势。他所主张的文学革命，是客观的将一切因素，做过了一个详尽的分析。他深知文学革命非做不可，做了也非成功不可。

诚然，语体文运动是多少受了外国语文的影响。但这件事是由于和外国语文比较，才发现出来我们文言文表现方法，确有缺点。并非盲目的崇拜外国的一切。在语体文运动以前，严又陵曾经大量的翻译外国文，并且标出"信、达、雅"的信条。其中"雅"的一项，就是要用比较古雅的文言文法。但信和雅，是绝对不能两全的，因此严译世界名著的所谓"达"，乃是他用心细读原文，了解以后，再做一个彻底的意译。这仍然不是发表思想、训练思想一个正常的方法。至于林纾所译的小说，那就更不是那一回事了。

学过近代治学方法的人，当然不能满足这种状况，近代的治学方法，是要有客观、确实、系统化与归纳的精神。但文言文已经被过去习惯用法所凝固了，不能适应任何新的方法和新的材料在文言文之中，倘若"确实的意义"和"固有的习惯"冲突，那就只能牺牲确实的意义，而将就固有的习惯。这样，文学就成为杂凑的古董，而不是表达思想的工具。这也就是胡先生不顾一切阻碍来发动文学革命的最大原因。我们试看一看胡先生的"八不主义"，主要的目标，就是要解除一切固有习惯的束缚。

我们回溯过去文学革命的动机，我们更应当了解今后文学进展的趋向。三十三年以来，过去的儿童，已经成为中年人了。三十三年中确有不少的变化，但我们总感觉到成绩还不够。语体文的形式诚然已经发展完成，但文言文的影响还随时可以看到。甚至对于语体文的形式，还拿文言文的标准来衡量，这都是不需要而且不应该的。我们要知道语体文是活的口语，所以我们可以大胆的创造而用不着避忌。我们不怕违背文言文的习惯，甚至于也不必顾及现有语体文的文法。只要能将意义表现的更严密、正确、恰当，不管利用旧的语词和句法，创造新的语词和句法，以至音译外来语词或采用外来的句法，都没有什么不可以，只有这样才可以使得语体文的表现方法更丰富。

人类的前途是要人类自己去创造的。我们的语文也要我们自己去创造。现在正当胡先生归来的时候，我们应当以欢悦的心情迎接胡先生，同时也要迎向我们未来语文方面的光明前途。

（引自《中国的社会与文学》，文星书店，1964 年）

五四新文学的洗礼

在念中学时，我阅读许多中国的古典文学；进入北京大学以后，两年预科，四年本科，总计六年，但实际修课不需要那么长的时间，所以有很多时间可以看课外的东西，尤其是文学方面的书籍。因此，虽然我本身的专业科目是历史，但另一方面，文学的东西也看得多，而且，当时北大中文系的师资真是济济多士，我在中文系选修了几门课，并且旁听一些课程。当时中文系着重的有两个范畴，一是语言文字，另一则是文学，因此我乃成为一个业余的文学爱好者。

当时在北大影响我最大的是胡适、傅斯年和钱玄同先生。胡适与傅斯年先生影响的主要是思想方面，钱玄同先生引领的则是文字与语言学。另外还有沈尹默先生，他主要的课目是诗，有一回他讲李义山诗，提出义山诗与现代文学的关系，极为精彩；在过去，中国文学史主要谈的是李杜（李白、杜甫），从李杜发展出来，第一阶段是李贺，再下来就是李商隐了。李贺和李商隐的趋势与现代文学有某种血缘关系，这对我的思想启发有若干影响，亦即从古典文学探索现代精神。

在北大念书时，虽然已非五四运动当时，而是刚刚过去，关于新思想的变化，我也曾接触了若干当事人，因此对于新文学的主张与理论颇为注意。譬如当时傅斯年和罗家伦先生，虽然他们研究的不是文学，但因为思想启蒙和新文学运动有着扯不清的关系，所以在文学革命的范畴也有其贡献。

同时，我也阅读一些"创造社"的东西，像郭沫若、成仿吾等人的作品之类。他们发行的《创造》杂志，影响及当时一般的年轻人。同时在北大也听过周树人的《中国小说史》，周先生的观点也影响了我个人对文学的一些看法。在当时，我一方面上这些文学的课程，另外一方面，也看一些当时出版的杂志。因为五四前后正是一个新旧的转变时期，当时出版的期刊、杂志，我几乎每一本都看。

所谓新旧的转变时期乃有所指，譬如北大是新文学的重镇，东南大学则是提倡以新事务入旧格律的学衡派，二者的对立可以说相当明显。那时我在山西，准备投考大学，第一志愿当然是北大，南方则想进东南大学，而东南大学注重的是国学。关于国学方面，梁任公和胡适都曾提出所谓的"国学基本书目"，在当时相当通行。我中学时代最后两年的国文老师姚先生，北大毕业，他把北大当时的基本需要（或要求）向我们介绍，所以就加强我们对《文心雕龙》的认识，以及新文学理论的介绍。我考北大时，别的功课并不突出，就是国文考的好。我到现在还记得当时的国文考题，其中一道是"韩愈文起八代之衰，他对文学史上的贡献是开新还是复古？"在我的同学间，考北大的相当多，而四十人只取了三人，可以说是国文这一科帮了我的忙。当时姚老师教我们《文心雕龙》及其他文学批评理论，对骈文与散文的分野亦有见地，我考试时就把这一段写上了，简单地说，当时我是写"以开新为目的，以复古为手段"，这一点，就当时复古与开新的关系而言，这不是国学问题，而是新文学的问题。在新文学的趋向之中，对复古亦有其需求。当时我念的虽然是历史，但对文学的接触则与时代有密切关系，因为五四前后，新文学是一个最热门而普遍性的课题。

当时学衡派的东西我也看，但就思想风气而言，纯粹的复古固然不可能，但对保守派的立场似乎也应当要有所了解。我出身北大，应该不会走到学衡那一派的路子上去，但对他们有所了解，然后加以批判，才是比较正确的态度。关于五四运动以后，一般青年的思想可以说是多变的，而且，也要经过新的洗礼之后，才能达到一个批判的看法。白先勇有一篇小说《寒夜》，虽然并不能代表全体五四人物发言，但多少却表达了一种看法，当时的青年确实是有那种心情。

有趣的是，当时虽然标榜新方法，却也不忽略旧学的东西，我们可以这样说，五四时期，领导人物的基础并不是西洋文学，而是中国的旧东西，这和现在不同，现在的知识分子在文学方面，其所主张、引用，率皆为西洋文学，尤其是英美文学方面，特别是当时介绍西学有很多是经由日本的管道输入。但无论如何，五四人物真正的基础还是中国旧小说，而其中又以《红楼梦》和《儒林外史》最为重要，这在当时也是一种风气，而由《红楼梦》《儒林外史》探索出白话小说，再衍生为白话文运动，其间有着密切的关系存在。

当时大部分同学看得比较多的，是周氏兄弟的作品，沈雁宾〈冰〉（茅盾）的《幻灭》《动摇》《追求》三部曲，另外就是老舍《老张的哲学》《二马》这些东西。但我个人对小说的认识不多，基础比较好的是诗。在大学时代，我看过《古诗源》《唐诗别裁》（《唐诗三百首》就是《唐诗别裁》的选本），其中很多诗我都能够背。这些诗使我多少能领会一些中国文学的美，也知晓传统中国文人的蕴涵是些甚么。

而我个人真正研究的重心是秦汉史，尤其是关于居延汉简的研究，到现在仍孜孜于斯。因为居延汉简主要是在长城一带发现的，多半是西北方面的社会经济史资料，大略可以分为两部分，第一部分是边塞的往来公文，中央政府发到边塞去的，第二种是簿册，关于记帐簿、人名册，或者边塞兵营的名册等等，看起来都是干燥无味的材料，但却是汉代社会、经济生活很重要的纪录。两汉书在廿四史中算是写得相当好的。古代史籍中，写得最好的是《左传》，不仅文字好，记载翔实，也可以当文学作品读；其次就是《战国策》。两汉书在正史中算是体例较完备的，但关于制度方面，两汉书仍有疏漏，乃需汉简来加以补充。当然，历史研究要避免说是自己的新发现，有时一些自以为是的惊人发现，在比较研究之后，也许又发现自己有所误谬，这时就需进一步地考订，不可遽下结论。

在我做学生的时候，一般同学中间大体有两种趋向，一个是做近代史，另一个是做上古史，这些范畴，大家一窝蜂地做，我觉得没意思，所以就选了一个大家不太做的秦汉史。秦汉在当时的最主要意义是制度史，我当时希望做的有几点：第一是官制，其次是兵役，第三是法律问题；关于这几个方面，我希望做一史的处理，不是找到什么新的发现，而是以史的方式加以重新贯连。而当时大家对近代史有兴趣（其实到现在大家还是对近代史很有兴趣），因为和现代生活有关；而对上古史的兴趣主要是受顾颉刚先生的影响，因为上古史的问题文献无征，做起来也引人入胜。但研究上古史是一条路，关于民国的东西，大家也有兴趣，譬如说《诗经》是古代的民歌，很多人就去采集民歌，编成《吴歌甲集》，顾颉刚、刘大白先生都在这方面下过工夫，他们采集民歌的目的就是要编一部现代《诗经》，这种工作我个人觉得是非常有意义的。

我个人求学时读过一些文学方面的东西，也听过诗和小说史的课程。虽然我的本行是历史。整体而言，我个人觉得历史是死的东西，虽然史学不一定是科学，但要拿科学的精神来做史学研究，可是，文学不是科学的，文学是用一种方法来表现人生，提醒人生，把真实人生用另外一种方法表现出来，虽然也有所谓的历史小说，表面上看起来似乎是历史与文学的结合，但我认为，历史小说都是不真实的，它仍然只是小说而已，不是历史。如果把历史小说里的人物，用考据方法把他们考出来，说是一个无名英雄，这是可以的；但如果要把他们与历史配合起来就很困难，而且也不可能。要拿历史考据来批评历史小说，我想是不太可能的。又譬如武侠小说，当然有它的意义，但小说的背景在哪一个朝代，我们不能就认定那个时代的生活是像小说里写的一样，像金庸的武侠小说极脍炙人口，但不必一定把它放在宋代或明代，金庸的小说写得很成功，但不一定要放在历史中，放也可以，不放也可以，这是毫不相干的。当然要放在某一朝代也有好处，譬如把当时代人物的个性、生活状况放进去，写起来方便。但我们不能拿历史的眼光来加以批评，金庸对宋元明的历史固然相当熟，但不能用历史眼光来对他的小说加以批评，因为历史是历史，小说是小说，不能混为一谈的。

我有幸生在一个新旧交替的时代，也是一个新文学勃兴的时代，涵泳旧学，兼养新知，使我成为一个文学的业余喜好者；也因为对文学的接触，使我在本行的历史之外，还保留着文学的想像空间。我想，每个人不管学的是哪一行，保持文学的兴趣，可以使我们拥有更丰富的人生。

（吴鸣　整理）

（刊载于《联合文学》，第 2 卷第 2 期，1986 年 10 月）

论兴办一个中国文学专科学校

近年来的学术文化上有一件显著的事，就是大学学生中志愿学中国文学的有显著减少的现象。这种现象的起因，一部分由于职业问题，经济系、工程系以及英语系毕业以后，可以得到更好的待遇。但从另外方面来说，高中学生的时间究竟非常有限，中国数千年来的传统学问，需要很多时间和精力，才能稍立基础，因此凡是有志国学的，数学往往是无法太好（至少可说其中最多的例子是如此的）。也就是说，早就有志于做国学工作的人，难于考上大学。这就自然而然的，减少了大学中国文学系学生的数目。

我虽然未曾主张只有发扬国粹才可以救中国，但我却以为在我们过去成绩之中，的确有许多甚至于不可胜数的思想上及文学上宝藏，决不在世界上别人成就之下。倘若加以疏通证明，发扬光大，也自然在人类世界之中，是一种贡献。而这种贡献，也自然必需中国人自己来做，不应当期待别人。

我虽然并不以为义理、训诂和辞章，是一个人的精力可以都做得过来。但是这三种学问有不可忽视的相关性，凡是做其中一种工作的，对其他两种，决不可以不略窥门径。但是就"略窥门径"四个字的标准来说，也要费极大的精力和时间。因此要使学生专精中国学术，就应当有一个更多的时间来训练。现在大学国文系的四年时间，当然很嫌不够。在过去几个著名大学的国文系中，诚然也造就过不少的人材。不过这些国学人才的成功，除去由于名教授的指示，参考图书的便利以外，恐怕还有许多人，是由于未曾入过小学，甚至还有些人并未从中学一年级读起，而是在一个长期中，在家庭补习中国学问的原故。

从前一点来看，中国学问必需做，而且必需国人自己去做，所以不是一个可以忽视的问题，不是一个可以推诿的问题；从后一点来看，国学人材造就不易，现在显然的旧家庭日少，从家庭教育教出来根柢再去入学校的人，更日就减少。那就当然的趋势，是中国文学系的程度日就降低，而愿入中国文学系的人，也日就减少。

过去在昆明的大学中国文系一部分教授，曾作有《调整大学文学院中国文学外国语文二系机构刍议》，他们的主张是让"语言学"独立成系去专讲 Language 及 Linguistics，使它成为一个专学说各民族的话及专讲人类发音的学系，同时合并中国文学及外国文学成立一个"文学"系，在文学系之中，对于中国方面，就放弃了古韵学中国文法一类的功课，在外国方面，就放弃专教说话的功课。这个主张表面上看来似乎还有道理，但实行上颇多窒碍，第一，语言学独立成系，理论上不是不可以，不过实行起来，那就既没有那样多的教员，也不见一定招到太多的学生，不是那样好办，就是将来办得成，使一些人专精语言是一回事，给予学文学以语言学训练又是一回事。文学既以人类的语言来表达，就不能说文学和语言一旦分系，学文学的人对于语言学就"从此薄郎是路人"！因此将来学文学的人对于语言学的学习与训练，不应当比现在学文学的人更要少一些。也就是说不论语言学成不成系，与现在中国文学系及外国文学的功课等阵容不生影响。

再专就外国文学系来说，学外国文学的人，是不是就不需要学说外国话？假若回答的人说"需要"，那就表明文学离不开语言。假若回答的人说"不需要"，恐怕任何人都觉得是一个不可想像的事。在世界伟大文学家之中，尽管还有瞎子，却从来没有过哑吧。这就表明了文学未曾离开语言而单独存在。也就是表明虽然学语言的人不一定非要注意文学不可，但学文学的人却得先把语言工具学好。这一点仍然证明了外国文学系之中，不能离开语言而讲文学。

再就中外文学合系一事来说，这也是一个十分困难的事，在大学中专研究外国文学的文系，除去几个极少数的例外，其余的无不是专治英文的学系。这是因为短短的四年中，学好了一种语言文字，能运用自如，已算不容易，要想学好了两种以上的语言文字，那就简直是梦想。因此外国文学系之中，虽然有第二种外国语，但第二种外国语都是难于学好的。假如中国文学与外国文学合系，使学生兼顾中西，那就每种只剩两年，显然都学不好。假如只以外文或中文为主，其他只等于"第二外国语"，那就无异废除中文系或废除英文系。充其极也就等于"此后中国人不必再研究外国文"或"此后中国人不必再读中国古书"的两个极端！假若中文外文各自分组，名合而实不合，那又何必多此一举？所以无论怎样的说，语言学系到必要时期被成立起来，那是应当的。但是合并中国文学系及外国文学系的办法，实际就等于戕贼两个文学系，那是断断乎不可以的。

所以现在中国文学系的问题，是由于时间太不充分，而不是在大学中设法改制就可以的，用现在所有四年的时间来改制，减轻学生负担根本做不到，加重学生负担就只有越改越糟。倘若不想另外的办法，实在没有好的办法来发展一个好的中国文学系。

在这里我想到过去办艺术专科学校的办法。因为要造成一个熟练的艺术家，必需从较小的年龄训练起，年岁大了，反而不好。所以招的是初中毕业学生，给以专科训练。况现在的高中，实际上等于大学理工学院的预备班，对于学文学艺术的人，许多功课是用不着的。高中学生在三年之中既然费了最大的时间和精力来学理工课程，功课好的学生当然要入理工学院，然后过去所学才不算白费。这也怪不得学中国文学的这样的少。

所以从艺文的训练说，从时间的经济说，中国文学的专科训练，是要从高中一年级学起。但是高中的文理分科，从过去实验上的证明，显然是个无益的事。除非办一个中国文学专科学校，从高一训练起，此外再无更好的办法。

这一种专科学校，应当定为六年制，前三年等于高中的学龄，后三年的学龄，等于大学一年级到第三年级修毕，毕业时取得专科学校毕业的资格。

前三年的教学科目是应当加以设计的，现在拟定大纲如下：

科目	第一学年	第二学年	第三学年（每周时数）
国文	8	12	14
中国文字学			2
英语	6	6	6
公民			2
历史	2	2	2
地理	2	2	
数学	4		
哲学概论	2		2
科学概论		2	
理则学（以传统逻辑为限）		2	
体育	2	1	1
音乐	2	1	1
美术	1	1	
劳作	1	1	
每周教学总时数	30	30	30

在这里将数学时间减少到只有一年级才有，只授三角及平面几何。将物理、化学及生物合并为科学概论，每周二小时，两学年授毕，其编制方法大致可按照美国人的 *Science Reader* 酌加修改。至于历史（较一般高中多授一年）、哲学概论（高中无）、理则学（高中无）既在六年一贯制中前三年中已授，后三年中自不必再重授。主要的时间是国文和英语，英语照高中课程标准为每周五小时，现已增至每周六小时。国文照标准亦为五小时，现在则一年级加三小时，二年级加七小时，三年级加九小时。时间当更充裕，自可在此时间授以六经诸子各种专书，则根柢自可更好些。

后三年的课程，自可参酌大学中国文学系的标准，略为变通。毕业以后，依照程度，自可插入大学四年级。若四年级不招生，则插入大学三年级，在学业程度上自有过之而无不及。

至于招生一项，应当是不成问题的。因为现在初中学生考取高中本来已不容易了，初中毕业可以只考一次便直入六年专科学校，自然不算一个不合算的事。

这种专科学校和大学的中国文学系以及师范学院的国文系各有长短，当然不能代替大学或师院的教育。不过因为有独具之点，自然可以补充大学或师院的不足。过去的大学国文程度较现今为好，但北大的研究所国学门，清华的研究院以及无锡的国学专修学校都曾经造过不少的人材。现在中国文学人材的需要，较前更为显著的严重，则此等学校的试办，自为当务之急。这是值得社会人士的考虑的。

（刊载于《民主评论》，第 4 卷第 4 期，1953 年 2 月）

艺术与博物

敦煌壁画的艺术

甘肃省最西部，和新疆省邻界的敦煌县，在古物的价值上，曾有三种惊人的发现。第一是千佛洞的卷子本古书，第二是敦煌古长城沿线的汉简，第三是千佛洞的壁画和塑像。尤其是壁画和塑像，现在还存在敦煌，成为中国中古以来艺术的结晶。

千佛洞是在敦煌城东南四十华里的一个峡谷内。这个峡谷是被水（或者是冰）削刻而成为两房的峭壁。在这个峡谷的西壁，更为峭直。许多的洞穴便凿在这一带的岩壁上，南北共有四华里。在小溪的后面，共排列了上下三层大小不等的洞窟。洞的总数约为五百余个，成为一排一眼望不尽的洞穴。其中北面二百余洞，过去供僧众及香客栖息之所，多无壁画。在南面凡三百三十洞，是有壁画及塑像的。这些洞穴时代不同，保存的状态亦不同，有的非常完好，有的却破坏不堪。就时代来说，大约魏至隋的洞，约有七十个，其余二百六十个洞约为唐代经过五代以至宋初。只有一部分被清代中期及晚期修补过。

千佛洞的开凿，据说始于东晋穆帝永和九年，当时河西一带为前凉所据，时为张重华的乐礼九年。至苻坚建元二年，更有沙门乐僔建造石窟。但是现在尚存的洞窟当以北魏时期为最早。题记中最早的年份为"大代大魏大统四年"即西魏文帝大统四年，时为西元五三八。但这个有题记的魏洞，据壁画作风来看，并不算最早，壁画作风有十分和云冈相似的，应当比这个魏洞早到五十年至八十年。

千佛洞所在的地方，完全是由砾石累积而成的高原，再加以自然力量削刻成为峡谷。这些峡谷虽被掘成了洞穴，仍然是满布砾石的墙壁。这和云冈及龙门以沙岩为主的洞穴，显然不同。沙岩比较坚硬，所以洞穴不易掘得太深。但是沙岩墙壁容易雕琢成为图画，而沙岩柱子也可以直接雕成佛像。敦煌洞穴既全为砾石构成，因而处置方法也与云冈及龙门全然不同。砾石是无法雕像的，所以敦煌的佛像，全用塑像，因而塑像外表的彩画也和塑像一同保存下来。砾石的壁是不平的，所以必需上面敷以石灰，然后绘上彩画。因而敦煌千佛洞的各洞也就全部是彩绘的壁画。敦煌偏僻而干燥，这三百多个不同时代的彩画便被保存下来，形成了全中国最伟大的壁画宝库。

千佛洞的壁画，虽然天气干燥，能持久数千年，不过也有些改变了。当然，壁画所用的材料，都是属于无机化学方面的涂料，比较上变化不大。但有几种也会变化的。就中尤其是铅的化合物，遇见了空气中流动的二氧化硫或硫化氢，就会逐渐的变成黑色。所以千佛洞中有很多洞的白粉，都变为青黑色。因此对于千佛洞的摹写及摄影时，常常可以看到青黑色的人面，至于其他色彩如红色大都为汞的化合物，变化并不剧烈。蓝色及绿色大都用蓝铜矿（Azurite 即石青）及孔雀石（Malachite 即石绿），并无变化。大致唐代中叶以前好用蓝色，唐代末叶以后好用绿色。可能因为蓝色较绿色涂料，更为昂贵之故。不过到了现在，比较上有更适宜的方法，即铅粉可以锌白及钛白去代替，而石青及石绿亦可用合成的方法去做，不必采用天然的矿石。只要将来我们能大量利用合成方法，来制涂料修补激性，和中国传统的画法，例如长沙古墓的战国漆器及乐浪古墓的汉代漆器，以及营城子的壁画，美国波士顿博物院所藏汉代墓室壁画，山东金乡朱鲔洞石刻，伦敦博物馆所藏的顾恺之《女史箴图》（此图或为唐人摹本，但未失旧法）等，其笔触均轻柔而和谐，迥不相侔。到了隋代，便渐从西域的风格中加入了中国的成分。虽然用色还是那样的深红及蓝色为主，但显然的向温柔而细腻的途径转变。这种转变，当然是尽量从外国情调之中，加入了中国的因素。这个原因，至少由于两种事实。第一，北魏至东西魏及北齐北周，都是以胡人为主的政权。他们的好尚并不由于中国的传统。到了北周以后，我们可以看出汉人的力量已经渐次抬头。杨坚的篡位，事情本来非常突兀。究其因素，却非杨坚功德事业有所建树，而只是汉人之中要找一个有地位的领袖。所以隋朝的建立，自然树立了华化的趋向。

此外，隋代平陈一事，也对于汉人文化推进到中国北方有很大的作用。因为从此以后，江南的艺术成为时尚。而江南的艺术，当然中国的成分，超过了外国的成分。这样隋代的艺术，也就逐渐形成了新的风格。江苏省江宁县的栖霞山，尚存有隋代的舍利塔。这个舍利塔曾在隋唐时代修补过，所有石刻在下部为隋代之旧，而上部为南唐补修，其下部的石刻，正和敦煌的作风，完全一致。

到了唐代，仍承袭隋代的风格。但色彩方面有新的变化。在隋代时，壁画尚多以土红色的底色，到了唐代，就更为中国化，底色改用白色，而在上面加上许多不同的彩色，更为鲜艳。不过在唐代初期，男女衣服，尚沿北魏以来的胡制，这一点从壁画下面的供养人像（即捐钱修洞的人）胡服的设计，至于女子衣服就全部不同，变成了宽博的汉人形式了。

唐诗的"初、盛、中、晚"四期，同样的可以用在壁画上。初唐的画，多少还承继了隋代的形式，盛唐的画（即玄宗时期的画）第一点不同，就是打破了北魏以来画面上左右对称的设计，而改为中国画风并不一定要求对称。第二点不同，是将细腻改为秾艳，将繁缛改为堂皇；但工力反而现着减省了。第三点不同，是初唐尚瘦，盛唐尚肥。尤其供养女子像，都变得特别丰满，甚至可以说现着臃肿，这个风气，一直到宋代还是一样。从这个风尚，也可以推论唐人的酷爱牡丹。同样，我们从女人们臃肿的身材，宽博的服装，推想着这正是一个人们由动而静的关键。甚至一切风俗，以至于国运都受到了这一种趋向的影响。

中唐时期，可以说是肃宗以后，到六历建中的一个时期。也就在这个时期，河西被吐蕃攻陷，再到宣宗大中时期，河西再入中国之手。从大中以迄唐代之亡，也可以说是晚唐时期了。中唐时期的壁画，大都承盛唐之风，不过西域已非唐中央政府所能控制，因此河西财富也就减损。在此时期，大洞较少，技术上的精工较逊，尤其在意境方面，更少新的发挥。但有一点可以注意的，就是山水画更多采用，因而成为附庸转为大国之现象。

晚唐时期，敦煌在河西节度使之手，虽然对中央还算忠顺，但中央控制力量远不如前。所以在节度使领导之下，大洞特多。但是中原巧匠，似乎不再到河西。各洞虽然规模宏大，而技术精工，终觉较以前更逊。虽然有新的巨幅壁画，例如节度使出行之仪仗等，但细部总觉要粗简多了。这种作风，从晚唐的张氏到五代及宋初的曹氏，都还差不多。到了宋代真宗及仁宗时期，又再改变。此时几乎完全没有新的题材，除去千篇一律的千佛像以外，贫乏到一件佛教故事也没有。这表现着西北和中原隔绝，没有新的技术工匠到河西，而当地技工、技术也衰落不堪了，到了西夏攻入河西，再利用西藏的画工到河西，而河西画风又开始藏化。再西夏可以直接接收中原艺术，西夏画风又采取中原的宋代习尚。再后到元代侵入河西，完全采取密宗风味，虽然元代洞窟不多，但又是一个新的转变了。

（刊载于《"中央"日报》，1956 年 8 月 15 日）

敦煌艺术的一个介绍

壁画一件艺术，是从新石器时代就开始了。到了现在法国及西班牙的山洞中，还留着新石器时代的彩画。我国殷代的墓壁中，也被发现过图案的装饰。屈原做《天问》，是因为看到楚国宗庙，画着古帝王的故事而作的。到了汉代宫庭的墙壁还常画着古帝王及名臣的故事。并且在麒麟阁和凌烟阁，画过当代的名臣。这些壁画虽然现在都不存在，不过东汉时期，许多墓前的祠堂，曾经有过仿照宫室壁画而雕刻的石刻，到现在仍然可以依据。

佛教在印度已有山洞窟中壁画，佛教传入到中国以后，佛教的壁画在中国的寺院里曾经大量的采用，而洞窟的佛教艺术也有许多处。尤其是敦煌千佛洞，据说在苻秦建元时期已经开始，苻秦以后，在元魏时期更有大批新开的洞窟，和大量的壁画。再经过隋、唐两代，各个时期有各个时期的特征。一直到了宋初，成为中国艺术上的宝库。

敦煌千佛洞成为艺术上的宝库，自然有它特殊的原因。第一，是因为地理上的关系。河西走廊是一个窄而长的肥沃的区域，在此以北是大沙漠，在此以南是崎岖难行，而且常年积雪的高山。只有这一个区域才是适于居人的土地。而这一个适于居人的区域，在它客观环境而言，又是亚洲东部和中央亚细亚的交通中必由之路。也就是这一个地方，掌握着东西的枢纽。因此在政治上说，在文化上说，都成为东西两方面的重要地方。

这一个区域在战国及汉代初期为月支人及乌孙人所居住，后来为匈奴人所占有，因此匈奴人便利用它来控制西方。汉武帝元狩二年（西元一二一年），骠骑将军霍去病深入河西，浑邪王降汉。汉朝收复了这一个地方，渐次采用军屯和民屯，把这个区域变成为农业区域，设置郡县。到了汉武帝的晚年，共有武威、张掖、酒泉、敦煌四郡。敦煌是四郡之中最接近西域的一郡。

河西四郡都是沙漠中的水草田，雨量甚少，不能供植物生长的需要，完全依赖南面雪山上春夏天溶化下来的雪水。也就因为雪水的灌溉，反而比较雨水为固定，因而成为一个肥沃之区。

在这一个区域之中，敦煌是格外重要的。因为一方面为控制阳关及玉门关的重要据点，一方面为西域文化对中国输入的第一点。并且后汉及唐代在河西的节度使均以敦煌为主要根据地，使得敦煌的文化，更为提高。而敦煌文化，就一方面在佛教文化艺术上表现出来，另一方面，还在敦煌的藏书表现出来。

敦煌千佛洞是一个通俗的名字，原来在唐至元，称为莫高窟，这里距离敦煌县为四十华里，在砾岩的峭坚上凿有不断的石窟。南面为泉源入口，北为泉源出口，这一个泉源成为一个小溪，在小溪两旁栽着杨树，小溪向下流入沙漠中，便消失了。当然，这个峭壁是小溪多年所削刻成的。

这的确是一个幽静的所在。据说在苻秦的时候，就有一个远方来的和尚，开始建立石窟，这些石窟因为当时地理上的重要，以及佛教风气的盛行，到了宋元时期，已经绵延了一公里半，如同蜂房聚集，成为大观。

这里壁画因为比较不在后来的通都大邑，幸运处是未曾和唐代长安洛阳许多有名的壁画一齐毁灭，并且多年来未在中国人手中，在明代差不多原封未动，到了清代，才有恶劣的重修，因之大部分得以保全。不幸运的是长期不为国内学者所知，到清末才有人注意。

最先被人注意的，还不是敦煌千佛洞的壁画，而是千佛洞所藏的敦煌卷子。原来在庚子年（光绪二十六年，一九〇〇年），千佛洞到了一个姓王的湖北游方道士。原来在甘肃的西部敦煌一带，本是佛教的区域，但近来数百年间，佛教衰落了。千佛洞从元代起已经是喇嘛所住，不过喇嘛的人数也很少。其他民间的信仰，都是道教。道士的任务，是替人诵经、作法事、追祭先灵等。并且道士也供奉佛教的佛和菩萨。王道士就是从中国的内地，到敦煌作法谋生的一个人。

　　王道士到了千佛洞，就借住千佛洞的一个洞中，每天抄写道教平时应用的经典，发现了墙壁上有裂缝，向内发掘，居然得了一个贮藏室，里面有多数的经卷。

　　王道士就利用这些经卷作为募捐时对于施主的礼物。

　　在一九〇七年三月，英国治下的印度政府派遣到远东考古的斯坦因爵士（Aurel Stein）在发现了大量汉代的木简（汉代的文书）之后，到了千佛洞。他和王道士商量，给王道士一些银钱，将比较完整的卷子和佛教书移走一部分。后来法国汉学家伯希和（Paul Pelliot）再移走一部份。这些经卷中还有许多和现存印本不同的古书，都是非常可以珍贵的。于是千佛洞的名声才大了起来，中外的学者才开始注意到壁画。此外斯坦因及伯希和对于壁画都有拍照并且印刷刊行，中外学者才知道这是世界上一个艺术上的奇迹。

　　对于千佛洞艺术的注意点，第一，是塑像方面，敦煌千佛洞因为岩石特殊，不适宜于雕刻，所以采用泥塑之法。因此塑像除去保存形态之外，还要注意保存色彩，所以敦煌壁像只要像尚保存，色彩也大致还保存着。这是比较云冈和龙门石刻之像，更多一种应当注意之点。这种同类的情形，只有甘肃天水的麦积山，尚有魏代塑像保存，不过规模远不及敦煌。其次，敦煌的塑像代表了各个时代，与云冈、龙门、千佛岩（四川广元）、四川大竹、南京栖霞山、山西太原天龙山等的石刻，都可以做比较工作，使得到我们对于塑像及雕像看出了同果。此外，敦煌为甘肃最西的一县，正为西域文明输入的大道，也正可以和印度中央亚细亚所留的雕像作一个比较。

　　第二，关于敦煌的壁画，这是敦煌艺术中，最为人注意之点。在壁画一类，一般并且包括天花及藻井。这些壁画，时代不仅很早，而且时代很长，可以表现中国绘画在五世纪以来，将近一千年进步的状况，这种连续不断的绘画成绩，是国内任何地点所未有的。使得此后研究绘画的人，更明了古人用笔的方法，并且纠正了从来许多错误的观念。倒如明清以来有些画手，用侧锋画人物，用极宽阔的韭叶文，而号称出于吴道子，现在再复核敦煌的壁画，虽然尚无吴道子的手笔，但出于吴道子的"吴带当风"

画法，却是有的。其钩勒之笔完全均匀润泽，并无这种粗犷的唐画，因此，我们知道这种画法是错误了。尤其从这种作风而发展的，钩勒文故意停顿，粗细不匀，更是前人作未有而为更恶劣的作风，是必需加以订正的。

其次，我们自己的图案，本来非常丰富。而敦煌艺术更为中国与中央亚细亚艺术的荟萃，其间发展，更为可观。我国自宋代以后因为文人画的关系，有时对于图案的结构，渐次忽略。而近代艺术，对于图案方面，渐有贫乏之感。这是牵涉到实用方面，非常重要。自从敦煌的壁画受人注意，敦煌的图案，也渐次受人注意。图案方面所牵涉的，不仅是形式，而且还和色彩有关。所以整理起来，相当费力。不过无论如何，只要经过我们国人的努力，将来自然可以在实用方面，发生了不少的成效。而使得我们过去的贡献，更为重要。

再其次，敦煌壁画虽然是一种佛教的宗教画。不过其内所包含的范围，至为广泛。其中当然以人物为主，而山水、器物、花卉、鸟兽、舞乐，以及界画，无处不在的表现出来。

敦煌壁画都是非常大的巨幅，把其中一小部分特写出来，都可成为最精彩的作品，或者最重要的标准或模范。因为画太多了，摄影、记录以及临摹，都有不足之感。关于敦煌画的研究，现在还是一个初步，将来还需要更精细、更努力的进展。

再其次，敦煌壁画牵涉到不少的佛教故事，而这些佛教故事，又随教派的发展，以及时代的好尚，而有所不同。过去日本松本荣一氏做过一部《敦煌画之研究》，对于佛教故事，曾经有过详细的考证，至今仍然为最重要的参考画。不过其中还有更多可以讨论的地方，这就在今后研究者的努力。

第三，关于建筑方面。这在敦煌千佛洞的建筑及壁画也成为中国建筑史的宝库。当然在印度建筑与中国建筑的关系方面有其重要地位，而在中国建筑发展史上，地位也非常重要。

在魏画之中，最令人注意的，是"人字栱"。这在龙门及云冈洞窟都是有的，而到了隋代如同日本奈良的法隆寺，尚保存这种做法。虽然后来不时髦了，但今后的建筑反而不妨重新注意。

其次，唐代的建筑现在最重要的材料，是日本唐招提寺、大同佛光寺，而陕西长安大雁塔的石刻，也是十分重要的记录，在这里敦煌壁画就有不少唐代建筑的模写。尤其是唐代晚期至宋代初期几个窟檐，更为中国古建筑实物的重要标本。因此，在别处的建筑史料虽然也重要，但敦煌的建筑史料，不仅包括遥远的时代，并且还有示例，自然也十分重要的。

所以敦煌的艺术，包括范围非常广泛，在中国艺术史上，至为重要，而如何去利用、发展，还待今后学者的努力。

（刊载于《大学生活》，第 2 卷第 9 期，1957 年 1 月）

敦煌壁画与中国绘画

　　人类的绘画远在新石器时代已经发明了。这些二三万年以前艺术家的作品在欧洲南部的洞穴中至今还保存一些。不论是从一个地区向外传播，或者在一些的地区平行地进化，在三千年以至一万年以前，世界上许多地区都已经有了图画。

　　在中国黄河流域西部的彩陶区，在远古的彩陶器上已经画着鸟和兽的草图，以及种种图案画，和北美洲印第安人的彩陶十分相似。再过一些时候，河南省安阳殷墟的发掘中又得到更多的图画，尤其图案画方面。

　　照中国古代的记载，约当纪前一三〇〇年左右，商朝国王武丁，因为要找个贤能的宰相，梦见上帝赐一个人给他，他醒来以后，吩咐画家画出他的像照样去找，果然得到他所要寻访的人，不论这个传说可信的成分如何，但可知在这个传说发生的时期——周代，已经有画像技术了。

　　中国最早期的国画，到现在尚存在的，或者说已经被发现了的，都是在中国有名的特产漆器上面。一种是湖南长沙发现的漆盒子，上面有人像；另一种是在安徽寿县发现的一个战国楚王棺材板，上面画的云和龙大致都是纪元前二百年至三百年的作品。再晚一点就是在朝鲜平壤发现的漆盒子，上面画的人像，大约是西历纪元以后一世纪的作品。

　　东汉时期，纪元后一世纪到二世纪，图画保存到现在的很多，尤其是石刻方面。比较重要的是在山东，法国大汉学家沙畹（E. Chavannes）所著的《中国北部石刻》一书中有许多很好的缩小锌版图录。除了他所著录的朱鲔祠、孝堂山、武梁祠等外，比较重要的还有两城山、滕县、南阳等处的石刻，以及四川省墓阙和墓砖等。就中最早的是朱鲔祠石刻，其次是滕县石刻；尤其是朱鲔祠，充分表现了汉代人用笔的方法，但到了滕县石刻就变成了石刻上的特殊表现，装饰多且比较朴拙了。

从战国时期及汉代的漆器、朱鲔刻石所表现的线条来看，都是具有中国作风的特点，轻松、简单、活泼，从几条有限的线条表现出非常生动的神采。这种方法在东晋时期的顾恺之（纪元四世纪后期）所画的《女史箴》（现藏英国伦敦大英博物馆）及《洛神图》（现藏美国华府佛利尔美术馆）仍然和汉代的笔法一贯相承，简单而又明洁。（有人说《女史箴》是唐人的临本，今按其上的题字可能是初唐人补写的，原画为晋人作应无问题。）

从东汉明帝时期佛教输入中国之后，佛教画也自然输入到中国来。从东汉章帝时期起石刻中常常偶然发现些佛教的材料。三国的东吴时期（三世纪）佛教在中国更为兴盛，当然，中国的绘画是要多多少少受外国派的影响，例如顾恺之便画过佛教画。现在一般的文殊师利菩提萨埵向大居士维摩诘问疾并且谈道的图画（此类画在敦煌壁画中很多，尤其是唐画中），都是根据顾恺之的粉本。在这一幅画中文殊师利是印度装饰，而维摩诘却是中国装饰，就表现出佛教的题材到中国以后的改变。

在中国中古南北分裂的时期，南方保存着一些中国的作风，北方却发挥更多的异国情调。顾恺之是南方人，从他的画风来看，承受汉朝人的传统较多。从另一方面来说，代表北方的敦煌画在北魏时代的画风就不同了。

敦煌是甘肃省的最西端，和新疆交界，照自然地理的状况来说它和新疆很类似，而和华北不同，但是居民却完全是属于和华北相同的语言和宗教。西元三六六年时，当这个地方正被北方苻氏王朝统治的时期，曾开始凿成了第一个佛洞一直增修到宋元时期。民国三十年，张大千氏所编的洞号已有三百零五个主洞，附属的洞尚不在内。

敦煌佛洞约有三分之一属于北朝时代，其中塑像及绘画和山西大同的云冈及河南洛阳的龙门两处石刻的作风完全一致。我们将北朝的壁画作风来和南朝的作风比较，便可以看出北朝的壁画是笔调刚劲而豪放，着色浓艳，喜欢用两种相对的补色来表示强烈的反差感。倘若比较中国固有的和这种外来的两种画风，则这种外来的画风代表着强烈的热情；而中国固有的却代表冷静的智慧。

到了隋文帝时期，分离已久的中国又变成了一统局面（西元五八九年文帝灭陈统一中国）。在敦煌壁画之中，隋代的画风又显著的有转变，隋代壁画的色彩和北朝完全相同，但是隋代的画风，却有一个显明的南方成分参加在内。这种温柔而细腻的作法已经不是山西的云冈型，而是和江苏栖霞山隋代舍利塔上的石刻作风完全一致的了。这就表现隋代是调和南北的，但因为他们皇家是汉族的人，对于中国的固有文化，还是要偏爱些，因而隋代的艺术仍然以中国传统为主，再加上些新来的异国材料。

从隋到唐，是一步一步变化的，我们还看不出隋唐之间有什么显著的痕迹。但是变到固定以后，就可以看出它们的差别来，隋是隋，初唐是初唐。初唐时期从高祖、太宗到中宗、睿宗时期（约纪元六二〇年到七〇〇年），比较有一贯的作风。这个作风就是更为中国化了。色彩方面富丽而柔和，不像从前那样强烈对比，富于刺激性。初唐的壁画仍富于对称性，到盛唐时期（开元天宝时期）打破了对称性，虽然仍富丽而细腻，但色彩却不像初唐那样地繁褥了。（盛唐画妇女，突然胖起来，一直到晚唐及宋。）中唐以后大幅增多，但比较盛唐作风要粗糙些。降至宋代，壁画千篇一律，形成佛教画衰微的开始。（但是宋代道教画又兴盛起来，现存者当以甘肃某氏所藏《金仙出巡图》为第一，张大千氏有摄影本。）

敦煌壁画因为没有假的，成了中国中古绘画的标准尺度。除去壁画本身主要部份所表现的佛教故事画以外，壁画中的图案亦为判断时代的重要条件。任何一个时代决不相同。其中初唐及盛唐的变化最多，但初唐与盛唐彼此仍然有很重要的区别。

唐代佛教壁画非常盛行，各处的大寺院中差不多都有著名的壁画。例如唐高宗时，善导大师一生画净土变相三百余壁；玄宗时吴道子画长安洛阳三百余间，而四川成都大圣慈寺中九十六个院落，犹存刘宗以来壁画八千五百二十四间。自唐武宗会昌五年（八四五年）禁止佛教，佛教壁画亦悉归湮灭。除去日本奈良法隆寺及韩国新罗庆州佛国寺以外，在中国境内只有当时沦陷给西蕃的敦煌未遭毁坏。到了宣宗大中时期佛教恢复，才把敦煌收回，这也是敦煌一地保存佛教图画独多的一个原因。

在中国南北的分裂时期，南方因为是富于风景的区域，士大夫间对于诗的描写多注意风景的游览，因此山水画也在中国发展起来。同时绘画理论也在这时候充实起来了。刘宋时代的宗炳和王微都是爱好山水的人，都曾决定了山水画的方法，到了南齐的谢赫，再以六法来建设绘画理论。其六法为：（一）气韵生动，（二）骨法用笔，（三）应物象形，（四）随类赋彩，（五）经营位置，（六）传移模写。尤其是"气韵"一项是中国画的基本条件。

南北朝著名画家很多，但其规模和形式现在多已不能想像，其中张僧繇的画在唐宋时尚有存在。其青山红树的画法，现在尚有宋人及明人的摹本传世。（宋人摹本藏北平故宫博物院，明人的摹本或亦转摹自唐人或宋人，未必见过张僧繇的原本。）

到了唐代，中国绘画的传世名迹尚有一些，使我们得以看到佛教画以外的名人手迹。最早的是阎立本的《历代帝王像》（美国波斯顿美术馆藏，从汉文帝至隋炀帝共十三位帝王），完全用细线作轮廓，和敦煌〔唐〕代壁画的画法相同。其次为吴道子的《送子天王像》（日本阿部氏藏），这是一个画稿，可能是壁画的底本，但神采极好，仍旧是唐人的作风。除此以外，还有一些相传为阎立本或吴道子的，但都不可靠。

阎立本的帝王像有真迹的影本，大小和色彩均照原形。此外日本内藤虎次郎亦有影本，并跋其后，内藤跋云："此卷之著录莫先于米海岳（芾）画史，故周益公必大录《画史》三则于其跋后，而不明著为阎令画。米老作《画史》在道君世，而此卷第一跋虽不详年月作者，录在嘉祐诸廷跋之前，不知其不作于嘉祐以后，而称为阎画，则其说由来亦久矣。……此卷人物姿态，酷似顾虎头《女史箴》，与盛唐之迹王右丞《伏生图》（其实此幅尚有问题），已自不同，殆非宋人所能企。"

李思训和李昭道父子称为大小李将军，只是李思训的《九成避暑图》（故宫博物院藏），未必可靠（可能是宋人作品），而李昭道的《春山行旅图》（故宫藏），也可能是一幅晚唐五代的画，只有另外一幅《春山行旅图》（"中央"博物院藏，《日本支那名画宝鉴》中有照片），不论在方法、衣冠制度，任何一方面都表现是盛唐时代，其为唐画精品是不成问题的，并且还可能是真李昭道画（这可能是全世界中惟一的真李昭道）。可惜无缘无故被清高宗乾隆皇帝题上了"北宋近乎唐"一首诗，因而再没有人敢说它是唐画了。其实一幅画倘若时代分明，将新画说成古画固然算错；但将古画说成新画，那错也同样的大。为争取真理，有眼光见解的鉴赏家要拿出勇气来！

乾隆皇帝弘历虽然爱好艺术，但眼光却不高明。清代作山水画的在清初有四王、吴、恽、二石、八大之后，已经几乎成绝响。乾隆时的董邦达、张宗苍之流在画品的地位不过在"下中"罢了。乾隆就是在这种作风下熏陶的，自然会有误解。所谓"北宋近乎唐"就是因为题"李昭道"的那一幅被他认为是真迹，因此不得不将李昭道认为是摹本，否则"北宋"他也未必认得出来吧。此外故宫有两幅元黄公望的《富春山居图》，也是真的被他认为摹本，摹的被他认为真本。

山水画法一直是中国画的主要画法，为的是表现中国"人与天地一体"的思想。这种画法创于东晋及南朝，而盛于唐代。但唐人画山水还只是注重钩勒和着色，并没有后世画山水的基本画法——皴法，而皴法的应用则开始于五代时期。主要的大家是荆浩、关同、董源、巨然，合称荆关董巨，他们的真迹渐渐少了起来（例如唐代王维就无一幅真迹），其中如荆浩《匡庐图》（故宫藏），关同《待渡图》（日本阿部氏藏）均可称为当时的代表作。

北宋时代每个皇帝都设了画院养了一些画家，因此北宋传世的画比唐画要多出若干倍。现在要找唐画除了敦煌发现的以外，简直"希如星凤"；但北宋时代的画倘若不论雅俗，总还可找到一百幅以上。其中最著名的画家，画院中在宋太宗朝有燕文贵，神宗朝郭熙，徽宗时有李唐，贵戚中神宗时则有王诜，文士中则有太宗朝的李成和范宽，神宗时的米芾，其中尤以郭熙和李唐称为巨擘。这一期的山水画大半是些长篇巨幅，气象万千，为长篇小说型的艺术。

李唐曾入南宋（自一一二七年起），南宋室赵伯驹仍承受唐代大小李将军之绪余，作青绿山水及宫观楼阁。但另外一方面来说，又有一种新的发展。将一个整幅山水做成山水的剪影，将长篇小说型艺术变为短篇小说型的艺术，这就是马远和夏珪的山水画。曾经有人说马远和夏珪的山是残山剩水，表示南宋江山所余无几，这当然不对。因为在长篇大幅长期发展的情况下，艺术寻找新的出路，短篇小幅也自然产生出来，和政治环境是无关的。此外马、夏都是从北宗发展而来，有人以为是属于南宗，也是一个错误。

宋代另外一种艺术发展就是"文人墨戏"的发展。本来中国的书法因为和绘画同样用毛笔，因此毛笔写字来表现的线条也就和绘画一致。宋代的文人如文同和苏轼，都是画竹的名家。而所谓画竹，也就等于书法的伸长。再进而画兰、画梅、画菊（和画竹共称"四君子画"），又是从画竹的风气转变而来。自然宋人已经重视画梅了，一直到清黄荛圃的《百宋一廛》中，还珍重保存着宋刻的《梅花喜神谱》。（本文节录自"国立"历史博物馆出版，劳榦著《敦煌艺术》）

（刊载于《雄狮美术》，第 43 期，1974 年 9 月）

敦煌及敦煌的新史料

一

敦煌在中国的中古时代为军事及内陆商业要地。近古以后，此处的重要性渐渐的减低，但从近五十年来，因为在敦煌有了文化上的重要发现，而敦煌的地位也就提高起来。

敦煌的位置在河西走廊的最西端，是沙漠中的一块水草田。关于河西走廊，他是中国大陆上一个重要地区，位置在中国全境的中心而稍偏西部，而其中的武威，则适在中国全境的中心。河西走廊在祁连山与合黎山之间，形成一个狭长的平地。合黎山较低，大都为不毛的童山；祁连山较高，有若干部分在雪线以上，而且有平行的三条山脉，所以地形较为复杂。祁连山中山势愈高，气温愈低而愈湿润，雨量也随着增加，因此山顶积雪，下流为水川，再溶解为河流。所以山中有比较好的森林和牧地，而河溪流下去可以供应河西走廊农田的需要。

河西走廊虽然大部分为沙漠田，但因为沟渠系统有相当的成就，所以就甘肃全境而论，还算富饶之区。从前说"金张掖，银武威"，这里所指的收入还有对蒙古的贸易，但农田收入也还大致可观。其次就河西走廊的地位而言，尤其重要。因为这里正是内地与蒙古、西藏、新疆几方面会合之点。这里的得失关系于大西北整个的前途。从汉代以还对这里特别重视便是这个原因。

河西走廊的富饶地区大致都在嘉峪关以东，嘉峪关以西的三县，即安西、玉门、敦煌，其耕地位置，便不如嘉峪关以东各处的互相连续，就中三县以敦煌最为肥沃，而安西的位置则比较重要。在汉代新疆地带注重天山南路之时，玉门关和阳关都在敦煌之西，也即是说从内地出发不论走天山南路或天山北路都要走敦煌。但在唐代以后，天山北路的交通格外重要起来，唐代在敦煌设沙州，而在安西的东南现在称为"琐阳城"的设瓜州，而玉门关亦移在今安西城之北，因之敦煌已经偏僻些。到了现在，新疆省治在天山北路的迪化，甘新大道是从安西直达星星峡，于是敦煌便更显到偏僻些了。

但敦煌除物产比安西玉门两县丰富以外，在地理位置上亦自有其重要之处。假如从内地到北疆，自然不必走到敦煌。假如从内地到南疆去，那就敦煌是一个很重要的中继站了。敦煌到南疆，因为公路始终未畅通，所以从内地前往南疆，总是转道哈密，这是一个极不经济的事。倘若内地和南疆的交通有一天比现在密切些，则阳关古道亦势在必然需要畅达。

从内地到敦煌必要先经兰州。从兰州坐汽车，第一日武威，第二日张掖，第三日酒泉，第四日安西，第五日可达敦煌。敦煌的水草田在党河的下游，东西南北大约最大的直径为五十华里，成为四周不很规则的垦地。东西北三面以外大都为盐渍土壤和砾石。其中偶有泉水出现，但只能供小规模游牧之用，绝不适宜于开垦。南面有一个极广阔的砾石地带，并且间有流沙，从祁连山下注的小溪，大都经过这个砾石地带就渐渐的没入地下。党河出山以后，经过一个地方叫做阳开口的（距阳关及敦煌城各约七十里），转而东北经过砾石地带冲刷过的深沟，再流入敦煌，即分为十个渠，用来灌溉。在敦煌以北约五十里注入从玉门和安西流来的疏勒河。疏勒河因为在用水时为上游所截留，到不用水时才放下，所以疏勒河沿岸不能开垦，在河的两旁丛生着灌木和野草，并且在有些地带汇为湖泊。

敦煌城在党河的东岸，敦煌水草田的南端，海拔一一三六公尺（河西走廊地带平均为海拔一五〇〇公尺），比河西其余的几个城市都要低些，敦煌气候也比其余的城市温暖些，所以敦煌成了河西主要产棉区，而哈密瓜及好的葡萄也产在敦煌。

二

自从汉武帝开辟了河西四郡，敦煌便成了汉家领土。在五胡十六国时期，先为汉人张氏的前凉所占。前凉被苻秦所灭，苻氏势力曾经达到西域。敦煌千佛洞便在此时开始建造。苻氏亡后，此处又有汉人李氏的后凉建立国家。后凉被沮渠氏的北凉吞并，北凉又并入元魏，于是敦煌归入统一的北朝。经隋至唐，敦煌曾经一度被吐蕃占据，到唐宣宗大中三年才由张义潮率众归朝。张氏世任节度使传至五代初年，才为曹氏所据，至于宋代初年，犹奉宋代正朔，大约在真宗或仁宗时又为西夏所陷。从此经元至明，在正统间政府迁敦煌人民入居酒泉，到了嘉靖三年，中朝便闭嘉峪关，不再过问敦煌的事。

清雍正元年在敦煌旧地再置沙州所。当时除去稀稀落落的蒙古人以外，已经没有居民。甘肃各县的居民便被分徙到敦煌，在现在敦煌的四郊尚保持甘肃各县的县名来做坊名。人口既众，垦田也渐渐的加多，便在乾隆时设置安西州和敦煌县。

汉代的郡城正在现在的县城之西，只是现在的县城不及汉城四分之一。汉城大约是一公里见方的，自遭了废弃之后，城被决了口的党河从中流过，用此二分之一留在河西，二分之一变了河身，在河东只剩了东面的一堵城墙。到了清代修建敦煌城时，正利用着这一段废城墙，将东墙变了西墙，将东门变了西门。因此一个新城恰好和旧城联接了。

敦煌著名的胜迹是千佛洞、西千佛洞和月牙泉。千佛洞和西千佛洞以壁画著名，下面再说，现在先说月牙泉。月牙泉在敦煌城城南十华里。出了南门以后，经过了繁密的果园和流水的沟渠，抵达了沙山，在沙山四面包围之中，便是月牙泉。月牙泉是在被沙山掩映着一个小盆地，在这个盆地之中，流出了地下水，蓄积成了一个小湖。在湖滨有庙宇和树木。因为沙山的荒凉，更显着湖水的明澈。月牙泉自六朝以来，已经是一个著名的地方。他的庙宇也应当至少是唐以来的旧址，只是房屋都是清代兴修的罢了。

敦煌除去城的附近是一个水草田以外，还在阳光附近有一个水草田称为南湖。这是汉代龙勒县的旧址，旧城尚在，但看城郭规模之小，可以知道当时并不繁盛，但是现在城郭附近已经完全荒废，更可知道现在更不如当时了。在汉城的西南六华里，有一个古代阳关城的旧址（现在叫做古董滩），因为风向的关系，被风的摧毁太甚，城垣已经破坏净尽了。只有从房屋的遗址看来，还可看出一个大致。

三

敦煌因为古代地位格外重要，近古以后变成偏僻地区，所以古代留存的文物多，而后代破坏少。并且气候干燥，更适宜于古物的保存。所以到了清代晚年，有大量古物的发见，而这些古物，对于中国古代文化的研究上，占有甚重要的位置。这些古物在敦煌县以北长城区域的发现的，是汉简，在敦煌县东南千佛洞发现的，是六朝隋唐卷子和千佛洞的壁画及画卷。

在敦煌北部，缘着疏勒河的沿岸以南，就是汉代的长城。秦始皇修筑长城，西达临洮，缘河置塞（按秦的长城北达阴山，约在今长城以北五百华里至八百华里）。汉武帝收回河西四郡之后将更长城从临洮以西延至敦煌。更由敦煌展至敦煌以西二百五十华里的玉门关。在长城以内或长城以外，大约远则十里，近则五里有一个烽台，一方面用来瞭望，一方面用来据守，另一方面用来互相通讯。废弃了的公文和簿册往往埋在垃圾堆中，这些垃圾堆再被风吹来的沙和土埋上，直到清末才被英籍的匈牙利人斯坦因发见。

纸是东汉和帝时蔡伦发明的，至少是由蔡伦改进以后，才能大批制造和应用的。纸的应用到东晋以后才普遍起来。在没有普遍用纸以前，不论公文、书信、书籍、帐簿，都是用的大大小小的木版或竹版。这些竹版或木版就叫做简牍。斯坦因在敦煌长城附近发现了大大小小破碎和完整的简牍总共有一千多片。此一千多片的发见经过，在他的《塞印狄雅》一书中（依照商务印书馆《外国人名地名表》附西文译音表译音），此书由英国牛津大学印刷所出版。而对于所发见简牍的考释则由法国的沙畹来做《敦煌汉简》，也由牛津出版，此书考释时曾由沙畹将照片寄与罗振玉，由罗振玉和王国维另行分类，重为考证，作成《流沙坠简》一书。此书由罗振玉自行出版，初版由王国维亲书，再版因王国维有所改正，由罗福颐书写。《流沙坠简》为研究汉简早期最有成绩的书。王氏的研究方法，对于汉简的考证上无异开辟一条新路。此后在居延地方（即额济纳河沿岸），曾经发现更多的汉简（有一万多）。而罗布泊附近也发现过百余汉简，但是和敦煌汉简内容上关系颇深，不能不和敦煌的汉简算作同一系统之下。

关于千佛洞中发现的敦煌卷子，是在张大千编号一五一洞中的一个旁洞发现的。发现的时候是光绪二十五年，发现的人是一个姓王的道士。这个道士看见墙上有裂纹，并且敲着中空的鼓声，道士疑心其中或有宝藏，开掘之后便发现了许多卷子的经典书籍和佛画。这个藏经的洞，洞口封的很好，并且封口处还有很精细的壁画，这种壁画图是典型宋代中期以后壁画，全洞皆然，可见当封闭这个洞口之际，是平时而非战时，当时僧人封藏这许多经画，只是以备不虞，不是仓卒逃避。到了传了几代没有给徒弟说，因此僧人自己也不知道了。据董彦堂先生的考证，最晚者为宋仁宗嘉祐二年（一〇五七年）残历，洞之封闭，当在此时以后。按敦煌曹氏虽奉宋正朔，实倚甘州回鹘为外援，至仁宗天圣六年（一〇二八年）西夏灭甘州回鹘，曹氏已不能自存，决不能再延二十九年之久。因此在嘉祐年中，其地当已入于西夏。西夏以佛教为国教，似亦不至有毁法之事，所以僧人的封闭经藏似乎是出于平时的慎重，而不便认为出于临时变乱仓库封藏的。据西夏及元代壁画可以证明此两朝千佛洞尚有僧人，元朝千佛洞北部洞外虽加入喇嘛教壁画，但亦只能知道北部为喇嘛教居住罢了。直到明代迁汉人入关，由是汉族僧人亦随同撤退，千佛洞遂只有喇嘛。及清代汉人再行移出嘉峪关，千佛洞的喇嘛遂渐次归汉人来做，到了清代光绪年间，又去了汉人的王道士，于是藏经遂被发现。在这个八九百年中，千佛洞的教诲沧桑，也是深深的值得人思索的事。

现在的敦煌卷子，斯坦因运至伦敦的约九千卷，伯希和运至巴黎的约二千卷，清学部收拾残余运往北平，今藏北平图书馆的尚有九千余卷。此外私家收藏大约尚在二千卷左右。其中佛经占最大部分，而道经、摩尼教及景教经、儒经、诸子、史籍、韵书、诗赋、小说、契据、度牒、星历以及其他公私文件所在多有。董彦堂先生曾就其有年月者作过敦煌纪年。只是现在目录还不十分完备。所知道的各处所藏以巴黎图书馆为最精，以英国伦敦博物馆所藏为最完整，数量以北平图书馆所藏为最多。此外还有许多佛画藏在新德里的博物馆。至于现在所知道的目录，有：

> 罗福苌《伦敦博物馆敦煌书目》
>
> 向达《伦敦所藏敦煌卷子经眼目录》
>
> 罗福苌《巴黎图书馆敦煌书目》（未完）
>
> 王重民《巴黎图书馆敦煌卷子目录》
>
> 陈垣《敦煌劫余录》（北平）

其复印本或抄撮本的最重要的，有：

> 刘复《敦煌掇琐》
>
> 许国霖《敦煌杂录及敦煌石室写经题记》
>
> 罗振玉《贞私堂西陲秘籍发残》
>
> 罗振玉《鸣沙石室古佚书》
>
> 罗振玉《沙州文录及沙州文录补遗》
>
> 北京大学《十韵汇编》
>
> 台湾大学《敦煌秘籍留真》
>
> 羽田亨《敦煌遗书》

此外散见于《北平图书馆馆刊》及《东洋学报》尚有若干材料。巴黎卷子北平图书馆曾托王重民将重要的加以摄影，可惜现在尚无法刊印。

敦煌经卷的时代大约从六朝起直到晚唐，因为张轨领凉州之后，河西秩序安定，财赋丰盈，遂为中原人士避难之地。张氏在河西凡七十余年，号为极盛。此后虽然或不免争夺，但较山东屡经大乱者，自胜一筹，陈寅恪先生《隋唐制度渊源略》中"礼仪"一篇即深深的发明此义。所以敦煌一地能有这许多藏书自非一偶然之事。现在看来，敦煌经卷蕴藏极富，范围极广。虽然有些已经残缺，但无论如何的零篇碎纸，也都有可宝贵的成分在内的。

其次关于敦煌的壁画，也是非常重要的美术史料。敦煌千佛洞在敦煌城的东南四十华里。这里有一个砾石所积的山，山中被冲刷成了一个深谷。这个深谷两旁都是悬岩削壁，据做地质工作的说，可能系由古代水河削刻而成。在这个深谷之中有一个小溪流过，据唐人碑记，称为岩泉。这个深谷是南北向的，在溪流的西岸悬岩格外壁立，便在此凿成了若干洞窟，作为奉佛之处。

洞窟分为上中下三层，在南部各洞有壁画和塑像大小约共三百六七十洞，张大千编号的共为三百零五洞。北部除喇嘛教壁画以外，甚少壁画和塑像，亦有三四百洞（此等洞穴大约是作为僧房，或者供朝山者住宿之用的，现在都已荒废了）。在南部各洞中，时代从魏、隋、唐、宋以至西夏和元。只是新的壁画往往盖上旧的壁画，而塑像也有许多以新的代替旧的。塑像就手法而论越新越坏，唐塑虽精，神采已不如北魏的完足，宋塑较唐塑更显呆板。到清代的塑像那就庸俗不堪，一无可取了。壁画最晚到元，幸尚无清代的壁画。

千佛洞自从清代开辟敦煌以后，乾隆时便有人补修，有几个洞便是乾隆时塑像。并且因为宋时窟檐多所破坏，洞与洞不能相通。清代中叶便有人将洞墙凿通，因此损坏了不少的壁画。在王道士大量修补千佛洞之时，和王道士同时的喇嘛也来修补，他们两人分段的修补，也就等于分段的破坏。后来民国十年左右俄国难民来住千佛洞，又有许多洞被烟熏坏，有许多像被刀挖坏。幸而千佛洞规模究竟不小，所以屡遭破坏，尚保存了不少的各时代之表作。

敦煌千佛洞现在设有敦煌艺术研究所，有许多学艺术的人在那儿临摹，将来可能将临摹下来的出一专册，现在则以伯希和的《敦煌洞窟图录》搜罗最多，全为十二寸照像，共分六册，此外松本荣一《敦煌画之研究》亦有可取。在台湾最容易看到的为台南赤嵌楼楼上陈列何遂将军临摹的敦煌壁画。

现在中国的彩画，自战国、汉、六朝，以迄于宋，除去五代和宋还有不少可信的画幅以外，其余各代差不多只有零星的残迹。只有敦煌千佛洞，上起北魏，下迄宋元，保存着最多而最精的作品，蔚为大观。所以敦煌千佛洞的本身便是中国美术史最好的示例，而且还是中国艺术中一个最精确的尺度。除去千佛洞之外，尚有安西的万佛峡，虽然比千佛洞少些，但因为廊子很好，有几幅画保存的很不错。西千佛洞只有十一二个小洞，但时代还有北魏时的。此外国内重要的佛窟有山西大同的云冈，河南洛阳的龙门，都有北魏时代建造的（龙门且下达唐代），四川广元的千佛岩则为初唐时建造，这些都是石刻的佛像，还有甘肃天水的麦积山佛窟则为北魏时塑像，均可称为佛教艺术的大观，与敦煌千佛洞正可互相对勘和发明。只是敦煌除去形象而外，还有鲜明的彩色，可补以上各处的不足。

敦煌一处保存着中国的文化是非常重要而巨大的。和安阳的甲骨，北平的档案，可以并称为近世发现最重要的新史料。若再就其中重要性来比较，当然以安阳的甲骨为第一，而中央研究院历史语言研究所的发掘，更有价值，因为可以补中国历史中的一段空白。至于在敦煌发现的新史料除去壁画塑像另属一个学术范围之外，诚然也不必过分夸张，认为比较现存的文献还要重要的多，凡现存文献与敦煌新史料的异文，都是新史料为对。或者专来钩沉索隐，专在新材料中找希奇问题来惊世。但新材料中也确有可珍之处，披沙拣金，往往见宝，自非绝无所得，只是对于学术中材料重要性的估计，能够对新材料及旧材料有一个比较客观而正确的衡量，那就对于新材料的利用上，总会有比较好的贡献。

（刊载于《大陆杂志》，第 1 卷第 3 期，1950 年 7 月）

千佛洞壁画图案的分析

一　千佛洞壁画的时代

敦煌千佛洞的壁画，是中国艺术史上的宝库，因为其中包括的时代，有北魏、北周、隋、唐、五代，以至于宋。在这样长的时间，这样多的时代之中，所包括的成分，是相当丰富的。而况传世绘画，唐代的已非常少，北魏时代的绘画，更是闻所未闻。敦煌千佛洞中，北魏和隋唐，都有不少的壁画留存下来，所以敦煌千佛洞，不仅是艺术史的宝库，而且是艺术史时代上的尺度。

敦煌千佛洞的断代工作是应当做的。断代工作的最先凭藉，是各洞的题记。各洞中有许多是有题记的，而许多题记之中还标有年代，这一些年代的记录，便是考索壁画年代的重要根据。以题记为根据，再分析其构图、色彩、用笔、题材以及其他一切的作风，都可以寻出一个共同的标准。每一种标准，可以自成为一组，从这几组的标准来分析壁画，便可依次类推寻绎各个时代与各类壁画的关系。

敦煌千佛洞的壁画，从其作风来判断，比较显明的，共有下列各种。

甲、在九层楼（即敦煌千佛洞最高之楼，其内有一唐代的立佛像）之北，藏经洞（即发现敦煌卷子之洞）之北，这一段所包括的二层，三层（从下望上数）的各洞。塑像的作风最为简捷和雄健。壁画的作风最为奔放。其中注意的不是细微的形似而是全部结构的调和，所用色彩是简单、强烈、厚重。在所用涂料之中，最重要的是石青、赭石、朱沙、铅粉。所以其色彩的对比性甚为显著，更在视线中增加了强烈的印象。并从其位置

578

及题记来看，可以推知敦煌千佛洞全部各洞，是从这一带开始的。

这一带各洞有些和云冈石窟的作风全然相似，可以推知是北魏迁都到洛阳时代以前的。现在可以根据的，是第八十三洞（照张大千的编号），这是一个西魏时代的石窟，其中有几个题记，都有年代，例如：

> 大代大魏大统四年……造。
> 大代大魏大统五年四月二十八日。

从这一个洞显明的题记，再比较附近一般各洞的作风，更和云冈及龙门的魏代石刻来比较，其关系就非常明显了。从这一些线索，便可规定出来那一些是魏洞。

其次，在这一带还有隋代的洞。隋代各洞在色彩上很和魏洞相似，但其风格比较圆融一些，也就是说，较为中国化一些。其代表题记，则为九十六洞的：

> 开皇五年正月。

当然，魏隋间的差异，也并不十分显著。同样隋唐之间各洞，也还有隋唐之间过渡的风格。这种隋唐之间各洞，也许是在隋炀帝大业时代，也许是在唐高祖武德时代。但就本组全体各洞而论，当然和唐代是不相同的。就本组各洞全部作风而论，塑像的面貌，衣纹及其冈致，魏代各洞仍和云冈龙门各洞的细节有其可以比较之处。其中如花边图案，佛光也和云冈及龙门魏隋的洞有其类似之点。

乙、在以上这一组的南方和北方（因为千佛各洞是坐西向东的）以及这一组各洞的第一层，这些洞代表另外一种作风，这种作风比以上各洞的作风的时代要晚了一些。除去可以找到贞观（唐太宗年号）和上元（唐高宗年号）两个年号以外，还有一个武后时代的残碑，这一个碑据上寺的喇嘛说，是在一三四号洞门口掘得的，后来移到洞内，再移至敦煌艺术研究所的办公处（中寺）。这个地方显然为旧日廊子所在，廊子塌毁，碑亦埋入地中。

而这个一三四号洞中的壁画，也是非常标准的，正是这个时期的作风。

此外还有几点，可以来证明这些洞的时代。

（1）各洞的字体属于唐代前期，有虞褚笔法，并可以伊洛取出初唐墓志来比较。

（2）各洞所有佛后圆光的形式及图案，正为唐代初年的标准作风，和龙门所有唐代初年的石刻，可以互相比较。

（3）男子的衣冠，用初唐通用的软脚幞头和窄袖的袍。女子服装仍然窄小，和北魏及隋代相承，与晚唐宽博的不同。

所以就题记的时代，加上文字、图画及图案的作风来看，都是一致的应当属于太宗至武后一个段落。这应当属于第二种，现在把他叫做初唐。

丙、在上一组以后还有一个时代，这个时代比前一组又要后一些。在题记方面，也有天宝时期（唐玄宗年号）管制乐廷瑰的题记。这一个时代的特征，是着色方面更为鲜朗，图案装饰方面更显得绮丽而规律。尤其供养人的画像，更显得和以前不同。以前的轻巧灵便到此时一变而改为宽博雍容，这正代表太平已久，一般的习俗，变成了从勤奋而懈怠，甚至女子面貌，也为的与宽博衣裳相配，变成为趋尚肥胖的圆脸。这一期为方面〈便〉起见，称为盛唐。

丁、以至德宗初期，肃代两宗经过了开元全盛及安禄山之变，过去的流风余韵，还尚存在，不过国力已经远不如从前了，这时的各洞，以故事为主，并且分幅画列，宛如屏风，已开晚唐之先声，但技巧方面仍袭自开元天宝，这一期始称为中唐。

戊、在唐德宗以后，直到宣宗一段，敦煌曾为吐蕃所占，在这一段之中，有几个洞，中有西藏式衣服的供养人。并且还有几个吐蕃时代的题记（仍用汉文），不过并不太多。自宣宗大中时期，张义潮恢复了敦煌，被朝廷任为义军节度使以后，张氏家族和其亲戚李氏，以及索氏，都修过不少的洞。后来五代时期曹家继张氏据有河西，一直到宋代初期仍然大量修洞。这些洞颇有规模宏大的，并且还有题记，证明了是在这一个时期。

在这一段之中最重要的是陇西李氏重修功德碑，此碑在敦煌各碑之中为最完整而碑文最长的碑。其碑中所叙的壁画，正和现存洞中壁画相符，尤可证明两者的相互关系。再后就是索勋的题记，亦为晚唐时期。到五代及宋初，则为曹家几代的题记，直到宋初。而曹家窟檐的题记，尤为证明宋代初年建筑的重要史。

在此期间，衣冠仍大体和盛唐相去不远，不过一切都显得更规律些，也可以说更为匠气一些。虽然有一些洞窟规模至为宏大，但壁画却显然缺乏新的创造性。许多地方显得有一些陈陈相因。这或者是北魏及初唐，敦煌为中西交通要地。西域胡人及中原艺人常在此往来，因为手法较高，所以不少新的创造。每一洞或另一洞不同。至盛唐时代，士大夫中的艺术家已经渐次稀少，逐渐由画匠代替，于是匠气便日就增加。到了晚唐以后，河西与中原交通渐稀，宋代更日就隔绝，于是画稿中失去了新的意境。这还不算太严重，到了宋朝中期，西夏未据敦煌之前，约当宋仁宗初期，那就更为千篇一律，了无意义了。

己、这是宋仁宗以后，河西完全归西夏所有。西夏时人所修的洞，以及更晚到元时的洞。西夏洞及元洞，均有特殊的作风，并且西夏时代图案设计亦与宋初大不相同。西夏的作风，更近于明清，而远于唐代。这就表示着宋代的画法和唐代相异，西夏采用了宋人的画法，在河西完全独立时期，反而无法采取宋人画法的原故。

至于西夏时代作风的例子，如：

第七十五洞的甬道，北壁有十僧像，南壁有一洒扫民姑像，其旁有西夏文字。

第二五八洞，门楣题西夏年号，天庆一年七月。

第二七〇洞，女供养人仍为宋式，男供养人为西夏式大花的袍子及西夏式冠。

第二〇一洞，有西夏供养人，北壁洞壁上为回纥文题记，内部壁画与七十五洞同一作风。

元代的洞，大都在北面另外一区域，不过在九层楼附近也有类似元代的洞。此外还有一白衣观音洞，似为明代所作，还有几个是清代乾隆时期的洞，显然为清代的作风。并且还有清代的题记。再就是清代晚期王道士所作，较乾隆时期的洞就更为拙劣了。

二 洞形的演变及时代特质

在敦煌壁画之中，图案对于时代的影响，格外显著。每一段落，差不多都有其特殊的图案。就中最重要的，是（甲）藻井，（乙）帷帐，（丙）佛光，（丁）花边，都具有其特殊之点。用图案来做为分析时代的标尺，也最为正确。并且在各段落之中，还可以看见其演变的路线，对图案本身及牵涉到的问题都有用处。本篇因为篇幅有限，但就藻井及帷帐两项，做一个举例式的说明。

在第一期（魏至隋）洞顶的建造方法，又可分为两洞段落。前期为卷蓬式天花，后期为覆斗式天花。

属于卷蓬式天花的，今以二一三洞为例，洞为长方形，中部稍后有方形的柱，柱上有塔接于天花部分。洞的后左右三面俱有佛龛。柱的左右后三面为平顶，柱的前面为一个卷蓬形（即人字形）的天花。这种形式亦见于云冈洞中。

就绘画而言，卷蓬形的前后两注均画成方格，格内画蓬花及飞仙。

属于覆斗形的天花，例如八十三洞（即西魏大统的洞），其中并无方柱，洞顶为平面，画有藻井。平面四方，斜垂而下，有如斗形。这种形式和隋唐的洞式颇为接近，所以应较卷蓬式的天花为晚。

再以九十六洞为例，这是一个隋代的洞。其天花的形式与八十三洞相。也可证明这是较晚的形式。——这种天花及藻井的形式应当是仿效印度西北部及中央亚细亚的寺院。屋顶的中部原为多层方架，交互架搁，并且逐渐收缩而成在下面看来，就成为回形。

属于卷蓬形天花的洞，例如八十一、八十四、八十八、八十九北洞、九十二北洞、九十四、九十五、九十七、一百北洞、二一○、二一二、二一三、二一四、二一五、二一五南洞、二一七、二一九、二四○、二四二、二四三、二四八、二四九、二五一、二五二各洞。

原于覆斗形的洞，有七十五、八十二、八十三、八十三北洞、八十六、八十七、八十八、八十九南洞、九十、九十一、九十三、九十六、九十六南洞、一○一、二一八、二一八南洞、二三四、二三六、二五○、二

五三、二六六、二七三、二七四各洞。

在这些号码次序之中，我们可以看出八十一至一〇〇北洞为一组，二一〇至二五二又为一组，这都是敦煌最早的洞，然后七十五至一〇一各洞再随后修上去的为一段，二一八至二七四修上去的又再成为一段。其渐次增修的痕迹是可以从壁画的时代及洞窟的位置可以推测出来的。

魏隋之洞以后，最令人注意的，要算初唐的洞了。这些洞的优美之点，就是其中壁画各具个性，决不雷同，使人有目不暇给之感。这些洞窟因都是覆斗形的天花。其中各洞有二四、二五、二六、二七、二八、二九、三〇、三一、三二、三四、三五、三八、五六、五八、六四、六九、七二、七三、七七、一〇〇、一〇二、一〇五、〇六、一〇七、一〇八、一一三、一一四、一一五、一一九、一二一、一二四、一二五、一二六、一二七、一二八、一三二、一三一、一三五、一三六、一三七、一三八、一三九、一四〇、一四一、一七五、一七六、一七七、一七八、一八一、一八二、一八四、一八五、一八七、一八八、一八九、一九〇、一九一、一九一南洞、一九二、一九三、一九四、一九五、一九七、一九八、一九九、一九九北洞、一九九南洞。二〇〇、二〇二、二〇三、二〇四、二〇五、二〇六、二〇六南洞、二〇七、二〇八、二〇九、二一一、二二二、二二三、二二四、二二六、二三二、二四七、二六一、二六二、二六三、二六五、二六七、二六八、二六九、二六九南洞、二七二、二七五、二七七、二八四、二九一、二九二、二九三、二九四、二九六各洞，这些洞大体为初唐时代的洞。固然还有些把其中一部分算作隋洞。但是标准的隋洞为开皇，而标准的唐洞为贞观。这些洞都接近贞观的洞而并不接近开皇的洞，因此便不宜指为隋洞。当然，隋唐之际，河西一带并无多大变化，不会因为改朝换代而艺术作风全然变化，并不是一定其中没有隋洞的可成，不过要找证据，要以一定的尺度为标准，较为合理一些。

这里面的各洞还有一些是经过晚唐时代修补的，但初唐部分的特质还是可以辨认出来，只有一〇九、一三四、一七四各洞，虽然是初唐的壁画，但其建筑还是魏代初期的作风。只是原来方柱四面都有佛龛，此等洞中只留前面一面罢了。这一类的洞原来应当是魏代前期的洞，可能还是最早的洞，因为到了初唐时期已经破旧了，在初唐时期便全部修改过。

初唐和魏代的区别是非常巨大的。甚至于可说是一个艺术上的革命。在这种革命的发生，必须具有特殊的因素，可能是唐太宗时代国力膨胀，艺术发达的结果，那么我们称为隋洞的，也许还有唐初武德时代洞窟的可能。初唐和隋代不同的非常显著，至少有下列各点：

甲、魏代仿效屋顶内部的三层套着的方形格子，即▣的格子，到唐代便完全除去了，另画种种不同的藻井，因此作画便充分自由。

乙、魏代藻井中心，都是一朵莲花，并且莲心还点上莲子，每朵莲花也明显的画出莲瓣。到了唐代莲花也改为蔷薇或牡丹，一层一层的排列。所有的莲瓣也往往改成大牡丹瓣，而每一个大花瓣，又由好几朵组织而成。

丙、魏代所用的色彩较为单纯，到了初唐，便将每一条线都用许多色彩一层一层的烘晕下去，其中有深红、浅红、深绿、浅绿、深蓝、浅蓝、黄、深紫、浅紫、白、黑诸色。并且极力调和，不像魏代那样用强烈的对比。

丁、魏代飞仙多在天花四方的三角形格子内，只是角上的点缀，并非主题，唐代的飞仙、飞龙等，便加入整幅画面之内，而飞仙及飞龙的四旁，也加入了生动的曲线，便好像全部画面都在动了。

这一些描写方法，到盛唐（玄宗）及中唐（肃、代、德宗）仍然保存着，不过细腻处差些而鲜艳处更为显著，并且走上了规律化或公式化的途径上去。不过更规律化，更一致化，却是要等到晚唐以后。

晚唐的画是承袭唐代中期的，并非别有渊源。只是到晚唐时代，纵然各洞有其特殊的故事，但就构图方法及图案装饰所含的因素看来，却是千篇一律，面目都相差不远。就图案来说，初唐时代大致将魏代的花朵变成了类似牡丹形的花朵。并且一花瓣由一朵侧面的花组成。晚唐时代虽然大致相仿，但做的却简单多了。同样，初唐细碎钩勒及晕渲，到晚唐时期便成了整瓣填色了。不过初唐在一朵花之中虽然刻画精细，不过色彩却是全花一致，晚唐因整瓣填色，为不要太单调起见，瓣与邻瓣，都要用不同的色彩。这种情况的改变，非一时之事，而是从初唐、盛唐、中唐以到晚唐，渐次的改变。就以晚唐来说，其精细程度也是逐渐减损，就中以陇西李氏碑那个洞最为精细，曹家的洞，精细程度就要差多了。

三 藻井及帷帐形文饰

初唐中唐的藻井，虽然各洞各有不同，但除去藻井花纹以外，却只有简单的帷帐文。这种帷帐文在魏洞中已经具有的，不过魏洞的帷帐文变化甚少，就是那几种简单的方式。初唐的帷帐文也还简单，不过以流苏文为主，和魏洞的花纹出于不同的来源。中唐以后就复杂一些，晚唐时所含的因素就更多了，其中的第三十六洞（晚唐早期洞），藻井为变形卷瓣四瓣莲文。外为三层八瓣牡丹，又外为卷草、贯珠及三角珠穗帐文。

第五十三洞（宋代早期洞）的藻井为绿圆形，画三白兔，兔耳通用。从内算起，最内为向内的卷瓣莲花十二瓣，又外为方形，方形以外订有，（1）侧瓣的六瓣牡丹；（2）斜方对角形；（3）贯珠；（4）卷带；（5）贯珠；（6）侧瓣的六瓣牡丹；（7）卷草；（8）花心三角文及珠穗帐文。

第三十六洞为晚唐的早期藻井，外面层次较少；第五十三洞为北宋早期洞，外面层次就很多了，到了北宋早叶以后（约为真宗以后），更另外成一种风格。把变形莲花的中心，加上了龙文或金刚杵文，而藻井的层次，更为固定；例如：

第五十洞，藻井为绿地，上有影塑金龙，外黑地红钩云形带，外为牡丹廿四朵，绿白相间。再外为方形，方形四角有四金龙，再外为贯珠带。

这一类的洞，如六十二洞藻井中部为蟠龙，一一六洞的藻井中部为双金刚杵叠成十字形，八十七洞略与一一六洞相同，其藻井外面装饰各洞全同。这是可以证明此时敦煌已经只有几个有限的画工，不能再出新意了。

至于元明两代的洞，如第四十三洞的藻井，作简单的六瓣莲文，第四十五洞的藻井中方格，有梵文的六字真言，都是很简单的。

藻井的四围，从北魏起已画帷帐了，凡魏式的帷帐，都具了一个特征，即所有帷帐隔了一个相当距离画一个系帷帐的绳。在帷帐下的装饰，只有两层三角形的流苏。这种流苏，大致是上层为蓝心绿边，下层为白心浅灰色边。帷帐的上部有时画立方斜方形文，颜色是白黑灰绿相间。斜方形的上面，除黑色部分钩白线以外，其余都是钩黑线的，如同第九十、九十一、九十二、九十三各洞。

　　到了初唐，帷帐形变成为特别复杂，帐的主要部分，变的特别长。系帐的绳也不见了，三角流苏比从前变小了，有时变成为长方形，流苏之下，垂着长形、圆形或椭圆形的穗，长形的穗还是横画着许多不同的颜色。穗下垂着绿色或白色的珠玑。这类的画法自一七九至二一一许多洞以及第二六〇至二九九许多洞都是如此。

　　中唐及晚唐的帷帐文仍然承袭着初唐的作风。不过三角形的流苏，在初唐时多为锐角，中唐晚唐则成为直角或钝角。在两流苏之间又加上一个侧面的花，下面除垂穗之外，又加上大小圆珠及飘带。如第三〇五洞所用的色彩，为帐红色，流苏为上红下绿，垂穗及垂珠绿色，垂带白色，加绿边及红花。

　　宋代中叶的帷帐仍然承袭晚唐，不过更固定化了。帷帐的上层是一个侧面的牡丹，红色地，上有相对着的绿花及白花，底下为蓝花及绿花，花的中心为侧面的花。下垂的是绿边的白飘带，和绿白相间的倒莲花形穗文。宋代以后各洞只有倒莲花形穗文在各洞中长短各有不同，其余都是千篇一律，毫无变化。

　　西夏时期的洞，和宋代的洞有不同之处，显着别有渊源。如第七十五洞的甬道，又略仿晚唐形式，即只有垂珠及垂穗，并无宋代常用的倒莲文。不过究竟和晚唐还是不同。因为珠和穗的距离格外远，并且三角的流苏文在西夏时代也不用了。所以西夏和晚唐的不同还是容易看出的。

魏洞图案

盛唐洞图案

晚唐洞图案

［引自《中国学术史论集（二）》，1956 年 10 月］

伯希和《敦煌图录》解说

敦煌千佛洞，上起北魏，下迄宋元，保存中国历朝彩绘和塑像最多而最精的，举世没有第二份。所以敦煌千佛洞不但是一个具体的中国美术史，而且还是一个中国美术的精确尺度。关于敦煌千佛洞的照片，例如斯坦因的《中亚考古志》和《震旦沙漠的遗迹》诸书，大谷光瑞的《新西域记》，陈万里的《西行日记》，邵元冲的《西北揽胜》等，都有所刊载，但比较上有系统的工作，还是伯希和的《敦煌图录》。

伯希和是在一九〇六出发到一九〇九，一九〇七年住在敦煌千佛洞。千佛洞一共有三个寺，上寺名雷音寺，中寺名皇庆寺，都是汉化的喇嘛庙，下寺名三清宫，是道士王元箓所住。伯希和这时是住在中寺和王道士接洽买经的事。他的大部分时间是到下寺选择重要的经卷，其余的时间便是和探险队中的团员 Charles Nouette 照像，到一九二四年便将照像在巴黎出版，名为《敦煌图录》。(*Les Grottes de Touen Houang*)，这部书共包含三百七十五个照片，分为六集，用珂罗印成的。有民国二十年《东方杂志》第二十八卷第十号贺昌群先生《敦煌佛教艺术的系统》一文中有一个精详的介绍。贺氏以其丰富的中西交通史知识来叙述和讨论，很有许多独到的地方。此文至今仍为敦煌研究中的一个重要文献。不过在大后方太不易觅了，我到西北以后在几个城市都未找到此文。所以现在还有重作的必要。只是在详明上要和贺氏的互有不同，以便将来多少还有用处。

第 一 集

第一图至第七图。千佛洞全景，第六图的五层楼现在已经改修为九层

楼，第七图的宋代廊子，现在前面的栏干已场〈塌〉去了。

第八图至十一图，第一号洞壁画及佛像，此洞壁画为晚唐，而补塑像为清代的，第十图为一个漫画，第十图为一个晚唐左维摩变。

第十二图至十四图。第六号洞壁画，晚唐时物。

第十五图至三十二图。第八号洞壁画，上截为五代，下截为宋代。第二十五图以后各图俱是五代之作。

第三十三图至三十〔六〕图。第十二号壁画应为晚唐壁画，上涂清代道教人物。

第〔三〕十七图至四十图。第十四号唐壁画，第三十七图为近代塑像。

第〔三〕十八、三十九图上截为晚唐，下截为宋代，第四十图宋尽。

第四十一图及四十二图。第十六号洞门两旁之如意轮及不空罥索观音壁画，晚唐作品。

第四十三图至第四十九图。第十七号洞晚唐壁画，第四十三图为晚唐画门顶之佛降魔像，第四十四至第四十九图的晚唐贵妇出巡图，或是张义潮之夫人，第四十六图有一灶将壁画大部熏黑，当是朝山进香者所为，可见俄国人搭灶以前已有熏坏之事。

第五十图及五十一图。第十八号洞壁画，晚唐画当与第十七号洞同时。

第五十二图至五十四图。第十九号 bls 晚唐卧佛洞，此洞塑像及壁画至精，保存亦甚佳。

第 二 集

第六五图。第十九号洞涅槃像晚唐作。

第六六及六七图。第三一号洞净土变，此为初唐精品。

第六八及六九图。第三二号洞入口两侧男女供养人像，此洞壁画为初唐壁画，佛像及供养人像却是晚唐时的。

第七〇及七一图。第三三号洞左面及极右壁画之一部，初唐作品。

第七二图。第三四号洞左面壁画，初唐观经变像。

第七三及七四图。第四一号洞壁画，此洞为中唐洞，甚完整。

第七五图。第四二右壁，初唐千手观音像。

第七六及七七图。第四四号洞左侧观经变及塑像，皆初唐作品。

第七八及八一图。第四六号洞左右两侧壁画，晚唐作品。

第八二图。第四九号洞底右角塑像，晚唐。

第八三及八四图。第五一号洞内佛龛及两侧壁画，晚唐。

第八五图至九二图。第五一号洞壁画及塑像，此洞有题记为"敕河西陇右伊西庭楼兰金满等州节度使……讳议金供养"及"敕河西归义军……等使检校司空谯郡开国公曹元德一心供养"诸题记。壁画为晚唐作风。

第九三图及九四图。第五一号ab洞左右两侧壁画之一部，晚唐作风。

第九五图及九六图。第五三号a洞，此洞自初唐至晚唐甚为参杂，惟壁画多为中唐造成的。

第九七图至九九图。第四五号左侧造像及左右侧壁画，像为新塑，画则晚唐。

第一〇〇图至一〇三图。第五八号洞壁画，及正面佛坛左侧造像。此洞壁画志及塑像，俱初唐之作，惟佛涅槃像后立十九小像为清代补修。

第一〇四及一〇五图。第五九号洞壁画及右壁佛坛，此洞佛坛为初唐制作，壁画为初唐重修。

第一〇六图。第六一洞佛坛及右方壁画，佛坛为初唐制修，晚唐壁画。

第一〇七及一〇八图。第六二洞左右两侧壁画，宋画，文殊及普贤。

第一〇九及一一〇图。第六三洞入口碑碣及佛坛。按此洞有题记为"敕归义军节度沙瓜伊西等州管内观察处置押番军……卿史大夫巨鹿郡开国公食邑二千户实封二百户赐紫金鱼袋上柱国索勋一心供养"等文，晚唐洞无疑，又此洞前尚有晚唐的廊子，在国内亦是有数的重要建筑。

第一一二至一一三图。第六四洞壁画及塑像，此洞为初唐造绘宋代加修，佛像又经清代大修过。

第一一四图。第六五至六九洞全景。

第一一五及一一六图。第六六洞壁画及佛像，晚唐五代曹氏所作，供养女像题"女回鹘国可汗天公主一心供养"。

第一一七图。第六七洞洞底及佛坛，为隋代或初唐早期作品。

第一一八至一二五图。第七〇洞初唐壁画。

第一二六及一二七图。第七一洞隋初或唐早期壁画。

第一二八图。第七二洞晚唐壁画。

第 三 集

第一二九图至一三一图。晚画壁画及佛龛。

第一三二图至一四九图。曹家洞，应为北宋初年所作。

第一五〇图至一五三图，第七六洞壁画及佛坛，壁画罗汉西夏等作，佛像近代所修。

第一五四至一五七图。第七七洞壁画。此洞为初唐壁画，至为精美。惜今塑灵官，与原洞不调和了。

第一五八图至一六一图。第七九洞壁画，西夏时作品。

第一六二图。第八〇洞佛坛，清中叶塑像。

第一六三至一六八图。第八一洞壁画及佛龛。壁画为晚唐所作，有题记为"亡考唐舟州长松府右果毅都尉陈，慈妣唐敦煌录事孙索氏一心供养"，塑像为清代所修。

第一六九至一七二图，第八二号 b 洞佛龛壁画。晚唐精品，在民国十三年为俄人熏黑。

第一七三图。第八三洞壁画。

第一七四至一七六图，第八四洞壁画及佛坛，此洞为晚唐洞，西夏补修，清代塑像。

第一七七图。第九六洞佛坛，晚唐所修。

第十七八及一七九图。第九九洞及一〇一洞壁画。第九九洞为晚唐洞，上覆宋画，一〇一洞为魏洞，壁画至为精妙。

第一八〇洞至一八五图。第一二洞壁画，此洞作风特异，但从图案各方证明，当为西夏壁画。

第一八六图。第一〇二号洞壁画。魏窟。

第一八七图。第一〇四号壁画。当为初唐晚期之作。

第一八八图。第一〇八号 a 洞右侧，唐壁画，今已熏黑。

第一八九图及一九〇图。第一一〇号壁画，此洞为魏窟中精品，贺氏认为魏窟，甚是。

第一九一及一九二图。第一一一号 a 窟内中央佛龛塑像。此间塑像为魏窟精品，贺昌群认为"千佛洞最古之物"。

第 四 集

第一九三及一九四图。第一一一号洞底和右侧塑的三佛龛。俱为魏塑之佳者。

第一九五图。第一一二 D 洞僧供养像，原为晚唐之作，复题西夏及回鹘文字。

第一九六及一九七图。第一一四洞佛龛及壁画观经变相，皆初唐所作。

第一九八至二三一图。第一一七号洞壁画，此洞为北宋初年曹延禄修的洞，壁画作风仍然保存着晚唐的风格。第一九八至二〇二图此洞甬道两旁的壁画，是西夏时补修的，供养人的题字，用西夏文和汉文对照。二〇三和二一二是门内左右，所画的为维摩变，其下为女供养人，二〇四为女供养人。二〇五为南壁第一幅报恩经变，一〇六为第二幅譬喻经变，二〇七为第三幅阿弥净土变，二〇八为第四幅弥勒净土变，二〇九为第五幅百缘经变。二一〇及二一四为墙脚佛传图，二一一为北壁外角，二一三为曹延禄妻供养像，二一五为思益梵天变，二一六为华严经变，二一七为药师经变，二一八为说法图，二一九为宝严经变，二二〇为佛传图，二二一至二二四为五台山图，二二五为佛坛及洞顶，像已毁，仅存文殊坐狮之尾。二二六至二一八为十方佛及贤劫千佛，二二九至二三一为屋角天王像。

第二三二图。第一一七洞上层，代表魏，晚唐及宋历次补修之迹。

第二三三至二四三图。第一一八各洞之图，二三四为一一八D晚唐，二三三为一一八A隋代，第二三五为一一八D隋代，二三六至二四一为一一八F晚唐或五代，塑像其佳，二四二为一一八p佛坛初唐洞，曾为宋时修补，二四三为一一八a洞晚唐洞。

第二四四图。第一一九晚唐壁画。

第二四五至二四七图。第一二〇F初唐晚期塑像。

第二四八至二五〇图。第一二〇G洞，二四八为左壁，初唐晚期。二四九为右壁，晚唐。二五〇为龛顶，初唐晚期。

第二五一至二五六图。第一二〇N洞壁画坛，北魏标准洞。

第 五 集

第二五七至二六八图。第一二〇N洞壁画，第二六四及二六六图为后壁右侧，现今小龛内之菩萨头已失，伯氏照像时尚存。现今只存大佛洞及二六一所摄之菩萨头而已。

第二六九及二七〇图。第一二〇洞壁画，初唐供养人像，至精。

第二七一图。第一二一洞魏时造窟，宋代修门。

第二七二图。第一二二洞佛龛及壁画，此洞最初为魏洞，初唐澈底改修，后中唐又历次修补壁画及塑像。

第二七三及二七四图。一二六B洞魏洞佛头曾经修补。

第二七五图。一二九洞魏画。

第二七五至二八九图。一三〇洞，此洞为魏洞，初唐补修，宋代修廊〈廊〉子。

第二八〇至二八五图。第一三五洞壁画及佛坛，魏塑至精，或甚至为魏代以前之作。

第二八六图。第一三五F洞佛龛。初唐塑像，宋代壁画。

第二八七至二九二图。第一三五C洞壁画。初唐晚期，盖为明元时精品。

第二九三图。第一三六洞天王塑像，此洞为魏洞，天王像亦是魏塑，

惟廊子宋代改修，有"维大宋乾德八年岁次戊午正月癸卯朔十六日戊辰敕推诚奉国保塞功臣归义军节度使特进检校太师西平王曹元忠之世创建此窟檐纪"题记。

第二九四及二九五图。第一三七 a 窟佛龛，北魏作风。

第二九六图。第一三七 b 洞魏供养人像。

第二九七至二九九图。一三八洞唐或五代画壁。

第三〇〇图。一三九洞外各龛。

第三〇一图。一三九右洞，初唐壁画，甚精。

第三〇二至三〇四图。第一三九 A 洞壁画。初唐精品。

第三〇五及三〇六图。第一三九 B 洞，初唐塑像及壁画。

第三〇七至三一一图，第一四〇洞初唐壁画，惟三〇九之塑像及背光则为清代重作者，甚拙。

第三一二及三一三图。第一四〇A 洞为西夏壁画及供养人。

第三一四图。第一四二洞宋塑佛及壁画。

第三一五至三一七图。第一四四洞壁画。初唐作。

第三一八至三二〇图。第［一］四六洞壁画，此洞有武后时碑，其壁画及塑像作风亦是初唐。

第 六 集

第三二一及三二二图。第一四六洞初唐壁画及塑像。

第三二三图。第一四七 A 洞甬道宋供养人。

第三二四及三二五图。第一四九佛龛及壁画，惟佛像之首是清代补修的。

第三二六图。一五九洞，清代塑像。

第三二七图。及三二八图第一六一洞佛龛，龛壁初唐式，壁画系宋代的，像是清代的。

第三二九至三三三图，第一六八洞壁画，壁画是晚唐的，墙脚菩萨是宋代的，塑像是清代的。

第三三四图。第一六九图佛龛壁画为晚唐，清代塑道像。

第三三五至三三九图。第一六七洞壁画，洞内为初唐，洞口外的天王为晚唐。

第三四〇图。第一六七Ａ洞中晚唐素描人物。

第三四一至三四三图。第一七一洞壁画，笔致甚佳，但其图案较为晚近，当定为西夏时，而且人物笔法也和一九八至二〇二图西夏画的仙人一致。

第三四四至三四六。第一八一洞壁画，此洞为元洞。

第三四七至三五一。第一八二元洞壁画。

第三五二至三六七。以上为诸洞题记及碑志。其三五五图下二幅为月牙泉。上二幅是千佛洞的两个元塔，现在都为人毁坏了。三六一清人铁板题名，今亦不见。

第三六八图。藏经洞的经卷。

第三六九图及三七〇图。敦煌的索公碑及杨公碑，此二碑刻正反二面，现在已碎为五段了。

第三七一图。千佛洞上寺的经堂。

第三七二至三七六图。敦煌大佛寺，唐塑像清代修补，此寺在敦煌外部西门内，按此寺当在唐城东门外，和城墙邻近，原来敦煌汉代的郡城即是在唐代的州城。到了元代徙民到酒泉以后，此城无人照管，城的东半便为党河冲去，只留下东面的城墙隔在河东。到清初再经营"沙州"，便将旧城的东城作成外郊郭的西城墙，旧日敦煌城墙的东门也颠到过来作成外郭西门，因此旧日城东的寺也变成现在西郭门内的寺了。

（刊载于《说文月刊》，第 3 卷第 10 期，1943 年 5 月）

《敦煌千佛洞》

原著者：美国韦生特（Irene Vongehr Vincent）夫人

译者：赵唐理

出版者：中央文物供应社

出版日期：一九五四年十月

关于敦煌千佛洞的介绍，主要的是斯坦因（Marc Aurel Stein）的《塞印地亚》（*Serindia* 即中印区域），以及《西域考古记》（*On Ancient Central-Asian Tracks* 此为比较通俗的综述），以及伯希和（Paul Pelliot）的《敦煌图录》（*Les Grottes de Touen-houang*）。这些书都觉着出版的时期也早了一些，而且在目前也不容易得到。最近出版的《敦煌千佛洞》译本，却是值得介绍的一部通俗要籍。

四年前在一位友人处看到本书的原著，就觉着这部书很有趣。回到台北以后又看到了这部书的译本，更觉着译本对于国人更为有用。现在我只就译本来评论，未曾参照原文。因为看起来译文是大致不错的。

本书的著者不是一个学考古的人而是一个学艺术的人，看赛珍珠（Pearl Buck）的序可以看出了一个大致。所以本书中对于图画艺术上的描写，远过于考古学的考订上。这一些对于艺术上的描写，对于一般人是非常有用的。不过就考古的立场言，也没有大的错误。因为著者曾请教过几位专家，如雷兴（Ferdinand Lessing 加州大学教授，长于艺文及佛教艺术方面，现已退休），如同华纳（Langdon Warner 哈佛大学退休教授，曾在佛格博物馆 Fogg Museum 研究，到过敦煌，现已逝世），以及其他各专家，因此写出来还算慎重的。

这部书属于一种通俗的叙述，在普通图书馆是要放在 Non-fiction（非小说体）一类普通中的。因而不会过分的硬性。这部书分为二编，计为：

第一编　神圣的绿洲，十六世纪的工作

第一章　陆路：佛教东来中国的通路

第二章　人口：敦煌的绿洲

第三章　圣庙：千佛洞

第二编　向西行至神圣的绿洲

第四章　觅找机械化的骆驼

第五章　大道的尽头：沙州

第六章　在四层悬崖内摄影

第七章　平面的极乐国：壁画

第八章　回到现实

除此以外还有插图四十九幅。这四十九幅都是用 120 胶卷，照成方形十二张（用的是 Rolleicord），再放大而成的。每一张的取景和采光，也都很好。插图四是一幅敦煌佛洞的鸟瞰，插图五和插图六也代表着敦煌佛洞的现状，插图六每洞前的土墙是敦煌艺术研究所修理的，和斯坦因所摄旧时的情况，还可作一比较。插图四是一幅非常有用的图版，只原来是从南方向北去看，而不是从北向南去看，附注说是"经过北门第一次所见的千佛洞"，这是错了。其他各幅尤其是魏代壁画为最好，凡是对于艺术有兴趣的人，都应当特予注意。

这部书只是一部通俗的叙述，而不是一本科学的报告，在看惯了谨严而干燥科学报告专学术论文的人们，总会觉到杂乱无章。不过"披沙拣金，往往见宝"，在其中确有不少好的描述及重要的材料，尤其是在第三章千佛洞；第六章，在四层悬崖内摄影；第七章，壁画，各章之内。

在第十五叶以后，对于千佛洞的建造及绘画方法有一个很详细的描述，这是从前许多考古学家所未曾说过的。当然这不是著者一个人的观察，而是书前致谢各教授研究的结果；只是这些教授，有的已经死去，有的并未将他们的研究发表出来，因而这里的描述就更为可贵了。

第十七叶："那些非常复杂而又完全平衡和清楚的风景可能是从方块

纸上的图画，照比例摹画到比纸大的墙上去的。但是当我们看见那些墙上的画，和大小不同的框条有那样的精致比例时，我们也很难相信是用这种方法来作成的。我们倒感到这些墙的本身，要画的那些框条的形状，框条与框条的关系，全都多少有一点是决定如何把图案放到墙上去的因素。

"一位著名的美国权威认为这些图样是用染上墨水或粉过的绳子（评者案：染上墨水的绳如木匠所用，粉过的绳子如裁缝所用。《离骚》'背绳墨以追曲兮，竞周容以为度'，王逸注曰'绳墨所以正曲直'，可知战国时木工已用绳墨。《伪古文尚书·说命》云'木从绳则直，后从谏则圣'，虽为魏晋时所作，但与此亦可互证）钉到墙上照几何的方法来画的。那些绳子经过要画的方块或三角形的对角，并且在白墙上做成大的对角线。从这些线经过的点，就画出一连串的三角形、弧形，和扇形来决定那构合的图画的最大中心人物，他的侍者、宫殿、亭园、音乐家和舞蹈者的位置。就是在这个墨绳的几何图样里，那些艺术家和工艺人就按照佛教艺术的法则，加上他们自己受的训练以及他们的天才来决定所有人物的比例大小，和他们间的关系。

"西方化学家曾经认为在十九世纪，也许较早一点，调色一共有十一种颜料。从任何卖无机样片的商店里，都可以买到其中的五种，就是：孔雀石（绿色）、蓝铜矿（蓝色）、雄黄（黄色）、硃砂（银朱色）、铁氰化物（土红色）。除此之外，有时还用金银粉、金银叶、灯煤，细瓷土（白色）、红赭石、红白铅——两种制造物都是很复杂的（评者案：红铅即朱标、白铅即铅粉）——以及一些植物染料。这些颜料，也许还有其他的种类，同一种胶质的物质混合后，就可以在干墙上应用。"

这一处说到当时的画法是从画面的情况来分析所得的结果，应当大致是不误的。不过壁画也还要画稿，例如现在仅存的吴道子画——《送子天王像》，就显然只是一个画稿。而这一幅画稿的用途，也就是为放大画在壁上用的。我们可以看的很清楚，《送子天王》的布局和画法，与初唐的敦煌壁画，非常相似，只是有几点不同。第一，《送子天王》的画面较小；第二，《送子天王像》的线条较简；第三，《送子天王像》没有主题以外的装饰；第四，《送子天王像》有些地方根本没有画完全。显然的，当时主要目的是为做壁画，把画稿画到那个样子已经够用了。所以照著者的推测，用墨线加上格子是应当有的，不过格子的打法应当每幅画不同。而不同之点就是依照每幅原来的设计。有了格子以后，再按照主题的画稿把主题放大用淡墨的线画上去（有些敦煌壁画还隐约看出原来的底线，也还有一小幅唐画只钩底线，尚未上色），填上涂料或颜料，把底线盖上，再在外面用墨钩勒一番，这幅画就成功了。还有，就是图画及画中的建筑物，仍要用尺子，即中国人所说的"界画"。

这是魏画和唐画的一般画法（宋代早期的画还有时用上），因为魏画和唐画，每幅画都有特殊的设计，至于宋代中期的画（即仁宗时的画）每幅都是完全一样的，那就不必这样了。此外，也只有魏画和唐画的主要部分，是用上画稿，再按画格填上去，其附属部分以及图案，也是另外用一种画法，如本书第十七叶所说："没有人确切知道这究竟是怎样作的许多。图样很清楚可以看出就是随手画去的。但是也用其他的东西来帮助，好像用印花板或图规来画佛像头上的光轮等等。也有人疑惑那些较小的图样有时是用"画花粉"来作的，就是把一些有图样的纸，刺上针孔，然后用画花粉把他印到墙上。再用有色铅笔或炭灰（译者评者案：当时无有色铅笔，大致系用柳木炭条，或者甚至就用毛笔及淡墨）画花粉的印子（痕迹）把图摹出来，近年来，曾在千佛洞发现一种这样的画花粉。"这是不错的，在现在看来，唐画比魏画更要规律，也就是唐画中细部用刺孔画底的时候更多，而宋画就几乎大部分用这种方法，拼凑上去。

当然，这部书也有许多地方有问题的。例如十二叶说唐代初叶，玄奘未出发时曾到过敦煌，这是不确切的，玄奘去时只到过瓜州（安西），回来时才到过沙州（敦煌）。十三叶及十四叶说西夏是"吐蕃"，也不对，西夏只是"吐蕃"的同族，住在甘肃，不能就认为是住西藏的"吐蕃"。其他叙述敦煌艺术研究所的成立，也失之太简，太简了，也就可以出错。因为篇幅的关系，不再——指明。

书中有许多专门名辞，译时牵涉到专门问题，确实难以恰切。在此大致校正一下。阿暗卡（Asoka）当译为"阿育王"或"阿输迦王"，甘德黑纳（Gandhara）当译为"犍陀罗"，巴克特雷亚（Bactria）当译为"大夏"，莫尔扬帝国（Mauryan）当译"孔雀王朝"，"月氏"当作"月氏"，甘里许加（Kanishka）当作"迦腻色迦"或"阎膏珍"，马殊那（Mathura）当作"摩头罗"，乃瓦那（Niyvana）当作"涅槃"，马塔加（Kasyapa Matanga）当作"摄摩腾"，"罗君"当作"乐傅"，"净地"当作"净土"，阿弥陀巴（Amitabha）当作"阿弥陀佛"，"阐"当作"禅"，"嘛狄寺"当作"马蹄寺"，"狮趾"当作"狮子"，未来佛（Bodhisattvasi）当作"菩萨"，白利阿特（Paul Pelliot）当作"伯希和"，瓦晏（Langdon Warner）当作"华纳"，罗里可德（Rolleicord）当作"乐来可德"，"仓书鸿"当作"常书鸿"，"罗济明"当作"罗吉眉"（系"中央社"摄影记者，非《"中央"日报》），曼如斯雪（Manjusari）当作"文殊师利"，参曼塔黑那（Samantabhadra）当作"普贤"，肃特斯（Sutras）当作"大藏经"，曼得拉（Mandala）当作"曼荼罗"，这一类的译文，希望再版时能够订正。

（刊载于《学术季刊》，第 6 卷第 12 期，1957 年 12 月）

汉　画

汉画的渊源，应当从战国时代说起，比较战国更早的时期，虽然有陶器和铜器上的图案，不过这不是写生的，甲骨和铜器上的文字，虽然有些是象形的，却仍然着重在表意，对于汉画的距离较远，只有战国的画才和汉画有直接的关系。在长沙发现的帛画以及长沙的漆器，都充分表现出和汉画中的一致性，帛画的笔法一直可以下接后来的《女史箴》画像，而长沙的漆画更表现着和乐浪漆画有密切的类似点。

乐浪漆画在着色汉画中是发现最早的一组，最先被发现的是王盱墓，稍后有王光墓和不知墓主的彩箧冢，王盱墓的箧盖绘的是坐着二男二女，下面有五个人（三男二女）表演，另外有四个羽衣的仙人下降，和两组男女打照拂。另外漆盘却有西王母和仙人的像，乐浪彩箧冢的彩箧上面有复杂的图案和人物，这些都是东汉初期在四川西部造成的。

和漆画的作风类似的有许多汉墓的壁画，据《后汉书·赵岐传》说他先预作生圹，画季札、晏婴、子产、叔向四像，这都是画像并非石刻，还是汉代墓中壁画的一般习惯。最近许多年中，汉墓壁画就有不少的新发现，其中最著名的，如辽宁金县营城子汉墓、辽宁北园汉墓、河北望都汉墓、山东郓城梁山汉墓、辽宁辽阳棒台子汉墓、辽宁辽阳三道壕汉墓、河南洛阳八里台汉墓，以及美国波士顿美术博物馆所藏的汉墓壁画等等。这些汉墓壁画主要的都是人物画像，其中显示出来的汉代的物质生活和社会生活都非常有价值，就中河北望都汉墓、辽阳棒台子和辽阳三道壕的汉墓包含人物甚多，更为重要，尤其望都汉墓最为富丽，可能是东汉有功宦官孙程的墓。

这些壁画因为是画的不是刻的，所以比较细腻，其中如望都汉墓标出的从官及仪仗，棒台子汉墓标出的车马、游戏和庖厨，三道壕汉墓画出的室内起居、做饭、汲水等，都是非常好的材料。

从壁画变为石刻，最重要的是山东金乡朱鲔祠的石刻画像（图版一：A）。这一组画像，完全是先把石面磨平，就画上去，再就画的痕迹去刻，不更加以修饰，所以刻上的刻文，和画稿完全一致。就精工来说，当然不如武梁祠（图版一：B）、孝堂山等画像的精工，可是就保存原稿来说，那就保存原稿的笔法和神采最多。汉画发现的数量确实不少，可是忠实的保存原稿像朱鲔石刻那样，却再无第二份，当然也是朱鲔石刻时间最早，其他的都比较晚些。汉画石刻数千年来损失甚大，各期的石刻一定都有损失，早期的一定不仅朱鲔祠一种，只可惜都被破坏了。从朱鲔祠石刻发现以后，一般学者看惯了武梁祠孝堂山，就有人怀疑这是假的，不加重视。等到乐浪漆器及营城子墓室壁画发现，一经比较才知道并无问题，但它是壁画和石刻画的桥梁，还是不被人注意到。

汉代石刻画，主要的是两种类型，第一种是墓室或祠堂的石刻壁画，第二种是墓阙壁画。第一种以山东及河南为主要地区，第二种以四川为主要地区。

关于墓室祠堂的石刻，在《水经注》中就说到司隶校尉鲁恭墓及荆州刺史季刚墓。自宋代以后，山东嘉祥的武氏祠和山东肥城的孝堂山因为发现较早，最为著名。武氏祠是属于武氏的四座祠堂，其中有武梁、武荣、武斑和武开明共为四座。这四座的石刻虽然还被保存，可是祠堂已经坍塌。抗战中费慰柏夫人曾做过各石复原的工作，载在《哈佛大学亚洲学志》内。

武氏祠因为著名的原故，研究的人也多，其中最好的还是瞿中溶的研究成绩。重印的书最好的是沙畹的影本，他是根据最好的拓本（可能是康熙拓本，我看到的所有拓本都不及此本）。用锌版影印最为清晰，可惜此书流传甚少，日本大村西崖及关野贞都有影本，缩小太甚，不如沙畹本。容庚虽有印本（系缩小后再放大与原大相仿，并非原大），比较画面大些，可惜只是嘉道以后拓本，并有删节，有美中不足之感。容氏上有武氏祠，沙畹、大村和关野的画都并印有孝堂山。

和武氏祠相仿的汉画，在山东境内的还有两城山画像、嘉祥画像、滕县画像、安邱画像、福山画像、沂南画像（图版二：A、B）等。就中以两城山画像的时代为最早（仅次于朱鲔祠，朱祠为汉明帝时，两城山为汉章帝时）。嘉祥画像和武氏祠为同一作风，是否也属于武氏祠却不能证明。现在和滕县画像都保存在山东图书馆，沂南画像发现的时代比较晚近，是一个大幅的游戏石刻，刻工非常精美。

在河南省的石刻是函谷关画像、南阳画像和嵩山三阙的石刻，其中尤以南阳画像为一个大宗。南阳画像之中包括草店画像、沙岗店画像、陇西寨画像及石桥镇画像，也和山东各画像一样，都属于东汉时期。所不同的，是南阳画像在笔画方面不如山东各种画像的精细，但每一幅画都十分生动。陕西绥德王得元墓画像，也是类似的作风。

四川的汉画可分作两项来说。第一是石阙，第二是画砖。石阙有新都的王稚子石阙，雅安的高颐阙，德阳的司马孟台阙，渠县的沈府君阙，都是比较著名的，其他尚有残缺的无名阙，雕刻了不少的图画。四川汉砖，在近三十年发现的更多，至今尚无正确的统计，可能多数还在成都保存着。其中如弋射、播种、收获、煮盐、宴饮、舞蹈、跳丸、房屋、厨灶、仓庾、车骑（图版四：A、B）等等对于生活各方面都有所表现，在汉代社会史上是十分有价值的。

以下就汉画表现的几方面说一说。

第一，神话或神仙的故事。因为从战国以来一直到汉代，对于海外的神仙和长生不死的方术始终被人相信着。从几个著名的帝王以及著名的学者和诗人都被迷惑了。所以汉镜常常说"××作竟真大好，上有仙人不知老，渴饮玉泉饥食枣"等类希冀做神仙的话。在汉画中，最常见的，第一是羽衣的仙人，这都是有翼而"其形甚臞"的人物。第二是仙人中的权威，"西王母"，那是一位充满护卫的中年女王。并且还加上车马，"扶桑"种种装饰。

第二是车骑和仪仗，这是用在一般贵人的，例如"君车画像""鲁峻画像"，以及望都刻石等，这些画像表现出来汉代轺车的制度，以及轺车制度中的变格，随从人等的职位，贵人前列的仪仗。再比照其他刻石（如同武氏祠，两城山，沂南刻石等）还可看出来辎轩、辇车、牛车，甚至于手推的鹿车种种不同的车制，以及汉代车辆对交通运输的重要性。所可惜的，是汉画中的船比较少。武梁祠及沂南画像虽然有船，可是不足用来恢复船的制度，不过再拿明器来比较，对于复原船制还是有用的（最近包遵彭先生作船的复原工作，甚有用）。

第三在汉人的宫室，包括宫室外部及宫室内部的陈设。用汉画和明器来比较，再添上文字上的记载，汉代宫室和近代中国宫室差异不大。所不同的只有两点最显著。第一是用纸普遍糊窗，是唐代以后的事，汉代贵族大量使用帏帐。第二是席地而坐的风俗，因而地板非常重要，可与曲阜鲁灵光殿遗址来比较。

第四是宴会和宴会中附带的生活，如同音乐、跳舞、百戏、博弈等等，都是汉人生活中的重要部分。当然在目前来谈汉代人的生活，虽然最近考古的发现已经很有成绩，仍旧有不少不能知道的事。例如《盐铁论》卷二十九"散不足篇"，迄今就无法作注释。不过就可知的而言，已经可以成一系统了。

汉代因为宫室之制和日本韩国接近，而和大陆较远。普通都是有地板的，地板上有席，入门脱屦，跪坐席上，所以宴会的图画也都是跪坐，汉代虽然有床，但床是坐具，坐时仍然应当跪坐在床上。当在席上跪坐时，前面是有"案"盛食的。案是一种盘子，不过有短的脚，垫的稍稍高一点。

奏乐有成队的乐人，并且有舞人，一般说来跳舞的女子是比较男子更常见的，所不同于西方舞女的，是有长的舞袖而下着拖鞋（屣），有时一个人跳舞，有时好几个人同舞。

至于百戏部分，常见的有寻橦、跳丸、盘舞、走索以及鱼龙百戏，并有带有面具的人，这些自然和后来的游戏，有相当的渊源。

关于博弈方面，有投壶、六博，也许还有弹棋，不过目前不能作充分的证明。

第五是汉代人的衣冠服饰，这是仅根据《舆服志》不能明了的，必需根据汉代人的画像才可以。从现有不同的汉画来看，男女衣冠，腰带和履

屡大致都可以知道，而制度上官员的服装，以及普通平民的服装，也可以
从不同的材料寻找出来，虽然汉代四百年，其中尚有变化；不过汉代各期
中的变化，似乎仍然不太大，并且现有的材料，多半是东汉时代的，至少
东汉中晚期的服装，是可以一部分复原的。

　　第六是汉代人的工作，可分为两项。第一是家庭的工作，从和井灶相
连的工作，如汲水、烧饭等事，在辽阳及四川的画像都显示着，并且可以
和土俑明器比较。第二是生产工作，例如犁田（犁的构造见绥德画像）、
播种、耘草和收获（均见四川砖画，并且显示着是稻田，其中耘草是女子
的事，而收割却是男子的事。依此类推，那就犁田为男子的事，而插秧为
女子的事）。纺织（见于武梁祠及沛县画像），以及煮盐（四川画砖）、冶
铁（山东滕县画像）等等工作，这也显示着除去耕织以外，盐铁两项对于
汉代经济的重要性。

　　图版一：

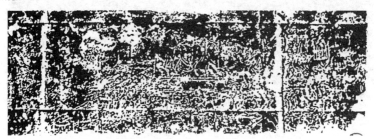

A. 山东金乡出土东汉平狄将军朱鲔墓石刻壁画

B. 山东嘉祥东汉武梁祠灵界图石刻壁画

图版二：

A. 山东福山留公村出土东汉墓主出行图石刻壁画

B. 山东沂南出土东汉墓主宴饮图石刻壁画

图版三：

A. 四川出土汉弋射收获墓砖

B.　四川出土汉煮盐墓砖

图版四：

A.　四川出土汉舞蹈墓砖

B. 四川出土汉骑行墓砖

（刊载于《故宫季刊》，第 2 卷第 1 期，1967 年 7 月）

汉代刚卯的制度

佩玉这一件事，在中国古代的服饰中，认为是一个很重要的事。在《礼记·玉藻》说："古之君子必佩玉，右徵角，左宫羽。趋以《采齐》，行以《肆夏》，周还中规，折还中矩，进则揖之，退则扬之，然后玉锵鸣也。故君子在车，则闻鸾和之音，行则鸣佩玉，是故非辟之心，无自入也。君在不佩玉，左结佩，右设佩。居则设佩，朝则结佩。齐则结结佩而爵韠。凡带必有佩玉，惟丧否。佩玉有冲牙，君子无故，玉不去身，君子以玉比德焉。天子佩白玉而玄组绶，公侯佩山玄玉而朱组绶，大夫佩水苍玉而纯组绶，士佩瓀玟而缊组绶，孔子佩象环五寸而綦组绶。"在这一节中说到玉是如何的重要。不过说孔子佩玉不属于大夫，也不属于士，那就有些离奇。但也可以解释作虽然按着身分而佩玉，但也不如何的严格。既然不如何的严格，那就逐渐变化的机会更多，所以佩玉也就转变成为汉代的刚卯。司马彪《舆服志》说："韨佩既废，秦乃以采组连结于璲，光明章表，转相结受，故谓之绶。汉承秦制，用而弗改，故加以双印佩刀之饰。"今按刚卯为佩玉之遗，这是对的。只是采绶却是古已有之，不始于秦。秦人佩刚卯一事只可以如此的解释。便是古代贵族和平民之分甚为严格。到了战国之秦，因为要奖励战斗，不惜将贵族的身份，赐给有功的平民，这便是所谓的"民爵"。民既有爵，那就当然可以采用贵族的体制。因此贵族的特有表征"佩玉"，也为平民所服用了。所以汉代也许凡男子都可以佩玉的刚卯。即是说平民佩玉始于秦代是对的，要说刚卯之绶始于秦代那就有问题了。

在被发现的古玉中，常见着有小型长方形的玉器大致为宽市尺三四分、长市尺六七分的长方形每面刻字一行或两行，每行刻字四字至五字。四面刻字，在上下两端穿通，作为结绶的地方。多属玉制，也有偶然为木制的。不过在古董铺中，因为古玉才有市场，所以不常见木制的。但在居延海旁却曾发现木制的刚卯，卯上的字并且用墨写上而不是刻的。

刚卯虽为佩玉之遗，但至少在汉代已经加上别的意义了。自然，为什么要佩玉，除去《礼记》上说到的所谓道德的和仪容上的意义以外，古人对于玉的贵重本来尚有若干禁忌（taboo）上的意义，但征证上尚不敢说绝对充分。到了汉人的刚卯，那就很明白的禁忌的意义是显性而非隐性。在若干征证证明刚卯为的是用在驱除疫疾。因此刚卯的制造也是用来有禁忌意义的桃木或玉。因此我们可以想到，在古代人对于疫病的威胁一点也不知真实原因的情况下，对于烟瘴之区是过着如何困难和障碍来开发。然而我们却有若干证据证明和自然搏斗在非常艰苦情形下的汉代人，在充满疫疾与疥疮的江南，曾经树立了不少惊人的开发成绩。

关于刚卯的形制，我们主要的文献上根据，是以下的两段记录：

（一）《汉书·王莽传》中："予前在大麓，至于摄假。深惟汉氏三七之厄。赤德气尽，思索广求，所以辅刘延期之术，靡所不用。以故作金刀之利，几以济之。然自孔子作《春秋》以为后王法至于哀之十四而一代毕，协之于今亦哀之十四也。……今百姓咸言皇天革汉而立新，废刘而兴王。夫刘之为字卯金刀也。正月刚卯，金刀之利皆不得行。博谋卿士，佥曰'天人同应，昭然著明，其去刚卯莫以为佩，除刀钱勿以为利'。"

注：服虔曰："刚卯，正月卯日作，佩之，长三寸广一寸，四方，或用金，或用玉，或用桃，着革带佩之。今有玉在者，铭其一面曰正月刚卯。"晋灼曰："刚卯，长一寸广五分，四方，当中央从穿作孔，以采丝茸其底，如冠缨头蕤，刻其上面作两行书。文曰：'正月刚卯既央，灵殳四方，赤青白黄，四色是当。帝令祝融，以教夔龙，庶疫刚瘅，莫我敢当。'其一铭曰'疾日严卯，帝令夔化，顺尔固伏，化兹灵殳。既正既直，既觚既方，庶疫刚瘅，莫我敢当'。"师古曰："今往往有土中得玉刚卯者。"

（二）《续汉·舆服志》："佩双卯，长寸二分，方六分。乘舆、诸侯王、公、列侯，以白玉，中二千石以下至四百石，皆以黑犀，二百石以至私学弟子皆以象牙。上合丝，乘舆以縢贯白珠，赤罽蕤。诸侯王以下以綠赤丝蕤，縢綠各如其卯质。刻书文曰：'正月刚卯既决，灵殳四方，赤青白黄，四色是当。帝令祝融，以教夔龙，庶疫刚瘅，莫我敢当。疾日严卯，帝令夔化，顺尔固伏，化兹灵殳，既正既直，既觚既方，庶疫刚瘅，莫我敢当。'凡六十六字。"

以上两处的记载大致相同，但是居延海上也曾经发现两个木刚卯。其中一个"四色是当"作"四色赋当"，而"庶疫刚瘅"作"庶疫冈单"，都是误字或简单，未足为据。另外一个文字甚不清晰，但其开首便作"若一心坚明，安上去外英"便完全不同。所以刚卯的文字也有时候并不完全一致的。

在相对的两个刚卯中，其一曰"灵殳四方"，其一曰"化兹灵殳"，表示着刚卯和"殳"有关。殳为兵器。《诗经·卫风》："伯也执殳，为王前驱。"《释名》"殳，殊也，长 丈二尺，无刃"，这实在是一种仪仗。但从许慎《说文序》"七曰殳书"，所以书兵器也。段注曰："古者文既记笏，武亦书殳，按言：殳以包凡兵器题识，不必专称殳，汉之刚卯亦殳书之类。"现在看来殳长丈二尺，与刚卯上所指的殳，不应有关。刚卯所以称殳者，应当照段注指殳书之书，假若这一点是对的，那就刚卯辟鬼的作用是在殳书的书体上。这样说来又可以启示着殳书的秦书八体之一，刚卯为秦代的制度，两者正有相互的关系。

刚卯上所刻的语词，似通非通不可尽解。这与纬书命名与道士的经咒有相类似之处。关于纬书的命名，但看陈槃庵先生的《谶纬书录解题》，便知道这些命名是如何的迁曲而奇诡。《道藏》中若干的经名和经文，也颇有类似之处。这其中的原因，便是凡带些宗教性或巫术性的，一定有些神秘的外表。也可说是惊世骇俗，也可以说是艰深文陋，使得应用的人不明了其中内容，反而可以有一个安全感。

第一个刚卯开始便说："正月刚卯即央，灵殳四方。"秦正月的位置究竟属于月建中的那一个月，还是一个未曾完全解决的问题。秦正月可能是岁首之月，即夏正的十月，也可能是夏正的正月。这是一个复杂的问题，非本著中所能讨论（略见王先谦《汉书补注》高帝纪补注）。不过此处既然读到的是正月，那举出正月二字显然是注重正月，则似乎正月即系岁首之月更有可以特殊注意之理由。刚卯二字据服虔说为正月卯日作，而第二刚卯也有"疾日严卯"四字，则疾日亦当指卯日而言。卯日为阴日，无刚日之可能，故刚者当与严同义，不能作刚日解。卯日此处以为疾日，正与春秋时"子卯不乐"（《礼记·檀弓》），而"辰在子卯，谓之疾日"（《左·昭九年》）谓卯日为不吉时相同。但在西周时却不如此。在岑仲勉先生的《周全文所见的吉凶宜忌日》中（《东方杂志》四十二卷第十号）认为"丁卯"为全文中的吉日，与此正不相同。至于"灵殳四方"一语和"既觚既方"命意亦同。这是说刚卯的构造是方的，也可能是用刚卯的方形来指抵四方来的疫病。

"赤青白黄，四色是当"，用四色来配四方，独无五色中的黑色，这和秦人作时，独无黑帝正相符合。《史记·封禅书》"各以岁时奉祠，唯雍四畤上帝为尊。……二年，（尚帝）东击项籍而还入关。问：'故秦时上帝祠何帝也?'对曰：'四帝有白、青、黄、赤帝之祠。'高祖曰：'吾闻天有五帝，而有四，何也?'莫知其说。于是高祖曰：'吾知之矣，乃待我而具五也。'乃立黑帝祠。"秦为什么不立黑帝祠，已无人知晓。那秦人的四色可能和齐人的五色配置不同。现在看一看密宗佛教的曼荼罗是也有各方配色的，便与中国的配色大异。所以四方是否各有配色一回事，而四方的色如何配法又是一回事。秦人四方的配色虽然现在无法知道其详，但也可能不同于齐人邹衍之术的。

祝融为火神，见于《月令》及《史记·楚世家》，夔龙则为山川之怪。《鲁语》："木石之怪曰夔蝄蜽，水之怪曰龙罔象。"《文选》张衡《东京赋》："残夔魖与罔象"薛综注："夔，木石之怪，如龙有角，鳞甲光如日月，见则其邑大旱。"又张衡《南都赋》："惮夔龙兮怖蛟螭"。薛综注："《国语》曰：木石之怪夔，水之怪龙。"第一刚卯称"以教夔龙"，第二刚卯称"帝命夔化"皆是指木石之石怪的夔或夔龙而言。

刚卯的形制甚不一致，其文字也间有不同。宋马永卿《懒真子》曰："于士人王君愍家见一物似玉，长短广狭，正如中指，上有四字，非隶非篆，上二字乃正月字也，下二字不可认。问之君求，云前汉刚卯也。汉人以正月卯日作佩之铭，其一面曰'正月刚卯'。"在清代也曾屡发现。瞿中溶《奕载堂古玉图录》曾著录一器，又言曾见三器和晋灼所言相同，是镌刻全文。吴大澂《古玉图考》则著录三器，亦是镌刻全文，皆属于《王莽传》注晋灼所说的第一器。所以刚卯之中有的是刻全文，有的是刻一部分字并不一定，但却没有听说有第二类刚卯字的发现。那么汉代承古代佩玉之遗，古玉为双双相对应该佩两组玉，刚卯也应该佩两组刚卯。不过汉代恐怕事实上只佩一个刚卯就够了，因此也只有第一种刚卯的发见。

许慎的《说文解字》："𣪠改，大刚卯也，以逐精鬼。"所以刚卯还有特大的，只是其上所刻的文字不知和平常刚卯有无不同。在居延海的发见的木刚卯其中有一个和《王莽传》及《舆服志》不同，不过形制却不如何大。又《舆服志》的"佩双卯"原作"佩双印"，瞿中溶校为佩双卯，这是对的，不过此字在宋本已经刻作印。而陶宗仪《辍耕录》便根据宋本云："𣪠改，佩印也，以正月卯日作，故称刚卯，又谓之大坚，以辟邪也。"已经认刚卯为印了。今按在《舆服志》中已经另外说到印绶当然不能认刚卯为印，在此处刊作"佩双印"颇滋误会，而刊正为"佩双卯"则怡然理顺。不过刚卯和印确有近似之点，《舆服志》原文虽然非印字，但刊为印字也一定相沿已久，决非无因而误。吴大澂《古玉图考》中有考一玉印为"辟非射魃"，显然为厌胜之用而非用作封识之用。史游《急就篇》："射魃辟邪除群凶。"颜师古注："射魃，大刚卯也，一名𣪠改，其上有铭，而旁穿孔，系以彩丝，用系臂焉，所以逐精魅也。"所言射魃的形制尚和汉代刚卯相合，但"射魃"二字亦显为刚卯，今此玉印刻文的射魃，亦表示此印系作刚卯之用。所以刚卯并非印，但刚卯却有时可刻为印形。此种印形的刚卯可能出于汉代的晚期，但却也是古代的形制。这一种的变化显示着刚卯演化到一个方向的事实。

刚卯演化到了后来，便成符和印，在《后汉书·方术传》当中，言费长房遇仙人与一符曰"以此主地上鬼神"，后失其符为众鬼所杀。又言解奴辜善为丹书符劾，厌杀鬼神而使命之。其符和后世符应当相类。至于《抱朴》和《真诰》，便有符有印。而厌胜逐鬼，则常人佩符而道士巫师则有印。至今道士多有之，而以江西龙虎山之张天师为尤著，其源流当然繁复不能悉举，但常人驱疫逐鬼的用符箓和刚卯有若干关系则可想见了。

（刊载于《公论报》，1949 年 11 月 9 日）

谈古舞问题

自近古至近世以来，中国舞伎在不知道原因之下，逐渐被消失了。到了现在因为舞伎为文化宣传或文化工作的一种（在日本及泰国均为宣传该国文化的重要工具），因此便被引起了广泛的注意。然而要回过头来去再重新找已经失传了的古舞，却是一个非常困难的事。现在的要求，是要做一番复原的工作。但假如复原工作做不完全时，那也不妨做一番新的创造，不必专以复原工作为限。

中华民族之构成，本来非常复杂，因此中华民族艺术的进展过程，也是非常复杂。但是舞与乐是配合的，并且郊庙大典之中，也一定要用上乐舞。照《汉书·礼乐志》所说："武德舞者，高祖四年作，以象天下乐，以行武，以除乱也；文始舞者，本舜招舞也，高祖六年，更名曰文始，以示不相袭也。五行舞者，本周舞也，秦始皇二十六年，更名曰五行也。"招就是"韶"，武德也应当和"武"是一类的。所以招应当是尽善尽美的乐舞，而武德可能是一种尽美而不必尽善的乐舞，可惜都无法追溯了。

这只是一种正统的乐舞，人类都是好新奇、好刺激的，这种谨饬严格的乐舞，自不能合乎一般人的要求，于是四方的新乐新舞，当然会一步一步的侵入。周代南方的陈国，是一个好乐舞的国家。陈风中的"无冬无夏，值其鹭羽"以及"不绩其麻，市也婆娑"，都是表示着陈国的人民，好巫、好舞。和陈国接近的楚国，也同样是一个好巫、好舞的国家。在《楚辞》之中确有不少非常优美的舞曲。尤其在《九歌》之中，更有非常美丽而神秘的印象给与了人们。这种南方的乐舞，到了汉高帝以后，就成为全国贵族中流行的乐舞。

汉武帝开放了西域的交通，显然的，此后中国的许多方面，受到了西方的影响，也有许多方面，还保持原来的形式。关于乐舞方面，有：

（一）舞的方面仍以过去楚式舞技为主。

（二）乐的方面，吸收了更多的西域成分。

（三）杂伎（亦称散乐），如眩人（魔术）、跳丸、缘橦（缘高竿）、鱼龙狮子之属。其中杂伎一项中的狮子，还有一个戴面具的人来引导。《汉书·礼乐志》："朝贺置酒，常从倡三十人，常从象人四人。"注："孟康曰（孟康，三国魏人），象人若今戏虾鱼师子者也。韦昭曰（韦昭三国吴人），着假面者也。"——但是楚式的舞伎亡失了，而戏龙戏狮之风仍流传下去。只有长袖细腰的舞女画像尚多见于汉代画像石刻之中，这种画像，当然也是对于古舞恢复问题中的一个启示。

到了南北朝时代，是一个中原文北及西域文化更加混合的时代。而北朝比南朝受外来的影响更为巨大。等到了唐代继承北朝的统一天下，并且对于西域交通更为开展，长安城内，充满了中原及西域的综合文明，《容斋随笔》称："今乐府所传大曲，皆出唐时，而以州名者五，伊、凉、西、石、渭也。"都是京城以西之处。玄宗时著名的《霓裳羽衣舞曲》，亦为凉州都督杨敬述所进《婆罗门舞曲》。此外著名的舞如胡旋、柘枝、浑脱等，也大都和西方有关。我们决不是说这些乐舞到了中国，仍然全为中国所因袭，毫无变化，而是说中华民族对于文化的看法，是择善从长，而不是深固闭绝的。这些四方不同的技艺，各有特殊的成就，他们的精华被中华民族所吸收，而自然形成了中华民族的新艺术。并且再在唐代被日本所采取，而尚有不少部分到现在尚为日本所保存。

回顾过去，瞻望将来，我们中华民族是一个有天才的民族，我们切实自信一切都有伟大的前途，决不限于乐舞一端。即就乐舞而言，目前仍有相当的办法，作一番新的创造。例如南方的舞技，现在仍然可从山地舞之中想其仿佛。而新疆舞更为西域舞技之嫡传。只须将音乐及服装略为变化，再将内容予以变迁，因为我们的文化遗产比较丰富，一定可以做成更多的新的形式。

至于杂戏之中，如狮戏、鱼龙戏之属，最好要在旧式灯光之下，更需要在拥挤的群众中，才显着更有意思。在一个新式剧场中表演，可能意外地未曾受到应有的欢迎。但从这一点来说，还不能说已经失去了存在的价值，因为还可选择适宜的场所去表演。所要注意的便是这是"杂戏"，原和舞不全是一回事，所以欣赏的人不要拿欣赏舞的眼光去欣赏，批评的人也不要拿批评舞的眼光去批评，那么两千年来仅余的杂戏，才能从此保存下去。

昆曲及皮黄演时均以音乐为节奏，其中有一部分可能溯源于古舞，并且亦可供恢复古舞的参考，但究竟不能说这就是古舞，因此这还是"生料"不是"熟料"。就文化宣传的工作来说，取得别人称赞的目的，要比自己欣赏重要；取得别人迷恋的目的，要比满足别人好奇心重要；取得别人多数人的爱好，要比取得别人少数人的爱好重要。所以如何利用民族的遗产，作成新的创造，就在今后从事艺术工作的努力了。

（刊载于《中国一周》，第 176 期，1953 年 9 月）

中国的石质雕刻

中国的石质雕刻（因为一般用"石刻"二字包括碑版摩崖，所以此处用"石质雕刻"），在殷代已经有很好的成就，殷墟中发现的白大理石虎、石兕、石鸱等物，在现代的标准看来，也非常精美。此外关于玉的雕刻，殷代已相当工巧，经过了西周、春秋、战国而至汉代，刻玉一直是一个重要的事。但是大件的刻石，就现存的来说，要从汉代算起。

一 汉代的石刻

汉代的石刻在西汉时期，有陕西长安昆明池的牛郎织女，有陕西兴平霍去病墓的马踏胡人石像。有山东曲阜鲁孝王墓上的石人。到了东汉更多了起来，其著称的如河南南阳宗资墓的天禄辟邪，四川雅安的高颐墓辟邪，有山东嘉祥武氏祠的石狮子（天禄辟邪亦即有翼的狮子，宗资墓有"天禄""辟邪"字，武氏祠则称为"师子"），这些狮子的石刻都是非常生动而有力的，一直到南朝齐梁，一直到唐高宗的乾陵、武后父的顺陵，尚显然的承受了这种风气。

除去立体雕刻之外，浮雕的石阙，用在庙门及墓外的，在汉代艺术中，也占了一个重要位置。这些石阙，显然是摹仿宫廷门外的木阙的，因此除去我们可以注意雕刻的本身以外，还可以注意到汉代宫外石阙的建筑的形式。我们知道，未央宫主要的阙是"北阙"，建章宫主要的阙是"凤阙"，东京时代南北二宫遥遥相对，所以代表的是"两宫相遥望，双阙百余尺"（古诗《青青陵上柏》）。一般是用阙来代表宫廷，现在有这些模仿的阙，使我们对于阙的印象，比较具体，不是仅仅的一些想像了。

汉代石阙甚多，尤其在四川的更多。这实在是一种非常有价值的遗产。其中比较著名的，如：

南武阳皇圣卿阙	元和三年	山东沂水
南武阳功曹阙	章和元年	山东沂水
兖州刺史洛阳令王稚子阙	元兴元年	四川新都
侍御史河内温令王稚子阙（与前阙对）		四川新都
中岳太室阙	元初五年	河南登封
少室神道阙	延光二年	河南登封
开母庙神道阙	延光二年	河南登封
西岳庙神道阙	永和元年	陕西华阴
武氏石阙	建和元年	山东嘉祥
益州太守武阴令高颐阙	建安十四年	四川雅安
益州太守阴平都尉高贯光阙（与前阙对）		四川雅安

以上有年月。

上庸长司马孟台阙	四川穰阳
侍御史李华阙	四川梓潼
幽州刺史冯焕阙	四川渠县
益州牧杨宗阙	四川夹江
谒者北屯司马沈府君阙	四川渠县
新丰令沈府君阙（与前阙对）	四川渠县

以上无年月，但无疑问为汉代的。

此外四川重庆附近还有无名的石阙。在四川可能尚有未被发现的石阙。这些石阙大致都有非常精美而生动的浮雕，刻上去的是车马人物鸟兽等图象。并且因为是浮雕，和一般画像不同，不能用墨和纸来拓，所以除去看原物之外，只有照像。这些石阙都是两阙相对。有些左右的题字不同，例如：王稚子阙及沈府君阙左右的官衔不同，高颐阙则"益州太守"官衔相同，却又一为名，一为字。最可惜的是王稚子阙，王稚子名王涣，东汉的循吏，在《后汉书》有传。其阙上的浮雕在清代中期冯文鹮的金石索尚有一个缩绘，但现在除去几个字以外，一无所存了。

和石阙有同等地位的，就是画像。石阙在庙或墓之前为一种装饰，画像则为墓前的祠堂。石雕以四川为最多之处，画像则以山东为最多之处。祠堂画像中时间最早的，为金乡的朱鲔祠堂画像（朱鲔本刘玄大将，后投降于光武帝），保存最完全尚维持原来建筑的形式的，为肥城的孝堂山（祠主不知何人）。朱鲔石刻的镌刻方法，比较原始，是用笔绘画在平的石版上，照笔迹来刻上去的，所以和汉人绘画（如乐浪的漆器等），最为接近。其他画像石，有的将人物全部刻下去，有的将人物全部留下，刻四围的白地，就和绘画不太类似了。

汉画现存比较著名的，有：

凤凰画像（元凤二年，此画最早，但很简单）	山东沂水
朱鲔祠石刻	山东金乡
永建食堂画像	山东济宁
孝堂山画像（有永建四年题字）	山东肥城
武梁祠石室画像（建和元年）	山东嘉祥
武氏祠前石室画像	山东嘉祥
武氏祠后石室画像	山东嘉祥
武氏祠左右室画像	山东嘉祥
嘉祥画像二十石（今保存济南山东图书馆）	山东嘉祥
两城山画像十六石	山东济宁
曹王墓画像（今保存济南山东图书馆）	山东滕县
南阳画像	河南南阳
射阳石门画像	江苏江都
渑池五瑞图	甘肃成县

此外在山东曲阜、山东汶上、山东邹县、山东鱼台、山东蓬莱，都有石像的零块。其中以孝堂山、武氏祠、两城山、曹王墓、南阳画像为最著名。尤其是武氏祠，曾经有瞿中溶、客唐的考证，美国的费慰梅夫人（Wilma Fairbank）也曾经做过一个工作，将各石的位置，加以复原（一九四一年《哈佛亚细亚学志》）。此外如法国的沙畹（E. Chavannes），美国的洛佛（B. Laufer），日本的关野贞、大村西崖，都做过研究工作（我也曾

经在《历史语言集刊》八本《论鲁西画像》中讨论过），朱鲔刻石在塞伦所著《中国艺术史》（Siren：*A History of Chinese Art*）书中注意过。而南阳画像，如董作宾先生及商承祚，也都做过研究工作。

在孝堂山和武氏祠，表现的很清楚，就是祠堂石刻是摹仿一般宫廷、衙署和庙宇的壁画。其中主要的题材是古帝王、忠臣、孝子、贤士的人物故事以及鬼神异物的传说故事。这种绘画的方式，使人想到《楚辞·天问》中的内容。并且因为故事的内容很丰富，因而相关方面很多，可以表现汉代当时的生活状况。

和石刻画像同类的，尚有四川成都一带发现过的画像砖，华西大学及黄希成、卫聚贤，都曾经收藏过。

二　六朝以后的陵墓石刻

汉代，尤其是东汉时代是坟墓装饰的一个重要时代。三国时代立碑和立阙受到朝廷的禁止，所以三国及晋代很少坟墓上的装饰。晋代开始有墓志，是埋到墓内，墓外也很少表现。南朝虽然一样禁碑，但坟墓上的装饰就多了起来。并且因为海道交通发展，又摄取了西亚诸国承受的希腊作风。曾经有上海徐家汇神父张璜作过《梁代陵墓考》（Tchang Huang：*Tombeau des Liang*），朱希祖及朱偰作过《金陵古迹图考》及《建康兰陵六朝陵墓图考》，日人伊藤清造在《中国的建筑》中也论到南朝的陵墓。

南朝陵墓在南京附近及丹阳县的（晋宋已不易寻，但有齐梁），有齐高帝父萧承之的永安陵、高帝萧道成的泰安陵、武帝萧赜的景安陵、明帝父萧道生的修安陵、明帝萧鸾的兴安陵、梁武帝父萧顺之的建陵、梁武帝萧衍的修陵、梁简文帝萧纲的庄陵。

齐武帝的景安陵，墓址已不显著，但前面的有翼辟邪现仍存在，萧顺之的建陵，在景安陵西的萧塘港地方，也有相类似的辟邪，并且前面还有石质的华表，下为希腊式的石柱，上为印度风的莲花，再上为一中国风的承露盘。在盘下有一大石版，上刻"太祖文皇帝之神道"。东柱为反刻，西柱为正刻（此外如梁吴平侯萧景、安成康王萧秀也有华表及石兽）。

据张璜的分析，认为其中最可注意的，为墓前几种石刻的几点：（一）

有翼石兽，（二）希腊式石柱，（三）反书文字。前两项代表着中西交通的关系，后一项则反书文字，加墨来印就成为正文，和中国的印刷术可以有相当的渊源。本来石阙上的文字，在汉代已求对称，不过一正一反，却是六朝的新式。这种文字在刻的时期，决不是直接在石上书丹，而是写在纸上，将纸反贴，才能成为反文。当然和刻木版书的方法可以有若干关系的。

唐代诸陵，西由陕西乾县的梁山起，东到帝城之金粟山止，成为一个半圆形包着关中平原。最重要的是太宗的昭陵，在礼泉县北的九嵕山，前面有番邦首领的石像，并有著名的"昭陵六骏"。其中两骏已被人卖至美国，现藏费城博物院，其余四骏藏西安的图书馆中。

高宗的乾陵在乾县的梁山上，形式的雄伟，不下于昭陵。计有石柱一对、飞马一对、朱花一对、石马五对、石人十对。更有番邦首领石像甚多及巨大石狮一对。以上各石刻都很伟大，只可惜番邦首领石像都被人打掉，据说是被埋在地下，那就要发掘以后，再由雕塑家精心的用水泥黏土才可以。

北宋时代的各陵在河南巩县以西八里的地方，尤其以宋太祖的永昌陵和宋太宗的永熙陵为最雄伟。陵前有石人、石象、石獬、石虎、石羊、石狮等雕刻。石人有文官石像四对、武官石像一对。虽然不及六朝及唐代的生动，但仍然非常雄伟和精工，至于绍兴附近的南宋诸陵，规模就远不及了。

明太祖孝陵在南京紫金山，明成祖长陵在北平西北南口东的十三陵，规模均极雄伟。孝陵的参道有卧狮、立狮、立獬豸、卧驼、立驼、卧象、立象、卧麟、立麟、卧马、立马，及文官两对、武官两对。成祖长陵也有石人及石兽，但最显著的是参道前面的巨大白大理石牌坊，共有五阙六楹，非常宏丽。中国帝王陵墓的规模，至此已到最高峰，清朝皇帝的陵墓虽然也仿照长陵，但规模气象也感觉不如了。就帝王陵墓的石刻的进展来说，从六朝到明，是越来越巨大，越来越复杂。但雕刻的手法却到宋而渐次衰微。尤其显著的，是狮子的雕刻，还以汉及六朝最为生动而有力，唐代已经稍不如汉，宋更不如唐，明清以来的石狮子，那就粗笨而板拙丝毫不足观了。

三 佛教雕刻

中国的佛教雕刻，最重要的是山西大同的云冈，其次是河南洛阳的龙门，除此以外，尚有许多石刻，但都可以从云冈及龙门中找到相关性。

现存最早的石刻佛像，当为河北涿县的沙岩佛像（日本大仓氏藏），时代据关野贞断定，为五胡时期的后画，但稍后于此的，就要算云冈了。据郦道元《水经注·㶟水注》："其水又东转，径灵岩南，凿石开山，因岩结构，真容巨壮，世法所希，山堂水殿，烟寺相望，林渊锦镜，缀目新眺。"就指此处。《续高僧传》云："释昙曜，未详何许人也。少出家，摄行坚贞，风鉴闲约，以元魏和平年，任北台昭元统，绥辑僧众，妙得其心。住恒安石窟通乐寺，即魏帝之所造也。去恒安西北三十里，武州山谷。北面石崖，就而镌之，建立佛寺，名曰灵岩。龛之大者，举高二十余丈，可受三千余人，面别镌像，穷诸巧丽，龛别异状，骇动人神，栉比相连三十余里。"又《魏书·释老志》："初，昙曜以复佛法之明年，自中山被命赴京……曜白帝于京城西武州塞，凿山石壁开窟五，镌镌建佛像各一，高者七十尺，次六十尺，雕饰奇伟，冠于一时。"照现在看来，《释老志》所写的，可能是最初的状况，而《续高僧传》则为随后的增修。

魏太武帝太平真君七年（西元四四六年），是佛教史上一个重要的时期，北方佛教都因为皇帝相信道教而遭禁止了。但到了文成帝兴安元年（西元四五二年），又重新恢复佛教。当禁止佛教之时，因为故太子晃的教助，僧众多得逃匿，信徒也将佛经藏了起来。此时重新恢复，信徒的信仰更为坚定，佛寺的规模也就更为扩大。

云冈石窟是全部沙岩，并且是很细沙岩，可以刻较细的作品的，也容易风化。石窟部位一般人分作四区，最东为第一区，有五个主要的洞窟，还有若干小洞。规模虽不算最大，但制作却都很早。次为第二区，为石窟寺所在，保护比较周密。如大佛阁、如来殿、弥勒殿，都在这一区，而如来殿的石刻壁画，弥勒殿的浮雕飞天，都极为富丽。第三区的五佛洞可惜修补过度，其余各洞又颇有损失，不过门楣四壁还有不少精细的图案雕刻。第四区在最西部，久无人修补保护，并有农民存储柴草农具，不过这一区的佛像却特别宏伟，虽然久无人管理照应，还相当清晰可辨。

云冈石窟的佛像，代表着朴素和力量，和北魏初期游牧民族的豪放不羁精神，正相符合。此外和敦煌千佛洞中北魏的塑像和壁画相关性至密切，除去为佛像和菩萨像的面型两处甚为一致以外，其余如洞中塔柱的设置，佛像背光花纹的设计，屋顶天花的图案，四壁佛龛的形式，也都彼此相同，使人猜想到设计的工匠们可能彼此有相关之处。关于云冈和龙门，中国人如周一良做过《云冈问题》，关百益出过《伊阙图录》，而日本人则大村西崖及水野清一都做过研究，尤以水野做的为最多。

龙门石窟在洛阳南三十里伊水岩卜的伊阙两侧。伊阙本来是洛阳的郊外名区，例如曹植的《洛神赋》就说："余从京城，言归东藩，背伊阙，越轘辕，经通谷，陵景山。"再前则张衡的《东京赋》称："盟津达其后，太谷通其前，回行道乎伊阙，邪径捷乎轘辕。"（又伊阙的重要性见《水经注·伊水注》）但是在这些时候，中国虽有佛教，却没有伊阙的石窟。

到了魏孝文帝之时，想做一个一统的政府，从大同迁至洛阳，于是平城贵胄，也都移至洛阳。到了宣武之时，龙门的石窟也就修建起来了。《魏书·释老志》："景明初，世宗（宣武帝）诏大长秋卿白整，准代京灵岩寺石窟，于洛南伊阙山，为太祖、文昭皇太后营石窟二所。初建之始，窟顶去地三百一十尺。至正始二年，始出斩山二十三丈。至是大长秋王质谓斩山太高，费功难就，奏求下移就平，去地一百尺，南北一百四十尺。永平中（宣武年号），中尹刘胜为世宗复造石阙一，凡为三所，从景明至正光（孝明年号）四年六月以前，用工八十万二千三百六十六。"

云冈的山为沙岩，龙门的山为石灰岩，所以云冈岩易开凿，也容易风化，龙门难于开凿，也难于风化。但龙门继续修凿的时期更长，所以龙门的规模也甚为宏大。

魏孝文帝在太和十八年（西元四九四年）迁都洛阳，但太和七年（西元四八三年）已经开凿了老君洞。现存属于北魏时期的洞，较大的有宾阳洞、莲花洞、魏字洞、药方洞、老君洞等。就中宾阳洞为皇帝敕凿之洞，其中的佛像及装饰，甚为复杂，并且从皇帝及皇后以下，都有供养像的行列。

不论在云冈或龙门，都有交脚而坐的菩萨，并且龙门还有穿中国衣服的菩萨，这些手法，在敦煌的魏代塑像中，也是可以看到的。但到唐代以后，便不大看见了。

隋炀帝重建洛阳，所以龙门在隋代也兴盛过。到了唐代，太宗时魏王泰又发愿开窟。其中如敬善寺洞、磨崖洞、万佛洞、大洞、破洞、大佛洞等，都属于唐代。尤其是唐高宗所作的大佛洞，有高三十五尺的毗卢舍那佛的坐像，雄视龙门诸洞，在河南境内。

在山东境内，如济南市城南八里的黄石崖，便有北魏至隋唐的佛像数十尊。此外还有城东南八十五里的千佛崖，和城南五里的千佛山，以及附郭以外的龙洞、大佛洞、玉丞山、五峰山等，在益都有驼山、云门山等。在河北境内，则有磁县的响堂山，均有北朝石刻的佛像，河北房山的云居寺则有唐代的石刻。

在山西境内，晋源县的天龙山为一个非常重要的石窟所在。在东魏时期，高欢当政，自居晋阳，及北齐时代，仍以晋阳为陪都，所以贵族多居于此。重要的洞窟，计有北齐五，隋一，唐八，虽规模较小，而手法精练。只可惜曾经有一个时期，被人破坏，将佛像运走了一些。此外还有祁县及汾阳县的大佛寺。

在江苏境内有江宁县栖霞山的佛窟，为南齐时代的佛窟，只可惜修补太甚，尽失原状，粗俗不堪。只剩下少数几个未曾修补的。栖霞山尚有一个隋代舍利塔，上面是南唐时代修补过，但下面基础的佛故事画还清晰的表现隋代的手法。

在四川境内，最著名的是广元的千佛岩，为唐代初年刻的石窟，夹嘉陵江的两岸，尤以东岸为多。虽然修公路时破坏了一些，但现存的还不少。此外还有嘉定的唐代大佛，以及渠县、大竹等处唐宋时代石刻佛像。

在北平附近，还有一些元代的留存，例如居庸关关门的元代天王像，便仍保持一些宋代的手法。虽然元明以来，佛窟的刻像就渐渐的减少了。

除去佛窟的石刻像之外，当然尚有许多属于寺院中的石刻佛像。这一类的佛像以北朝时代为多。除去在山东图书馆、山西图书馆、河南博物馆等保存若干以外，运出国的为数也不在少数，这些石像往往附有铭刻记着造像的时代。

从上来看，中国的佛教造像，实在是中国艺术史上重要的宝藏，如何去整理、发挥，就在今后的努力了。

[引自《中国文化论文集（二）》，1954 年 12 月]

中国古代的青铜器物

中国古代所称为"重器"的，都是铜器，而这些铜器也是由青铜造成，所以亦称为"青铜器"。青铜器是铜与锡的合金，和现今常用的黄铜不同。现今常用的黄铜是铜与锌的合金，它的铸造是近古的事，青铜器的铸造，就早多了。

据《周礼·考工记》说："金有六齐（齐与剂同）：六分其金而锡居其一，谓之钟鼎之齐；五分其金而锡居其一，谓之斧斤之齐；四分其金而锡居其一，谓之戈戟之齐；三分其金而锡居其一，谓之大刃之齐；五分其金而锡居其二，谓之削杀矢之齐，金锡半，谓之鉴燧之齐。"这是一种标准的合金方法，亦即做钟鼎的合金，含铜最多；镜鉴的合金，含铜最少；而做利器的合金，在二者之间。照中国及日本科学家把殷墟发现的器物来分析，并不如此的严格。不过战国两汉的镜鉴，可能含锡较多，并且还经过了水银的处理。

三代既以青铜为重器，所以立国有以鼎彝为分器的。"分器"就是分封的时期，由天子给诸侯一些重要的铜器。这些分器，也就代表天子给予贵族一种庄严的宝物来作为地方的镇守。再照着《左氏春秋》的记载，国与国之间，也给予重器作为贿赂或赔偿，几乎和土地有同等的意义。因此我们知道，当时对于铜器的铸作是非常慎重并且还用上非常的精工。这种精工代表铸作的时间与铸作的技巧。因此古代的重器，就成为宝贵的艺术品，不是轻易可以仿造出来的。

觚

中国古代铜器所用的铜，可能是黄河流域出产的。不过长江流域似乎产出更多的铜。至于所用的锡，就可能取自长江流域或其更南地带。

现在所见到的古铜器，最远可到商代。这种商代铜器，在赵宋时已曾经发现，宋人并以器铭有天干甲乙人名的，定为商器。清人颇怀疑其未必尽是。到了中央研究院历史语言研究所的殷墟发掘工作开始以后，对于商代的青铜器多所发现，器形花纹，正可以和宋代著录的互相印证。反之在周代遗址中，证实为周器的，并未见到有多少用天干甲乙为人名的。因此这类器物，虽未敢说决无周器，但断定为商器，误差决不会太大。

铜器是一种精工的工业成品，铸造的手续要分为造范及冶铸两个大步骤。而造范一个步骤之中，又要分为造模及制范。造模是在未冶铸之前先用别的物质造成器形，然后用陶土照器形来制成范。造模的原料可用蜡及陶土来做，陶土可做比较粗糙一点器物的模，比较精细一些的器物应当用蜡来做模，再用陶土来作范。石璋如先生曾在殷墟发现过泥制的范。至于蜡制的模，因为当时做范时就融化了，是不可能被发现的。我们现在无法断定早期的铜器曾用过蜡模，只是商代那样精细的铜器，似乎是用蜡模为底，才好做出来，并且汉印确是用蜡模来造，凭着猜想蜡模的方法可能更早。因为泥模虽然可以雕出细致的花纹，但是非常容易粘在范上，不易除去，只有用蜡制的模，作成了范，便很容易将蜡融掉，不至于粘了渣滓上去。只是过于大的器物，可能不大方便罢了。不过很大的器物，花纹也当然粗些，用泥来做模，或甚至用木来做模，也都比较易于处理。商代大鼎多是方形，这可能由于木模所做。

在冶铸之时，铜当然要用坩埚去融化的。殷墟也发现过尖底的泥锅，被称为"将军盔"的，就可能是为的铸铜之用。为取得高热，当时尚无焦煤，自然必须用木炭。鼓风的设备，也必需有的。我们知道埃及人铸铜时已有鼓风的设备，依照进化的情况来看，殷代人也应当有，不过现在尚无积极的证据。

铜器的形状和装饰，是随着时代而变化的。关于甲乙命名制度，周王室的不用，显然是有意做成的定制。周的诸侯、诸姬从王室分封，也无故意违背王室的理由。只有齐宋两国，照《史记》看来，似曾沿旧俗，但也是少数了。至于铜器的形状及装饰，在周室建国之初，似乎是利用商代的旧金工，做出来和商器极少区别。所以铜器在殷周之际，并非一个重大的变化。西周一代，铜器变化的趋向是图案花纹，变到粗放，而器形方面，却朝着纤巧的方向走去。这种情况，可以说周人受到仁政主张的影响，希图节省人力物力。但从器的本身来说，纤巧的作风并不代表艺术的高尚境界。

重器之中以鼎为主要的重器。鼎的形式当以大盂鼎为最完美，这可以说是西周文化的一个结晶，或者可称为中国重器的模范。它具有一个近于正圆形的鼎腹，代表宇宙中最完美的形状（照亚理斯多德的意见），其下三个直、圆、长短及粗细适中、而无任何装饰的鼎足，象征着安定和不屈。这种朴素、均衡而安定的形式，在重器中可称为最美的代表。但是古物鉴定家有这种认识的并不多。例如对日抗战胜利时，重庆各界曾给中央政府献上九鼎。献鼎之举当时有人批评过，不过从发展艺术的眼光来看，多一种艺术作品总不算坏事。所可惜的，是当时设计人用的是西周晚期形式，浅腹长足，看起来脆弱而不稳定，作私人玩好未尝不可，作国家重器就不免有些轻忽了。这几个鼎当时未曾搬出来，已经成为陈迹。现在要说的，就是从欣赏的观点来看，纤巧的艺术，总不算好艺术。希望国人们抱着开来继往的精神，随时注意到这一点。

到了春秋时代，西周晚期衰颓的作风，已经过去了，鼎的鼎盛时代也过去了，这个时期代表的重器，已不是鼎而是尊和壶。这些器物都赋予了新的生命，如同周天子已经不足轻重，国家的礼乐征伐，到了几个霸王之手一样。到了战国时期，不仅尊壶一类的铜器更扩张新的生命，并且还受到了中央亚细亚文化的影响，用上了飞走的鸟兽形作为图案（所谓 Scythian 式的 animal

尊

style），一洗过去对称而严整的风气成为活泼、有力的新颖形式。在战国时期，又有许多新的器物出来，例如奁匣、镜鉴（当然，过去可能有镜，不过发现的很少，并且还可能用盛水的盘鉴而不用镜），以及带钩，这些都成为新的形式而用上了新的设计与图案。

铜器的形式和装饰，随着铜器的意义及其应用而加以改变。这种意义的改变，当然随着政治状况及社会状况而改变。换句话来说，就是铜器的制作，是要按着用铜器的人的身分、好尚，而有所不同；并且按着用铜器的性质及用铜器的场合而有所不同；再按着社会及物质的进展及外来影响而有所不同。当着殷代及周代盛时，全中国的政治出于天子，重器的制作为的是礼器及纪念品，当然要向隆重方面做去。到了西周之季，政权腐化起来，玩好的性质已经比尊重的性质重了，所以铜器制作就有衰颓的趋势。

在这一点使我们看出商代末期和西周末期的分野，商代末期是暴戾，是振作的；西周末期是昏庸，是不振作的。西周末期虽然有宣王积极振作一番，但从《国语》所记看来，宣王时代已成强弩之末，后劲不够。再到了幽王时代，更可以从《十月之交》那一篇诗，看到其不可救药，势必成为平王时期的王室失势。到了春秋时代，当时的礼乐已非旧日的礼乐了，旧日礼器也随着更改。孔子的"觚不觚"之叹，正是含着双关的意义。当然春秋霸主本身还是振作的，所以铜器虽然面目全非，却仍然并未显出了颓势。这种情形就开创了战国时代的局面。

战国时期的发展是多方面的。第一，过去的多数小国变为少数超级的大国，这些国家主持的人物，权势及财富均大有进步，成功为新的王族。第二，从匹夫卿相局面，使高级官吏之中有许多的"暴发户"，其好尚与前代贵族不同。第三，因为交通与商业之发展以及都市的发展，形成新的商人阶级或新的市民阶级，而有新的物质上的需要。第四，西北也是外国的移转与同化，影

簋

响到新的文化。因为这些种种文化上的不同，就形成了铜器上类别的不同。我们还可以借此认识，商及西周的青铜器是重器，而战国时代的青铜器是商品，也是春秋的重器及商品的过渡时期。重器一定是由贵族收养的工匠来做的，商品是自由的工匠做好在市场卖的。因此做成的种类和形式，自然有很大的区别。

战国时期的青铜器，既然不能说是"重器"或"礼器"，那就比较容易判断其性质。第一，战国青铜器是轻巧而非厚重；第二，战国的青铜器

花纹的变化较多而不像过去那样的陈陈相因；第三，战国的青铜器器形的变化也比较多；第四，战国青铜器有些是从古代器物变成的，例如大部分爵变成了杯，大部分鼎变成了镀，这种尽失原形，尤以汉以后最为剧烈。但也有的全不因袭往古，例如带钩，便是一个新的形式。

不仅如此，从战国起，发展了两支新的器物，一是镜鉴，另一个是漆器。镜鉴和漆器，虽不敢说往古绝对不用，但这种扩大的发展，显然出于战国时期。到了汉代，鼎彝之属都已成为余波，汉代的鼎简直成为简朴无文的平常用具，一点也不讲究，六代以后就逐渐废弃。但是镜鉴在汉代仍是盛时，一直到唐代还相当华美。宋以后才渐次变为简单，清代才由玻璃替代。至于漆器，更成为铜器的替代品，历久不衰，到现在仍为中国及日本的重要艺术。这些情况都说明封建贵族的艺术和非封建贵族的艺术是有极大的不同，也就说明了春秋战国时期为什么青铜器有一个划时代的变化。

古器物的名称，实在太繁复了。当然由于古代在贵族当政时代，为着实行繁复的仪文，也就采用了繁复的器物。为着适应繁复的器物，也就加上了许多令人难懂的名称。不过按着古器上面所记的名称，也并不全然一致。这就证明了器物的形式、应用，及其名称，可能因时而异，因地而异，因人而异。倘若再加上宋以后古器物家弄错的，那么名称的变化，就更为繁复了。在此，我们是要尽可能做些删繁就简的工作，总希望能做一个比较上的整理。

第一，我们把它叫做乐器，这是专为发声用的。主要的是钟，但依其形制，仍分为镈钟、编钟各类。

第二，我们把它叫做容器。这是盛饭（黍稷）或酒用的。这一类中要分为许多目，例如：

A 食器

甲：簠及簋。簠是饭盆，簋是饭碗。其形制簠大率方，簋大率圆（簋篆文作𣪘，清人多误为敦字），但也并不完全一定。

乙：豆，这是一种高柄的碟子。盂，浅碗。

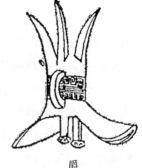

爵

丙：盒，盛食物之器，为盒形，有盖。

B　酒器

甲：盛酒之器。有尊（敞口盂形有腹的酒器），壶（收口形，有时还有两个耳），卣（桶形有盖，有时有提梁的酒器），罍（瓦缶或瓦罐形，刻有回文的酒尊），罐（酒罐）。以及后来的锺（从金从重），钫，可以盛米，也可以盛酒。

乙：注酒或参和酒之器。有盉（有注，注即壶嘴，下有三足的酒壶，为温酒及注酒之用），觯（瓶形的酒器），觚（瓶形的酒器，具有敞口，并且具有四棱的酒器），匜（瓢形的酒器，有柄有盖），斝（有柄，有三空足，略如鬲，上有两柱）。

丙：饮酒之器。觞（饮酒器之总称），角（三足形酒器，上口稍大，无流），爵（饮酒之器，三足，有柄，有柱，一柱或二柱，通常为二柱，前后均有流，像雀之头尾一样）。

以上酒器种类，非常复杂，就是因为古人用"酒以成礼"，在种种不同的场合上，再加上种种不同的阶级，因而发现了许多不同的应用。等到礼制古今不同，就显着这些不同的形制和名称，实际上并无多少应用了。

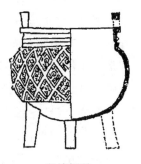

殷墟铜鼎

第三，炊器。主要的是鼎和鬲，鼎和鬲均为三足器，只是鬲为空足，以便火气进入，烹煮快些。鼎是实足的，但也有上面稍空，这是鬲的变形。此外鼎都有耳，鬲无耳，鼎以铜制作为主，鬲却是长时期以陶制作为主，只是间或用铜。鼎的足再缩短些，就成为锜，缩到无足，就成为釜（或称鍑），也就成了现代使用的锅了。

假如把鬲分为两截，就成为甑，甑是一种蒸锅。但是只能利用下面的热，不能利用蒸汽从上面进去。等到把甑改为锭，用管子把蒸汽通到上面，大致已到战国或汉代了。

圆形有盖而足极短的鼎，被称为敦，敦字篆文作□，此字与毁字不同。敦也是一种炊器，可能主要的为煮汤之用。

第四，浣器。主要的以盘及鉴为主。盘或鉴都是和现在的面盆同一用处，不过鉴还可以照水当镜子用。盘鉴都有座，有时有耳，有时无耳（后来或称为洗）。注水的盘的瓢形器称为匜，匜普通有柄有足。在洗头（沐）的时候，是要别人用匜浇上去的。

第五，利器。包含着工具及兵器。这是由原始工具，石斧，进化而成的。这一类的名称颇多。①为句兵，有戈、戟、殳、瞿等名称。②为斧属，有斧、钺、戚等名称。③为刺兵，有矛和箭镞。④为刀剑，有刀、剑、匕首等物。

句兵的用处，就是一个刀子，一面或两面有刃。刀柄安在长杆之前，柄的方向和杆互相垂直。作战时期利用杆去击，刀尖自然钩着敌人，这就是戈。长杆上已经有戈，杆前再安一个矛头，就成为戟。一个戈与一个矛可以合并而为戟，但也有联接戈矛而铸成为一个戟的。至于剑和匕首，本是一物，只是剑长而匕首短。

农器也是利器的一种，农器最重要的是铲，亦即是钱。铲和刀是可以作交换物赍用的。因此到了春秋战国时代，便普遍地铸成小的环形，小的刀形，小的铲形，专作交换之用。这就成为金属货币的开始。当然仿贝形的蚁鼻钱，还可能更早些，不过也不会早到商代。

第六，饰器及服御器。这是以上六类以外的杂器。主要还是商周至汉的车器。战国汉代的镜鉴、带钩、玺印、虎符、弩机、权量、灯、刁斗、博山炉、熏炉，种种铜器的器物。这就表明铜的功用更为推广，但其精工也就不如商周了。

（刊载于《大学生活》，第 2 卷第 2 期，1956 年 6 月）

早期中国符契的使用[①]

结绳被说成是保存纪录中国文化的最早形式。此种保存纪录的形式，在琉球以及南美印第安族之中，亦曾发现。拿印第安人来说，绳结代表了节日或日月蚀的日期。不列颠哥伦比亚的印第安人，甚且利用树枝和头发来表示不同种类的动物数目，[②] 以代替结绳。这些事实显示出世界早期民族，曾广泛的利用绳索与树枝，以作为纪录的工具。与中国古代民族相较，他们的使用方法，甚有价值。

中国文化的演进，绳索和树枝的应用颇广。尤以树枝的使用，别具意义。古代中国文化在许多方面均与树枝的使用有关；而这些活动遗迹，在许多文化景观当中，尚可看出。

第一，由中国式的数目字，可探出树枝刻痕的用途。西安半坡遗址显示，数目字可能为中国最早的文字。[③] 从假设来加以推测，中国文字发展的历程之中，第一度出现者，其特征疑是象形文字或图画记号；而这些首次的记载痕迹，实有助于解释中国数字和形貌的起源。将树枝和符契的两种刻痕，加以比较，亦能有助于解释何以古代中国数字会被如此的处理。

第二，现代世界机械性的计时器，可追溯至中国人藉着树枝和算盘，所发展出来的计时方法。树枝算术是一种以树枝代替书写的办法。树枝放在前方，排列成个、十、百、千，各种不同的单位。树枝依其有关位数，

---

① 此篇为劳榦先生英文论文 "The Early Use of Tally in China" 的译作，译者为郑志民。——编者注

② Franz Boas，*General Anthropology*（Boston：Hearth，1938），271.

③ 中科院《西安半坡》（一九六三年），一九七页。

排在一定位置，代表一个所想要的数目。每一位置仅限于五根树枝。如果超过这个限制，不同的排列方式便会产生。增加树枝即表示加法；反之，则为减法。此和算盘上面穿孔珠子的操作情形相似。大体说来，树枝算术和珠算雷同。唯一的区别，乃是算盘以珠子代替树枝而已。假若算盘与现代电子计算机有绝对关系时；那么，我们就得承认，树枝算术乃珠算之前驱。

第三，竹子习惯地被劈成长方形的片状，成为书写的材料。因此，早期的中国书籍是由一片片的简牍所编连而成，并成为捆卷的型式。此与巴比伦砖块或埃及纸草大相径庭，实归因于中国使用树枝的特别性。纸的用途在东汉日益广泛时，书籍的著作和发生于稍后的印刷术，皆模仿古代简牍的形制，将页栏作成直立式。

第四，筷子亦为树枝用处的一种形式。与其他中国式的枝棒一般，筷子通常为竹制，间有木制。它是企图以工具代替双手，所作的一种最早的尝试。在已经提过的其他树枝用途中，筷子更具广泛性。枝棒在占卜用途方面，一如《易经》所论，乃为树枝用途的另一形式。

撇开上述这些例子不说，世界上非中国语系的民族，最重要而且也最普及的树枝用途，应为"符契"。符契是由两片东西所组成，上有成对的刻痕，或为货币信用的证书，成为购物的订单，或为护身符和贵族的证物。如同古代记载和新近史前古器物的考古发现所述，符契可能为木制、铜制，甚至是昂贵的玉制。

现在，我极愿详细列举各种的中国符契形式。

木制或竹制的雕刻枝棒是人所知晓的中国最早符契。他们乃古代学者记载之用，而使用的亦是古文字。《周易·系辞》曾载，远古时代，古人用结绳作为处理政事的方法。而且，稍后的贤哲方才利用雕刻过的枝棒代之，以作为纪录，处理各种事务和统理人民。[1] 诚然，中国古代纪录方式起源的诠释乃为一种假定，但是，这种假设靠得住，至少在目前为止，我们找不出任何合于逻辑的根据来反对。

---

[1] 《周易兼义》，八卷四页（台北：艺文，一九五五年版），一六六页。

根据古文，中国文书发展的第一步乃为"书契"形式。"书"的意思即是用毛笔来写；"契"则是用刀来刻。[1] 许多学者都同意，古代文字，无论在木片或竹片之上，均是刻上去的。此看法似无实物上的根据。新近的考古发现，除了在木片刻上符号用以当作符契之外，并无雕刻的简牍。一项逼真的简牍试验显示，要在如此细薄的简牍上刻字，非常困难。这说明了为何从来就没有这种情形发生。因此，早期"契"的使用。只限于符契而已。

现在，让我们对古文字"契"的结构作一翻探讨。其意义和应用，经由此次探讨，将会更清楚的显现。"契"字本身包含了三个部分。底部是个"大"字，它是"木"字的变体。上部是"丰"和"刀"字所构成。后者"刀"意即切割之刀，前者"丰"意即锯齿。因此"符契"之意甚为了然。这说明了我们先前的主张，即在古时，雕刻仅限于符契而已。而且，有考古学上的证据支持。

雕刻符契似乎是一种原始的形式。从周代到汉代的许多纪录当中，包括了木制和竹制符契的使用与形制。尤有甚者，敦煌和居延遗址曾发现了一些真正的符契。这些事实显示，古代中国符契的应用相当普遍。

除了木头或竹子，符契亦有铜制品。印信和符契早在中国古代，就在使用，并且两者皆为铜制。由于作用相同，它们的用法很相似。安阳废墟中，就发现过印玺。许多学者曾力言，虽然印信在古代近东地区的应用甚广，但那是古代中国人所独有的东西。他们宣称印信源于中国，然而却又无法证实。在安阳废墟发掘出许多源于西方的遗物，像是古战车和长矛这类东西，说明了安阳文化并非想象中地单纯。因此，印信起源于中国的说法，依旧是个谜。但无论如何，中国人确将印信的使用逐渐地推广，普及于战国时代。秦汉时期，中国从皇帝以至于每一阶层的官员，皆拿印信作为合法证明身份的标准形式。印信因此在绝大方面，取代了符契。《后汉书》的《舆服志》说道，印信颁授给每位官员，以供其职务之需。[2] 符契

---

① 丁福保《说文解字诂林》（台北：商务，一九五九年版），一八六五—六六页。

② 《东观书》，引用《后汉书》注，见《后汉书集解》，三〇卷十五页（台北：艺文，一九五五年版），一三六八页。

在另一方面，则只供特殊案例之用。私人印信尚用以代替签名。这种使用可能起自战略，经由秦汉，延用至今。普遍应用于现在中国人、日本人和韩国人之间。但是，证据又显示，早期各种不同玉制符契的作用，要较印信来得重要。

殷商与早期周代许多遗址的发掘，发现了玉器；但其中印玺却少。这种现象恰与稍后战国、秦汉遗址的发掘情形相反。《周礼》记载了五种不同的主要玉器，它们是：圭、璧、璋、璜、琮。[①]《白虎通》里称为"五瑞"。用中国考古界学者所用的术语来说，"圭"乃"玉刀""玉斧"之意；"璧"乃中有孔穴的圆形玉盘；"璜"为璧之半，通常作为玉坠的主体；"琮"则为玉管。对于中国古玉的收集而言，这些是众所周知的形式。不过，非常遗憾地，没有实物证明"璋"究竟是什么样子。

古代，"璋"经常被提及。例如，《诗经》上说，璋为男婴的一种玩具。[②] 至于女婴的玩具则非璋，而是"瓦"或一片陶片。这种说法，常为中国人所引用，当作是生女孩之意。无论如何，除了知道它是玉器之外，无人晓得如何去描述璋。既然璋如此的普遍重要，何以到目前，尚无璋的实物发现？我以为事实上无璋的实物指认，并不意味即无璋的存在。换言之，它的可能含意，即是学者所未能认识的东西。

指证璋究是何物，这个问题产生于《说文解字》对"璋"字的解说。它说，璋乃圭的一半。[③] 稍后，注解者根据此项定义，描述璋有个圆孔，并说倘若把璋分成两半，每半的旁边就有半圆孔。这个解释不够清楚。自从《说文》成书以后，并无真正"半斧"或"半刀"的发掘。因此假使我们仍墨守《说文》对璋所下的定义，则璋的疑云将持续下去。清代《说文》注者徐灏（一八一〇—一八七九）表示，璋并非圭之半。依他的意思，事实上"圭"是全部的一半。亦即分开的每一半叫"圭"，但是两片圭并在一齐，即成璋。换言之，两片可以相互拼对起来的圭，组合成一个璋。它的正确用法是，当信差外出时，手持一片圭，以为证物；另一片圭

---

① 孙诒让，《周礼正义》，一一—十三页。

② 《毛诗注疏》，（台北：艺文，一九五五年版），三八七—八八页。

③ 丁福保，《说文解字诂林》，一四〇—四一页。

则放在官署里。在古代中国上千的玉器中，有关璋的考证努力，这是一项有价值的新观念。

遗憾地，清代学者并不太注意徐灏的说法。每位学者仍囿于《说文》的解释。这项争论要藉着考古遗物的再研究，才能获致解决。但清代古物研究专家并未从考古学方面得到启示。所以玉璋在清代便有许多不相称的名字。

有一种玉，在所有古代玉器当中，占有相当重要的地位。它是中央有圆孔和周围有锯齿的圆盘。锯齿呈不规则状，并且经过处理。这种玉叫作"璇玑"。吴大澂（一八三五——一九〇二）相信它是天文仪器。因为没有更好的解释，许多学者，包括著名的玉器专家（*Jade，A Study in Chinese Archaeology and Religion* 的作者）博诗欧德·劳福（Berthold Laufer）在内，都接受他的观点。虽然劳福有些怀疑璇玑的解释，但他不能提出更令人满意的说法。

吴大澂的理论来自《尚书》的《舜典》。据说舜用"璇玑"和"玉衡"来调和七政（祈求日月五星，定准其运行法则）。何谓"璇玑"和"玉衡"？如果我们比较《说文》和稍后马融（七六——一六六，译者案：姜亮夫著，《历代名人年里碑传总表》，记为七九——一六六）、郑玄（一二七——二〇〇）与蔡邕（一三三——一九二，译者再案：姜亮夫著，《历代名人年里碑传总表》，记为一三二——一九二）他们的说法，我们可以发现一项有意思的变化。《说文》阐明了璇玑和玉衡只是玉器而已，但是东汉的学者却认为他们是天文仪器。表示璇玑和玉衡是天文仪器的理论，显然是较晚期的说法，并不能代表原始的意义。假如这项说法只是西元二世纪时的产物，那么它就不能适用于周代。

尤有甚者，玉乃脆弱之物，不适用于仪器的转动部位。汉代学者认为玉器为仪器或机器的一部分，是为幻想。如果之说，甚不可靠。总之，因为此种说法形成其传统解释，所以吴大澂信而不疑，用以为带齿圆盘玉之定义。如果带齿之玉诚为机器的一部分，必与齿轮相像。就算它是齿轮之类，再怎么说，它的锯齿也要呈规则状，因为没有任何齿轮具有不规则的咬齿。再者，所谓"璇玑"上面不规则的锯齿，非常狭窄，只有钥匙边缘

637

的锯齿可以相比。把所有这些意见予以考虑，这样子的具有不规则齿状的圆盘玉，绝非齿轮；唯一可能的，只是一种符契而已。

根据《周礼》，唯一有锯齿的玉，是"璋"及一种专为举兵所设计的"牙璋"。[①] 现存的古玉经过再三研究以后，我们将有圆盘玉到底是不是璋，以及有着三翼带有锯齿的圆盘玉到底是不是牙璋的争论。两者皆被认为是璇玑，而且因此都被误认为天文仪器。

除了璋以外，尚有多种的玉器。例如虎形玉（称为琥，是玉和虎形的合成体）在《说文》里，称作是专为举兵而设计的吉祥玉器。《周礼》并未提到琥的用途。孙诒让（一八四八——一九〇八）描述举兵之用的琥，是战国时代的习俗，而非周代，因其首先载在《吕氏春秋》。[②] 倘若我们拿战国时代现存的琥和殷商时代使用的玉虎相较（据伦敦的乔治·优莫佛波勒斯的收藏）我们将发现它们在虎头和虎尾部分，均具有不规则的锯齿。这些实物皆为符契之用。虽然它们具有不同的形态，可是皆有不规则的锯齿。

战国时代，藉以举兵的符契，已改玉制为铜制，称作虎符。虎符首次出现于《史记·信陵君列传》，是有关盗取虎符以解救赵国的精彩故事。[③] 考古所发现的铜制虎符称作"阳陵虎符"和"新郪虎符"。二者展示于王国维（一八七七——一九二七）有关战国时代秦国遗迹的著作之中。从《汉书》和《后汉书》中亦证明，直到两汉时代，仍在继续使用虎符。

"节"亦用于证明之途。《后汉书·百官志》说道，符节令的责任为保存与契。"节"是一种带穗的棒子，颁予国王的使者，以示其威权。因为棒子为木制，所以长期以来，并无实物残留下来。可是我们仍可以在《汉书》中看见。节可视为符的延伸。节字的原意是木节或竹节。其意思可能与符契边缘的刻痕有关。

亨利米契尔认为一种带锯齿的玉可能为天文仪器。因为围绕圆盘玉三

---

① 孙诒让，《周礼正义》，十三页。

② 本段内容并未见于今本《吕氏春秋》，而见于《太平御览》。（台北：新兴，一九五九年版），三五二二页。

③ 《史记》（台北：艺文，一九五五年版），九五八页。

部分的排列，和大熊星座中的七星一样。① 我并不认为此种说法是令人信服的。将星座中的星数分成三部分，环绕于圆盘玉器中，并不具有观象的意义。七星的用处似乎更像是一种符契型式的代号。这个代号只用于特殊的圆盘玉，非其他玉器所能适用。

总而言之，古书上有许多种中国符契的记载。最普遍者为木制或竹制，其尺寸与木片或竹筷相似。这些不同种类的符契，使用了相当长的时间，甚至在纸的发明以后亦是如此。除木竹之外，其他材料亦适于制符，如战国时代和汉代所使用的虎状铜符。因其甚为重要，故为君王本身所管制。

周代早期，并无军用虎符。周王便使用玉制的"璋"或"牙璋"以验证传令。无论如何，现在并无商代遗留下来的玉璋可供研究考证。所有的，仅是学者的误解。他们纷纷指陈带锯齿的圆盘玉或是玉盘，或是天文仪器，或是玉斧。依我的观点，唯一令人满意的解释应为，这些呈不规则锯齿状的圆盘玉，仅够视为符契而已。

（刊载于《简牍学报》，第 7 期，1980 年）

---

① "Sur les jades astronomigues chinois" in Melanges chinois et bouddigues（Bruxelles：1951），151—60.

南北朝至唐代的艺术[①]

　　就中国艺术的发展史来说。可以说随时都在进步之中，不过有了外来的影响，那就进步的可以更快些。有时候因为受到了新的影响，甚至可以成功为划时代的转变。所以就其重要性来说，我们要将固有成分和外来影响，看得同等的重要。从这一点说，不是说中国民族没有创造性，而是说，惟其有创造性，才能善用外来因素中的长处。

　　殷商和周代的图案，是一种特殊的风格。这种风格的来源，我们当不能够作任何的揣测。不过显而易见的，到了晚周时代，尤其是战国时期，这个风格变了。其中显著的新因素有：一、形式比较从前要繁复。二、花纹多用龙蛇形再加其他的装饰，尤其往往以生动的鸟兽为主题。三、多镶嵌金银丝，有时再嵌上宝石。这种作风，显然和对外交通有关，我们不能忽略当时楚国对于南方，和燕赵秦对于西北方交通的重要性。但从孔子卒的那一年（前四七九）到汉武帝即位的那一年（前一四〇），遥遥三百四十年中，从现有的零星史料来看，完全不能知道当时交通的范围、路线及其对象。只是从伯希和（P. Pelliot）、马司帛洛（H. Maspero）等对古代南海的研究结果中，以及明斯（E. H. Minns）、西伦（O. Siren）、洛士托夫才夫（M. Rostovtzeff）、高本汉（B. Karlgren）等对古代西北方的研究结果中，作一个大致的、概括的推想，一定有些间接的交通罢了。

　　汉武帝元朔三年（西元前一二六），张骞从西域回到中国，这是一个很重要的时期，从前许多间接传来、零星断续的因素，这时完全明了了。

---

　　① 此篇为劳榦先生在联合国中国同志会第六九次座谈会的约定讲话。——编者注

这种突然降临的事实,《史记·大宛传》称为"凿空",是不错的。不过我们还要明了,许多文化的成果,不是一时所能输入进来的。例如佛教,要到东汉明帝永平中才有可信的事实,哀帝时传入,只有《魏略》中一个不能证明的孤证,再向以前,自然更不会有了。

但无论如何,从战国、西汉、东汉以来外来文化及本国文化的融和,累积下来,到了两晋南北朝,已经到了一个可观的程度。而况东晋时期的五胡,可以说根本就是外国人,就最显著的来说,五胡的君主,还很少例外,差不多都是佛教的虔诚信徒,即令不然,他们家族中也是受过佛教影响的。因此在南北朝时代,佛教艺术在北朝差不多笼罩一切,南朝也深深的受到佛教的影响。

甲 关于文学和音乐

这是相关的两种艺术。中国美的文学主要的是属于韵文方面,在南北朝有韵的文才叫做文,无韵的只叫做笔。但是无韵文还常常受到了韵文的影响,而韵文又常常受到了音乐的影响。这是一件显明的事实。在汉代初期,楚国的音乐替了雅乐,而汉武帝以后,西域的音乐又代替了楚国的音乐。和楚国音乐相合的是楚辞体的文字,这是在西汉时期流行的;但到了西汉的晚期以后,又渐渐流行了五言诗;然后又从五言诗发展而成为长短句乐府。长短句乐府显然是为符合西域音乐形式而产生的,那就五言诗只好在《楚辞》流行时期及西域音乐流行时期两者之间去找,也就是应当相当于吴歌或巴渝舞曲了。自然,后来相传的吴歌例如《子夜》《长干》之属大抵为五言,则五言的起源或竟有为吴歌之可能。至于七言诗,应当又由五言诗发育而成。

曹魏时期孙炎始作反切,应当是受到了佛经翻译的影响。但最显著的还是刘宋初期的范晔,在他《与甥侄书》中,阐明了音乐和文章的关系。至南齐永明时,汝南周颙善识声韵,和吴兴沈约等行文都用上"宫商"云理,分别四声。所谓"宫商"也就是音阶。这也就树立了近体诗格律的初步。

隋唐以后近体诗更加成熟,但因为绝句用在音乐之中更为方便,因此唐朝乐府所收，还是多属于绝句（尤其是七绝）部分。但是七言绝句并凑到不同的歌谱，中间一定有很多的虚声。到了晚唐时期，乐工将绝句删减以后，便成为小令。到了宋代中叶重叠或增加了小令，就成了慢词。综括来看，中国的诗，从《诗经》、《楚辞》、五言诗、七言诗、长短句、近体诗、律绝、小令、慢词，以至南北曲，无一不是和音乐相合的，韵文之中，未曾合乐的，只有"不歌而诵"的赋，但是过了汉代，赋已经渐成为僵化的形式了。

乙　关于绘画和雕塑

中国的绘画，所注意的是表现画面的轮廓，而不是表现画面的立体和阴阳面。因此中国画所最注意的，就是线条。这种用线条表示的作风，到战国时期已经非常纯熟。到了汉代以至唐宋，虽然有时很重要的新作风、新材料进入到中国，并且中国画家也曾经采用，但中国固有的作法也还一直保存下去，并且发扬下去。

中国古代绘画的作风，和西洋一样的，都是以故事画为主。商代陵墓中虽然有镶嵌墙壁的图案，这只是《左传》所称晋灵公的"雕墙"（《五子之歌》也有"峻宇雕墙"，不过是不是抄自《左传》，还不敢说）。这和壁画究竟有不同的地方。到了战国，"楚国有先王之庙及公卿祠堂，图画天地、山川、神灵、琦玮僪佹及古贤圣、怪物行事"。（王逸《楚辞章句》）。秦汉以下至于唐代，所传名画大都为故事图绘，可看顾炎武《日知录》卷二十一，论"画"一则。现存东汉时期的坟墓祠堂的刻石，如孝堂山、武梁祠等，也无一不是故事画，正和当时壁画性质相同。

因为中国壁画有一个故事画的传统，所以佛教输入到中国以后，佛教故事画也就画在中国式建筑佛庙的墙壁上。三国时期最著名的曹不兴，就是一个西域人，他的弟子卫协在西晋时期，称为道释人物，冠绝当代。东晋时期顾恺之的《女史箴》尚流传到现时，可以看出当时用笔之法（画藏伦敦博物馆。有人以为是唐人的摹本，实不尽然。其实唐人摹本已经值得非常宝贵了，何况原作？他又有《洛神图》，藏美国弗里耳博物馆）。

到了南朝刘宋时期，山水画渐渐出来，南齐时谢赫《古画品录》中的

六法，尤为图画批评中的重要文件。在《四库全书总目卷》一百二十二子
部二十二艺术类一这一卷中，首列《古画品录》，最后下及元夏文彦的
《图绘宝鉴》，凡收南北朝至宋元的论画及论书文献共四十种。对于这一个
时期，有关绘画的重要史料，大率都在这里面。同样我们也可以看出来主
题及作风在这九百年中（刘宋初至赵宋末）的变化。

敦煌千佛洞壁画主要的部分起于北魏，终于北宋。使人在实际存在的
古画看出来因革次第。我们看到这许多古人的真迹，使我们冥想到，从杨
衒之、郦道元、李白、杜甫、韩愈，以至于苏东坡，他们所见到寺庙壁画
的作风，我们也正可以看到。我们并且还从各时代不同的作风比较中，得
到了若干的启示。德国柏林人类学博物馆，藏有新疆吐鲁番的高昌时代壁
画，时代大约相当于唐时，比较北魏的壁画为后（有影照精印本），现在
拿高昌的壁画和敦煌壁画来比较，那就比较敦煌的北魏壁画多了一点中国
的作风，但和唐画来比，那就唐画的中国作风比较高昌壁画的中国作风多
的多了。

敦煌壁画的性质，也和中国的国力与内地对于西域之交通有直接的关
系。北魏时代、隋代及唐代初年，中国国力宏伟，对于西域交通阻滞较
少。所以敦煌壁画及塑像的作风与当时的云冈石刻及龙门石刻是一致的。
并且对于日本的隋唐壁画，以及现存零星的唐画，都可看出相关性。到了
唐代晚期，吐蕃曾经一度占领河西，对于西域的关系，渐不如前。到了宋
代建国，西夏最先为半独立的形势，后来竟成为独立的国家。东西交通受
了阻碍。于是艺术的流布，也受到影响。我们知道五代至宋是中国画法的
一个转变时期。佛教壁画正应当加入了新的内容，但是敦煌各佛窟之中，
五代及宋太祖太宗时期的壁画仍旧全然是晚唐意味。过了此时以后，敦煌
壁画就到衰落的状况。但是就中原绘画的发展来说，五代时期的荆浩和关
同，正是山水画的伟大画家。在长江流域，徐熙和黄荃也开辟了他们独特
的境界。到了北宋时期，新的画家，例如李成、范宽、董源、释巨然、黄
居寀、燕文贵等更纷纷出现，即就以界画著称的赵千里，以道释人物著称
的李公麟来说，他们的作风也全然和敦煌宋画无一处相似。直到敦煌很少
数的元明佛窟中，才略有和宋画笔墨有关的佛画。

西夏的典章制度，虽然模仿中原，但因为僻处西陲，文化当然落后。况宋夏相为敌国，除去茶马的交易以外，不会有多少文物的交流。当河西曹氏孤处边隅的时候，对内地的交通已经不容易，到了西夏占有河西以后，对于中原关系，便遭隔绝。这件事恐怕是宋朝画法未曾传到河西的最大原因。辽的文化本比西夏为高，宋辽的交通也比宋夏的交通为频繁。衣冠文物之盛，虽宋人北使之臣，亦惊为北魏以来所未有。其人皇王倍，并善图绘。但从辽陵壁画看来，辽的画法，仍然保守着唐风。这样说来，五代至宋的中国绘画发展，确是一个中原境内的单独作风。这种作风诚然后来深深的影响到高丽、日本和安南，并且现代的中国国画画风也为这时的成就所笼罩。但在五代及宋初，对北方各族，一时还未曾影响到。

在此应当附带一提的，就是关于雕塑方面。殷代虽然已经有了很精美的石质雕刻，但周代以后，似乎偏重于刻木和铸铜，对于石质的雕刻，似乎停顿下去。汉代和西方恢复了交通，武帝时代，石像的制作又恢复了，不过总还粗糙，要到东汉时期才更趋精美。其中尤其生动的，就是武梁祠及高颐墓的石狮子。狮子本来是外国的兽类，而有翼的石狮，更显然属于国外的作风。在南朝的雕刻中，石狮子也很占重要位置。

南朝及北朝，佛教都流行的很快。因此佛像的雕塑，也很注意。佛像因为宗教信仰的关系，不能太随便。因此凡是佛像，不论是铜铸，不论是石雕，不论是泥塑，都是按着标准来做，力求精确。不论南朝，也不论北朝，都是一样的，并且不论南朝，也不论北朝，都是同样的一贯作风。自然，在云冈，在天龙山，在龙门，在济南，在广元，在敦煌，在安西，都表现着大规模的创作。

丙　关于工艺美术

南北朝的工艺美术，大致承受着汉魏时期。在这时期因为在国力上不算最光荣的时代，但却在汉唐两代之间，有承先启后的功效。并且还有大量的外国文化输入进来，更促进了文化的开展。到了唐代，就发荣光大起来，而成功为文化上的新时代。工艺美术，种类甚多，现在就最著的丝织、漆器、陶瓷三种来说。

第一，关于丝织品，这本是中国的特产，在汉代已经有很精工的织锦，成为东西交通中重要的商品。由斯坦因和科兹洛夫的发现，我们已经可以看得出来南朝，也是绫锦的产区。到了唐代，织锦及刺绣，尤为发达。就中在日本正仓院所藏的唐代织锦及绣品，以及敦煌的唐代刺绣的佛像，都是非常美丽的。此外因为中国织业发达，所以染业也很进步。不论是锦或者是绣至今仍然保持很鲜艳的彩色。宋代也是一个工艺美术兴盛的时代，当然宋代的丝织品在世界上要占一个非常重要的位置。尤其四川，从汉至宋，始终为织锦的中心地带。

第二，关于漆器。漆器也是一种中国的特产，战国时期，漆器已经非常发展，到了汉代，精美的漆器渐渐代替了铜器的位置。现在所知长沙的楚漆器、平壤的汉代漆器，都非常精美。六朝至唐，更有显著的进步。黑漆、朱漆、漆画之外，更有镶嵌螺钿之法，及金银平脱文之法。镶嵌螺钿为将贝壳作成精美的花纹，镶嵌上去，金银平脱文则为将金银片做成非常精细的花纹镶嵌在漆制的镜背、马鞍、琴、奁匣等上面。其中花纹有龙、凤、仙鹤、神仙、流云、花草、树木以及忍冬形的图案，非常柔和细腻。

第三，陶瓷：从南北朝起，陶瓷就渐渐走上了新的时代。从陈后主至德元年（西元五八三年），敕命昌南镇的陶瓷送建康进御，就表示现在江西浮梁的陶瓷，已经占有优秀的位置。唐高祖武德时期，当地人造作成精美的白瓷，就得到了"假玉"的名称。但在唐代一般常见的还是唐三彩，由三种不同之釉依次涂成，以黄、绿及紫色为最多。其制作有佛像，也有日用的器具。而比较精美的则还有越州窑。在唐代中期，陆羽、顾况诸文人都最欣赏越窑，其色有青绿、淡灰、暗绿诸色，从前北京大学校医陈万里氏曾做过搜集工夫，出过很精美的《越器图录》。越器是经过高热烧成，釉色甚美，已开宋器的先声了。

五代时期后周世宗所创立之窑，称为柴窑，烧出的为天青色的瓷器，非常珍贵。只是现时已经没有可靠的标本，因此也无法断定柴窑的性质。假如有柴窑发现，也只能认为是宋代的官窑。

官、哥、汝、定为宋代四大名窑。官窑的所在，是开封，还是在别处，现在当不能完全知道，同时昌南镇因为瓷器精美也被宋真宗赐名景德镇。哥窑可能和越窑有关，汝窑在河南汝州，定窑在河北定州，但南渡后仍有仿定窑的制作。此外还有禹州的钧窑，变色甚多，也为世所宝。瓷的烧造除去以上的几处地方以外，自然尚有别处很多的窑。其中尤其是白色的瓷釉，最难断定时和地。现在所最需要的当然是每一类都能找到标准瓷器，就这些标准瓷器的特点详加分析，才能知道一些可知的条件，其不可知，只好还从阙。自然对于瓷器的判断是一个非常专门的问题，必需要请教瓷器专家来告诉可知的部分，才能做一个相对的决断。现在在此并非讲瓷器，只是说这是一种中国重要的工艺，这也是唐宋以来工艺中的一个重心。

此外还有建筑，这是一个重要的综合艺术，因为牵涉的方面太多，专门的问题也太多，不准备在此讨论。不过只有一点，就是宋代李诫的《营造法式》，对于中国式木构建筑，已经到了登峰造极的地步。建筑以材料为主，今后大的建筑已经脱离了木构时代，用不着再浪费材料和工力以不经济的方法拿钢骨水泥来仿木构。自然，倘若用木构的建筑，还很需要发扬古代遗法的。

总之，南北朝时代是佛教艺术的输入时代，当然以佛教艺术见长。但就本国的艺术而言，却是本国艺术的准备时代，至唐而发扬光大。宋代承唐之绪，有些地方有当时的特长。但是不是都能超过唐代，那就不能一言论定了。

（刊载于《大陆杂志》，第 6 卷第 9 期，1953 年 5 月）

"国立"历史博物馆汉唐文物特展的介绍

汉唐两代是中国文治武功的鼎盛时期，在这两朝的成绩来说，一方面国力的发展，达到了相当的高度；另一方面在哲学思想上，在政治组织上，在文物美术上，都有了承先启后的业绩，因而在我们历代人士回顾先民伟业的时候，总要说到汉唐。就是后来文治发展的宋明，也未曾例外。所以汉唐两代实是中国国力与文化的代表时期。

现在看来，这两个朝代的力量，东至日本海，西至帕米尔高原，南过南中海，北逾大漠，实已奠定中国疆域的基础。而对待四方国家，诚笃柔怀，有征无战，而开泱泱大国之风，为国际和平与安定的力量，尤为值得推崇之事。今"国立"历史博物馆开汉唐文物展览，在意义上，可供介绍之处甚多，因为工艺美术是比较上容易观察到的，现在介绍其大致如下：

（一）汉代的美术工艺

汉代因国力强盛，内部统一，工商业之进展，甚为迅速。因为汉代形成为一艺术之时代。就现在已知者而言，汉代工业美术之发展，可分为陶砖、漆器、铜器——就中最重要者为镜鉴、织绣、绘画、石刻各项。

陶器和砖瓦是承受战国和秦的形式而来，砖及瓦当一般都有花纹。而在砖上以菱形及云文为最普通，并且有时还刻上人物。陶器系仿生人的宫室及器用，故种类甚多，并还有各种不同的陶俑，可表现当时的服饰。用器如陶罐、扑满、瓦当之类，亦皆甚精。

汉代的漆器是非常重要的，大致承受战国时楚国的作风。到了汉代郡产地主要是蜀郡。以镜奁、盘、耳杯等为多。汉氏漆器的漆甚为精细，而

647

画上去的花纹，有人物花草等，亦可看出汉代画风。

铜器中有博山炉、刁斗、鼎，以及兵器中的戈、矛、箭镞等物，尤其重要的是镜鉴。镜鉴在战国时代已经很精美，到了汉代更为普遍，汉鉴的铜比较精炼，而且合金的成分不同，所以很明亮。

织绣是中国的特长，而且是对外输出的重要商品。虽然比较容易腐烂，但在蒙古及新疆也还有发见了的标本。

汉代的绘画，现在在漆器上面及砖石上还有一部份保存着。画法是中国传统的画法，完全以线条为主，简单而活泼。

汉代的石刻以山东、河南及四川为多，是从绘画复制到石版上或石阙上的。在汉画之中，尤其以山东武梁祠石刻、孝堂山石刻、河南南阳石刻为最重要。其刻制的方法各有不同，其所表现的方面也很广。可以表现出汉代生活种种不同的形态。

汉代钱币在武帝元狩五年以前，所用的是半两钱。秦半两实重半两，汉半两，则轻重不等。元狩五年始铸标准的五铢钱，一直沿袭到隋。唐代开元通宝钱仍袭用五铢的分量。王莽时曾有金钱龟贝铜布之别，分为五物六名二十八品。但因过于繁复而失败，其后还是用和五铢同量的"货泉"。

汉代印玺多以铜印为主，不论官印私印，皆为白文，篆法方整而有力，可以为刻印的模范。汉代的印玺都是铸成的，所以也现着非常圆熟，汉代碑额的篆法也非常好，清中叶以后的印人，也间采用碑额的篆法。印玺印到封简牍的泥上为封泥，封泥有原印不存的印文，考订汉代制度，更为可贵。

汉代的书籍、章奏、信札、簿册，都是用竹简或木简作成的，用笔墨写上去，所用的多为隶书及章草。在西北方面的敦煌及居延两地，都曾有大批的发现。在书法、史事各方面，价值甚高。至东汉和帝时，始有纸的发明。

"汉玉"只是一个古董鉴赏的名称，实际上所称的汉玉，十分之六七，是商周旧玉，习惯上也归入汉玉一类。自然，汉玉也有不少，例如玉刚卯、玉辟邪、司南形玉佩，以致于玉印之类，都有不少可确定为汉代的。此外玉璧汉代尚用，也自然有汉代的。

（二）唐代的美术工艺

隋唐在南朝之后，又重新成为统一局面。唐代初年比汉代最后一年约晚四百年，在四百年中当然文化上有不少的进展，因而隋唐的工业技术较汉代为精美。

唐代的陶器已经发展成为有釉的——陶器很早就有釉，不过可能不是有计划作上去的——家用陶器有淡蓝及淡绿的釉，已开五代宋磁的先声。此外还有著名的唐三彩，作成很生动的人物。此外隋唐的陶俑，外有着色，有各种不同的人、马、骆驼、怪兽等，其神态颇有极生动的。

唐代的镜鉴受到了佛教艺术的影响，变成莲花变体的"菱花镜"，而镜面往往有牡丹、狮子、龙、凤等花。唐代镜鉴的铭文也受了"近体诗"的影响，往往为五言或七言绝句，和六朝人所用的"选体"有些不同了。

唐代的织绣保存的比汉代为多，现在在日本正仓院所保存的，及英国大英博物馆所保存的（英国所有系在敦煌发现的）种类都相当的多，而设计亦比较接近于明清织绣。

隋唐绘画改变了北魏以来外国风格，而重返中国固有的风格。这在敦煌千佛洞窟中表现的甚为明白，千佛洞中隋唐的绘画和雕塑保存的格外多，成为断代的标尺。纸绢上唐画，今存在的不多，比较最重要的，是阎立本的《帝王像》和不知姓名的《明皇幸蜀图》。到五代以后，现存的真迹才比较多了起来。

从汉朝以来，已经注意书法。不过当时所称书法的"史书"是专指草书而言。六朝以来，言帖的还是以草书为主，只有碑才是隶书，而隶书尚不若草书更具有艺术性。到隋唐以后，真草并重，而唐代以书法享盛名的，比前代任何朝代为多，并且树立了楷书的规模。

唐代的佛像是继承北魏和齐周的造像技术而来，与唐代的绘画技术并称，唐代佛像比北朝佛像的技术更为纯熟，而中国的趣味亦更多。还有一点是唐代曾修造过许多著名的大像，著名的龙门、敦煌、千佛山等处，都有唐代石刻像及塑像。至于小型的像，保存到现在的，也非常的多。

唐代通行用纸，不过印刷术才开始，尚不普遍。现在流传下来的只有佛经、历书等类。唐代通行的卷子，抄写各种书籍，除去日本尚保存少数唐代卷子以外，以在千佛洞中发现者为多，这是一种比较早的形式。到了北宋，就通行印刷书籍了。

（刊载于《教育与文化》，第 223 辑，1959 年 11 月）

中国书籍形式的进展

　　世界上古代的记事方法，各不相同。例如埃及的古文记在一种类似芦苇的纸草上。巴比仑记载在泥板卜，古代的中国是记载在　片一片的木板上。

　　这种木版的形式是很薄很窄的长条，每一个木条上，只写一行字或两行字。写好以后，再用麻绳或细皮条编起来，这就成为册。每一个册卷起来，也就成为一卷，好像卷着竹帘子一样。

　　写字的工具，至少在殷商时代（西元前一三八四至前一一一一年），已经和现在用着同一做法（刷形）的毛笔，已经和现在用着同属一类（不定形炭素）的墨。世传蒙恬造笔，邢夷造墨，并不可靠。

　　这种窄而薄的木条，被称做木简，有时也用竹来做。从这种木简变化出来，可以有许多的用处。例如中国古代算法所用的是算筹，再演进为算盘，算筹便是一根一根的木简。《易经》卜卦，用的是五十个策，也是五十根木简。庙里的神签，以及清代衙门的签筒，也仍然都是木简或竹简。甚至于我们吃饭的筷子，也和木简是一类的形式。

　　中国的丝织品和毛织品不同，比较容易写上去字。所以古代"竹帛"并称。"竹"指简策，"帛"指丝织品。但是古代人们的财力，并不太充裕，因此书籍中还是用简策的比较多。到了东汉时代，蔡伦发明了纸，开了世界上书籍材料中一个新纪元。但在当时，纸的流行还不十分普遍，一般人用的还是竹帛。

　　晋代用纸较为普遍。一般人的通信，渐渐的从木版改为用纸。晋人的帖，可以作为用纸通信的代表。"帖"本来命意是一小片绸子。因为由纸来代替，也称纸为帖，再进一步，凡是法书的模范，也叫做帖了。但是在东晋南朝文籍，仍然是简和纸并用。南方本地人的户籍，称为黄籍，是用木简来写，北方到南方流寓人士的户籍，称为白籍，是用纸来写。

到了南北朝的晚期以至隋唐（自西元六世纪末至八世纪），用纸就比较普遍起来。当时的书籍，一卷为一卷，十卷用一个布包，上面加上竹签，讲究的还用象牙签。这些书籍的形式，和我们现在挂的"横幅"，形式相同（此种卷子见《今日世界》第六期二十六面，胡适之先生所看的）。从这种形式的书籍，就发展成为现在中国式的字画。这种字画，形式特殊，一般人想来不过是为的便于收藏，又谁想到，从竹帘式的册，长条式的卷子书籍，一步一步的变化而成呢？

就在东晋南朝的时候，中国的印章已经渐渐的变大。道士的印章，有刻到一百多个字的。在这个时期，道教吸收了不少佛教的组织和经典，佛教徒也自然会把道教的印章来刻成佛像，这种单叶印成的经像，自然比手抄或手画的更便于做宣传品。到了唐代，除去经像之外，单叶的木刻还有宫门的邸抄、历书，以及中唐时元慎白居易的诗。

五代时刻的佛经渐多（西元九零七至九五九年），并且还有在四川刻的《昭明文选》，以及开封刻的五经。当时印刷的佛经，受了木版的形式限制只能一块一块的印，不能一条一条的印。因此书籍的形式也受了影响，从卷子变成了摺子，也叫做旋风叶。

摺子形的书籍容易散开，对于和尚诵经时是有用的，但对于一般读书的人却不方便。到了宋代流行的是"蝴蝶装"。这种形式和现代地图装钉方法相似，后面也还有和平装本相同的包背。这种装钉每叶太薄，容易翻碎，所以元明以后，改变成双摺的形式，在背面装钉。

这一种装钉的方法，好处是容易补，容易重装，坏处是线易断脱，装钉得很薄，在一部大书中，要装成许多册，容易散失，并且很难整理。中国书籍照例是平放的，平放的弊病是在翻检的时候，往往为取一本书移开几十本书。私人藏书有时只是一个装饰，无甚妨碍，到了公家图书馆，就增加管理的困难。

中国书籍因为本数薄，往往合十本或八本为一套，套用纸裱厚，外加布糊。因为要用多量浆糊，容易生虫发霉。近世的内部改用纸版，不用裱纸，要好一些，不会生虫。但外部布面仍用浆，在南方温暖潮湿处仍易发霉，要注意通风。还有用木夹版的办法，但不论直立平放，都没有贴号码之处，且每次翻检要费许多工夫解绳子，结绳子。这在管理时最不经济，是一种最坏的办法。

日本式纸盒的办法，不用包布，不致生霉，对于保护书较好。并且用纸盒时，中国式书亦可直立，便于管理。但内地许多地方还不会做。而且钢钉很易生锈，应当换别的金属才能不会因锈而脱落。为管理方便起见，许多图书馆已将旧书改成西式装钉，这确是一个彻底办法，但有些人认为失掉了古色古香的美，所以最好的办法，恐仍是用改进了的日本式纸盒为最理想。

（刊载于《今日世界》，第 10 期，1952 年 8 月）

说简牍:"书籍与印刷术之发展"讲演稿的前论

一 古代书写的工具

中国古代的文书和书籍都是写在木版或竹片上,这是我们中国古代特有的方法。在世界古代文化发达较早的民族,例如埃及人写在芦苇一类的草纸上,巴比仑人写在泥砖上,印度人写在贝叶上,都和中国古代的人不一样。因为竹木比较光滑而坚硬,写上去的时候也自以应用刷形的毛笔,并且采用煤烟制的墨为便利。这也就成为中国文字、书法、书籍、笔、墨,特异于其他各民族之点。

稍前于拳匪之乱(光绪二十六年,西元一九〇〇年),安阳的殷墟甲骨和敦煌的汉简,先后被发现了。这使得对于中国古代书契之制度,更加了解。第一,我们知道商代已经用了和现在同样的毛笔和黑墨。第二,我们从真的简牍知道简牍的形制。

尤其重要的,是我们从殷虚甲骨和敦煌汉简清除了许多前人的错误。这些错误是:

(甲)忽略了墨的使用。一般人认为古代写字只有两种办法,一种是用刀刻,另一种是用漆来写上去,而不知道古代主要写字的涂料,还是用墨。段玉裁《说文》注墨字下云:

> 笔墨自古有之,不始于蒙恬也。著于竹帛谓之书,竹木以漆,帛必以墨。用帛亦必不起于秦汉也。周人以玺书印章,必施于帛,而不可施于竹木。然则古不专用竹木,信矣。

654

　　段氏认笔墨自古有之，可谓精审过人。但还有两个小误会，第一，"竹木以漆，帛必以墨"这是不对的，帛书固然必要用墨（见长沙的帛书及西北发见的帛书），但现在所看到的竹木上文字，甚至于未刻的甲骨，都是用墨而不用漆。汉人所传说的"漆书古文尚书"，只是一个特殊的例子，并不是普遍的事实。第二，"周人以玺书印章必施于帛，而不可施于竹木"，这也不对。因为玺书的玺，是盖在封泥上（临淄曾有大量封泥出土，西北汉简中也发现过封泥），封泥正是竹木的简，捆上绳子以后，为防止绳子被解开，才和火漆一样，加上一块黏土，再盖上印章。用印章涂上朱沙，盖在帛和纸上，是晋宋以后的事。段玉裁是清代朴学的权威，所论述的多精湛而有启发性，只是书契实物的发现，在段玉裁以后百年，尤从得到印证，这是与段氏的成就并无影响的，不过我们生在现在，就应当知道近世学问上的发展。

　　（乙）把书写与契刻，以及笔和削的范围，没有分清楚。一般人的设想，总觉得古代的竹木，是要用刀刻上去字。这是一种误会，古代竹木上的文字，还是主要是用笔墨来写的，但是刀的使用，却是在几种特殊的状况下，才用得着。

　　（一）契（或作栔）刻的竹简　　在竹简上虽然原则上是"写"，只有偶然用"刻"。刻的方法，一种是刻在简面上，是专为计数之用，另一种刻在简的侧面，是要同时刻两个简，专为合符之用。如出关的符，借钱的券，凡是属于"文契"之属，都是这样刻的。这种用法一直到了大陆上的染坊，还是因仍古法。他们给去到染坊的顾客半块刻文竹牌，将来取回代染衣物的时候，就凭这半块竹牌来核对，正是由符契变来。比较新一点的洗染店，就开一张执据，这就表示古的方法正在渐次失传，而西方的文化，正在渐次取固有文化而代之。我们当然不应当只根据"思古之幽情"，反对改革。但是随时注意，把将要失传的风俗、习惯、工艺、技巧记载下来，免得将来人推证的困难，也是应当做的事。

　　（二）契刻的甲骨　　龟甲的占卜法，是先钻龟，钻洞（不钻通，只钻龟厚度的多半），再将洞扩张，再用艾火来灼这洞，等到了裂纹，就算龟兆，来定吉凶。这是卜龟的固定程序。但是在《诗经·大雅·绵》这首诗，却出现了"爰契我龟"一句。《毛传》认为"契，开也"。郑玄改为"契，灼其龟而卜之"。《正义》引申其说为"开者，言契龟而开出其兆，非训契为开"。今案，契开二字虽然双声，却不可以把双声的关系滥用。契训为开，实际上是指钻洞以后再行扩张的那一步。郑玄称"契灼其龟"，是指两次手续，先用刀刻开扩大，再用火来灼。这个龟的龟兆，是自然裂出而非用刀来刻出的。《正义》所说"契龟而开出其兆"，好像说龟兆要用刀开出来，这就不对了。

契龟既然指用刀来开洞，就不会专指龟上所刻的字。换言之，用刀来开洞，是占卜必经的手续，而刻字则可有可无。因而刻字一事并非契的原义。再就书契的契字来说，是出于《易·系辞》："上古结绳而治，后世圣人易之以书契，百官以治，万民以察，盖取诸夬"。夬，王弼注云："夬，决也，书契所以决断万事也。"此中的书契，是包括书和契两事而言，书指文书，契指符券，有书有契，然后可以代替结绳。《说文》："券，契也，券别之书以刀判契其旁，故曰书契。"正是书契是两种性质的证据。近人以书契连书来代表文字，这是错的。因而罗振玉以"殷虚书契"代替殷虚文字来做书名，也是有问题的了。

甲骨上是有刻字的，这种刻字是占卜后的记录，只应当算作刻字而不当算作契文。契与刻是两个不同的字，"契"字属于脂部，"刻"字属于之部，之部和脂部是不当混用的。——因而在我们看到甲骨文时，必需清除几种误会。第一，甲骨文上所刻的文字，只是刻字，不是书契。第二，甲骨文字只是占卜后的记录，不是古代的简册。第三，甲骨文所以刻上，是因为龟板太光滑，写上字容易磨失，这只是一个特例（其实甲骨上也有写的，还有刻上再涂朱或墨的），不能从甲骨是刻的字，就断定古代的人在木简或竹简上也是刻字。

（三）削竹简的书刀　古代写字在竹简上，写错的时候，就用刀削去不用的字，这种削字的刀，被称为书刀。《周礼·考工记·筑氏》："为削长尺博寸，合六而成规。"郑注："今之书刀。"《史记·孔子世家》："孔子为春秋，笔则笔，削则削，游、夏之徒不能赞一词。"也就是说不用的文字用刀来削去。汉代称萧何和曹参本起自刀笔吏。所谓刀笔吏就是文吏，也就是指用笔来写，用刀来削的吏人。在宁夏的居延海畔也曾发现过削下来的文字，足证古代的书刀，其功用笔于现在的擦字橡皮。因而也决不可误会古代曾经有一度用书刀来刻字在竹简上的事。

二 竹木简牍

在纸张未发明以前，中国人是写在竹木的简牍上。这些竹木的简牍，虽然都是用笔墨来写，但是分门别类，有种种不同的形式，也有种种不同的名称。其中大致分来，应当至少有以下各种：

甲、简 这是窄而长的一种，大约长汉尺一尺左右（汉尺一尺约市尺七寸），宽约汉尺五分左右，厚约一分左右。普通写一行或二行字。照着简字的造字是从竹的，所以原则上是应当用竹来做。不过古人为着方便，也不一定用竹，有时也会用木的。例如长沙发现的楚简，是用竹做成；在西北方面发现的敦煌汉简及居延汉简却是由木做成的。

乙、册（或策） 拿许多简来编成一排，就成为册（假借为鞭策之策字，所以"战国策"实应写为"战国册"，而"策问"及"对策"也应写为"册问"及"对册"。因而"策士"及"策略"也可以写作"册士"及"册略"了）。编册的方法是把竹简平列起来，然后照着编竹帘的方法，用绳来编上，大致每一个册是编上两道绳子的。这样，这一个用简编成的册，就会舒展时为册，而卷上时为卷，也就是一个册可以独自成为一卷，也可以联结好几册合并为一卷。一册可以称为一编或称为一篇，所以在《汉书·艺文志》中，卷与篇是不同的。例如《尚书古文经》四十六卷，为五十七篇"，这就表示着，可以一篇为一卷，也可以数篇为一卷。《汉书·艺文志》对于书籍的计数，有时称篇，有时称卷，是表示称篇者一篇为一卷，而称卷者是合若干篇为一卷。到了最后的总数，一万三千二百六十九卷，就是以卷计而不再以篇计了。

丙、符契 符契的本义就是木简侧面刻有横纹来对勘原来约定的事，作为文据，来防止伪造的。或称符，或称契，或称券，都是同类的木简。在刻符的时候，把两符的文字向外，两符相合，然后再刻。刻时在左的符，刻文在右；在右的符，刻文在左。在左的符，称为左符，是一个正式的符，在右的符，则为符的存根，预备做核对之用的。

居延汉简："始元七年闰月，甲辰，居延与金关为出入六寸符。券齿百，从第一至千，左居官，右移金关，符合以从事。"这是说居延都尉发了一百个出入关的符。每符十齿，百符共为千齿。"左居官"是把左符在都尉府，有出入关的人，才发给他。"右移金关"是把右符交付金关（居延附近的一个关口），作为存根来对勘真伪的。

"左券"已成了到现在还通行的习用语，左券，就是有把握的意思。《史记·田敬仲世家》"常执左券以责于秦韩"，是指债券而言，欠债的人把左券给放债的人，放债的人用左券来收债。《战国策》言冯驩为孟尝收债于薛，因焚其券，民称"万岁"，此债券也就是左券。左券又称左契，《老子》"是以圣人执左契而不责于人"，此处的左契，也就是"借据"。契与栔本通用，"书契"本来即是"符书"，但是引申之义到了汉世，也就"簿书之最目，狱讼之要辞"都称为契了。这是因为簿书的最目，狱讼的要辞都要讲证据而经过核对的，因而必需相符，所以可以称为契。至于纬候之书亦或称为符或契，亦是以纬合经之意。至于今人称买卖文据为契，虽其上并无刻文，亦是承自古来文契之用法。

关于符，最古的符当然是刻木的符。《易·系辞》言刻木由结绳进步而来，这是非常可能的。《后汉书·乌桓鲜卑传》："大人有所召呼，则刻木为信，虽无文字，而部众不敢违犯。"刻木而不用文字，正是符契之开始。到了符契有文字以后，进一步的发展，就成为铜虎符，这是战国秦汉为发兵之用，为了郑重其事，便改竹符为铜符。宫门的名籍，到了唐代也改用铜称为鱼符了。此外，神仙给凡人治鬼的证物，亦称为符，《后汉书·费长房传》称费长房的治鬼，就靠一个符，后失其符，遂为鬼所杀。这个符大致亦为竹符之类。但是到了梁陶弘景作《真诰》，所用的符就是一种特殊画法，与晚近道士画符相同，这也是一种改变。

丁、板与牍　凡是宽而薄的木，都叫做板。所以板筑时的横木称为板，《战国策》称知伯攻赵，"城不沉者三板"诗百堵毛公传："筑墙者一丈为板，五板为堵"，就是说筑墙之板，长周尺一丈。《论语·乡党》："式负版者。"何晏注："式负版者，式邦国之图籍。"所以地图亦称为版图，版既要负，则其版必不甚小。至于平时写字的版，亦称为方。《仪礼·聘礼》："不及百名书于方。"《仪礼·既夕礼》："知死者赠，知生者赙，书赗于方，若九若七，若五。"郑玄注："方，板也，书赗奠赙赠之人名，与其物于板。若九行，若七行，若五行。"《礼记·中庸》："布在方策。"郑玄注："方，板也；策，简也。"从这里来看，方和册（即策），是两种不同的木片，宽者为方，窄者为册。换句话来说，"方册"即是"简牍"。

同类的木片，简窄而牍宽，简只能至多容两行，牍可容到三、五、七、九行，以至于更多的行数。牍是不能编或册的，牍的用处以文告及私人通讯为最多。因而私人的通讯也叫做尺牍。这种"尺牍"的名称，一直用到现在。

戊、觚　牍是宽而薄的，觚是窄而厚的。觚的横剖面是一个正方形或三角形。四方形的觚是在西北所发现的汉简中可以看到的。《急就篇》云："急就奇觚与众异。"颜师古注云："觚者，学书之牍，或以记事。削木为之其形，或六面或八面，皆可书。"现在所发现的觚是四面的，但是削为二觚，就成为三面的。四面的觚削去两个角，就成为六面的，削去四个角，也就成为八面的了。

觚亦称作籥，或称笘。《说文》曰："籥，僮竹笘也"，又曰："颍川人名小儿所书写为笘。《礼》所谓'伸其占毕'是也。"这是说觚是为儿童的书籍用的。《急就篇》是儿童读的书，也是写在觚上。儿童书籍写在觚上，是因为觚厚，较为坚固。和近代儿童读物用厚纸印刷，甚至用布印刷，具有同样的理由。就现在发现的觚来说，觚大致比简稍长。每简的字数大致可多至三十字。如《仪礼·聘礼》疏引郑注："《尚书》三十字一简。"《汉书·艺文志》："刘向以中古文校欧阳大小夏侯三家经文，《酒诰》脱简一，《召诰》脱简二。率简二十五字者，脱亦二十五字，简二十二字者，脱亦二十二字。"现在汉简的一般字数，大约亦是二十三四字至三十字。因而觚的每一面也可以多至三十字。

《汉书·艺文志》："汉时，闾里师合《仓颉》《爰历》《博学》三篇，断六十字以为一章，凡五十五章，并为《仓颉篇》。"又："元始中，征天下通小学者以百数，各令记字于廷中，杨雄采其有用者，以作《训纂篇》，顺续《仓颉》。又易《仓颉》中重复之字，凡八十九章。"许慎《说文解字》序曰："黄门侍郎杨雄采以作《训纂篇》，凡《仓颉》以下十四篇，凡五千三百四十字。"五千三百四十字适为六十字的八十九倍。亦即一章为六十字。不过儿童读物，字大而疏，从居延汉简的《仓颉篇》可以证明。每面不过十五字，四面共为六十字，亦即以一章为一觚。《急就篇》则每章为六十三字，非四所能除尽，即是《急就》应为三面觚（即奇觚），每面二十一字三面共为六十三字。

觚的别一种用处则为传檄之用。汉代的印章是印在封泥上，封时有印，撤去封函的绳，则印泥亦随破，不足以凭信据。假如一件公文，给几处传阅，不能用简而必需用觚。用觚之时，在觚上开一封泥之孔，写好文字再盖上封泥，则传阅之时，封泥可以不致破坏。到了纸发明以后，就不必如此用封泥了。

从以上五种不同的简牍看来，虽然有宽窄厚薄之不同，由其功用而分为不同的类别，但实是从"简"的一种转变而来。编简则为册，加宽则为牍，加厚则为觚，刻文则为符，还是一系相承的。此外还有从牍再变而成的，就是牍外加牍用绳封固，上加印章，则成为"函"，牍上穿孔系绳，其上写数字作为题识，就成为"检"。有的是书册的检，即书签，有的是器物的检，即器物名牌。这些也都有因仍变化，一直传到近世的。

（刊载于《幼狮学报》，第 1 卷第 1 期，1958 年 10 月）

从木简到纸的应用①

一 木简和竹片

根据文献记载及考察所得，竹简仅有一种，木简则品类不一，四世纪时，曾在豫北发现竹简凡数千片。②原物早已不传。湖南长沙五里牌及仰天湖新近发现三世纪时竹简，当为最早的竹简。较晚的则有长城西方发现的汉代木简，世称"敦煌汉简"。新疆则发现晋简，形制书法，均有异于汉简。凡此皆可表现简牍的书法种类和前人书写方法。

木简长短宽窄不一，窄的承袭竹简，可视为制定的尺寸。就字形说，"简"字从"竹"，可知简本为竹制。供书写用的木简，分类叙述于后：

甲、简或片

木或竹简，约九吋长，半吋宽，八分之一吋厚。通常写一行或两行。当很多片简用绳连系起来时，便称为"册"，是一本书的意思。

乙、册或卷

多片竹简，编之以绳，便成为册。为卷子的最初型态。册的用途不一，用以抄书、绘图、写律令或做试卷。

束简而为册，必先在桌上排好，再用绳索联系。居延汉简，用两道绳

---

① 此篇为劳榦先生英文论文"From Wooden Slip to Paper"的译作，译者为乔衍琯。——编者注

② 《晋书校注》卷五十一《束皙传》，艺文版九七七页。

子，武威汉简，则用三道，绳的根数随简的长短而异。卷子的编法有如竹帘（或幕，以竹篾编成）。帘幕的使用实源于竹简。

到纸发明后以至于盛行，遂用以书写，取代简的地位，中国人常称一本书为一卷书，雕板印书盛行后，书的形制由卷变成本。然而"卷"（即捲）仍用以表示古书的篇章。

丙、木条

古代对木板和木条都称为"版"，用以书写。木条又名"牍"，专门用来写信。至于木板，用途有三：（一）绘图或相关的图说，（二）皇帝或廷臣颁布的诏令，（三）标明房舍或官署的名称，然最主要的用途仍在用以书写信件。

在敦煌和居延简中都有写在木条上的信件。无论残缺的或完整的信件中，都发现有木制封面。信件的正文部分木片是六吋长，二吋到三吋宽。封面同样大小，用以书写地址。厚度则较大，以便挖一小洞容纳封泥。信件用根绳缚系，封泥则封住绳结。

丁、觚

觚有三面或四面，平而易写，然今存木片，皆为四面。

觚的用途有二：一为供童蒙使用，因其质坚耐用，犹如现代幼稚园读本多用精装。一为传令边疆，觚上钤印，以证明其真实性。

到纸问世之后，遂可用墨或他色印泥钤盖，简便而精美，所以后代写本，不再有容纳封泥的小洞。直到木简发现，罕见关于封泥的记述。

二　简的制作和书写

简的形制既各有别，就现存的敦煌、居延和武威汉简[①]，以及长沙出土的楚简而论，有下列数事，可得而言：

---

① 《武威汉简》，北京，一九六四年。

甲、简的质地

简以竹木制成，简字从竹，可知本为竹制，然竹仅生长于潮湿地带，所以华北的长城附近，气候干燥，绿竹不生，仅有松柏，[①] 所用简牍，便只好以木代竹。

汉代梓人用具，还未经发现，当时手工艺之操作情形，无从考知。惟由简面颇为光滑推断，当已使用锯子和刨子，西北地区发现的简片，多系松柏杨柳，俱为当地所生。[②]

简由梓人制成后出售，简上曾记：简二百片价六十文。[③] 平均算来，每一工人可月入三百文，亦即日进十文，六十文约为六日之工资。是木价虽便宜，然制简六十片，需时五日（译者注：原文如此，疑有误）。是以约略估计，梓人一日可制简四十片。若每日工作十小时，即每小时制简四片。可知当时工具不够精良。因简价高昂，常有用过的木简刨光了再写的。[④]

乙、简的尺度

简通常长九吋，即汉制一尺。也有的更长些。汉简有长到三尺的，专用以写律令。写经典用的简长二尺四寸。汉代诏令简长一尺一寸，寻常用简则长一尺。短简用作 Labels，仅长四吋有半。简宽平均半吋，宽的有一吋以至一又四分之一吋。是以简的大小，并无定制。每简字一行或二行，每行平均约二十五字，所以字数也不定。

武威汉简中长的用以写经典，长二尺四寸。平均每简约六十字，然有

---

① 秦岭山系南侧淮河流域，遍产竹材。然北侧则仅限少数地区，如陕西华兴，河南辉县的百泉，甘肃东部，陕西北部，山西北部和中部。河北北平附近，竹子仅植于园囿中，而无商业价值。唐代名史学家刘知几，怀疑在《诗经》时代和后汉初年，淇县是否产竹。他不知淇县边境的石泉，确是产竹的。

② 斯坦因：《中亚访古记》（*On Ancient Central Asian Tracks*）第十章一四八页，Pantheon Books，1964。

③ 拙编《居延汉简》，第五五，五简。

④ 参见那志良《戚壁》第一篇。《故宫月刊》一卷五期，一九六六年，台北。

多到一百二十三字的，并束简成卷，通常用绳两道。不过也有三道、四道以至五道的，所用都是麻绳。

丙、绳上的记号

从汉简中，尤其是武威汉简，可发现绳上做有多种记号。[①] 这些记号名为"章句"，犹如标点符号，甚为儒林重视。名师授徒，因有章句，章句为读经所必知。汉简所用记号，实为章句之初意，千余年来，几遭忘却。

汉简所用之符号及其说明如下：

□围，表一章的开始。

。点，表一章或一节的开始，通常冠于结论之前。

○圆，表一章或一段之开始。

△三角，仝上。

：两点，重文。

「」方括弧，删去中间的字。

／斜线，一篇的开始。

√钩，敦煌、居延汉简或武威汉简的经典中均加于句末。许慎《说文解字》说：钩用以表一句之末。（原文："勾，钩识也。"）段玉裁注尤详。[②] 然而也并非每句都用。有些钩的用法，又不甚可解。

—横，计数。

弓卩瓦——等，用于收据。

丁、简的制法

新竹制成简片之前，必先经某些处理程序，叫做"杀青"[③]。绿竹需经

---

① 《武威汉简》，北京，一九六四年，七一页。系一九五九年在甘肃武威发现，首次刊载于《考古》第五期，一九六〇年。

② 《说文解字》十二篇下，艺文版六三九页。

③ 也叫"汗青"，因竹经火烘后，浆出如汗。

火烘使干，颜色也变成黄的，以防虫蛀。[①] 然后劈开并截成片状，再刨光以供书写。木简则不需如此，董作宾教授和本人曾用汉代梓人的方法仿制木简一卷。时在四川，木工使用老式工具，他先将木材锯成板片，再刨光截成小片。这虽是现代的木工，然我相信做法当和汉代相仿佛，因为那时已有铁器。

戊、刀削

竹简和木简上都曾发现笔误，用刀削去，加以改正。这种刀子因时代不同叫做"削"或"书刀"[②]。不管削或书刀，都是用以刮光简面，以便重写。尽管从周到汉，简的质地和大小都有改变，然用刀削则一成不变。

自纸发明并盛行之后，简片渐废，刀削也就屏弃不用。人们不解刀削为何事，以致误解其意。幸有在额济纳河畔发现有刮字一事，证实简片上写字，用刀削去错误，犹如今日橡皮的用法。

刀上也有刻了字的，从而获知其大小和质地。一在四川成都天回山发现，为公元一八四年物，是用铜做的。一为罗振玉所发现，公元一〇四年物，系铁做的。都在西汉时。因其有款识，当较为贵重。然通常所用，要亦相近似。

书刀之为用，除削去错字外，也用来重制简片。因简价颇昂，旧简常刮光再用。居延汉简中刮去重写的，有时不仅仅是一两字，有时竟全简如此。可知有写过的简片刮成新简之事。

三　汉字的演变和简片的关系

甲、汉字的四体：（一）篆书或印文、（二）隶书、（三）楷书或正体、（四）草书

---

① 犹如现代竹工做筷子的方法。

② 见钱存训《书之竹帛》一七四至一八七页，钱氏译书刀为"Book-knife"，然鄙意当以"Writing"代"Book"。汉字书有书籍、书写二意。束简成册，仅为简的制作中一周程。（括掉的碎屑叫做麻。）

篆书起源甚古，为甲骨及铜器铭文所用。隶书通行于汉代。又有北碑或魏碑等名称，实都为一种字体。西晋虽已有楷书的写法，然直到唐初始有真正的楷书或正体。草书与隶书同时通行，草有稿意，草书来自隶书，然也受篆书影响，其特点为写得快且流利，因其在晋唐时代通行，又称"章草"，以示与后代的草书有别。"章"用以上书皇帝，因汉代奏章底稿常用草体，因而名为"章草"。

晋代草书有二体，一为"行草"或即"草书"，为书法名家王羲之及其门人所写，流行直到明清。另一体为"行书"；由楷书演变出来的，所以比草书要容易认识。然行书没有定式，因与草书相混杂，所以行书和草书之间，并无什么界限可言。

汉简用隶书或章草写成，用篆书的极少。隶书为写函件用的字体，章草则常用，所以汉简中章草又比隶书普遍。不过隶书与章草之间也没有什么太大的差别，有时竟不能确认何者为章草，何者为隶书，因为彼此都无定式可言。

中国字体的演变纲要，有如下述：

```
              ┌甲骨文
              │金文
汉以前  篆书 ┤石鼓文
              │战国时代各种字体
              └印文

                                ┌章草
汉至晋  隶书 ┤隶书      草书 ┤草书
              └六朝体①          └行书

唐以后  正体——楷书
```

乙、隶书的演变

战国末期，汉字由象形文字渐变为直线组成的字，由美术体渐渐简化。寿县出土的楚铜器和长沙的竹简，字体都已简化，尽管和后来的隶书截然不同。

---

① 六朝指吴（三国之一）到陈，包括南北朝的南北各朝。

晋代名书家卫恒说，隶书起于程邈。[①] 他在下狱十年中，创立新体，终于成功，进呈皇帝，因而获释，并任为秘书丞。这一新体流行于皂吏间，因名"隶书"或"草书"。隶书与印文不同而易写，因为皂吏所乐用。我们虽无从得知汉初诏令所用的字体，然到文帝时所记的伏生《尚书》，已用新体（隶书），后来《古文尚书》发现，遂引起西汉末年诸儒今古文之争。由此可见西汉时期的隶书的重要。在现有的木简中，有早到汉武帝的，可知当时隶书已甚为通行。

后汉盛行刻石，除少数印文外，几全用隶书，而无人认为隶书或篆书是一种艺术。[②] 所有石刻不像唐代刻石署有书人姓名，未署名便表示出于匠人而非书家。

隶书的特点是横笔右端作鸭嘴状，晋代（四世纪时）便只有捺还如此写法。汉代的字横长而直短，四世纪时，字体成为方形。汉隶和六朝的字体截然不同。[③]

丙、草书的演变

草书宜于快写，滥觞于印文而参杂隶书，所以笔划近隶而韵味如篆。

草书可分章草（用以起草）、草书（特指晋代的一些写得快的字）、行书（草书的一支，合隶书与楷书而成的一种宜于快写的字体）和"狂草"（草书的自由体）。其中以章草最重要，常用以写木简。

章草为最早的章书，在金石中从未发现，所以木简以前的章草极少见到。汉代社会流行有两种启蒙读本：《仓颉篇》用隶书写的，《急就篇》则用章草写的。梁人编《千字文》，到唐代甚为流行，遂取代《急就篇》，因而后世不传。仅汉简中尚存一鳞半爪，然宋人摹写的《急就篇》尚有流

---

① 《晋书·卫恒传》：程邈见于许慎《说文》序，许氏以为印文为其所创。诸家注《说文》咸认此处有错简。因印文自秦始皇的一些石刻中业已使用，似不可能为一平民所创。

② 惟有草书方是艺术，也限于名家手笔。草书的笔调与绘画相关。

③ 北体介乎隶楷之间而近楷。六朝人士自承所写实无殊于汉隶，而唐代书家则认为所写的楷书与汉代不同。唐玄宗泰山碑是用隶画写的，与当时流行的字体不同，这是首次把隶画看做古体。

传。这些摹本曾经刻石，近年又屡经复印。① 复本虽不免失真，然仍足资与木简上的字比较其结构。

由汉简看来，隶书和章草并非各不相关的两体。同样一个字在同一简片上两种写法并存，不足为奇。即使全是隶书的简片，也不乏写得较快的，有时便有章草的笔划出现。汉代石刻，多系碑志，鲜作他用。隶书常用作稍快写体，为行书所从出。

四 纸和纸的制造

甲、纸的源起

造纸为中华民族所发明，而与埃及人的纸草无关。虽然纸和纸草有些相似处，纸（paper）又为纸草（papyrus）之衍生字。但中国字纸读为 chih②，而与纸草不相干。

清段玉裁《说文解字注》，释纸的本义当为絮。系敝绢，为衬在袍子里面的丝棉，经捣烂漂洗而成。③

《庄子》（公元前四世纪时）中有一故事：④ 一工人出售不龟手的药方给一位将军，使他在冬季赢得一场战争，得百金。这一工人持有不龟手的药已有好几代，都是用来在冷水中漂洗絮。这种漂洗的方法叫做"洴澼絖"，"洴澼"意为漂洗；"絖"是絮，通常用来衬袍子。⑤

当絮黏在一块成为小片时，便凝为"充纸"。公元前十二年皇太后赵飞燕被卷入一桩谋杀案中，一位嫔妃——皇太子的生母被毒杀了，传说溶

---

① 《急救篇》的复本（原本皇象书）：有罗振玉《吉石盦丛书》本。而《三希堂法帖》中的赵子昂本为最著。王国维校松江本《急救篇》序（《观堂集林》，艺文版六十七页，一九五六年）曾有论述。敦煌有《急救篇》残简，然已改隶书。

② 董同龢《上古音韵表稿》第一一六页。纸读为 Kieg。中央研究院，李庄，民国三十三年。

③ 《说文解字注》，艺文本，一九五五年，第六六六页。

④ 《庄子集解》第一九页，世界书局，一九五五年。

⑤ 《庄子》注以晋郭象注为要。

毒液于"赫蹏"① 中。应劭注谓，赫蹏，薄小纸也。按纸发明于公元一〇五年，这里所谓纸当是充纸，或是凝结而成的絮片，并非真纸。

一九五七年在灞桥发现充纸残片，系植物的纤维制成，时间在纸的发明人蔡伦之前一段时间。由丝的纤维变成植物纤维。② 凌纯声教授说，充纸由南 Hsien 族的树皮布制成。③ 此说良是，然吾人尤盼有汉代遗物发现以证实之。

虽然在蔡伦前有植物纤维来制充纸，然纸质粗而不适用。《后汉书·贾逵传》④ 逵成《左传解诂》三十篇，永平中（西元七十六年）上疏献之，显宗重其书，写藏秘馆，凡二部：一写于竹简，一写在纸上。此事见于《后汉书》而不见于成书较早的《后汉纪》，《后汉书》范哗（［三九八］—四四五年）撰，取材自七家《后汉书》，试和类书所引古籍相比，范书所记为详。三世纪时纸意为帛，⑤ 范书中的纸似亦指帛。《左传》是部大书，要很多的纸来写，在蔡伦发明纸以前三十年，要找如许纸来钞书，似属不可能。

发明纸的重要文献是《后汉书·蔡伦传》：⑥

　　蔡伦，字敬仲，桂阳人也。建初中（公元七六至八三年）为小黄

----

① 《汉书》，艺文本一六九六页。《汉书》，班固撰。固卒于公元九十二年；在纸发明之前。《汉武故事》也记有皇子因纸被谤事。考《汉武故事》系伪书，所以此处不予引用。

② 陕西灞桥发现西元前一到二世纪时充纸残片。见《文物参考资料》第七期，一九五七年，第七八至七九页，郭沫若文。

③ 凌纯声：《树皮布印文陶与造纸印刷术发明》，台北，一九六三年，第十六至二十六页。

④ 《后汉书》，艺文本，卷三十六，四四六页。

⑤ 《太平御览》六〇五引王隐《晋书》："魏太和六年（公元二三二年）博士河间张揖上所著《古今字诂》、其巾部：纸今也，其字从巾，古之素帛，依书长短，随事截绢。枚数重沓，即名幡纸。此形声也。"

⑥ 《后汉书》卷七十八，艺文本八九七页。

门①。及和帝及位，转中常侍②。伦有才学，尽心敦慎，数犯严颜，匡弼得失。后加位尚方令，永元九年（译者按原文作七年疑误，公元九十七年）监作秘剑及诸器械，莫不精工坚密，为后世法。

自古书契多编以竹简，其用缣帛者，谓之为纸。缣贵而简重，并不便于人。伦乃造意，用树肤、麻头及敝布、鱼网以为纸。元兴元年奏上之，帝以为能。自是莫不从用焉，故天下咸称蔡侯纸。

《东观汉记》也有：③

蔡伦，字敬仲，桂阳人。为中常侍，有才学，谦恭勤慎。燕居闭门谢客，细察物理。及为尚方令，造意用树皮、绳头、鱼网以为纸。元兴元年奏上之，帝以为能，自是莫不从用，世称蔡伦纸。

上文均以进呈造纸法在公元一〇五年。④ 如吾人不能另有发现，这当是世界上造纸的里程碑。

尽管在二世纪时已发明造纸，然并未能即时推广。据《后汉书·列传》，⑤ 吴祐少时，其父欲杀青简以写经书。去纸发明已十年，用简比用纸还普遍得多。若据武威汉简中的《仪礼》，直到后汉末年，简仍广为使用。至于晋代（二六五—四二〇）纸始普遍使用。晋代的纸和简都曾在中国土耳其斯坦发现，用纸量已显然增加。在晋代初年（西元三一七年）有两种

---

① 后汉宦官中的副贰。
② 宦官的头目。
③ 钱存训《书之竹帛》一三六页。《东观汉记》原本已佚，《聚珍本丛书》中有辑自《永乐大典》本。按中常侍亲承天颜，无可杂间。两书所述，何者在先，不无可疑。然吾人宁信《后汉书》。
④ 晋袁宏《后汉纪》（商务《四部丛刊》本）：邓皇后德冠后廷，诸家岁时裁供纸墨通殷勤而已，珠玉之物不过于目。时在公元一〇二年，前于纸的发明三年。当时纸质容或较佳，然非各地均有。袁宏系四世纪时人，那时纸兼指纸张和缣帛，所以此处纸是否即系纸张，殊难断言。
⑤ 《后汉书》卷六十四，艺文版七五〇页。

不同的户口册，扬子江流域的土著用木简记载，称为黄籍；北人南渡的用纸，称为白籍。可知那时简和纸仍是并用。纸发明了三世纪之久，使用量始渐增。

乙、古纸的发现

因纸不易保存，所以早期的纸极为罕见。除各地考察所得，汉纸已一片不存。陆机《平复帖》为三世纪的纸，王羲之各帖使我们看到四世纪的纸。不过这些帖，是真迹抑是摹本，还很难说。十九世纪末叶，斯坦因爵士（Sir Aurel Stein）在新疆发现了纸的残片。虽是残片，然极具价值。尤以四世纪时西凉长史李柏的书稿为然，系二十世纪初立村氏勘察所得。

灞桥发现的充纸为西汉（公元前二〇六年至公元八年）时物而无字。①现存最早而有字的纸是民国三十一年秋本人在额济纳河畔所发现的。西北科学考察团曾在同一地点发现一卷共七十八片木简，为永元五至十年（公元九三至九八年）物，从而可知纸的时代也相去不远。

额济纳河东的沙漠中有 Tsakhortei 平原，去 Bayan Bogdo 山南麓不远。这一地区尚未曾勘察过，本人曾发现有一小窟，经发掘后得一纸团，惜无其他重要物件可做判断这团纸时代的佐证。然同地又曾发现一卷简片，其中最早的为公元九十八年写的，比纸的发明还早七年。不过这卷简片很可能在发明纸后若干年方经埋藏，所以那团纸也不能算是早于蔡伦所发明的确证。

那团纸质粗而无竹的成份，经同济大学植物系主任吴印禅分析系植物纤维，如烂麻或破网之类做成的，而无丝的成分。再参照灞桥所发现的，可知在蔡伦之前已有一段时期用植物纤维造纸。所以蔡伦所创实为新方法，而所用材料则因袭旧的。

按《后汉书·蔡伦传》"监作诸器械，莫不精工坚密"。那么其所造的纸也应是采用已知材料，做法精工坚密。使粗糙、小而不规则的纸张，成为精致大而有定制。然后纸更类似缣帛。这是人类文明中可用纸写信钞书

---

① 田业：《陕西省灞桥发现西汉的纸》，《文物参考资料》卷六，一九五七年。及敦沫若《新中国考古的收获》，一九六二年，八十三页。

的第一步。

汉代纸张的大小，吾人无从得知。然从敦煌秘室所发现的卷子高八寸而有乌丝阑，其制法自汉简的卷子看来，蔡伦时正通用简片，那么初期纸张的大小，也就可想而知了。

［撰写本篇时多承史维经（Arthur Swikin）先生惠助，谨申谢意。］

　　　　　　　　　　　　　　　　劳榦于罗安其加州大学

劳贞一先生原稿系用英文写的，因受印刷条件的限制，经译为中文发表。译成之后，又以时间迫促，不及送请劳先生过目。所以译文如有错误，应由译者负责。乔衍琯谨识。

（刊载于《"国立中央"图书馆馆刊》，第 1 卷第 1 期，1967 年 7 月）

说 类 书

类书是汇集各类的事物，加以排比序列，以便检查的，成为一种手册或辞典，类书在四部编目之中，属于子部。但是就其渊源流变来说，宁可认为属于经部或集部更为合适。类书的起源是由于集合名物。最先集合名物的，是《诗》。《论语·阳货篇》，孔子曰："《诗》，可以兴，可以观，可以群，可以怨，迩之事父，远之事君，多识于鸟兽草木之名。"这里所说鸟兽草木之名，便是古代是名物汇集在《诗》中的。后来陆玑著《毛诗草木虫鱼疏》，便是专讲《毛诗》中的名物。此后讲《诗经》中名物的，见于《通志堂经解》及《皇清经解》的，尚有许多种，这正是最早的名物典汇。

应用的名物，《诗经》当然不能包括的。在战国的时期，诗已渐次扩充为赋。班固《两都赋》序说："赋，古诗之流也。"《汉书·艺文志》说："不歌而诵谓之赋，登高能赋可以为大夫。言感物造端，材知深美，可以图事，故可以为列大夫也……春秋之后，周道浸衰，聘问歌咏不行列国，学诗之士，逸在布衣，而贤人失志之赋作矣。大儒孙卿及楚臣屈原，离谗忧国，皆作赋以风，咸有恻隐古诗之义。其后宋玉、唐勒；汉兴枚乘、司马相如，下及扬子云，竟为侈丽闳衍之词，没其风谕之义。是以扬子云悔之，曰：'诗人之赋丽以则，辞人之赋丽以淫。如孔氏门人之用赋也，则贾谊登堂，相如入室矣。'"这是说《诗经》的功用已由赋接替，接替的部分不仅在讽喻方面，名物制度、草木虫鱼各方面，当然也是一样的，从诗的负载到了赋。

赋的旁支就是字书。战国学问多由私授，《三百篇》及赋，多为天下学子所同受。而字书已有史籍十五篇。及秦始皇平定天下，书同文字，罢其不与秦文合者，李斯作《仓颉篇》，赵高作《爰历篇》，胡母敬作《博学篇》，大抵取史籍旧文，或加省改。秦始皇焚禁诗书，"有欲学者，以吏为师"，《仓颉篇》以下各章，便应为学书的人所必读。《仓颉》《爰历》和《博学》，后人统称《三仓》，并被合为一篇。现在就《颜氏家训》及汉简所存的旧文来看，皆为四字一句。就梁时用仓颉遗文修改的千字文来看，是四字一句，并用韵文。再就汉时字书另外一个系统，用三字一句和七字一句组成的《急就章》来看，也是有韵的。那就三仓为便习诵读，也应当是韵文，也就是《三仓》《急就》都属于古赋一类。

汉晋的赋，不仅要以文辞擅长，也还要以材料擅长。不仅马扬班张之类要以材料著名，而其中最为人所称道的是晋代左思的故事。左思在《晋书》有传，其故事也见于《世说新语》，大致是这样的。左思要做《三都赋》，陆机入洛听见了给陆云信中说："此间有伧父欲作三都赋，须其成，当以覆酒瓮耳。"后来左思作赋，十年乃成，门庭藩溷，皆着笔纸，遇得一句，即便疏之。作赋既成，豪贵之家，竞相传写，"洛阳为之纸贵"。皇甫谧《三都赋》序称："非夫研核者不能通其旨，非夫博物者不能统其异。"这正是显示着辞赋的功用也是为的广异闻。

东汉晚期到曹魏初期，已是辞赋的极盛时期。辞赋中的汇集名物功用，也渐渐的分解出来，其中最重要的一件事，就是魏文帝时《皇览》一书的纂辑。

《三国志·魏志·文帝纪》："初，帝好学，以著述为务，使诸儒撰集经传，随类相从，凡千余篇，号曰《皇览》。"又《魏志·刘邵传》："黄初中为散骑侍郎，受诏集五经群书，以类相从，作《皇览》。"又《魏志·杨俊传》注引《魏略》："王象受诏撰《皇览》，使象领秘书监，象从延康元年始撰集，数岁成，藏于秘府，合四十余部，有数十篇，通合八百余万字。"《隋书·经籍》列于子部杂家，这是类书列于子部的开始（以前的荀勖四部，王俭七志所归的类别，现在不知道，只能以《隋书·经籍志》算起）。姚振宗《隋书经籍志考证》云："以上自《皇览》至此（《书钞》，虞世南纂）为类事之属，至唐《经籍志》始别为一类。元晖科录《唐志》列史部，较为得之。"实际上类书在四部之中，无类可归，若溯源于诗赋，或者属于集部，比较好些。

据《隋书·经籍志》："《皇览》一百二十卷，缪卜（当作袭）等撰，梁（《皇览》）六百八十卷"，"梁又有《皇览》，一百二十三卷，何承天合，亡"，"梁又《皇览》五十卷，徐爰合，《皇览》目四卷，亡"。姚振宗《考证》云："案：献帝建安二十五年，改元延康，是岁十月逊位，即为魏黄初元年，是书始草创于是年，阅数载成讫，当在黄初中。与其事者不知若干人。可见者刘邵、桓范、韦诞、王象、缪袭五人。而王象、缪袭，其尤著者也。由是而风会所趋，六朝之帝室皇枝，名卿硕彦，靡不延揽文学，抄撮众书。齐梁时尤盛。当时各有其本，类多散佚不传。此白二十卷，殆犹是原编残帙。然新旧《唐志》不载，则已亡于隋末之乱矣。"今案古今类书，大致多重重抄袭，其中亦或收入新本，未必全亡。六朝旧本北齐《修文殿御览》残帙，隋杜台卿《玉烛宝典》，今均存于日本。隋虞世南《书钞》即今存的《北堂书钞》，今亦现存。不过现存的类书，当然以唐宋两代的为主。

唐宋两代类书的完帙，属于唐代的有《北堂书钞》《艺文类聚》《初学记》《白孔六帖》。属于宋代的有《太平御览》《太平广记》《事类赋》《册府元龟》《山堂考索》《玉海》。这都是比较重要的典籍。再就是以巨大篇帙著名的明代的《永乐大典》和清代的《图书集成》。至于明代的《天中记》《锦绣万花谷》，清代的《渊鉴类函》因为所引的书籍原本具在，用处少一些。此外明朝的《三才图会》，清朝的《佩文韵府》以及近五十年所出的各种辞典，也应当算做类书一类。

清辑《四库全书》，将丛书一律归入杂家。《四库全书》本身就是一部丛书，若再收入丛书，其中一定就会重复，因而不再收丛书，只将各丛书的名，附入存目。至于类书，因为都是删节过的，除去太大的类书，如《永乐大典》《图书集成》，无法放进去以外，其余类书，大都是放进去的。至于类书一项，过去是放在子部杂家的，清《四库全书》却从杂家之外更提出为类书一类。其小序云：

类事之书，兼收四部。而非经非史，非子非集，四部之内，乃无类可归。《皇览》始于魏文，晋荀勖《中经簿》分隶何门，今无所考。《隋志》载入子部，当有所受之。历代相承，莫之或易。明胡应麟作《笔丛》，始议收入集部。然无所取义，徒事纷更，则不如仍旧贯矣。此体一兴，而操觚者易于检寻，注书者易于剽窃，转辗稗贩，实学颇荒。然古籍散亡，十不存一，遗文旧事，往往托以得存。《艺文类聚》《初学记》《太平御览》诸编，残玑断璧，至掇拾不穷，要不可谓之无补也。其专考一事，如同姓名录之类者，别无可附，旧皆入之类书，亦今仍其例。

《四库全书》总目中的提要，成于众手，而其序录大都为纪昀手笔，此小序当亦出于纪昀。这一段谈到类书的源流及利弊，都很好。只是对于胡应麟的意见，未能考虑，却就有一点偏颇了。至于"转辗稗贩，实学颇荒"这是说一切真的学问，应当从自己搜集，比较有分析、观察，一丝不苟的做下去，才能得到可以相信的结果。类书所收到的，不过是一些表面的材料，为检查、补充是有时用得着，若以类书所载为治学的捷径，就不免浮光掠影了。这里做一些警告，也是对的。

不过对于一般切实做工作的人，类书也非常有它们的用处。第一，类书是备检查的应用的。凡是任何一个人，其记忆力总是有限的，决不可能把所有应当记的事物全能记住，更不可能把所记的事完全精确的记住一点也不走样。凡是学识高超的人，他只有几点比别人好：甲，他是做过工作的过来人，他知道工作的甘苦，他知道应当走的正当道路；乙，他知道怎样去找问题，这些问题可能发自在什么地方，他知道怎样去找材料，这些材料大致储存在什么地方；丙，他有敏锐的观察力和正确的判断力，使问题的解决不会走错了方向；丁，他有和这门学问有关的一切知识，并且还随着这个时代的知识的发展，而随时增进其了解。在这些条件之下，"博闻强记"就成为一个不可能的事。因而参考工具性质的类书（包括一切辞典和索引），也就成为做学问者手头的必要参考。在这种需要之下，类书的精确程度，希望能达到最高的百分率。当然，这一点旧有类书是达不到的，因而检阅后对于原书的复核，也成为一定的手续。

第二，校勘的工作。最重要的部分是唐宋的类书。因为大量刻书是在宋代，宋代刻书、南宋版本尤较北宋为多。在这以前还是要用旧抄的卷子本来阅读。在未曾大量刻书之时，求书不易，但卷子本的内容，并不统一。刻书以后，只有为刻本所依据的卷子本成为正本，其他未刻诸本，遂归泯灭。唐宋类书所据的本子，往往不是现存刻本的祖本，因而其中颇有异同。其中异文又往往可以校订今本的违失。此所以作校勘工作的，除去利用不同各本互相校正以外，类书的利用，也是一个非常重要的工作。

第三，辑佚的工作。书籍是容易亡失而不易保存的。经过了大乱时，更易丧失，《隋书·牛弘传》所称"书有五厄"，隋以后，尚有多次损失。尤其在未刻书之前，部数甚少，到了宋代以后，有的书是刻了，有的书却根本未刻。未刻的书就不会再有人去抄了。这又成为"刻书而书亡"的情况。这许多佚书的内容，只有在书的注疏中以及类书中去找。把佚书的残篇断简辑起来，就成为辑佚的工作。

辑佚工作中最为著名的是就《永乐大典》来做（《永乐大典》亡于拳匪之乱，现存在各处的不过只有三百多册），就《永乐大典》辑出来的书，除去聚珍版丛书以外，最著名的是李焘的《续资治通鉴长编》，这是研究北宋一代历史的宝典，还有《宋会要》，这是有关宋代典章制度的大书。再就是《全唐文》，除去了几个名家已有别集以外，许多材料是靠在大典中搜集的。至于《旧五代史》，现在辑本虽不算十分完全，不过已经相差不很多，其中材料，也是全部取自大典的。所以《永乐大典》在近数百年来，是一个辑佚的总汇，其他类书虽不及大典的庞大，不过对辑佚也有用处。

比较早期的类书，例如《北堂书钞》《艺文类聚》《初学记》《册府元龟》《太平御览》《太平广记》之属，都引用了不少南北朝时代及其更早的材料，这些材料出处，多亡于隋唐时代（《太平御览》虽出自宋，但有不少是从别的许多类书纂辑的），因而要推究许多古书内容，非常用得着。再加上许多好的注释，例如《后汉书》章怀注，《续汉志》刘昭注，《三国志》裴注，《世说新语》刘注，《水经》郦注，《文选》李善注，唐人的

《五经疏》，宋初的《太平寰宇记》等，都是包罗广博，为辑佚书的重要来源。在辑佚书中，如马国翰《玉函山房丛书》，王谟《汉唐地理书钞》，黄奭《逸书考》，孙星衍《平津馆丛书》，以及严可均的《全上古三代秦汉魏晋南北朝文》等都是由于辑佚方法而成的宏著。此外燕京大学的《水经注引得》《太平御览引得》等，虽然未将全文钞出，但在每一个引书书名之下，也可以看出有多少条，这也可以供搜集佚文的帮助。

综上来看，类书实是四部中一种非常重要的典籍，从随手检查到追溯远古，使用的方法等范围，都应特加注意的。

（刊载于《新时代》，第 1 卷第 7 期，1961 年 7 月）

周秦两汉的"阙"

一、阙的形式及其功用

在古代的宫殿中，最重要的装饰，不是大殿，而是门首的阙。因为中国式宫殿的营造法，是以木构为主，而木构的建筑，在技术上筑成千门万户比较层楼高耸要容易得多。但是宫殿的建筑，假若只有平面的宽广，而没有主体的高伟，那么使人敬仰的力量是不够的。因此在中国古代木构的宫殿中，为了补救这一缺陷，就在宽广宏丽大殿之前，再加上左右两个窄而高的阙，来作为壮观之用。

阙也是木构的，不过因为所占的地基小，所以在技术上比较将大殿加高是要容易施工的。阙的形状大致是四方的台，在其上有屋，位置在大殿之前，大门的两旁。到了宫殿附近，未见宫殿，先见门阙可以作瞭望之用，所以阙亦曰"观"。

《尔雅·释宫》："观谓之阙。"《释名·释宫室》："阙，阙也，在门两旁，中央阙然为道也。"又："阙，观也，于上观望也。"孙炎注曰："宫门双阙，旧章悬焉，使民观之，因谓之观。"按刘说和孙说都是对的。观和阙本来的用处是宫殿的瞭望台，这是用来作守卫之用的。但是进一步便变成了宫殿的装饰而作了宫门悬法之所了。所以刘说应为观的本义，孙说是引申的意义，若全依孙说，则除门阙而外不得有观了。

阙的基座因为要高，所以和殿庭一样，是一个土筑的台基。筑台基是要费工的。殿因偏大，所以基础还要比阙低些，因此阙就更显著了。《说文解字》："阙，门观也。"段玉裁注："释宫，观谓之阙，此观上必加门

679

者，观有不在门上者也。凡观与台在于平地，则四方而高者为台，不必四方者曰观，其在门上者，则中央阙然，左右为观曰两观，《周礼》之象魏，《春秋经》谓之两观，《左传·僖五年》观台也。若中央不阙，则跨门为台，《礼器》谓之台门，《左传》谓门台也。"段氏之言颇为分析之致。不过古人用字，也不见得如此精确。大致说来，"阙"一定指门阙而言，"观"常指门阙而言，但有时也可以泛用作不是门阙的一般土台。"台"常指土台而言，但有时也可用作土台中一种的门阙。所以台和阙虽各有其范围，但是并不如何的严格。至于跨门为台，那只是段氏的想像，照《礼器》所说"有以高为贵者……天子诸侯台门"，此台阙就是指门两旁的阙而言，亦即是所谓两观。跨门为台，只是中古以后从门阙变来的形状，若谓晚周即有跨门为台之事，却无佐证。

二、晚周之阙

照《礼器》所说："天子诸侯阙门。"可知天子诸侯都是有阙的。在文献中所记，如《郑风》："挑兮达兮，在城阙兮，一日不见，如三月兮。"《左传·庄二十一年》："郑伯事于阙西辟，乐备。"疏引服虔曰："西辟，西偏也，当为两观内道之西也"，这是郑国宫门有阙。《左传·僖五年》："公既朝，遂登观台以望。"《春秋·定二年》："夏五月壬辰，雉门及两观灾。冬十月，新作雉门及两观。"《左·哀三年》："季桓子至，御公立于象魏之外，命救火者伤人则止，财可为也。命藏象魏，曰，旧章不可亡也。"这是鲁国有阙，并且即在雉门之处。《礼记·礼运》："昔者仲尼与于蜡宾，事毕，出游于观之上。"郑玄注："观阙也。"假如郑玄的注是对的，那就是孔子所游亦即应为雉门之阙了。

《周礼·天官太宰》："正月之吉，始和，布治于邦国都鄙，乃县治象之法于象魏，使万民观治象，挟日而敛之，乃施典于邦国，而建其牧，立其监。"《吕氏春秋·仲冬纪》："涂阙庭门闾。"高诱曰："阙，门阙，于《周礼》为象魏。"这是指天子的门闾。《周礼》虽然为想像之书，但天子的门阙，却应当实有其制的。

到了战国，秦和魏的阙，都有记载遗下，《史记·秦本纪》："孝公十二年作为咸阳，筑冀阙，秦徙都之。"《商君列传》："作为筑翼阙，宫于咸阳。"《索隐》："冀阙，即魏阙也。冀，记也，记列教令，当于此门阙。"《史记·魏世家》："李克对曰：臣闻之，卑不谋尊，疏不谋戚，臣在阙门之外，不敢当命。"秦和魏都有阙，那就其他各国应当也都有阙。《庄子·让王篇》：中山公子牟谓瞻子曰"身在江海之上，心居乎魏阙之下"，这也是就一般的魏阙而言的，不仅指中山而言的了。（《吕览·审为篇》和《文心雕龙·神思篇》也都是采自《庄子》。）

三、汉代之阙

春秋战国时代虽然有残缺不全关于阙的记载留到现在，但也看得出阙制的普遍。到了汉代，阙的记载和实物，留下来的更多，使人们对于阙制更比较容易认识了。

汉代宫殿中最主要的阙是未央宫的东阙和北阙。《汉书·高纪七年》："二月至长安，萧何治未央宫，立东阙，北阙，前殿，武库，太仓。"注师古曰："未央殿虽南向，而上书，奏事，谒见之徒，皆诣北阙，公车司马亦在北焉。是则以北阙为正门，而又有东门东阙，至于西南两面，无门阙矣。盖萧何初立未央宫，以厌胜之术，理或然乎。"从此可知未央宫的宫门只有东北两个门是有阙的。此外通到上林苑的，是武帝时开的便门，却无有阙。这是因为未央宫在长安城的西南隅，未央宫的东面和北面，都当着城内的街道，所以阙的功用显然的有些装饰的意味。《白虎通义》云"阙所以饰门"，正是阙的主要功用。

到了武帝时期，修筑建章宫，较未央宫还要奢丽，其前的阙也要奢丽些。《水经·渭水注》："《三辅黄图》曰：建章宫，汉武帝造，周二十余里，千门万户。其东凤阙，高七丈五尺，俗言贞女楼，非也。"《汉武故事》云：阙高二十丈。《关中记》曰："建章宫圆阙，临北道，有金凤在阙，上高丈余，故号凤阙也。故繁钦《建章凤阙赋》曰：秦汉规模，廓然毁泯，惟建章凤翔，岿然独存，虽非象魏之制，亦一代之巨观也。"照此所说建章宫阙的东阙，后来还存在了一个相当时候，因为太奢丽了，不太称一般的阙制。照《关中记》说是阙位，而班固《西都赋》云："设壁门之凤阙，上觚棱而栖金爵。"李善注曰："应劭曰：觚，八觚，有隅者也，音孤。《说文》曰'棱，柱也，棱与觚同'。"那建章的圆阙，或者不是纯圆而是八角形，八角形的建筑看起来便有些近于圆了。凤阙的高度，据《汉武故事》说高二十余丈，而《三辅黄图》称七丈五尺，未知孰是。不过就算作七丈五尺，也非两层楼所可达到的，土台之上也必有三四层楼了。

洛阳宫殿本周时的旧制，《汉书·高帝纪五年》：上置酒洛阳南宫。其时未央和长乐尚未修建。《水经·穀水注》：《汉宫典仪》曰：偃师去洛四十五里，望朱雀阙，其上郁然与天连，是明峻极矣。洛阳故宫有朱雀阙，白虎阙，苍龙阙，北阙，南宫阙也。《东观汉记》曰：更始发洛阳，李松奉引，车马奔，触北阙铁柱门，三马皆死。即此阙也。更始时洛阳已有阙，也就应当是西汉时留存的阙。西汉都长安，不都洛阳，亦即是洛阳之阙当此东周阙。又更始入宫，经由北阙，则洛阳北阙，或当为南宫的大门。如此未央宫以北阙为正门，或竟是仿南宫的布置而来的。南宫之北与北宫之南遥遥相对，夹为御道，古诗《青青陵上柏》"两宫遥相望，双阙百余尺"，所言双阙，即南北二宫各有双阙。在北宫的为南阙，在南宫的为北阙。

阙外之装饰为罘罳，《汉书·文帝纪》："未央宫东罘罳灾。"又《王莽传》："去高庙罘罳，曰毋令民复思也。"《文纪》颜注："罘罳，屏也，谓连阙曲阁也，以覆重刻垣墉之处，其形罘罳然。"所谓阁者，亦是较高之屋，察其形制，或当在阙外又周以楼阁，使阙更为华丽而繁复。

现在古代木构之阙无一存在。只有北平午门上面，除去中部之城楼外，左右两旁也各有一楼，俗称为雁翅楼的，据明清比较正式一点的记载均称为阙，应为阙之遗制。不过古代根本没有在正中的城楼，所以两旁的阙，便格外的显著。

关于绘制的图画，现在存在的尚不少。流传在国外的，有函谷关阙的刻石。而最近数年在四川成都彭山发现的汉砖也有很多是图绘门阙的。石质的阙有河南登封的三阙，有四川渠县、彭水、绵阳、雅安、重庆等处的汉代墓阙，以及山东嘉祥的武氏墓阙。只有新都县的王涣阙清代尚存，现在只剩下几块残石了。这些石阙都是仿宫殿门首之阙而作成的。从上面有屋檐可知木构的阙是有屋檐，而从石阙旁的雕刻，也可知木构的阙是有木质雕刻和在墙上的图画。

除阙以外还有所谓观的，在汉代还有不属于阙的观。汉宫殿名中有吟仙观，渭桥观，仙人观，霸昌观，兰池观，平乐观，九华观，豫章观，鸿花观，昆明观，走马观，华光观，封峦观，走狗观，天梯观，瑶台观，流渠观，相思观，长平观，宜春观，白虎观等凡三四十观名。这些观都不是殿前之阙，不过是台榭的一种，但是都是台上的高屋，和阙有共同之处。世传仙人好楼居，因此观也专指迎仙之所了。

（刊载于《公论报》，1950 年 1 月 25 日）

中国建筑之周庐与全部设计之关系

　　中国建筑的遗址，现在能够确切指明时代的，其中最早的一个，要算河南偃师的二里头，可以断定为夏代晚期的宫室。二里头宫室的特点是基地的中心是一个大殿，四面围绕着周庐。这种形式是中国宫殿的标准形式，从夏代一直到现存的北平故宫，一直不变。当然北平故宫的规模远比二里头的遗址为大。但二里头设计的基本形式，还保存到北平故宫的结构上面。所不同的是二里头是一个单独的殿，周围被周庐围绕着，北平故宫却是一个整个的宫城，而宫城之外再围着周庐，周庐以外才是城壕。而在宫城以内再是若干的殿，除去后来修筑的便殿（如同养心殿，为着生活舒适，仿照一般普通房屋而造的殿，不是为着观瞻），如同太和殿、乾清宫、文华殿、武英殿等等为着观瞻的殿，都是中心为大殿，而四围被周庐围绕着。

　　二里头式周庐围绕的宫殿，在全世界宫殿中是独一无二的。在宫殿的遗址中，有中东及近东的宫殿，有埃及、克里特、希腊罗马的宫殿，有南美洲秘鲁的宫殿，不论其规模大小，其设计都不是中国周庐式的。所以北平的宫殿，当然是前有所承，而可以一直推到夏代，孔子说"殷因于夏礼，所损益可知也；周因于殷礼，所损益可知也。其或继周者，虽百世可知也"这是不错的。北平故宫建于明代永乐初年（以后虽有补修，但基本未变），依元代大都宫殿而改建的。元代大都宫殿系取法于宋金宫殿的规模，金代系模仿宋代而宋代的开封宫殿又系朱梁时模仿唐代长安宫殿建造的。唐代宫殿又是隋时把汉代长安规模，从渭河南岸南迁十五里，扩建出来的。汉代长安宫殿，又是依周秦的遗制来建造。凡是建造后一代宫殿的设计人和主持的工匠，一定大都是看到过前一代宫殿的人，其中相承有序，是用不着怀疑的。依此类推，从周秦推到夏代，自不是一个困难的事。

中国宫室的制作既然是相承有序，所以也就可以穷源溯流。二里头既然属于夏代的宫室，也应当就文献上所记来征实。当然我们所看到的材料，多属于晚周时期，此时孔子正感到夏礼难征，我们再在两千多年以后来考征夏礼，自然不能步上尽信古书的路。对于是非的准，争的端，也就不能不多加一番斟酌。

《考工记》"匠人营国"条下说：

> 夏后氏世室，堂修二七，广四修一。五室，三四步，四三尺，九阶，四旁两夹窗。白盛，门堂三之二，室三之一。殷人重屋，堂修七寻，堂崇三尺，四阿重屋。周人明堂，度九尺之筵，东西九筵南北七筵，堂崇一筵，五室，凡室二筵。室中度以几，堂上度以几，宫中度以寻。……庙门容大扃七个，闱门容小扃参个，路门不容乘车之五个，应门二彻参个。内有九室，九嫔居之；外有九室，九卿朝焉。

这一段讲三代宫室相当重要，不过问题也非常多。其中名物度数处处都有纠纷，不必更繁征博引，即就为孙诒让《周礼正义》中所引证，加以分析、考订、辩证，就可以成一篇不小的论文。现在为着讲夏商周宫室的大略，不必过分拘执，只就几个重点来讨论，也许更为清晰，并且对于了解古代宫室相承之序，更有裨益些。

第一，明堂庙寝本属于一个通制，这一个了解，应当是不错的。《考工记》所说的"世室""重屋"，以及"明堂"，也可以认为就是三代中各期的庙寝通制。其中所谈到的度数，也只可以认为只是一个举例，而不可以认为在三代中所有的宫殿都是完全按照这样标准修建的，决不可能增一尺减一寸。古代各住家解释发明，可谓各有所长。但是《考古记》的记载并不见得真有这样十分标准的宫室（譬如《考工记》所称的"金有六齐"确实有所根据，并非向壁虚造。不过据分析商周青铜器成分的报告，却是每器成分都不一样。现在可以证明"金有六齐",只是一个概略的标准,并不是十分严格)。所以只能取一个大致,而不是说三代的宫殿个个都是这样的。倘若过分拘泥度数,只是自寻烦扰。

《考工记》中所言代之制,其实只是以周制为主,向上推溯所得的结论,未必完全正确。不过《考工记》究竟是一个晚周的书,对于周制当然是有据的。在《考工记》注中争执最多是明堂的问题,周代有明堂和灵台,应当是不错的,不过明堂的建筑法,就参入了各家的理想在内。从战国时代开始,各家有各家的理想,各人有各人的理想,再加上五行术数的成分,因而各说纷歧,成为聚讼,而明堂究竟是什么形式,就不可能有定论。现在所要了解的,各家之说各有旧的根据,有许多值得参考的地方,当然不能一一排除,这是另外一回事。明堂和庙寝相通,只是随所用而异其名,真实存在过的明堂决不是那样的复杂,这又是另外一回事。夏的世室、殷的重屋、周的明堂其实都是各代的宫殿,一贯相承,除去文质不同以外,本身上并无多大差别。

明堂的设计,有九室和五室的不同。五室之中又有五室分配四方和五室并列的不同。这要代表一种思想的继续改变,其发展的顺序,应当先有并列的五室,再变为分配四方的五室,再变为九室。《考工记》属于五室并列的设计,是比较早期的。如其用后起的五行术数来比附,便会越讲越混乱。但若用考古的发现(二里台遗址)来比较,虽然会发觉出来《考工记》增加一点新东西(例如《考工记》所说的九阶),仍然比后来的明堂论还是较为接近的多了。

二里头中央主要建筑,是天子的路寝,是大室,也即是明堂。今和《考工记》互证,在其前面三分之二地方(或者四分之三地方)应当是大殿(大室)所在。其后部三分之一地方(或者四分之一地方)才是分隔出来几间内室(可能是五间内室)。其中间的一间,是路寝。左边一间是东房,更左边一间是东夹室,右边一间是西房,更右边一间是西夹室。——以上所谈到的,只是正殿部分,其他附属的建筑,在二里头那一组建筑之中,只有归入在周庐之内。

大殿后分为五间的室,只能算做设计中的一种,除此以外尚有别的设计，即是东西夹室另外建在大殿之外，成为近世所谓"耳房"的形式。因为东夹室和西夹室之前各有一堂，所以另外称为东堂和西堂。这两个堂又另外有阶，不需要从实阶和阼阶上下。这两处另外的阶，称为东垂和西垂。《尚书·顾命》中，成王崩后的布置，就是以这种设计的宫殿为准。若依照《考工记》的布置，就无法讲通。在这里附两个插图来比较一下，就可以看出其分别点的所在。

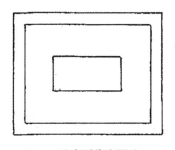

（1）二里头夏代宫殿遗址

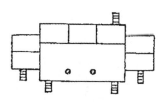

（2）标准的主殿配列

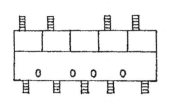

（3）《考工记》的五室九阶配列

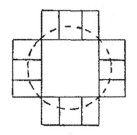

（4）明堂构想的举例（虚线为圆顶）

在礼经之中，因为特重主殿（路寝或大室），因而不重视周庐。其实只有强调周庐，才能显出主殿的特质。中国的主殿和别的国家主殿不同，别的国家（如同巴比仑、埃及、克里特、希腊之属），国王的主殿是纯政治的，中国上古的主殿（汉以后不在内）是宗教的成分更大。国王住在主殿的时候，是斋戒的时候，后妃是不能住在主殿的。假如王宫只有一个主殿而并无别殿，那就殿后的周庐是后妃所住，在殿的两旁应当有左右的闱门（或称闺门）或者在殿后的中央有一个闱门，来分隔内外。因而殿的周庐就可能成为两区，前方是男子的区域，后面是妇女的区域。在《考工

687

记》"匠人"条下，也说过："内有九室，九嫔居之；外有九室，九卿朝焉。"都是在宫中，也分为内外。也就是分为前后两部。后宫是后妃所居，前宫为天子与诸大臣聚会治事之所。其前后的分界，就是闱门，这种闱门或闱中的施设，下通于士大夫。后世称妇女所在曰"闺中"或"深闺"，也是采用闱门分界的旧制。

关于周庐之制，虽然被《考工记》忽略掉。但秦汉魏晋以来，却时常见于记载。如：

《文选》班固《西都赋》："周庐千列，徼道绮错。"李善注曰："《史记》卫令周庐设卒甚谨（按见《秦始皇本纪》）。《汉书音义》张晏曰：直宿曰庐。"又五臣注："翰曰，周庐设卒周卫以直宿也。"

《文选》左思《魏都赋》："周轩中天，丹墀临焱。增构峨峨，清尘影影。"李善注："轩，长廊之有窗也。"五臣注："翰曰：长廊有盖而周遍曰周轩。"

《汉书·窦婴田蚡传》："乃拜婴为大将军，赐金千斤。婴言爰盎、栾布诸名将贤士在家者进之。所赐金陈廊庑下，军吏过，辄令以为用，无入家者。"王先谦补注："自来释廊庑者，该训为廊下周屋（《本〈汉〉书·司马相如传》《后汉书·申屠刚传》《梁鸿传》《御览》一八一引《声类》），案《释名》大屋曰庑，庑，幠也。幠覆也，广稚幠舍，是庑为屋舍无疑。《后汉书·顺帝纪》及《灵帝纪》注并云庑，廊屋也。《侯览传》，庑，廊下周屋也，据此则庑是廊下之屋，而廊是东西厢之上有周檐、下无精壁者，今所谓游廊（按：廊即此周屋，此说非）。《说文》新附以为'东西序'是也，本书通作郎，《董仲舒传》岩〈廊〉即是。"

《后汉书·陶谦传》："笮融大起浮图寺，堂阁周回，可容三千余人。"

《北齐书·后主纪》："天统三年，九龙殿灾，延烧西廊。"

在以上的引据中，可以清楚的表示出来，宫殿中是有周庐的。佛寺仿自宫殿，也有周庐。以至于私人的宅第也可以有周庐。现在存在的北平故宫，确实尚保存周庐的传统旧制，而现在所有的佛寺（道教寺观仿自佛寺也和佛寺一样），在大雄宝殿的左右僧寮的住所也是采自周庐的形式。孔庙和佛寺类似，只是孔庙的周庐是用来祭祀先贤。至于各级的衙署也有周庐，而是在大堂以后，二堂以前，作为"三班六房"之用。其来原出于天子和诸侯的宫室，是用不着怀疑的。

中国的四合院，是中国建筑特殊的形式。有些学者以为出于明堂毋为明堂五室，而圆顶，如其把中部的圆顶去掉，就是一个四合院。但是明堂五室或明堂九室显然只是一些理想，实行到甚么程度很有问题（金文中的亚字形标记及坟墓的亚字形坑位，也有人以为象明堂，实际上可能象大室加上东西两耳房）。所以四合院的原始，不可以向所谓"明堂五室"去追溯。而只能向大室加上周庐来追溯。

不论明堂五室或明堂九室，其东西南北四方的各室，所以分配四季，其原来设计中，广狭大小，应当是相等的。至于正殿和周庐，那就广狭大小，是不能一样的。现在所有的四合院，照例是正房高大，进身深，厢房低小，进身浅，显然的，不是从明堂演变而来，而是堂与周庐关系演进下的传统。古代自天子而下至诸侯大夫均各有堂，其制度依次递减，除前堂及后堂（有后堂的为两进四合院）依照定制外，其侧室（或周庐）的规模也当然递减，这就成为四合院的形式。至于明堂九室或明堂五室，不由天子下通，也就不能演变成为四合院。

王国维的《明堂庙寝通考》提出了一个明堂庙寝相通的观念，这是对的。但他提出四堂相对的想法，就不免曲解古书。所以讲古代礼制，必需以实物及遗址为根据，否则很容易走到臆断的路子上去。

本篇所据二里头遗址的布置，是张光直先生见告的，特此致谢。

（刊载于《"国立"历史博物馆馆刊》，第 12 辑，1982 年 12 月）

论国都的建置及唐代以前的都邑设计

都邑的固定性往往随着社会的进步而加强。因为都邑是政权和文物的中心。越是大统一的国家，越比较迁徙的部落安定而集权。因而都邑的重要性更有显著的增加。都邑的固定性也有显著的增加。

在文化较低的朝代，都邑是不固定的，考之三代，夏后十迁，殷人"不常厥邑，至于今五邦"，宗周以前，周人曾经七迁。秦孝公居咸阳以前也曾经六迁。现在所知的其中许多是已经到了农业时代，并不能说全是游牧时代的风习。案之《盘庚》一篇，迁徙的事也并非毫无困难。然而迁徙的事究竟比后世频繁的多。但在三代的都邑也显然的由不固定而固定，盘庚迁殷，周公营洛，其后都曾经作为长期帝王之邑。

都邑的建立，和形势很有关系，即在军事上有攻和守的双重方便，才是最理想的都邑所在。换句话说便是一方面要形势开展，一方面要襟山带河，四塞险固。历史上的名都，如长安、洛邑、建业、北平，都是合于这些条件的。只有开封是处在"地四平，诸侯四通，条达辐凑，无名山大川之险"。利于攻而不利于守，在都邑中是不适于理想条件的一个。

其次是经济及物产的关系。都邑的存在离不开经济势力的支配，中国在三代以前黄河三角洲是先开发的地方，比较早的都邑大都在这一带。周人起自西方，建都丰镐，但丰镐的物质环境也不错。至六国的秦，开郑白诸渠，据有巴蜀，关中平原的重要性也显然增加。秦汉隋唐都以一统的规模，建都于此。不过关中都邑究竟是地形上的重要，超过经济上的重要。所以总在动荡之中而不能固定。长安粮食的不足，自秦已然。敖仓之粟，楚汉之争时即为汉所据的，原是秦时所建。历西汉以后，到唐时"荥阳仓"尚为运漕重要之处。张良对娄敬劝汉高都长安的理由是"诸侯安定，河渭漕挽天下，西给京师"。而翼奉劝元帝都洛阳，则以关东饥馑为言。到了东汉，光武帝素以尚俭省费著称，所以决定建都洛阳。在唐朝的开始，唐高租曾经准备营建襄邓，却为唐太宗反对下去，其理由却在军事上而不在经济上，然而经济上的事实仍然摆在面前，至宋代的都汴却有经济上的理由了。《东都事略》云：

> 太祖幸西京，有迁都意。李怀忠乘间言曰："汴都岁漕江淮米四五百斛，赡军数十万计，帑藏重兵在焉。陛下遽欲都洛，臣实未见其利。"会晋王亦以为言，太祖曰："迁洛未久，又将迁雍"，晋王叩其旨，太祖曰："吾将西迁者，无它，据山河之胜而去冗兵，循周汉故事以安天下。"晋王又言在德不在阴，太祖不应……乃不果迁，遂还京师。

反对迁都的主要理由，便是江淮漕运。《宋史·河渠志》云：

> 汴河岁漕江、淮、湖、浙米数百万石，及至东南之产，百物之宝，不可胜计。

《李直讲文集》李觏《上富枢密书》云：

> 当今天下根本，在于江淮，天下无江淮不能以足用，江淮无天下，自可以为国。

从中国经济的发展来看，汉以前着重于河济，六朝以后就一直着重在江淮。江淮流域的发展，自汉代已有痕迹，到六朝时代因为南方比较安定，就格外显着繁盛。至唐代关中的粮食便要倚赖江淮的漕运，在《太平广记》引《高力士外传》，及《旧唐书·韦坚传》的各条都很可见其端倪。本来缘河入渭，要冒着黄河砥柱三门之险长途运至长安，自然是个不经济的事。所以自此以后的各朝，便建都在缘海的北平，而不复在关中平原了。

北平的漕运，自然比较开封为远，但漕运过徐邳以后，便可利用微山湖、东平湖各湖的湖水，临清以下更可利用卫河的水，直泻天津。沿途都是一望无涯的平原，远非孟津砥柱之险，挽船易于出事的所能比拟，而且附近正是黄河三角洲一带产粮之地。所以北平在粮食供给上，其地位的优越，远非长安所能比拟。就自然形势而论，北平西北诸山为对外的天然防御，而南面从西向东许多平行的河流，亦自有对内的军事上的价值。所以自元代承继辽金的旧址以后，历明清两代，常为统一的都城。

假如把长安及北平加以比较，那就北平的险固，确不如长安，而长安的粮食供给却又不如北平。据守北平的，从公孙瓒前燕，刘守光，辽、金、元、明，以至于北洋军阀，都失败在军事上。而据守长安的，从更始、赤眉、董卓、汉献帝、晋愍帝、苻坚、黄巢，其失败都和关中经济不能维持，有重大的关系。

自然都邑的选择，也有人事上的关系，宋代的迁就开封，由于继承后周；元代的选择北平，由于继承辽金；明代燕王的选择北平，由于北平本元代故都且为燕王建藩之所。都邑既定，迁改为难。但开封及北平对经济上的优点，实有不能忽略的原故存在。试看辽金元清得到北平以后，原作陪都。但终于放弃原来的旧都而建都北平。便知道北平的优点，并不能完全以安土重迁的理由来作解释的。

然而中国经济上还是江淮为重心，江淮附近经济上的地位，仍然使得北平作为全国都城的理由上，发生动摇。第一个以南京为统一的首都的是明太祖，明太祖《阅江楼记》云：

> 朕本寒微，当天地循环之初氤，创基于此。且西南有疆七千余里，东北亦然，北际沙漠，与南相符，岂不道里之均。万邦之贡，顺水而趋，公私不乏，利益大矣。

这里说的非常坦白，建都南京，为的就是经济上之理由"万邦之贡，顺水而趋"。此言不失为英雄坦率的表现。远非"金陵龙蟠，石城虎踞"，控什么地方带什么地方，一般老生常谈所能比拟。其实就控什么地方，带什么地方而言，只要打开地图，随便指任何一点，无不可以附会许多话出来。若就地方重要而论，何如"韩魏天下之枢"？若就形势险要而言，又岂抵上"百顷仇池，羊肠九折"？只能这样说，"中国经济的重心，在江淮一带，而江淮一带，比较形势险固，运输便利地方，要算南京"，如是而已。

海外交通以后，上海因为对内为扬子江口，对外为国际航线必须经过的地方。遂成了全国贸易的中心，经济上的首都。中国经济中心，早在江淮流域，而江淮流域的经济中心，本在江都。至此便由江都移到上海。又因上海正当全国海岸线中心，所以无论对内对外，均以上海为主要吞吐港口。清季以还，上海关税收入为全国第一，同时也为全国的游资集中地，成为全国的金融市场。在北平作政治首都的时期，距上海计有一千四百余公里，控制上海的金融，是一个非常困难的事。因是上海附近的地方势力，也渐渐和中央势力脱节。这种情形在清代的晚期，已经渐渐的显著，至民国初年，格外加甚。渐使北平政府到无法维持的状况。当国民政府迁都之际，互相争执应迁的着重点，只在军事、政治、文化各方面。其实文化（如是否腐化之类），并不成为是否应当迁都的理由。政治及军事上固是理由之一部分，但当时最大的威胁，实在东北，北平情势，远较南京为严重。建都在南京，决不是进取，而只是退守。至于对南京说炮舰的威胁大于胡马，南京适当炮舰之冲，故应作为首都，但北平又何尝不是炮舰之冲？总之在迁南京之时，中国军事上的基础，十分薄弱。说是在军事上要来个对外进取的都城，实不见得是个尽情入理的事。只可说中国当时是十分需要政治上的安定之时，军事上对内的功用大于对外。（因为根本不能对外，中国当时领土，如外界均势失效，无论那个都城都有沦陷的可能。无论南京或北平：当时都不是对外的。）为维持物质建设的迅速，和对内统一及集权的巩固，则南京对得川滇闽粤，确较适中。又因接近经济之枢纽，可以解除一部分财政上的危险，则南京实远较北平为优越。

国都的营建，最初似乎只以宫殿为基本，市政的计划似乎并不是一个必需的事。中国最早的都邑，因为史料不全无从悬断。只有中央研究院历史语言研究所所发掘的殷墟，可窥见一部分。现所知道的殷代的宫殿都在安阳小屯村的北部。宫殿的遗址东面和北面临漳河，其西面则为平民所住的窟穴。宫殿临河而建，似乎和后来明堂辟雍周围环水之说有关。而《考工记》所言的"匠人营国，国方九里，旁三门，国中九经九纬，经涂九轨，左祖右社，面朝后市"，似乎只是周公作洛以后的事，无由上溯的。

汉初治长安，先治长乐宫，后治未央宫（见《汉书·高帝纪》及《叔孙通传》），至惠帝时，始城长安。关于长乐、未央等宫阙的史料，略引如下：

《汉书·高帝纪》：五年五月车驾西都长安，后九月徙诸侯于关中，治长乐宫（《史记》七年二月宫成，丞相已下徙治长安，十年十月淮南、梁、燕、荆、楚、齐、长沙王皆来朝长乐宫）。

《三辅黄图》：长乐宫本秦之兴乐宫也，高祖始居栎阳，七年长乐宫成徙居长安城。《三辅旧事》《宫殿疏》皆曰兴乐宫秦始皇造，汉修饰之，周回二十余里，前殿东西四十九丈七尺，两序中二十五丈，深十二丈，有鸿台、临华殿、温室殿，及长信、长秋、永寿、永宁等四殿，高帝始居此宫，后太后常居之，在长安城东近东直杜门（《水经注》杜门北对长乐，城南东来第一门也），孝惠至平帝皆居未央。《汉书·高帝纪》：七年上击韩王信还，二月至长安，萧何治未央宫，立东阙、北阙、前殿、武库、大仓，上见其壮丽，甚怒，曰：天下匈匈，劳苦数岁，成败未可知，奈何治宫室过度也。何曰：天下未定，故可因以就宫室，且天子以四海为家，非令壮丽，无以重威，且无令后世有以加也。上说，自栎阳徙都长安。《西京杂记》：汉高帝七年，萧相国营未央宫，因龙首山，制前殿，建北殿。未央宫周回二十二里九十五步五尺。街道周回七十里，台殿四十三，其三十二在外，其十一在后宫。池十三，山六，池一，山一，亦在后宫，门闼凡九十五。

《三辅黄图》：未央宫周回二十八里，前殿东西五十丈，深十五丈，高三十五丈。前殿四路寝，见诸侯群臣处也。营未央宫因龙首山以制前殿，山长六十里，秦时有黑龙从南山出饮渭水，其行道因成土山，《西京赋》所谓疏龙首以抗殿者也。

《水经注》：渭水径长安城北，又东合昆明故渠。故渠东径未央宫北，萧何斩龙首山而营之。……北有玄武阙，即北阙也。东有苍龙阙，阙内有闾阖、止车诸门。……未央宫北即桂宫也，周十余里……旧乘复道，用相径通。故渠出二宫之间，谓之明渠。明渠又东历武库北，旧樗里子葬于此。汉长乐宫在其东，未央宫在其西，武库直其墓。明渠又东径汉长乐宫北。周二十里。殿前列铜人，殿西有长信、长秋、永寿、永昌诸殿。

据以上所记，长安宫阙的规模，大致可睹。今据《长安志》、《长安县志》、足立喜六《长安史迹考》诸书，绘其大略平面布置如次。[①]

未央宫以北门及东门为正门，所以都有阙。《汉书·高纪》七年二月注云：“未央殿虽南乡，而上书、奏事、谒见皆谒北阙，公车司马亦在焉。是则以北殿为正门，而又有东门东阙，西南两面无门阙，盖压胜之术。”又《史记·高纪》裴骃《集解》：“未央宫东有苍龙殿，北有玄武阙。”司马贞《索隐》曰：“东阙名苍龙，北阙殿玄武，秦旧宫皆在渭北，立东北阙，取其便也。”但立阙的意思只是一种表示巍峨的装饰，未央宫四面都有门的，只是东北两门为正门而已。《三辅黄图》云：“未央、长乐、甘泉宫四面皆有公车，公车主受章疏之所司马门。凡言司马门者，宫垣之内，兵卫所在。”可见有司马门，是不必一定要有阙的。譬如北平的紫禁城，只有午门当有变象的阙，其他三门是有门而无阙的。即是午门乃属紫禁城正门，而其他的门不是。所以未央宫和紫禁城虽同在都城的南面，但仍有一个极大的分别，即北平的紫禁城乃是沿袭《考工记》“左宗右社，前朝后市”的都城制度，而未央宫的前门是北门，当然不是“前朝后市”。依现在的推测，汉长安城依秦时原有的洛宫别馆的旧址而扩张，大致依着天然的形势，和事实的方便，并无什么建国的理想在内，因此也无须作高深

---

① 本文应有图示，但参考出处《中国的社会与文学》页173—179已没有图示，故无法提供，下文同。——编者注

的推测的。

东汉都洛阳，洛阳的城，即是成周故址。洛阳本有两个城基，其一为瀍水以东，称为成周，东汉至隋洛阳城的旧址都在此处。其一则为瀍水以西，涧水以东，称为王城，隋炀帝所建洛阳和今洛阳城大致地位均在这个地方，历汉、魏、晋、后魏均称为河南县。成周即后汉所都的洛阳，本来也是周公所建，《尚书伪孔传》所称："今洛阳也，将定下都，迁殷顽民，故并卜之"，即是这个地方，后来敬王迁都到此。《〈史记·周本纪〉正义》引《括地志》云：

> 故王城一名河南城，本郏鄏，周公新筑，在洛州河南县北九里苑内东北隅，自平王以下十二王皆都此城，至敬王乃迁都成周，至赧王又居王城也。

关于周代东都的迁徙，在此可见一个大概。至于为什么不再恢复王城呢？大约殷的顽民作了经济上的发展（据徐中舒先生推测），使成周繁盛起来，后来王城遇见军事上的破坏，便迁到此处了。成周既以殷人作经济发展而繁盛，所以《史记》《汉书》所说的周人也来好作买卖人了。

洛阳的宫殿，并不是东汉开始建筑的。《汉书·高帝本纪》曰："五年，帝乃都洛阳，夏五月，置酒洛阳南宫。"又："六年十二月至洛阳，正月壬子，上居南宫，从复道上见诸将往往耦语，用张良计。三月，置酒南宫，封雍齿。"吕祖谦《大事记》曰：

> 《舆地志》云"秦时已有南北宫"，更始自洛阳而西，马奔触北宫铁柱门，光武幸南宫却非殿，则自高帝迄于王莽，洛阳南北宫、武库未尝废。盖秦虽都关中，犹仿周东都之制，建宫阙于洛阳（车千秋子为洛阳武库令。赵涉劝周亚夫抵洛阳，直入武库）。

可证秦时已有洛阳南北宫。至于原为秦建，还是周的故宫，据现在所知，都无证据。不过据情理上的推测，洛阳城既系周城，必然应当有周室宫殿的遗址，即今为秦所建，亦仍周之旧址而改建，决不会凭空营造的。

旧洛阳的城址现在在洛阳城东方，金村。自从周室以后一直到隋，虽然常有废兴改造，地址并无多少移动。至隋炀帝才改建到现在洛阳城地方，旧洛阳才废。今依《洛阳伽蓝记》《水经注》诸书作草图如下：

此图方位依据最多的是《水经注》，《水经注》虽较后，但渊源流变，在《水经注》所见的，反比其他可以参考的书为详。

洛阳主要的宫殿，是南宫而非北宫。南宫的位置是在城的中部。南宫所以称南的，是与北宫对称。南宫的正门却是南门而不是北门，此一点与未央宫长乐宫是大不相同的。南宫的正门为雉门后改为阊阖门。《水经注》："按《礼》，王有五门，谓皋门，库门，[雉门]，应门，路门。[路门]一曰毕门，亦曰虎门也。魏明帝上法太极，于洛阳南宫起太极殿于汉崇德殿之故处，改雉门曰阊阖门。"又因南宫适在城中，所以四门均设有阙。《水经注》云："偃师去洛四十五里，望朱雀阙，其上郁然与天连，是明峻极矣。洛阳故宫名有朱雀阙、白虎阙、苍龙阙、北阙、南宫阙也……今阊阖门外夹建巨阙以应天宿，虽不如礼，犹象魏之上而加后思以易观矣。"这和未央宫只有东阙、北阙是不相同的。

关于南宫和北宫的史料，今略述其大要如下：

（一）南宫

《汉高帝本纪》：五年，帝乃都洛阳，夏五月，置酒洛阳南宫。

《后汉书·光武本纪》：建武元年冬十月，癸丑，车驾入洛阳，幸南宫却非殿，遂定都焉。注：蔡质《汉典职仪》曰：南宫至北宫，中央作大屋，复道，三道行，天子从中道，从官夹左右，十步一卫。两宫相去七里。十四年春正月起南宫前殿。

《续汉书·百官志》：宫掖门每门司马一人。"南宫南屯司马"主平城门北，宫门，"苍龙司马"主东门，"玄武司马"主玄武门，"北屯司马"主北门。"北宫朱爵司马"主南掖门，"东明司马"主东门，"朔平司马"主北门，凡七门。——据此南宫有四门，北宫只有三门。

《续汉书·五行志》：灵帝光和元年，有南宫平城门内屋、武库屋及外东垣屋前后顿坏。蔡邕对曰：平城门正阳之门，与宫连，郊祀法驾所由从出，门之最尊者也。武库禁兵所藏，东垣库之外障……

《三国志·魏志》明帝青龙三年：是时大治洛阳宫，起昭阳、太极殿，筑总章观。百姓失农时，直臣杨阜，高堂隆等各数切谏，虽不能听，常优容之。（《文纪》黄初元年裴注"至明帝时，始于汉南宫崇德殿处起太极殿"，故太极殿在南宫。）

《魏书·高祖本纪》曰：（后魏太和十七年）秋九月庚午，幸洛阳，周巡故宫基址，帝顾谓侍臣曰："晋德不修，早倾宗祀，荒毁至此，用伤朕怀"，遂咏《黍离》之诗，为之流涕。

《水经注》：其一水自千秋门南流，经神虎下，东对云龙门，二门衡栿之上皆刻云龙风虎之状，以火齐傅之，及其晨光初起，夕景斜晖，霜文翠照，陆离眩目。又南径通门掖门西，又南流东转，阊阖门南……魏明帝上法太极，于洛阳南宫起太极殿于汉崇德殿之故处，改雉门为阊阖门。昔在汉世，洛阳宫殿门题多是大篆，言是蔡邕诸子，自董卓焚宫殿，魏太祖平荆门，汉吏部尚书安定梁孟皇善师宜官人分体，求以赎死。太祖善其法，常仰系帐中爱玩之以为胜宜官。北宫榜题，咸是鹄笔。南宫既建，明帝令侍中京兆韦诞以古篆书之。皇都迁洛，始令中书舍人沈含馨以隶书书之。景明正始之年又敕符节令江式以大篆易之，今诸桁榜题，皆是式书。……渠水又枝分夹路南径出太尉司徒两坊间，谓之铜驼街，旧魏明帝置铜驼诸兽于阊阖南街，陆机云：驼高九尺，即出太尉坊者也。

《洛阳伽蓝记》：永宁寺熙平元年灵太后胡氏所立也。在宫前阊阖门南一里御道西，其寺东有太尉府，西对永康里，南界昭元曹，北邻御史台。阊阖门御道东有左卫府，府南有司徒府南有国子学堂，内有孔邱象。颜渊问仁、子路问政在侧。国子南有宗正寺，寺南有太庙，庙南有护军府，府南有衣冠里。御道西有右卫府，府南有太尉府，府南有将作曹，曹南有九级府，府南有太社，社南有凌阴室，即四朝的藏冰处也。

（二）北宫

秦时已有北宫，见前。

《后汉书·明帝本纪》：永平三年起北宫及诸官府。

又，八年，冬十月，北宫成。

《窦皇后纪》：见于北宫章德殿。

《邓皇后纪》：自御北宫增喜观，阅问宫人，即日遣五六百人。

《钟离意传》：永平三年夏旱，而大起北宫，意请阙上疏，帝敕其匠止作诸宫，减省不急，遂应时雨。后德阳殿成，百官大会，帝思意言，谓公卿曰："钟离尚书在，此殿不立。"注："汉宫殿名曰北宫，中有德阳殿。"

《井丹传》：建武末，沛王辅等五王居北宫，皆好宾客，请丹不能改。

《贾逵传》：肃宗立，降意儒卫，特好《古文尚书》《左氏传》。建初元年，诏逵入讲北宫白虎观、南宫云台。

《桓帝纪》延熹五年十月：换王侯租以助军粮，出濯龙中藏钱还之。

又：延熹九年七月庚午，祠黄老于濯龙宫。

《马后纪》：（明）帝幸濯龙中，并召诸才人，下邳王以下皆在侧，请呼皇后。帝笑曰：是家志不好乐，虽来无欢。是以游娱之事，希尝从焉。

又：建初元年，欲封爵诸舅，太后不听。明年夏大旱，言事者以不封外戚之故，有司因此上奏，宜依旧典。太后诏曰：凡言事皆欲媚朕以要福耳。……前过濯龙门上见外家问起居者，车如流水马如游龙。仓头衣绿褠，领袖正白，顾视御者不及远矣。

又：内外从化，被服如一，诸家惶恐，倍于永平时，乃置织室，蚕于濯龙中，数往睹视，以为笑乐。《续汉书·百官志》：钩盾令一人，六百石。本注曰：宦者，典诸近池苑囿，游观之处。丞，永安丞各一人，三百石。本注曰：宦者，永安，北宫东北别小宫名，有园观。……濯龙监，直里监各一人，四百石。本注曰：濯龙亦园名，近北宫。直里亦园名也，在洛阳城西南角。

《三国志·魏志·文帝本纪》：黄初元年冬十二月，初营洛阳宫。注：臣松之按诸书记是时帝居北宫，以建始殿朝群臣，门曰承明。陈思王植诗曰：谒帝承明庐是也。至明帝时始于汉南宫崇德殿处起太极昭阳诸殿。

又：二年，筑凌云台。《世说》曰："凌云台楼观精巧，先称平众木轻重，然后造构，乃无锱铢相揭。台虽高峻，尝随风摇动，而终无倾倒之理。魏明帝登台惧其势危，别以大材扶持之，楼即颓坏，论者谓轻重力偏故也。"

又：五年，穿天渊池。

《魏志·明帝本纪》：景龙三年，秋七月，洛阳崇华殿灾。八月命有司复筑崇华殿，改名九龙。《水经注·榖水》：又东历大夏门下，故夏门也。陆机《与弟书》云："门有三层，高百尺，魏明帝造。门内东侧际城，有魏文帝所起景阳山，余基尚存。"孙盛《魏春秋》曰："黄初元年，文帝愈崇宫殿，雕饰观阁，取白石英及紫石英及五色大石于太行榖城之山，起景阳山于芳林园，树松竹草木、捕禽兽以充其中。于是百役繁兴，帝躬自掘土，率群臣三公以下，莫不展力……榖水又东，枝分南入华林园，历疏圃南，圃中有古玉井，井悉以珉玉为之，以缁石为口，工作精密，犹不变古，璨然如新。又径瑶华宫南，历景阳山北，山有都亭，堂上结方湖，湖中起御坐石也。御坐前建蓬莱山，曲池接筵，飞沼拂席……微，飙暂拂，则芳溢六空，入为神居矣。其水东注天渊池，池中有魏文帝九龙殿……池南置魏文帝茅茨堂，堂前有茅茨碑，是黄初中所立也。"

从以上的史料看来，洛阳的南宫和北宫性质是不同的，南宫的地位在洛阳城中，即由洛阳的正南门（汉名为平门或平城门，魏晋曰平昌门）经过很长的御道才到宫门（即阊阖门），其对于洛阳城的地位，应当于现在的紫禁城对于北平内城的地位。北宫却偏在城的北部，在大夏门以内，他的位置是比较偏僻的。但北宫却有池沼邱山之胜，所以北宫实际上要具有御苑的性质。照此说来，南晋和洛阳全城的位置有关，而北宫却只是以宫就池泉，并非故意修在城北。至于南北两宫从汉到北魏都是并存的，日本人那波利贞认为南宫为西晋的宫殿，北宫为北魏的宫殿，亦不是完全确切的。（见《桑原博士纪念东洋史论丛》）。

洛阳城门位置表

位置	汉代	魏晋	北魏
东面北头门	上东门	建春门	建春门
东面中间门	东中门	东阳门	东阳门
东面南头门	望京门	青明门	青阳门
南面东头门	开阳门	开阳门	开阳门
南面中间门	平门	平昌门	平昌门

位置	汉代	魏晋	北魏
南面西头门	津 门	津阳门	宣阳门
西面南头门	广阳门	广阳门	西阳门
西面中间南门	雍 门	西明门	西阳门
西面中间北门	上西门	阊阖门	阊阖门
西面北头门	无	无	承明门
北面西头门	夏 门	大夏门	大夏门
北面东头门	穀 门	广莫门	广莫门

从都市的设计方面来说，洛阳在各方面都比长安为完美。所以后来都城营造，多从洛阳仿造而来，如南朝的建邺，和北齐的邺。

建邺本为汉代的秣陵县，建安十六年自吴徙治秣陵，十七年城石头。改秣陵为建业（《吴志·孙权传》），出于张纮和刘备的选择（见《张纮传》及注引《江表传》）。《建康实录》：

> 黄龙元年秋九月，帝迁都于建业……冬十月，至自武昌，城建业太初宫居之。……今在县东北三里晋建康宫城西南……其建业都城，周二十里一十九步。
>
> 赤乌十一年……三月，太初宫成，周回五百丈，正殿曰神龙。南面开五门，正中曰公车门；东门升贤门，左掖门；西曰明扬门，右掖门。正东曰苍龙门，正西曰白帝门，正北曰玄武门，起临海等殿。

至孙皓时又在太初宫的东方起昭明宫。《建康实录》：

> 宝鼎二年夏六月，起新宫于太初之东，制度尤广。二千石以下，皆自入山督摄伐木。又攘诸营地，大开苑囿。……又开城北渠，引后湖水激流入宫内巡绕堂殿。……十二月新宫成，周五百丈，署曰昭明宫，开临硎，弯崎之门，正殿曰赤乌殿，后主移居之。

按《吴志》赤乌十年注引《建康宫殿簿》曰：

> 太初宫中有神龙殿，去县三里，左太冲《吴都赋》云"抗神龙之华殿"是也。赤乌殿在县东北五里。

又《吴志》宝鼎元年注引《太康地记》曰：

> 吴有太初宫方三百丈，权所起也。昭明宫方五百丈，皓所作也。避普讳故曰显明。

三百丈仅合今二百一十丈每边仅五十余丈，五百丈，仅合今三百五十丈，每边亦仅八十余丈。后者虽然稍大，但比盛世规模已不算大。前者不过等于普通府邸而已。《建康实录》谓太初宫系吴桓王故府所改，此言若确，可见太初宫是因城而建，并非宫殿和城市都有如何大规模的设计。

但太初宫却在全城的比较中部，与洛阳南宫的位置略为近似。

《建康实录》注引《宫城记》云：

> 吴时自宫门南出，夹苑路至朱雀门七八里，府寺相属。

左思《吴都赋》云：

> 高闱有闶，洞门方轨。朱阙双立。驰道如砥。树以青槐，亘以绿水，玄荫眈眈，清流亹亹，列寺七里，侠栋阳路；屯营栉比，解署棋布。横塘查下，邑屋隆夸，长干连属，飞甍舛互。

朱雀门即朱雀航所在，在其东部和西部并列着两个长干。宫门的正门正对朱雀门，即宫门南出的朱雀街将全城分为二部。所以宫城位置应当在全城东西的中线上。又其南部罗列府寺连亘七八里，所以其位置决不应当偏南。又按前引《建康录》知太初宫在晋建康宫的西南，所以太初宫东北

702

应当有个建康宫的地基。但晋建康宫实为吴时的御苑。《御览·居处部》引《吴书》云：

> 建康宫城即吴苑城，城内有仓，名曰苑仓，故开北渎，转运于仓所，时人亦称为仓城。晋咸和中修苑城为宫，惟仓不毁，故名太仓，在西华门内道北。

所以吴的建邺城若将苑城亦算入城的一部，那就太初宫城也不算在城的最北。

西晋的末年，琅邪王睿渡江镇建邺，以吴的旧太初宫，修为府舍。后来即位以后，便改府舍为宫城。所以东晋初年宫城仍吴宫的旧址。至晋成帝时苏峻之乱，在咸和四年正月"苏硕攻台城，焚太极，东堂秘阁皆尽，二月，以建平园为宫"。（《晋书·成帝本纪》）又《建康实录》卷七："咸和七年，冬十一月新宫成。署曰建康宫，开五门，南面二门，东西北各一门。"注："案《图经》，即今之所谓台城也，今在县城东北五里，周八里，有两重墙，按修宫苑纪建康宫五门，南面正中大司马门，世所谓章门，拜章者伏于此门待报。南对宣阳门相去二里，夹道开御沟，植槐柳，世或名为阙门。南面近东闾阖门，后改为南掖门，门三道世谓之天门，南直兰宫西大路出都城开阳，门正东面东掖门，正南平昌门……其东西门不见名。其宫城西南角外本有他名清游池，池中有乐贤堂，并肃宗为太子时所作。苏峻之乱，宫室皆焚毁，惟此堂独存。"至咸康五年，"始用博垒宫城，而创楼观。"（《建康实录》卷七）

根据新宫在"县东北五里"和太初宫在"县东三里"两则来推，新宫或建康宫实在太初宫的东北。但孙皓的赤乌殿亦在"县东北五里"，所以孙皓的赤乌殿应当和东晋的建康宫地位相当。但《御览》引《吴书》说建康宫实际上是吴的御苑，所以吴的赤乌殿应当亦在吴的苑内。《建康实录》称孙皓宝鼎二年开城北渠，引后湖水激流入渠内，巡绕堂殿"，和《吴书》所称"城内有仓，名曰苑仓，故开北渎，将运于仓"，实际应当是一个渠。此宫大约当在北极阁下，鸡鸣寺和武庙以东的渠（按《建康实录》注云：

开后湖水西南流名曰运渎，自运渎开渠东行通清溪的名曰潮沟。潮沟唐时已塞，现在此渠当和杨吴城壕在一枝园附近相通。则非湖沟而为运渎可知）。现在此渠的位置是从武庙以东的水关入城，流经武庙东墙，更南经成贤街以东在浮桥附近入杨吴城壕。此渠又在武庙以南分支，流经中央大学之北更绕中央大学之西向南在莲花桥附近流入杨吴城壕。按北二水应当相当于从前的运渎和潮沟。《建康实录》卷二注云：

> 潮沟亦帝所开，以引江潮，其旧迹在天宝寺后，长寿寺前。东发青溪，西行经古都承明，广莫，大夏三门外（外字误，此沟本在宫内，不得言城外，外字系内字）。西极都城墙，对今归善寺西南角，南出经阊阖西明二门，接运渎，在西州之东南，流入秦淮。又开一渎，在归善寺东，经栖元寺门，北至后湖，以引湖水，至今俗呼为运渎，其实古城西南行者是运渎，自归善寺门前东出至青溪者，名曰潮沟，其沟东头今已堙塞，才有处所，西头则见通运渎，北转至后湖。

以今地证之，那就实录听说的运渎相当于中央大学以北再转到中央大学以西的渠。至于潮沟那就相当于从武庙向南流到浮桥附近的渠。不过往东和青溪沟通的渠已不存在，这就是实录所说的，"其沟东头今已堙塞"了。

对于运渎和青溪的故道，朱偰在《金陵古迹图考》曾有考证，其言曰：《上江两县志》卷四注云：

> "邑人孙方川云：自破布营以东，上乘庵马家桥之南，陂池相接，多至数十，疑即青溪古迹。"以余观之，青溪故道，别有所考，破布营上乘庵一带之数十陂地偏西，决非青溪所经。以运渎故道当之，则北接大石桥莲花桥南来之水，南连运渎而通秦淮，与吴时凿运渎通转运之本意，正相契合。且后南唐护龙河之西段，正借运渎之水，《白下琐言》："羊市桥畔上跨屋舍，下穿沟渠。后为张府园裕民坊，其地有河身一段，长十余丈，宽二三丈，两旁石岸犹存，乃西护龙旧址

也。"由此考之，吴所凿运渎，盖发源后湖，由此关入城，循北极阁前水道，绕今中央大学之西通大石莲花等五桥，经廊后街，相府营，香铺营，破布营，金銮卷（今日犹有遗迹）等陂池而至笪桥，西流出城，南流入淮，彰彰可考也。青溪故道，自杨吴引为城壕，九曲溪流，仅余一曲，同治《上江两县志》者云："青溪水发源钟山，南流入驻防城，又而入竹桥而绝，又自内桥东流，与南唐宫壕合。又东南经四象桥至淮青桥，与淮水合。"注云："自杨吴筑城，青溪始塞……今诸景并废，故道多埋，惟自升平桥北流，绕钟山书院故址后，又东流而北至五老寿里诸桥，相传为青溪遗迹，背署有青溪里巷，此其证矣。"陈文述《秣陵集》卷四亦云："盖古青溪本自浮桥折而南卜，经今沐府东门红花地吉祥街一带，绕钟山书院之前，南出升平桥而下，为四象桥淮清桥之水，故今大阳沟一带往往有桥有水，而书院钱厂桥其水与护龙河别为两派，此正青溪旧迹也。"由此考之古青溪当发源钟山西南，为燕雀湖，西流经竺桥，由太平桥西而南，经青溪里巷，五老桥，寿星桥，常府桥及今南京中学之后，下为升平，四象淮清诸桥而入于淮，屈折最多，故曰九曲青溪也。（参看《上江两县志》城内图）。

其所考主要根据是同治《上江两县志》，大致当无问题。所以运渎即中央大学北转到中央大学西的渠水。据《建康实录》此渠达到都城西墙附近，所以都城西墙应当在此渠之西。

其次在北极阁之北后湖沿岸一带，存有古城一段。此城甘熙《白下琐言》及陈文述《秣陵集》均依俗说认为台城，但此城若为台城，则其北便是后湖，无法再筑宫城。又《寰宇记》亦谓台城在覆舟山南，同治《上江两县志》亦据此断言非台城。但县志说为明扩都城所遗，那就全然意义不明，此城的城砖显然比南京城的明砖为旧，而且明时无缘筑此一段支城，说是明时扩城所遗未尝不可以说。不过明时以前的南康旧城北面只达北门桥迤东为止，无缘到北极阁，所以此城自然应当是六代都城之遗。所谓台城只是俗说的沿误，如现代将北平的广安叫做彰义门，实则广安门的地址并不全等于辽金的彰义门，方位大约不差便就此称呼了。

现在对建业都城的西部和北部既然大致知道，其大略的位置，也就可以知道了。据《舆地志》，建业都城周二十里一十九步，其一边应当约为五里，晋前尺五里大约等于营造尺的四里。所以建业都城的东墙应当从覆舟山东麓沿中央军官学校西墙外直下到竺桥，南墙应当是从竺桥沿珠江路和杨吴城壕到莲花桥附近。

竺桥到莲花桥假若分成两段，应当在浮桥以东一百公尺左右的地方，从这一点向南延长，恰和太平路成为一直线。则建业都城的位置亦大致可以决定了。

六朝以前的主要三个都城，长安、洛阳、建康其营建及其方位，大致如此。以上的各都城有一个共同点，即在营建都城之前，并无整个的计划，营建都城的都城基础虽然各有不同，如长安为秦时旧的离宫，依宫而建城，洛阳为殷顽民所迁之城，前汉时仍为繁盛的都市，因就着都市的历史关系而建城。建业也是旧时的秣陵县，依着孙策开府的旧址而建宫，正式的城郭尚要晚到杨吴。此外还有一个邺城，自从六国的魏经营以后，汉代因为水利和商业的关系繁盛起来，成为郡治和县治。三国分立仍为要地，到南北朝时仍有人建都。但到高齐建都的时候，却另治新城，《邺中记》附录：邺中南城，东西六里，南北八里六十步，高欢以北城窄隘，故令仆射高隆之更筑此城。至于邺南城的布置，可参阅顾炎武《历代帝王宅京记》卷十二"邺下篇，都南城"。现在所当注意的地方，便是这是一个整个连宫阙带都市一同设计的计划，而宫殿位置于城的北部和唐代宫殿位置相同，而打破周以来左宗右社、前朝后市、中央宫阙、左右民廛的理想，以及汉晋以来随事布置并无整个计划的事实。宋的汴京又是个略依旧城，虽然宫阙依旧的官署廊充而成，不过城北偏僻，和唐时当有偶合，元明的北京确是一个计划的都市，不过宫阙位置又落周时陈套，对民廛和商市都有不便之处。这一点又不及高齐的邺和李唐的长安了。

明代的南京城是以南唐的后的集庆城为基础而扩充的，其城圈即现在的城圈。依着天然形势来扩充，设计上当不错。只是宫城的位置并不按照六朝旧址，即中央大学和小营一带，却要填燕雀湖而建宫殿。结果宫城地势非常低洼，建成以后形势并不雄壮。后来明太祖也自悔起来。

朱国祯《涌幢小品》卷四云：

> 太祖集诸地师数万人，卜筑大内，填燕雀湖为之。虽决于刘基，
> 实上内断基不敢尽言也。二十五年后知其误，乃为文祭光禄寺灶神
> 云：朕经营天下数十年，事事按古有绪，惟宫城前昂中洼，形势不
> 称。本欲迁都，今朕年老，精力已倦。又天下新定，不欲劳民。且兴
> 废有定，只得听天。惟愿鉴朕此心，福其子孙，云云。

所以明故宫位置并不好，这一点对于我们将来建设首都上是值得参
考的。

（引自《中国的社会与文学》，文星书店，1964 年）

龙冈杂记　床与席

　　古代宫室之制，前堂后室，室尤逼狭，特阔当堂之三分之一耳。《礼记·曾子易箦》篇"曾子寝疾，病，乐正子春坐于床下，曾元、曾申坐于足，童子隅坐而执烛"是则室中之床，一人寝其上，犹可坐二人，而床下亦仅坐二人而已。堂开敞无户，室有户，《礼记·曲礼》"将上堂，声必扬，将入户，视必下；户外有二屦，言闻则入，言不闻则不入"是也。堂拾阶而上，故曰上堂，曰升堂，室从户入，故曰入户，曰入室。堂中不尽有席，故蹑屦而登，室中床上下皆席，故解屦而入矣。

　　室既逼狭，故一床已满，床北临北牖（即"塞向墐户"之向），南临南牖，床下东隅，不过一席之地，故仅坐二人而已。《论语》"伯牛有疾，子问之，自牖执其手"，此牖当指南方之牖而言，盖孔子于伯牛为尊长，升堂之后，不更入室，故临室外之牖而问其疾，时孔子为北面，非南面，或以为孔子就南面之位以视疾，非也。其室之稍大者，则床外尚有余地，《汉书·龚胜传》："胜称病笃，为床室中，户西，南牖下（注：师古曰，牖窗也，于户之西，室之南，牖下也），使者入户，西行南面立，致付诏书。"盖龚胜为汉大夫，故其家自较冉伯牛者为宽博矣。其室之更大者，床下更可施屏风，见《汉书·陈万年传》。

　　若在堂上坐，亦复施床，《御览》一七五引挚虞《决疑》曰："殿堂之上，惟王子施床，其余皆铺席，前设筵。"又《汉书·王吉传》吉上疏曰："夫广夏之下，细旃之上，明师居前，劝诵在后。"注：师古曰："广夏，大屋也，旃，与毡同。"按：筵，犹荐也，先铺者为筵，后铺者为席。《世说新语·德行篇》："王恭从会稽还，王大看之，见其坐六尺簟，因语恭：

708

卿东来，故应有此物，可以一领及我。恭无言，大去后，即举所坐者还之。既无余席，便坐荐上。后大闻之，甚惊曰：吾本谓卿多，故求耳。对曰，丈人不悉恭，恭作人无长物。"此即席下为草荐之证也。若就殿堂上而言之，则殿堂之上，全部铺毡，天子坐床，群臣施荐，而其上各皆有席。席可以坐二人，此汉代惟尚书令、御史中丞，及司隶校尉，所以特称三独坐也。殿中全部皆毡，不必用屦，故蹑屦上殿乃为特典。其在常人，堂上不施毡，但有床席，故可以着屦登堂，至户解屦，惟侍坐于长者，则解屦于堂下耳。

汉灵帝时已用胡床（续虞五行志），至六朝唐而为用更广，然不垂膝而坐，至唐犹然。五代天下大乱，中原建国，半是沙陀，礼法旧家，非复畴昔，坐席之间，旧风渐改。有宋虽为右文之世，而习俗之间，则颇与古异矣。

（刊载于《大陆杂志》，第 1 卷第 5 期，1950 年 8 月）

龙冈杂记　大石与小石

《汉书·货殖传》曰："漆千大斗。"注师古曰："大斗者，异于量米粟之斗，今俗犹有大量。"王先谦曰："顾炎武云，是汉时已有大斗，但用之量粗货耳。齐召南云，案《史记》但云漆千斗，无大字。"汉人载籍言大斗者仅见于此。而《史记》中且未言大斗，是汉代是否确有大斗，仍未能从此处确为证明也。

及居延汉简发现，始知汉代有大斗，《汉书》未尝误，而《史记》或竟有讹夺。居延汉简言大斗者屡见，而其尤裨考证者则为：

出糜小石十二石为大石七石二斗，征和五年正月庚申朔，庚申，通泽第二亭长舒受部农第四长朱。

入糜小石十二石为大石七石二斗。

凡出谷小石十五石为大石九石。

出粟小石三石为大石一石八斗以食卒三人，十二月辛卯尽庚子十日，积三十人（人六升）。

据此数则，大石与小石同以量谷粟，非大石专以之量粗货，而小石以量谷粟也。更就二者比例言之，则小石一石为大石六斗，大石一石为小石一石又三分之二。人每月食粟，以大石计为一石八斗，以小石计为三石。《汉书·赵充国传》云："以一马自佗，负三十日食，为米二斛四斗，麦八斛。"当为人食米而马食麦，三石粟可成米二斛四斗，此就小石而言也（又下文云万二百八十一人，用谷月二万七千三百六十三斛，其数不能除尽，当有误字，未能依据）。故小石当为国家制定而大石则为民间所常用，凡汉简中未言大小石者，以每人每日小石一斗之数计之，大率皆小石，则从故宫所藏莽量测出之数，亦皆小石也。然大石卒不可废。

权衡度量大率皆愈后愈大，依顾炎武《日知录》所考，权量之制唐大于古，宋大于唐，元又大于宋。而王国维《观堂集林》，亦考定尺度之制愈后愈大。盖非惟当征收实物之时，主者每浮收于民，以要奉公之誉，且藉之以获中饱之资。尤以市易之时市物者咸愿用较大之衡量，为人情之常理。故衡量自小而大，其势顺，自大而小，其势逆。以今时衡量而论，民国市用制较清营造制尺大而斤小，故市用制度制早通用而衡制不能尽行。又民国市用较日本制亦尺大而斤小，故日制在台湾度制渐已废止，而衡制亦不能废。就古今通例言之，凡不便于俗者决无久存之理，则六公两一斤之制与五公两一斤之制，若干年后，孰存孰废，可以豫断矣。

（刊载于《大陆杂志》，第 1 卷第 11 期，1950 年 12 月）

自述与怀人

劳榦教授的自述[①]

在史学界，劳榦教授一直是令人熟悉的名字。他所考证的"居延汉简"，象征中国史学研究一段辉煌的成就。

苦心经营这份成就的劳教授，十多年来一直旅居美国。去年十一月份，我们向素未谋面的劳教授发出访问信函，得到劳教授慨然的允诺接受访问。在厚厚一叠信函中，我们谈到劳教授对各项问题严谨精辟的看法，还有他个人的点点滴滴。

访问由"居延汉简"谈起。

"居延汉简"于民国十九年（一九三〇年）由西北科学考察团团员贝格曼（F. Bergman）发现，出土地是甘肃额济纳河流域黑城附近，得两汉木简约一万枚，为历次得简最多的，其中以永元兵器簿尚存当时书编缀的原形，尤为可贵。汉简于民国廿年（一九三一年）运抵北平，由马衡、贺昌群、余逊、向达及劳榦先生共同作部分的考释，均未成书。劳教授于民国廿二年（一九三三年）在《中央研究院历史语言研究所集刊》第十本曾记"居延汉简考释序目"。民国廿六年（一九三七年）抗日战争爆发后，原简经徐森玉、沈仲章两位先生设法运至香港，照相准备出版，惜毁版于战火。照片中，大部分反面片存于劳教授手中，于民国卅年（一九四一年）在四川李庄重新分类、抄缮及校释。在当时物质奇缺，交通全赖步行的情形下，劳教授自己释文、抄写，由一旧式的石印馆印了四册《居延汉简考释》，受到史学界相当的重视。

---

① 此篇为对劳榦教授的采访。——编者注

在劳榦教授的生命史上，"居延汉简"早已成为其中的一部分。而这一代的青年，对"居延汉简"的认识可说是很有限，因此，我们请劳教授首先说明"居延汉简"的学术价值。

"居延汉简"，是各处发现的汉简中，分量最多的一批。在此以前发现的还有一批"敦煌汉简"，性质和"居延汉简"差不多，都是防守长城军队中的纪录。在此以后发现的有一批"武威汉简"，那是两部汉代手写的《仪礼》。以及近来数年在内地发现的如秦律、秦编年、《老子》、《战国策》、《孙膑兵法》、黄老书等等，这些都是书籍，与《敦煌汉简》《居延汉简》的边塞记录的性质不同。我们现在所看到的《史记》《汉书》《后汉书》等就史的编纂上来说，水准都相当高，不过关于制度方面是不可能面面都顾到的，很可以补充正史的漏洞。所以非常有用。

以劳先生多年的研究心得及经验，考证汉简的方法如何？它对于学术研究有什么影响？

对于考证汉简的方法，大致可分做两种：第一，是传统考证金石文字的方法，以每条汉简为主，在后面加上考订；第二，是以有关汉代的问题为主，引用汉简来做证明，结果不是一节一节的短篇考证，而是自成系统的论文。这两方法，我都做过。

关于第一种，传统式的考证形式，在我做《居延汉简考释》以前，王国维的《流沙坠简》对于汉简来说，不能不认为开创的著作。王国维的国学根柢本来相当深厚，而且是一个智慧很高的人，更重要的恐怕还是他在日本时对于西洋哲学用过了一番功，他的考证虽然采用传统的方式，可是具有西方哲学的推理方法，这就是使非常干燥无味的汉简，能够考证出来意义。他的标准很高，到了居延汉简发现以后，就有"难以为继"的感觉。从民国十九年秋发现，直到民国二十四五年，还无人敢做考证。这一点我们要感谢傅孟真先生，他坚决的认为"青年人不是不可以做独立研究的",他不顾一切困难,把居延汉简解放出来交给我们几个人研究。不久,我做出来《从汉简所见的汉代边塞制度》和贺昌群做的《烽火通考》都是这一个同时期的事,但因为时局的关系,居延汉简的拍照和印刷虽一直在设计中,却一直拖到民国二十八年才在香港拍照,我当时在四川的李庄接到了一份照片,就根据这份照片,做全部的释文和考证。为适合于全书的编制,也就采用了传统的方法,也就是王国维《流沙坠简》中的体例,这比王国维当时有其方便处,也有其不方便处。就方便处来说,是居延汉简的分量大致比敦煌汉简大五倍,其中包括的材料也就更好。就不方便处来说,是汉代边塞的问题,王国维已经做过了一次,剩了可做的问题,就成很有限了。不过我在补充和矫正方面还做到一个相当够的分量。

这种传统金石文字式的体裁,只以汉简为主,是有它不方便的地方,因为在基本思想上受到了限制,不能离题太远,所以我在写成了《居延汉简考释》以后,还可以再写下去,成为《居延汉简考释续编》《再续编》。不过我却不愿意把思想和生活都变成了汉简的奴隶,我宁可另外组织别的系统,只把汉简的材料放进去。从那时候开始,我就想以汉代政治的机构及其功能为主题,分成小的题目来做研究论文,然后旁及到汉代的经济和社会,把汉代文献上的材料和汉简中的记载加以配合来找出新的看法出来,在这种方式之下我已经做过了二十几篇论文,在最近新出版的《居延简图版之部》再版的序文中,我也有一个以政治机构为主题的叙述作了一个总的概括。

由汉简的研究,很自然的,令我们想到劳教授对汉史及唐史亦颇有研究,因此请他谈谈有关这两方面的研究经过。他答说:

这可以和三方面有关:第一,过去在学校听课时的准备;第二,在中央研究院史语所做研究时,借此机会看到的书;第三,在台湾大学教课时所涉及的范围。在学校听课时,是倾向于上古方向的,为着与上古史密切的关系，也就对于经学及语言文字学下了不少功夫。到了史语所以后，其中前四五年是集中阅读在有关两汉的各种书籍，以及汉碑汉画及其有关的书籍及论著，以后再从汉代魏晋南北朝一直读下去。只是对于宋代以后，要看的书实在太多，我只能看过其中一部份，就不便再做时代较后的历史问题了。至于在台大教课，教过中国通史、秦汉史、魏晋南北朝及隋唐五代史（以前只在北大及中大教过秦汉史）。只有秦汉史及魏晋南北朝史写过两本不太大的简史，只能做教课应用，或者供一般人看一看，当做一个"专史"是不够的。至于隋唐五代史，因为教过的关系，有一本草稿，但其中牵涉到的关系，自己还不满意，也就不预备出版了。

因为劳教授对魏晋南北朝史的研究极为深刻，令人想到一个蕴藏在心中许久的问题："以整个中国文化的立场来看，您对于当时北亚游牧民族的入侵，胡汉之间的冲突，有何看法？"

对于历史任何事件的看法，首先要采用人道主义的立场，对于历史上任何一种的灾难，都要具深切的同情心。对于"五胡乱华"的看法，不仅对于汉人的灾难表示同情，对于胡人的灾难，也是一样要同情的。大量的草原民族来到内地，其原住地早已发生了问题，既然来了，就很难回去。江统的《徙戎论》原来是不切实际的。就中国的立场来说，只有健全自己，同化别人，西汉武帝、昭帝、宣帝时代，就是这样做的相当成功的，无奈那时西晋的政治，本身就不健全。以致贾后、八王之乱相继发生，也就无法阻止别人的叛变。

当西晋末中原大乱之时，许多的民众受到了很大的牺牲，以致许多城乡都荒废了。其中惨状是不堪想像的。但从另一方面说，汉人对于胡人的报复，如同冉闵那样的残害胡人，也十分荒谬。人类都是一样的，都有家庭，都有子女，也都具有情感。过去史家对于冉闵的罪过，一点也不加批评，也失掉了公正的立场。

五胡南北朝时代对于中国的贡献也是有的，因为又给了中国民族一个新的生机，也给予中国文化一个新的生命。中国这样大的一个国家，原来就不可能出于一个单纯的民族。从商周两代的史迹来看，中华民国的构成本来就是非常复杂的。到了汉代，仍然是大量的胡人迁入内地。五胡乱华的结果，使中国民族更为复杂些，实际上也没有什么害处。当时除去北方的融合以后，还要加上南方的开发，这都是构成中华民族新的生机的原因。这些新的生机就演成了唐代中国的灿烂文明。

以上所说的可能太概括了，现在再把其中一个重要因素，佛教的思想和佛教艺术这一方面来说一下。游牧民族没有固有的文化负担，对于新来的宗教更容易接收，这就使得佛教在中国迅速的传播升，大量译经也从这个时期开始。宗教的开展也影响到艺术新的开展。雕塑、壁画、寺塔的新建筑，都是依据西域的原则而逐渐加以中国化。尤其是变文的讲述，更创建了中国通俗小说的根基。不仅在佛教的本身有华化的新开展，还刺激了道教的建立。原始的道教，不过只是"三张伪法"不是宗教，但到了这个时期，葛洪和陶宏万都努力创建一个真的宗教，尤其是北魏的寇谦之，更是有系统的来改革道教，这就使得中国自己有一个宗教出来，树立了信仰自由的门径。虽然在南北朝还有宗教斗争的流弊的，但是到了唐代，"三教并行论"出来，这是全世界任何国家不曾有公开的这样进步的思想的。虽然有唐武宗时代一度反动而倒退的禁止外国宗教，但也只是一个短暂的逆流，不久就成为过去。南北朝佛教到了中国，最大的可取处是僧人具有革命思想，能够努力的把外来的文化来中国化，这就影响到隋唐禅宗的兴起。禅宗的意义，不仅在渐悟与顿悟之分，而是在做成了一个世界上非常有弹性的宗教，更适合于中国人的风俗，更适合于中国人的生活，更能和中国的固有思想兼容并包（这一点也可以解释禅宗在现代西方逐渐被人重视，因为其弹性可以和现代文化并容的原故）。中国文化以及远东文化，是有它自己的尊严和骄傲的，只有改革的禅宗，是由中国人的僧侣体悟出来的，才能真正领会到中国以及远东文化的尊严，不能够假借任何的力量来使它屈服下去。从这一点去了解唐代的文化。虽然受到外国的影响很多，但唐代文化终究还是中国文化，是有它长远的背景。

"中国的科技研究，在南宋以前都还相当发达，何以近三四百年反而落后西方甚多？"

这是一个有趣的问题，但也是很难答覆的问题。我想可以周期性来解释。譬如经济有经济的周期，朝代有朝代的周期，文化也有文化的周期。周期只是一种现象，背后的成因还要再解释。不过有这种现象是没有太多问题的。过去开元天宝之际要算中国文化的高峰，也就是欧洲文化的低潮；到了十九世纪以后，成为西方文化的高峰，也就是中国文化的低潮。中国文化将来还是可能有高峰出现，这是可以有乐观的看法。

中国科技和中国哲学一样，其优点是往往凭着最高的智慧，直入式的得其精要，不需走繁复的路；其缺点却是（一）过于注意应用，不愿费精神做纯理的讨论。（二）许多科技的书往往叙述过简，没有师承就无法看懂，譬如诸史中的《律历志》，就是很标准的例子，如其不用西洋历法的书入手，就是些看不懂的"天书"。这当然会限制科技进一步的发展。

尤其重要的，西方十九世纪以后，科技的迅速发展，也和西方自由人中产阶级的活动有关。这些人的活动不是为"做事"，而是为"发财"。拜金主义取代了拜文主义。"万般皆下品，惟有读书高"，读书并非只为读书而读书，而是为的"学而优则仕"。目前比前清社会上的观念已经改变的很大，但是如何的改变，才对于科技的发展最有帮助，这还要看现实问题及客观环境作为决定的力量。

劳教授有一位学生说过，劳教授的研究兴趣十分广泛。关于这一点，他谈了许多造成此种倾向的原因及影响：

这一个可以说是"性向"和"环境"的相互作用造成的。一个人的兴趣近来是多方面的，但就我来说，恐怕"理"比"文"更为重要。我从前的家庭环境是注定只能学文或法（说来话长，在此不必说了），将来学理或工是不可能的。但我还是对于数理化的兴趣，超过了其他功课。在考大学的时候，过去就曾经有好几位后来在文学上很有成就的人，因为数学零分考北京大学失败了（因为北京大学录取的人不能有一门是零分的）。但是我考试时我的数理化都是拿高分的（真的分数不知道，不过我和别人来估计，我的数理化都是在九十分以上的），这对于将来学文的人，看来好处并不大。不过就我自己的观点来看，却是仍然对我十分有用。历史的工作，是一个推理的工作，这种推理的工作，诚然如克罗齐所说，近于哲学而远于科学。但哲学对于历史和自然科学，还是一个不可避免的桥梁。历史是一个综合的学问，在历史的工作上，诚然把理化中任何的一个公式装不进去（但生物的公式有时还是可以放进去的），但历史需要自然科学的帮助，仍然是十分重要的。过去我做《汉代户籍与地理的关系》，借用物理系的 Planimeter 自己量，自己算（当时没有电脑，相当费事，而且可能算错，现在做此工作，就容易的多了），做《古代丹沙的应用与其推演》，中间用了一些化学方程式，当时潜伏的心理状况，实在有点，因为没有机会去学自然科学，藉此做一番心理上的补偿，所谓"过屠门而大嚼，聊以快意而已"。但在现在检讨起来，历史采用自然科学来帮助，仍是合理的。譬如史前史应用放射碳来定年代，还是相当的可靠。

我的学历史，只是一种调和的结果，入历史系的时候，既非"第一志愿"，也根本不懂历史是什么，只觉得从历史做"国学"来入门，是一个基础可以比较好的大道，所以在阅读方面，自然的变成非常广泛，反正只要图书馆开门，总会到图书馆去的，同时因为环境不好，京戏、电影以及种种的娱乐，实际上没有资格去问津，就更变成了图书馆的常客，当时阅读的范围是没有什么限制的。而那时又恰在五四以后的几年，一切思想都在萌芽时代，各杂志及报纸副刊中，有关政治和经济的也不少，就此为阶梯，再看政治和经济的专书仍然非常有用。这样对于历史，也无法以一代为限。做两汉的专门研究，是到中央研究院以后的事。但这种广泛的基础，现在看来仍不是无用的。

"听说您在一九七六年曾返国一行，可否谈谈您对国内学术研究风气的看法？"劳教授的答覆十分坦率。

前年回国住的时间不够，因此看的也不够深刻，不过我觉得学术上当然和外来影响不能分开的。我们对于外来影响，自处之道要在"自信"和"虚心"两者之中得到平衡。在复古热薪传之下，虽有些论文讲顾炎武说什么，江永说什么，王念孙说什么，以至王国维说什么，但是没有自己。在崇洋心理之下要喝咖啡，不再用绿茶了，要喝名牌洋酒，不再喝中国酒了（我从不喝酒，但我却深知其事），甚至祖先是拜佛的也深以为讳，要洋化了才光荣。这种社会心理现象，真有"令人不忍言者"。社会风气如此，学术风气又如此，如何能够"择善而从"，是目前一大课题。

过去许多年，大家一直争"科学在中国生根"的问题，其实"科学生根"并非是一个不可能的事，却也不是短期间能做到的事。科学生根的背景，坦白说来，是一个经济的背景成熟以后，对于科技有客观的需要。科学的发展和工业的发展以及经济的成长，是相辅而行的。对于科学的发展应当加倍努力，不过加上工业及经济上的成长，那也就更为有效，这一点应当鼓起勇气来，也应当充满乐观的希望。

如其对国内研究方法作一批评，也许这个看法多少有一点点用处。这是国内的研究风气，向来的"概念式的"，对于一个问题不是先求整个的了解，而是只求零碎的记忆。拿历史来做比喻说，历史决不是柯灵乌所指作的"剪贴的历史"，而是要把历史完全打碎，再用自己的看法重新组织一下，这样才能有新的意境。一切科学和技术，实际上也是用一样的原则。

劳教授的著作很多，近来他的《论文集甲编》出版了，在他来说是颇感安慰的，这是他多年努力潜研学问的精华所在。他谈到这部心血之作：

我的《学术论文集》一直预备了很久，直到一九七七年年底，才出了一个《甲编》。因为封面错字的缘故，预计今年三月可以发行，在《甲编》中包括了论文七十九篇。由艺文印书馆出版，分订两册，约为二百万字。这个《甲编》，也可说是《选集》的第一集。这里面完全是有关学术的论文，一般接近于散文性质的，就不收进去。此外原来排印的形式是直排，而且版式大小不齐的，也未收入，留在《乙编》去发表。但在一九七六年中完成的，如同《居延汉简图版之部再版序》，上古史中的《战国七雄及其他小国》《秦的兴亡》都是很重要的，只因为不能比"中央研究院"的刊物先发表，所以都未收进去，留到《乙编》再说，但是就现在《甲编》已经发表的"质"和"量"来说，我想到在近年一般文史论文集之中，似乎应当算一部最大的刊物中之一。

这部书艺文印书馆帮了很大的忙，只因为我在国外，究竟还有不方便之处，就中目录中的英文篇目，许多该用大写的都未及改为大写，其中英文论文尤其是倒数第二篇《中国政治的周期性》那一篇，因为不是翻印而是照打字稿排印的，有些地方不够清楚，尤其是我看过一次校样，我自己在校样中把文章改了不少处，校样上改文章是不足为训的，不过有时也出于不得已。一般在中文校样上改，手足的本领很大，他们都能够做的恰到好处。可是英文稿子究竟不同，实在应当麻烦艺文往来多校几次。因为我凭着过去校中文稿的习惯，认为没有问题，等到出版以后，才发现行款及排法都有问题。好在还有再版的可能，希望再版时能够改正。

由学术的问题之后，我们请问劳教授，听说他擅长书法，是因为临汉简的缘故。劳教授也答了很多，同时还谈到他的名字：

也许有关系，不过我的究研汉简是大学毕业以后的事。后来因为时常接近汉简，并且因写汉简，影响到我写字的风格，这是可能的。不过我写字的时候，为时确不曾看到汉简，我写字的基础也就无法追溯到汉简了。就我来说，对于写字确也费了不少功夫下去。其中大字方面主要的是唐碑（包括玄秘塔、夫子庙堂碑、圣教序以及颜勤礼碑），小字是临的《乐毅论》和《黄庭经》。后来大字又临了一处北朝的《晖福寺碑》《张猛龙碑》和《孟法师碑》，因为成分相当的杂，不曾构成一个新的系统出来，不过比较对于汉简最接近的，可能还是曾经对于小篆下过一些功夫。我的祖父是喜欢写小篆的，我在五六岁认字的时候，就用我祖父从前所写的，一面楷书、一面小篆的字块。在中学时我就临了不少时间的石印邓石如和赵之谦的小篆。以后我也不曾好好的费许多功去临写，上溯到甲骨以及金文。所以还不算"取法乎上"。不过邓赵二氏的字，是从汉碑的篆额而来的。所以对于甲骨文和金文还有一个距离，对于汉代的书法，还是相当接近的。这对于了解汉简的书法也许还有一些用处。

汉简上所写的字，决不是书家写的，只代表汉代当时一般书写的风格，也和北碑情形一样，除去极少数的碑，如北魏孝文的吊比干文可能由书家书写，其他的许多造像记，都是非书家所写的。但造像记却和吊比干文出于同样的风格。所以不论那一个北碑，就书法的观点说，都是有用的。再说，"侧锋取媚"本来是宋元以来，书法上一个新的发展，但用的太滥了，就变成"庸俗可厌"，清代包世臣呼吁采用纯粹的中锋，不失为对时流积弊的"对症下药"。但就行书或草书，用笔最早的真迹来说，汉简却不能不算上一个最重要的材料。

再谈一谈我的名字，我祖父取了一个名字给我，叫做荣垩，后来我在八九岁时，算命的说不宜火土，应当用木旁起名字，长辈们查了三个字，机、枢和榦，当时我觉得机和鸡同音，枢和输同音，就用了一个榦字，谁知此字更为麻烦。声明也声明不完，幸亏当年没有在大陆竞选立委或国代，倘若真的竞选，就不知道有多少废票了。在大学时，我不信名字上"禁忌"的作用，早就想改回做"荣垩"，无奈改名字实在太难了（外国改名字就容易，只要在各处申请就够了，虽然也麻烦，还是可能的，国内就等于不可能），也就只好这样沿用下去，至于榦字的来源，本来是一个"白字"。榦字是从榦字转变下来的，榦即管（有管及窝二音，古音可能通用），榦和榦本来都是形象字，榦从倝从下，榦从倝从斗，榦字从倝从干，就成了两组都是声了。

读完这一长串的语句，虽然隔着六千哩未能亲炙劳教授的风采，但在薄薄的信纸之后，令人感到他从不曾因为生活在另一块土地上，而忘怀对中国文化的关切与努力。他那默默的付出，使人觉得他离我们是这般的近，他从不曾离开。

（刊载于《湖南文献季刊》，第 6 卷第 4 期，1978 年 10 月）

大学时期以前的回忆录

——童年时代眼中的世界和初期的读物

我是在一九〇七年一月出生的，当时是在陕西的商州（现在的商县）。大约在四月或五月时，我的祖父（名启恂）就由商州直隶州知州调到西安担任师范学校的提调，迁入了西安城内的三台巷，三台巷只有三家，其中一家是著名的诗人樊增祥，另外一所房子作《长安史迹考》的日本人足立喜六曾经住过，我们住的房子是否即是足立住的那所，却无从知道了。

"抓周"时拿的是糖果

我一直非常想追溯幼年的回忆，当然商县时期是一点印象也没有的，在三台巷的一年中，我却还可以回想一点出来。第一件事是"抓周"的事，我当然不会记得，不过后来却听到了一些。那一天预备了许多东西，弓箭、刀剑、笔墨、书籍、算盘、钱币、脂粉、糖果，都放在一个大桌上，叫我去抓，结果并不像曹彬的一手执笔、一手执弓箭，也不像曹雪芹的专拿脂粉，却是一拿就是糖果，才有人送了一支笔到手里。后来我听见了并不怎样的开心，但最后分析的结果，这种办法，太粗疏了，算不了"定向测验"。去拿糖果，无宁认为是一个正常儿童的现象。大约在这以后，才有些模糊的记忆，记得在西安房子的大厅里，并且还记得坐在四姑（名远苹）的轿子里从西安到鄜州去。

鄜州是一个山城，从西安向北走七天的路程。本来是一个大的"直隶州"缺，和商州一样被称为"繁疲难"的，不幸经过了咸同的回变，人口减少，田地荒芜，成了一个贫苦不堪的地方，鄜州的衙门本来也是破烂陈旧，经过我的祖父修理过的，我的印象最深地方还是里面的正厅（三堂），这是一个三明两暗的建筑，祖父和祖母（名洪大绰）住在东边，西边是祖父的书房。正厅的中部是作为起居室用的，这一处房子一直住到辛亥年（一九一一年）春初，祖父逝世为止。

正中的一间，是安着六扇屏门的，每扇上面有两块作为书画的格子，由我的父亲（名仲武）画上花卉，或由四姑来写上字。只记得其中两幅，一个是"南极一星朝北斗，五云多处是三台"，另一个是："及门宰相文中子，家世天官太史公"，当然其中的"三台""文中子""太史公"指的是什么，当时是无法知道的。

这一件只是一个偶然事件，而且确实未曾重演的。大约是在庚戌年的年初，历书新由西安寄到了，放在祖父书桌旁小茶几的下一格子上。我走到祖父房里，拿了历书来看。祖父开玩笑说："猪八戒，看皇历。"这时我慢慢的走到门口，把历书交给祖父。祖父顺便翻一翻，当时我说："爷爷，这是谁看皇历？"祖父当时是非常惊讶的。可是此后我却一直大致是朴讷沉默，没有这种惊人的表现了。再后当我九岁的时候，私塾老师出一个对子"灞桥柳"，我稍稍想一下，即对出"秦岭云"，用韩愈诗中的故事。塾师大为惊异，可是再属对时，便无佳句了。这种"射石没羽"的事，没有把握使其再现的，看来不算真本领。所以古来名人故事之中，真能够再现的，或不能任意再现的，应当有一个区别。

我的伯母（名阴积容）曾有一个儿子，不到一岁就死了，在我出生以后，又有一个又是活的不久。我的母亲（名阎克誉）在生我以后又流产一个，此后不再有小孩。在我祖父在世的时候只有我这一个孙子（后来伯父伯宾的儿子都是在祖父过世才生的，叔父竞九当时尚未结婚），所以格外慎重。我曾看过祖父的诗集，在伯父生第一个儿子时，曾做过诗，到生我以后，就一首诗也没有。这个原因当然是由于警戒的，所以那个"历书故事"也在我结婚以后，四姑才告诉我的，方才唤起我的回忆。

没有学历吃了大亏

祖父是非常清廉的，他的生平在《陕西新通志·名宦传》有传。在他逝世时是毫无积蓄的，甚至丧葬费用都由当地的绅士捐付。所以我们家用那时毫无办法。父亲返北平，三个兄弟又都未入学校，找事也很困难（我后来看到叔父的诗，有"大明覆辙君须鉴，早戢求名好事心"。大明指秋瑾的大明学堂，这是说因为学校是危险的场所，所以避而不进）。直到革命以后，我父亲才在财政厅找到科员的位置，伯父先在小学教书，后来找到郿县的县佐，叔父也因为当时秦军第一师师长张钫的父亲曾做过郿州的州判，张钫请他来做秘书，我们家中才有一点生气（但后来父亲辈还是因没有学校学历，吃了大亏）。

我们家里从祖父逝世后就搬到郿州的教官衙门暂住（因为那时已办学校，教官衙门还在空着），这是文庙西边一个小四合院，我们就从辛亥年二月起住到乙卯年秋天，一直住了四年多。在这个期间，有许多印象比较深刻。

郿州的天气，冬天很冷，夏天却不太热，很少风沙，也不太常下雨。每天总是蔚蓝的天点缀上几点白云照在四周金黄色的山岭上，有点加利佛尼亚的味道。城的东边隔着一条洛河，对着东山，西边半个城包着西山，洛河的水是苦的，城内的井水也是苦的，一切的饮水都是靠西山一个山洞里缓缓流下的泉水，取水的人沿着壁排列着一排一排的水桶，要等五六分钟才能盛满一桶水，这种用时间来等待水的方法，也表现着静静的山城，一切都是缓慢的绵续下去。

革命的旋风，打破了山城的静寂。当西安都督府组织的消息传到郿州，那个接替郿州知州的贪吏，被老百姓赶跑了，不久省政府委了一位温知事来到，他是榆林人，人很和善。这些日子又有一个马营长开到郿州，这是我第一次看到穿新式制服和新式来福枪的军队。

也就在这一年中，我的伯父带我到新制的国民学校参观去。其实当时我应当入学校的，因为长辈们认为学校学不了多少功课，也就没有入学校。由四姑教我读经书，四姑精心来教，这一个时期非常重要的。至于参观学校时，处处给我新鲜的感觉。因为我认过一些字，学校的教员给我看当时二年级一课书，这一课是"群鸟筑巢，或衔树枝，或衔泥土，一日而巢成"，除过筑字以外，我都认得，学校的教员告诉我说这是"筑"字。这算第一次从学校中认得的字。等过了几个月，四姑才教我到"筑室百堵"。

当时的办法，是认字和读书同时进行的，认字的字块在祖父生时已缓慢的推进了，字块是祖父写的，一面红的，一面白的，用双层纸裱着，红的写着楷书，白的写着篆书，第一遍认楷书，第二遍认篆书，有的篆书还加一点附注（不知道为什么，却木曾把《说义》中的字体结构的解说写出来。也许祖父想对于《说文》将来再讲授的）。其中一些附注现在已经记不得了，只记得朋字下写着"古凤字，今借作朋"。后来又由西安寄来了商务印书馆出的方字和共和国小学国文教科书，当时用来实际上等于复习性质，我最感觉兴趣的，还是方字和教科书的附图，其中房屋、山川、田地、用具，都和在鄜州看见的不一样，给人一个异国情调的感觉。这些附图曾经有人批评过说不切实际，不过以中国之大，岂能画出一个全国都能适合的附图，和本地风光不符合的，也是知识给儿童一些新鲜的观感，不算错事。

杨柳依依　雨雪霏霏

凡是佳句，不论经典或教科书，都是一样感人的，《诗经》中"萧萧马鸣，悠悠旆旌"以及"昔我往矣，杨柳依依；今我来思，雨雪霏霏"都是动人心弦的句子，当时读过总觉得神往，后来才知道萧萧马鸣那两句颜之推早已在《颜氏家训》提到过了。至于国文教科书，其中有一课是："燕子汝又来乎？旧巢破，不可居，衔泥衔草，重筑新巢。燕子，待汝巢成，吾当贺汝。"这也是一篇文情兼到之作。我当时对于这一课记的很清楚（教科书是不要背诵的），到结婚以后，衍璞也是对这一课最记得，可见凡是兴到的文字，感人深度对于各人均是一样的。

对于《大学》和《中庸》，是照旧规矩要读最前一章的注文，这些注文，虽然加以讲解，仍然是似懂非懂。直到入了北大，在"学术论著集要"的课堂上，听到罗膺中先生讲宋明理学，才能确实加以印证。当然，在罗先生讲授以前，也听过陕西教育厅长郭希仁讲阳明学，以及在山西第一中学时，李贵德校长讲授修身，每堂都是以阳明思想为主，后来到北大以后，也听过几次梁漱溟先生的讲演，都不如罗先生的深切著明，发人深省。饮水思源，我所以能够在理学思想方面稍稍窥到一点门径，不得不归功于罗先生的讲授，当然四姑的教读注文，也是一个非常重要的基础，不能忘掉的。

在读书方面主要是四姑来教，母亲也有时教了不少的材料，如同古诗的"江南可采莲，莲叶何田田"，唐人的"万里人南去，三春雁北飞。所嗟人异雁，不作一行归"以及江文通的《别赋》都叫我读过，只是提到王子安的《滕王阁序》时，母亲也给我说过，他即席成章的故事，并且诵读那"落霞孤鹜""秋水长天"的句子，但那竟是天衢之外更有天衢，始终无法赶上了。

当时陕西的军力是有限的，鄜县驻军时常开来开走。可是陕北著名的悍匪樊老二势力逐渐的膨胀，威胁到鄜州的治安，我们就在乙卯年的秋天迁到西安去。过了几个月，樊老二进入了鄜县，把鄜县给极大的破坏，然后撤走。衙门和文庙都被焚烧了，唯一的大街被毁坏了，鄜县最起码的繁荣也不能恢复了。后来行政督察区设置时，专员公署也不再设在鄜县而设在附近的洛川县了。

鄜县距西安七天的旱路，中经洛川、中部、宜君、同官（后改铜川）、耀县、三原几个县治。我当时是和母亲还有伯父的一个小孩（记不得是谁了）同坐一乘骡轿。经过的地方，洛川是比较整齐的城市，中部和宜君都很穷，只是中部有黄帝陵，满山松柏，保护的相当好，到了耀县是山地和平原的界限，山比较青翠，有一个药王庙，风景甚为幽静。再到三原，就是一个富庶的大城，当时父亲亲自到那里来接我们。

我们住在东柳巷赁屋内，父亲每天到财政厅上班，请了一位湖南的塾师名叫李泽春的来教我，以后在李先生讲授之下，读过了《书经》《易经》

《礼记》（未读《周礼》和《仪礼》）以及《左传》（未读《春秋》经文和《公》《榖》二传），并且依照旧的习惯，《礼记》删去有关丧礼部分，《左传》采用稍加删节的《左传句读》，虽然号称"读完五经"，实际上还有一些偷工减料。当然这也就是当年读五经的通常办法，大家都是一样的。

东柳巷的房子是一个两进的住室，比较在鄜县的房屋新多了。在辛亥革命时期，有些没有带到鄜县的箱件，寄存在别人家，都损失了，可是存放着的家俱却完全保存，这时一律移到新居了，尤其院子里的大鱼缸，养着一缸的金鱼，并且从一个花匠的园子长期租花，每月都有新的花木陈列在院子中间。我的父亲在财政厅成绩不错，连加了几次薪，虽然生活还不算豪华，可是家中的生活是正常的，愉快的，在我，除去急于想过学校的生活以外，确实并没有什么忧虑。可惜继续的时间并不太长。

自己开始找小说看

到了西安，我才开始自己看书，这也是非常偶然的，有一天看到书架有一本商务的"袖珍小说"叫做《幻想翼》的，试翻一看，觉着很有意思，就一直看下去。这是一本科学小说，用小说的体裁来设想星际旅行，其实当时天文的知识非常简陋，还不知道海王星以外还有行星，更不知道银河系只是成亿的螺旋状星云之一。但就民国初年的天文常识来说，也就差不多就是这些，这也怪不得够吸引人了。过些时我也看过一点中国小说及翻译小说，总觉得不对口味，看不下去。只有童话中的《鹦鹉螺》，这是一个潜水艇故事，比较对劲，又嫌太简。此外只有童话中《木马兵》和《十年归》《大人国》《小人国》勉强可以看得。至于中华书局那几部从旧小说缩编的童话，那就都是使人兴味索然，如同嚼蜡了。

在以后五六年中，家里还有不少的章回小说，父亲比较喜欢《三国演义》，母亲喜欢《镜花缘》（四姑看过不少小说，那时正看清人文集不看小说了）。伯父几个孩子喜欢《七侠五义》和《封神榜》。至于《西游记》却是大家都喜欢的。我对于这些小说中的故事，也有些地方觉得还好，可是这些小说的文章总是拖沓繁冗（比一比《左传》就知道了），并且从说书的传统下来，都是"故为鄙语"，气氛使人受不住，这就深深妨害了读下去的兴趣。时常抽看，也就时常放下。比较来说，我喜欢《西游记》远过于《三国演义》。因为《西游记》的英雄孙行者是一个玩世不恭的典型，他的人格是完整的（把唐僧写的太脓包，就有些对不起玄奘了，当然吴承恩是把唐僧性格影射明朝皇帝的，可是一般看书的人，那里知道）。《三国演义》就不同了。凡是读过《左传》的人，就知道其晏婴、叔向、子产、子文都是可爱的，甚至于郑庄公、赵宣子都有他的天真处，在《三国演义》中竟然找不出来一个风度好、人格完整的人物。关云长不像一个真实存在的人物，诸葛孔明被写成了一个虚伪矜夸的典型。除去一个常山赵子龙还像一个真的人物以外，全书都像傀儡戏在表演，但就全书来说，赵子龙的镜头也太少了。还有《红楼梦》，这是家中有的书，不过这是十几岁人的禁书，我也觉得天下的书多的是，何必偷看这一部。

（刊载于《中外杂志》，第 4 卷第 5 期，1968 年 11 月）

大学时期以前的回忆录（续）

——童年时代眼中的世界和初期的读物

章回小说既然不能满足我的兴趣，就只有去找笔记小说，家中有一套中国图书公司的"古今说部丛书"、中华书局的《清朝野史大观》和商务印书馆的《旧小说》，确也费了我不少的时间。这些笔记小说文笔较为雅驯，没有那些粗俗不堪的恶习。可是又都是一些大杂烩，其中高下至不均匀，当时我也没有投沙拣金的愿望，等到看过又都成为浮光掠影，很少能记得了。

小说既然不能得到满足，兴趣转变到非小说（non-fiction），自然是顺理成章的事。我看到第一部书《幻想翼》，这本来是在小说与非小说之间的一部书，这就影响到我对非小说上更多的兴趣。最先找到的是一部《瀛寰志略》，这是一部地理书，最先是为看其中的图画来看的，只是内容过于平铺直叙，也只翻着看，并没有一个字一个字的看。等到找到了一部十本佛兰雅著的《格致须知》，一部十九世纪晚期的中文科学教本，起先也未曾十分注意，可是一看之下，竟然是一部宝书，简直日夜看来，不能释手。这部书不算大，可是包括的有天文、地质（书中称为地学）、化学及物理学各部门，如声、光、电、力都成立分册，佛兰雅思想清晰，遣词用句大致经人改过，也平稳无疵。最先看的一册是天文，接着再看地质以及物理和化学。在地质方面，书中加强古生物学部分，这是非常有趣的一门。至于物理和化学虽然没有习题部分，但就作书时的造诣来说，已经算尽量把十九世纪的成就介绍到了。这十本书，我一直是看了又看，一直到买到了商务印书馆新出的中学用民国教科书的科学部分才放手。当然这部书不免旧一些，但后来对于科学的基础上还是十分有用的。

为着补充小学方面的知识，当时我的母亲和四姑都主张买一套高小的全部教科书，并且附带教授法，其中国文和历史，我的那位私塾先生还教给我，地理、理科以及算术就不管了。其中算术自己看，没有办法，地理看了一遍，不讨厌也不感到特别吸引人。只有理科却是每个字都是有趣的，所以连教科书带教授法都是自己看过了。自然，当时小学理科教授法，也确有一点新材，例如马从五趾变为奇蹄，这是生物进化的一个好例子，这在理科教授法中就曾经举出来。因为这种关系也成了我欣赏的读物。

《妇女杂志》《学生杂志》

在当时家中也定过两种刊物，一种是《妇女杂志》（并未说过男人不许看），另一种是《学生杂志》。在这两种杂志之中，当然第一个选择是科学常识，但其他的文章，也不放弃。譬如《妇女杂志》，有些弹词及鸳鸯蝴蝶派小说，也不放弃，但现在记得的最好的一篇可能还是翻译太戈尔的《杂恋》。《学生杂志》有几篇印象较深的，如《葵》《矽藻》，尤其那篇讲登陆月球的《炮仗》。这是四十年前对于火箭构思的介绍，有一个矛盾的心理，我一直认为星球旅行虽然不是不可能，即令可能也是得不偿失，但我却又喜欢看这一类计画。

从这个趋向来看，我后来学的主科是历史，无论如何算不了第一志愿。但从另外方面看，这两种命定式的安排，读经的家庭环境和本身的科学兴趣，对于学历史的人还是有用的，历史的基础要树立在通才教育上，一般投考大学乙组的学生，对于高中的生物、理化，倘若都是奉行故事，完全应付，这就限制了将来的成就。所以即令是一个有志学文的人，多多的注意到自然科学，绝对不吃亏的。

此外，对于中国的旧诗，过去也曾稍稍的注意过，因我的祖父、四姑和姑父都写过不少的诗。我从前除去《诗经》以外，也读过《唐诗三百首》和《古诗源》。《唐诗三百首》并且加上必要的补充（例如杜甫《秋兴八首》之类），当我到西安以后，父亲一位朋友送了他一函诗话，叫做《艺苑卮言》，这是一部以王渔洋思想为中心的一部诗话选集。后来在家中又找到了一部石印本的《随园诗话》，来比较这两派不同的意见，我是倾向于渔洋的看法的，不过《随园诗话》里面却也有不少的佳句。当时家中还有一部吕留良的《宋诗钞》，以及苏集和黄集，可惜我翻都未翻过一下。

至于翻译文学，在当时却也涉猎过，在商务印书馆《说部丛书》之中，我也看过《希腊神话》《吟边燕语》《天方夜谭》和《拊掌录》各书，并且还都是一个一个字看的，但是《块肉余生述》却未曾寓目，这是为什么？现在也想不出来了。

现在再回过头来说对于历史的学习，最早的一部是辛亥士子间读的《史鉴节要》，这是一部四字一句的书，还有附图，第一个图是盘古用斧头开天地，当时我就曾问过："天地还未分开，盘古这个斧头，是谁替他做的？"不知为什么这部书也只读了几叶就未再读下去。后来在西安，我们家里有好几部通史，其中《资治通鉴》《通鉴纲目》，都是木刻的，另外还有《御批通鉴辑览》和《纲鉴易知录》，都是铅字排印的。比较下来，以《资治通鉴》为最详，《纲鉴易知录》为最简，可是我奉命勉强看完的却是《纲鉴易知录》。

《纲鉴易知录》值得看

《纲鉴易知录》（纲鉴这名字，就有问题。固然可说是《通鉴纲目》的省文，可是为什么不叫鉴纲而叫纲鉴？）和《古文观止》《幼学琼林》并称为三大俗书，三部书中还是以《纲鉴易知录》为最好，《幼学琼林》为最坏。《纲鉴易知录》出于闾里塾师的手笔，但那个人确实有教学的经验，作的繁简得当（在《通鉴纲目》及《通鉴目录》之间），正合一般人阅读之用。后来我在北大听陈垣先生"史学名著提要"的课，他也觉着这部书并不太坏。至于《古文观止》连三都两京、徐陵、庾信都忽略了，怎能叫做观止？古文二字出于《古文苑》，可是并未如此偏狭，《幼学琼林》大致是增删《事类赋》作的，不过文体卑弱，见解窳陋，确是一部俗书，可与唐人的《太公家教》相提并论了。

至于《资治通鉴》，就现在时代来说，是一部重要参考书，和《通典》《文献通考》一样，在我个人的意见，却不认为是一个可以建议去阅读的书，《资治通鉴》对于史事的取舍，都经过一番斟酌，他的用心都表现在"考异"上边，非常重要。并且对于唐朝一代曾用过《唐实录》，和两唐书中也有异同。对于一个职业的历史学者来说，应当有计画的先读正史，再对某一些特殊的题目，对勘《资治通鉴》，对于一个业余的历史阅读者来说，《资治通鉴》实在负担太重了。为着吸收比较广泛而平衡的公民知识，不宜把时间过分集中一点。只有一般性或大学用书之中，在一千面左右的《中国通史》，应当是合于大众要求的——所以就当时情形来说，并无一部新的《中国通史》，先看《纲鉴易知录》，并未会走错了路。

除去科学书以外，传记文学恐怕对于我要算最有兴趣的了。《学生杂志》有时有点传记，不过不成系统，而且不多。大致到了民国八年左右，商务印书馆新出了一套"少年丛书"，其中完全是传记，这才给人一个很好的精神食粮。全书是孙毓修和林万里编辑的，林万里后来是个名记者，孙毓修即《中国雕版印书源流考》的作者。全书分为中国名人及外国名人两部分。先出的是外国名人，再出中国名人。在这些传记之中，每一个外国名人传，做的都相当的好，中国名人传就不一定每篇都是精采的，我怀疑外国名人传是采自日本方面的底子，日本又采取自英文或德文的传记，中国名人传要自行编纂，取材就困难些了，比较难做些，不过有几本还是很动人的。

"少年丛书"每册一百面至一百二十面，大致五万字至六万字（加上插图字数要减一点），正适合于少年读物之用，用浅近文言写的（比《三国演义》的文言要雅驯些），并附评论。就现今情形来说，文言已不适于少年读物了，不过这种"社论"式的评语诚然落史论的窠臼，但假如命意清新，也会引起兴趣，不算毫无用处的。

在这些传记之中，比较上苏格拉底、德谟士（可是没有凯撒和西塞罗）、马可·波罗、哥仑布、大彼得、佛兰克林、华盛顿、纳尔逊、拿破仑、格兰斯顿、加里波底、达尔文、林肯和俾斯麦都写的很好，其中我最喜欢的，还是佛兰克林、华盛顿、拿破仑、格兰斯顿、达尔文和林肯，尤其是达尔文那一册。

中国人的传记，我还记得的有马援、诸葛亮、玄奘、郭子仪、司马光、苏轼、朱熹和王守仁，还有一本陶渊明，因为事迹太少，做的差些，最精采的还是司马光和苏轼两种，这是因为他们都是宋代的人，事迹较多的原故，并且宋代以后的人，才有比较真的肖像，以前的只有玄奘像可能还有点根据，别的人就无法追求了（《郭子仪单骑见回纥图》有李龙眠画本，有无根据也难以证明的）。再就宋人中司马光、王安石和苏轼三个人，对人的印象来说，司马光是可敬，苏轼是可爱，王安石虽然人格清高，但如峭壁危峰，难于接近。这也许是我一直对于宋代党争，同情旧派的原因吧。

"少年丛书"是好读物

就我的看法、标准和经验来说，在那个时候，只有"少年丛书"是合于少年读物的，除去文词畅达、条理分明以外，对于人物的选择甚关重要。历史是现实的，一个人生平精采与不精采，还是只从他的成就大小程度来看方才合适，是否烈士那是不相干的。纳尔逊、林肯可以说都是烈士，但假如两人都幸而寿终正寝，纳尔逊仍可与惠灵吞齐名，林肯仍可与华盛顿、杰佛逊比肩。近来几部青年读物的传记，都不算成功，分量太少，用力不勤是其中一个原因，而过分偏重烈士，恐怕也是其中一个原因。趋吉避凶是人之常情，尤其青年读物，更当谨慎。我不喜欢《三国演义》，就是对于曹操的奸诈过分夸张，而对于曹操的结果，又不能改变，这就对于世道人心，不免有不良的影响。当然曹操创篡国之局，在人格上确有惩恶，但其人亦只是桓温刘裕之流，比司马氏父子尚高一筹。他的私人行为在《三国志》注引吴人《曹瞒传》已不甚可靠，若再加以夸张，便远远的违背社会教育的意义了。

我现在所以不厌其详的来说，是因为我的经验比较特殊，因而我相信，总会有给今后参考的地方。无论如何，课外读物至少要和教科书同样

737

重要，小学生有商务印书馆一套"小学生文库"，大致还好，不过这一套显然还不够。到小学高年级的学生，小学文库已经不够了，至于初中学生的读物至少要五万字至十万字一册，并且介绍到各方面广泛的知识的，简直可以说没有。郑贞文的《少年自然科学丛书》还好，最近重印了，不过还应当加些新材料，我们不能让他们做租书店的经常主顾。学校的图书馆和市立县立图书馆应当负起这个责任来。各大书局更应当供给有用的材料，不能让有用的金钱消耗在无聊的作业簿和挂图上。

至于旧的小说，不论是什么体裁，都该算做古典部分。但他们不论就文笔，就体裁，就思想来说，都不适于青年阅读之用，无他办法，只有重写，例如《红楼梦》可采用王际真改写的结构和分量用现代中文来写（同理，《源氏物语》也可用魏莱的节本参照日文本来翻译），其他旧的小说以此类推，无论如何，我们要的是净本，严格的净本，不仅淫秽的事和淫秽的话应当删掉，但凡夸张凶暴及奸诈的地方也得删掉，即便影响到表现的精采，也不能顾及的。

（刊载于《中外杂志》，第 4 卷第 6 期，1968 年 12 月）

关中杂忆（一）

袁世凯不失为干吏

民国成立，确是中国历史上的一件大事，就当时情势来说，中央政府是不幸到了袁世凯之手。可是如其在现在平心而论，袁世凯也有他的贡献。就地方政治上，第一是把督、抚、藩、道、府、州、县简化成为省道县三级，免去许多周转和供应。第二，订立合理的薪给制度，废止清代的陋规，虽然贪污不能完全避免，但比过去好多了。第三，是取消千余年来的胥吏制度，代以科员制度，化除了官和吏的区别。这种大刀阔斧的改革，到现在仍然有效。只可惜袁氏只是一个干吏，中外两方的学识修养都很缺乏，不足以担当这个承先启后的重任（当然，国学基础好而思想走偏锋的，如同康有为和陈独秀也一样不可以担重任）。他对于地方政治的改革，始终停顿在官治的范围，对自治一点认识，一点诚意也没有（比起中山先生建国大纲来实在差多了）。官治下的地方政治，只有过去的日本以及法国那样中小型的国家才能做好。中国这样巨型国家，实无法在纯官治下做好。这就是后来三级或两级制的争论，"实验县"等问题的症结，以及"缩小省制"难以有所成就的原因（省制用不用着缩小，看一看美国政治就明白了？）当然袁氏见识不够之处，还是可以原谅的，他的帝制野心，却是不可原谅的。

就民国初年陕西情况来说，袁氏当政时期确是一个最好的时期，当时将军是陆建章，巡按使是李根源和吕调元前后接任。陆建章的人如何是另外一回事,不过当时陕西确实安定,而治安也相当的好。到了陈树藩驱逐陆建章以后,就差的多了。

护国役作关中崛起

陈树藩是陕西安康县人。他的父亲是一个卖绸子的小商人,早年从湖南宁乡到安康,就一直在安康经营他的小生意。陈氏从保定军官速成学校毕业回到陕西,升到陕南镇守使,他当时和胡景翼相处甚好,虽然胡氏倾向国民党,而陈氏却是一个不折不扣的段祺瑞派。

当着全国反袁的时候,甚至四川的陈宧也反袁了,陆建章却一直为袁效忠。本来中央的权力和地方权力总会冲突的,这时陆建章既有问题,地方人士也就活动起来,袁氏既死,陈氏便图谋发难。恰好陆建章的儿子陆承武领兵住扎富平,而陕军胡景翼也在富平,胡景翼便乘陆承武不备,夜间据守四门城楼向下射击。陆氏军队不及连络,相率溃散,陆承武被俘。因此拿陆承武做人质,拥戴陈氏和陆建章谈条件。陆建章只好答应让出陕西,后来陈树藩就被正式任命为陕西督军。

当时陕西地方军力实在非常有限,张钫的军队早被解散,陈树藩只有一旅,胡景翼部也只有一二百人,所以陈氏便临时招安土匪充数。当陈氏入西安城时,前锋就是一些散兵游勇,枪械不齐,衣服庞杂,简直不像正式军队。到陈氏任为督军,便在河北河南一带招募新军(因为在陕募兵怕本地土匪先行混入),可是收编的土匪还是超过新军数量,这就成为后来陕军的纪律一直未曾整顿好的原因。

陈氏出身军人,对于政治从来不曾留意,军队增加,开支浩繁,所任的财政厅长某君未尝当心吏治,财政问题也就未上正轨。陕西吏治在道咸以前并不太好,道咸以后经过林则徐、邓廷桢诸人整顿,确较优良。先后抚藩,除去最后一个巡抚恩寿贪浊、昏愚、无恶不作,经参罢职以外(幸免革命时清算),其他亦大都称职。这个传统到民国初几年也都不错,到了这个时期以后,因为许多原因使地方混乱,吏治也就差些了。

陈氏是一个顽强的段系,和国民党无法协调。他本人能力是有的,可是政治方面却是完全外行。首先胡景翼率部叛离，接着耿直在西安城内哗变，与陈军巷战三日，不支退出，再就是第五旅旅长李襄初和胡景翼在蒲城约定举事，陈氏闻讯赶到，俘获胡景翼，李亦被胡部击毙，此后陈氏实力单薄，只好让出省长，请时在河南的镇嵩军司令刘镇华来援，此为刘氏插足关中的第一步。

见闻所围影响大矣

到了民国十年，直系的势力日就扩张，把陈树藩免职，调为汉威将军。陈氏的部队，一部分被直系军队缴械，一部分陈氏率领他的残部，退到汉中。陈氏本意是想退休的，但是他的部下，坚决主张进取，陈氏勉强自称为"西北自治后援军总司令"来应付这个局面。结果直系军吴新田进入汉中，陈氏从西乡、镇巴退入四川。

当时陈氏的军队共有一万余人，由四川第一军但懋辛方面划出绥定一带作为他的防地。但陈氏军中仍然有极大的矛盾存在着。陈氏自己主张就在四川住下乘机而动；他的父亲却主张即速反攻，陈氏部下虽然高级干部主张静待，低级干部和士兵却渐有不耐的情绪。最后陈氏并无反攻的诚意和信心，只拿反攻作交代，终于一战而溃，其中残部大部为陕西其他部队所收编，而陈氏就到上海做寓公去了。

这一段的关中叙事比较详细一点，因为当时我正在陕西的原因，其后关中大事，例如西安围城、西安事变一类，我却未在西安，就不再为详述了。

就陕西的位置来说，陕西总算一个偏僻和贫瘠的区域，但就我的记忆来符合后来的了解，这其中一些事实也会有全国性的影响的。就陈树藩性格来说，他的性情相当固执，而对于现代知识，知道的也很有限。同时他只是一个旧时代的军人，对于事业方面，似乎并无多大的野心和抱负（军人中阎锡山算有抱负的，可惜还是走错了路，山西有极好的地下资源，却一直不曾开发，只会办"村政"，"劝"农桑）。这种情形在当时多数军人却是差不多的，但对于陕西却有严重的影响。

因为关中民生困苦，风气又很闭塞，留外省通都大邑的学生虽然不多，可是更容易被人煽动。陈氏对于国民党又不能容忍，井勿幕之死，就是一个小型宋渔父案或陈英士案。这就注定了陈氏和国民党不能合作，并且无法摆脱顽固的路线，而到外省的陕西学生也就比别处学生左倾分子更多。到了这批学生可以发生作用时，陕西前途就危险了。这和后来共产党根据延安，以及西安事变，都应当有蛛丝马迹的关系可以看出，但是靖国军也和陈氏对峙了一个时期，为什么学生就多半去走左倾的路？这一点因为我看到资料不多，还是不够完全了解这件事全部背景，究竟为什么是这样。

吴佩孚败命运残酷

但从直系方面来说换掉陈树藩，却是注定了直系溃败的先机，因为换陈树藩和换卢永祥是一回事的两面。换卢永祥的下一步就是齐卢战争和第二次直奉战争，直系就不能挽救他们覆亡的命运了，况且陈树藩去，就是冯玉祥及胡景翼坐大。二次直奉战争时，吴佩孚着实对冯玉祥无可如何。如其照冯玉祥的愿望许他做东三省巡阅使，让他直捣沈阳，那么郭松龄的故事，会先在冯玉祥身上出现，结果是吴氏失败。如不照冯氏愿望，冯氏倒戈，仍然是吴氏失败。

事后追怀，吴佩孚确还算一个对国家有热忱、有抱负的人，命运使他非失败不可，却也有些残酷。诚然任何一个人都难得有先见之明的，如其他能有先见之明，他就会领略直系的武力决不足以打天下。只是把武力拿在手中，却可以举足重轻，做一个很好的政治资本，就可以主动安排其他的统一办法。就当时情势来说，直系军力十分雄厚，因为其直系不先挑衅，不说陈树藩和卢永祥无可奈何，就是奉张也不会轻于动作，只要真能尊重法律的尊严，以法治为本，把政治和经济做的像样一些，未尝不可以有光明的前途。尤其在比较安定之区，如河北、江苏、山西等省，有诚意的监督他们实行基层自治选举民选县长。等到国民的力量伸张，军阀力量自然减退，那就陈树藩、卢永祥也无可如何了（当然直系应当示范的退让，这也是值得的），我相信到此时中山先生也会合作的，那岂不是树立中华民国万世之基？这当然不能期望到贿选的曹锟，但吴佩孚就早应当坚强起来的。这一番事后的追怀，以现今"后见之明"来推衍分析，这是千头万绪，自不能太责备前人。但这条路既然是一条路，那将来大陆如真有变为军阀割据的可能，这条路还可以详为研究的。

西安围城时，我未在陕西，不过亲友多在西安，我一直关心着。刘镇华不是不应当攻西安，而是他做的太低能了，造成西安老百姓的浩劫。他掌握着绝对优势的武力，并且有吴佩孚及阎锡山的援助，械弹两项则有太原、汉阳及巩县三个大兵工厂做充分补给。为什么竟然进攻十个月，一无成绩，最后让冯玉祥的疲兵敝卒打的落花流水。邹作华攻涿州，一日之中就把城墙打缺，刘镇华攻西安，十个月对城墙不能动分毫，就是他只会用围困战和云梯战、不曾有效的使用炮战的缘故。也就是一个二十世纪的人，还只会用明代武备老战术的缘故。如其刘镇华攻下西安，诚然无救于吴佩孚的失败，但以后西安的主人就不是杨虎城了。这就对于中华民国的历史会有影响的。从这一点来看，也可见新观念和新方法的重要了。

（刊载于《中外杂志》，第 5 卷第 1 期，1969 年 1 月）

关中杂忆（二）

字，锥画沙与屋漏痕

从入中学以后，我是一个平均发展的学生。除去国文已有相当的基础以外，英、数、理、化都一样的有充分的兴趣，并不完全为着争分数（其实入中学以前也曾补习了两年半英文）。在课业以外，的确用功来学习的，是诗和写字。没有下功夫，也一点没有成就的，是画和棋。想学而未曾动手的是器乐，根本拒绝学习的，是拳和戏。

首先对于诗的方面，我过去除去翻阅几个全集以外，也曾好好的读过几种选本，其中最得益处的是《十八家诗钞》中的杜诗和苏诗部分，《唐人万首绝句选》，以及一些诗话。早年的作品虽然不值得保存，并且残稿也随战乱完全遗失。不过在当时的确用心去做，并且时常晚上睡觉时想到的，如来得及记，就赶快用铅笔记下，然后再凑成全首。虽然，直到今日做的还是不太多，并且也只为了自己的消遣，无意做名世的诗人。因为如其想做名世的诗人，旧诗的樊篱早该放弃了，才能进入新的创造，现在作旧诗实际上比集句好不了多少，可是我还是情愿严格的用传统的格调去做。

关于用功写字这件事，可以说是一半业余性，一半职业性的，我的叔父当时书法有点小名，找写的人不少，给我一些鼓励。在我入学校那个时代，尤其在陕西，除做公务员以外，能找到的职业实在不多。而写字一事，在做公务员时是一个很重要的条件。当时家境已经不好，因为责任心

744

的催逼，对于写字的用功就更加紧了。我最先临的帖，是转临有一位姓唐的回教徒老先生自印送人的《松鹤堂临本》，其中有《玄秘塔》及《闲邪公家传》，后来就直接临《玄秘塔》及《闲邪公家传》，更后因为进步了，特许临我高祖父示毅公精写的孙过庭《书谱》释文的真迹，非常可惜的，这本真迹在四川嘉陵江上船中被土匪连箱笼劫去了，只好又再临《黄庭经》和《乐毅论》（其大字部分后来等到颜勤礼碑发现了，又改习颜勤礼碑的拓本）。同时因为家里有夫子庙堂碑、褚圣教序、禅福寺碑及新找到的广武将军碑剪贴本（广武将军碑早已遗失，后来又在澄城县找到，不过比旧拓差多了），也一样的轮流着每天要临写一次，这当然受到了包世臣和康有为两本书的影响，不过康有为"卑唐"的主张，我却一直不曾接受。

在西安时家中的客厅挂着张裕钊一副对联，写的是："天半朱霞云中白鹤，山间明月江上清风。"这副对联写的神韵确实很好，每天朝夕相对也确有益处。当时我只注意张氏是一个大古文家，曾经到过陕西，对于我的祖父来说，他还是前辈。等到后来我到了太原，我的表兄介绍给我关于我的岳父（他是我舅母的弟弟，曾路过太原）从李瑞清先生学来的理论，大大的推崇张裕钊。我深知这些论点是对的，不过我却未曾再学张裕钊的字。我只找到几种晚清几家的小篆来临摹一下。

除此以外，我想《三希堂法帖》是非常有用的，我看的《三希堂法帖》是1967年间的石印本（原刻在北平北海的松坡图书馆内），这是仿《淳化阁帖》来刻的，可是收入宋至明的手迹特多。事实上不能全临，不过读帖不仅是一种高级的享受，而且得到的益处，有时也不下于临帖。

唐代无论怎样说是书法史的关键时代。学魏碑的人无论如何"卑唐"，平心而论，唐代的技巧，确实迈进了一步，而唐代前期比唐代后期更值得注意。从唐碑及唐墓志来看，开天以前，及肃代以后区别是很显著的。唐代前期欧虞的影响甚大，肃代以后颜鲁公的影响渐渐大了起来，到了唐代末期几乎全成了颜鲁公的字体。从这一点来看，所谓"锥画沙"和"屋漏痕"虽都指中锋用笔来说，却指的是两种不同的倾向。锥画沙是向笔画中心集中，屋漏痕却是向外扩展。这两个倾向都是创格，倘若过分使用，后一种比前一种流弊更大。

棋，忝在三大名家列

绘画一事除已在学校中学的那一点以外，我确实未曾再学些什么。虽然在学校正课中我从不缺席也不肯请别人代画，可是如其不再用功多画，是不会有多大用处的。我父亲早年对于山水和花卉都曾下过功夫，后来有点厌倦了，未曾过画家的生活，并不督责我去学，因而我也就未用心去学。等到去到敦煌看到张大千、王子云各名画家一天在那里画，我看着相当有意思，但我自己却不敢动手了。

棋和画一样，功力是第一道大关。在我十二三岁的时候，家中有两位经常客人每天都要摆一盘围棋，但我实在没有时间来一看从头到底，最多不过看一看打劫和收官子。至于要我去下，更不会了。到北大的时候在北大西齐有几个同学一天到晚在打棋谱，并且有时还去看一看崔云趾和吴清源。我看到他们的兴趣，觉得实在很好玩的，但我也实在来不及，像他们那样做。这样一拖数十年，对于这件蛮有意思的事，只好敬谢不敏。倘若有人问我棋下的怎样，我将这样回答："不揣冒昧，窃尝自负于三大棋家之列。三大棋家第一位是苏东坡，第二位是曾文正，第三位不敢妄自菲薄，要算在下了。"

关于器乐方面，家中是有笛子、箫和月琴的，但是我对于月琴未曾摸过，箫和笛也都吹不出调子。我知道这又是一个需要工夫的事，也就只好放弃了。

在学校里，体育方面足球、排球和桌球都来过，虽然成绩平平，去选手资格不可以道里计，但也未曾拒学。只有对于拳术却一直拒学的。我父亲对于拳术曾经多少知道一点，他曾经教我八段锦，可是我一直觉得八段锦太做作了，"摇头摆尾去心火"一类的句子也真是"不辞"，我就一直不学，当然更深的如同"柔道""空手""太极拳"等等，就更谈不到了。我一直在想，打架以蛮力为第一，技巧只能做补助。如其为着活动身体，简单的体操已经毕生受用不尽。如其还想飞檐走壁，自己明白，非此道中人，为什么不干脆放弃，省心省事呢？

戏，菜花满地春如酒

其次拒绝学习的，是戏，包括京戏和地方戏，并且所拒绝的并非深到票友的程度，而是普通人"哼戏"的程度也要拒绝，要完全做个不懂戏的人方才遂意，其中主要原因是当时一心要把写作达到"点窜尧典舜典字，涂改清庙生民诗"的标准。一般戏词实在太鄙俚了，太荒谬了，来一个先入为主的念头，硬是要拒之于千里之外。

在西安的时候，我的祖母曾带我们看过不少次的京戏（陕西戏易俗社演却看的次数不多，而且当时京戏有两点值得注意，一、保存昆腔及徽调甚多，二、帽子上没有那么多的绒球）。以后数十年中，看京戏的次数就非常少，大约民国十四五年间，大姑丈曾请我到城南游艺园去看京戏《狸猫换太子》，看了一段，看不下去，就去看张敬扶的魔术去了。在北平前后十年中，所谓四大名旦都未曾看过一次，到了抗战时，才开始看桂戏、滇戏和川戏，在台湾却看过好几次用招待券的平剧，而正式自己花钱买票看平剧公演的，还是到了洛杉矶以后。

但是在西安看戏的情调却是很可以回味的。当着夕阳一步一步的落到高原里去，街上的煤油街灯半明半暗的慢慢的闪着。一个一个的骡车从容的载着七八个大人和小孩子，从颠簸不平的巷子里，进入了一个宽阔的巷子里，大湘子庙街。然后把车一个一个的挤满了街头和街尾，一队一队的人挤进包厢，挤进池座去看戏去。等到戏看完了，已经到了深夜，全城的人都入了睡乡。戏院的四面一点声息也没有。北国的晴夜，在宽阔的街顶上，挂满了清晰的繁星，有时还升起了下弦的明月，照着满街半睡的车夫和等待着的骡马。然后突然间成群的大人和小孩子从大门挤了出来，各人找到了自己的车子，得得的蹄声送着灯笼内黄色的蜡烛光，一步一颠的慢慢的把疲倦的眼带回自己的家。这种情调不仅如今值得回忆，就在当时也值得欣赏。比较起"菜花满地春如酒，风雨驱车问杜陵"（这是我《咏慈恩寺》诗中的两句），也不见有太多的逊色吧？假如有人说我这是买椟还珠，我也宁肯负买椟还珠的讥诮。

考，李三娘即王三姐

诚然，我也并非一个坚决排斥平剧的死硬派。不过我总觉着一个不懂平剧的人比一个懂平剧的人，更能欣赏平剧一些。因为能够客观的判断，不会主观的迷执。平剧是一种地方戏，和湘戏、桂戏、滇戏、川戏以至于日本的歌舞伎、能乐，应当放在同一地位来衡量，才知道他们各有千秋（例如川戏及歌舞伎，在主角唱完后，全台尽和，就是非常值得称赞的，当然台下也可以和，这比台下乱叫好像样多了）。如今我早已放弃坚强复古的成见（和五四时代因为求新而反对平剧，并不相同），深知平剧有保存及发展的必要，不过我却反对两点：第一，不宜轻易应用"象征"二字来解释平剧。因为象征的意思是命意的，是表象的，有一种艰深隐晦要深思追索的含义，"雪满山中高士卧，月明林下美人来"是象征，"拣尽寒枝不肯栖，寂寞沙洲冷"是象征，"为谁频断续，相和砧杵"是象征。至于平剧及一般地方戏的动作，只能说是"简化"，甚至于有一点儿戏倾向。平剧动作确然有一种淳朴的美值得欣赏，不宜凿通七窍，使得混沌死掉，却也不适宜用"象征"二字来涂饰。第二，把平剧认为"中国歌剧"（Chinese Opera）也是不应当的。歌剧是诗与音乐的综合体，由受有严格训练的乐队及声乐家表演出来的。我们确实需要中国歌剧，不过中国歌剧的先决条件是依照高度的音乐水准，由有造诣的音乐学者用中国风格做出新的创造。这件事确实是一个遥远而艰巨的路程，只有黄自先生做过一点就去世了，衷心期望有人再去做。如其拿平剧算作中国歌剧充数，只是一个偷懒而不负责的办法，平剧诚然值得保存，值得改进，却万不可以张冠李戴。

平剧中的故事对于我还是很有兴趣的。在西安时，家里有一整部《戏考》，每本戏前面都有一篇说明戏中本事。戏词虽然鄙俚，可是本事的文笔倒还通顺。我虽然绝不看戏词，但本事还都看过。这就是我虽不懂戏，戏中故事却还知道一点的原因。这部书虽号称为"考"，其实也只说戏罢了，未曾好好作考证。譬如著名的《红鬃烈马》，也就是熊式一先生翻译成名之作，就不曾说出一个头绪来。其实《红鬃烈马》剧情所以离奇谬妄，是由于把剧中英雄姓名改变了的原因。倘若比较一下元曲，就不难知道《红鬃烈马》一剧就是元曲《白兔记》的化身，薛平贵就是从刘知远改换的（王三姐也就是李三娘改换的）。刘知远从投军而做皇帝不算离奇，并且现在小学生也都知道刘知远其人，可是在清代编剧的时候，文盲遍天下，把薛仁贵的姓名稍改一下，成为薛平贵，反而具有广告作用。这种正本清源的工作也是应当做的。

1969 年 1 月，《幻想翼》初步实现的两星期。

（刊载于《中外杂志》，第 5 卷第 3 期，1969 年 3 月）

二度陕北行

——关中杂忆之三

华清池幽深宁静

我的父亲在陕西财政厅当了好几年科员，最后升到第一科的主任科员，这时还未裁厘，各处的厘金局长，是由财政厅派出的，财政厅的科长和前几名的科员，都有优先派出的机会，等到担任了厘金局长一整年以后，仍可再回财政厅任原职。我的父亲就是这样派出去的。只可惜任满以后，没有肯再回财政厅，引起了后来生活的不安定。不过就这次陕北之行来说，却是给人很深的印象。

在此以前我是未曾出过陕西境内一步的，等到我的父亲发表陕西北部吴堡县属宋家川百厘征收局局长后，因为走平汉铁路（当时称为京汉铁路）转山西比较省时间而少受辛苦，所以走的路是出潼关，上陇海铁路，再转平汉铁路，从石家庄坐正太铁路车到太原，再坐骡车到黄河岸的军渡，渡河就是陕西境内的村落，宋家川。回西安时候，还是走的一样的路。

这是民国五年夏季到民国六年夏季的事。当时陇海铁路只通到观音堂，从西安到观音堂是坐骡车的。这一条旧的大道等到后来铁路开通、公路修筑以后，就很少有人再利用了。再就沿途情况来说，陕西境内正是关中精华所在，比较繁荣。河南境内，正是豫西贫瘠的区域，道旁夹着崤函的土山，看来就比较差多了。陕西境内给人印象较深的，尤其是临潼、华阴和潼关三处。

临潼和渭南都是著名的大县，就市面来说，渭南更为繁荣，就风景来说，临潼却远比渭南著名。从西安出东门经过了灞桥和灞桥，走三十多公里就到临潼。这是一个半边在骊山建筑的城市。从西安向东，所有陕西境内的县城都是平原中四方四正的城，只有这个城因为距山最近，并且还要利用温泉，就把半个骊山和山下的温泉都围在城里了。

华清池在这时已由省公署租出作为旅馆，就当时来看，这的确是一所非常好的风景区，而我从未看过的，鄜州固不用说，即使是西安全城之中，没有一处有那样亭台之胜。华清池浴室甚为普通，决不比阳明山的浴室好。可是华清池的庭院，虽然建筑不算十分华丽，却显得非常幽静。尤其接连好几个院落，每个院落都是水清见底的方池，给人一个非常清新的感觉。这是在北平、苏州以及日本的京都所未见到的（只有圆明园有类似的设计，可惜已经荒废了）。如其将来阳明山还要扩充时，我想这一点还值得参考。

据山带河雄哉潼关

从西安到潼关，北面的高原看不大见，南面却是一线巍峨的秦岭。秦岭的最高峰是太白山，在西安的西南，到潼关的路上看不见，只在华阴县境看华山看的很清楚。五岳之中，当以华山最为奇秀，泰山次于华山。华山只能远望，一直未曾有机会前去，只听说美国加州的 Yosemite 略得其仿佛。不过在华阴大道来看华山，也是一景，如同在长江轮船上看庐山，一样的具有奇伟的观感。

潼关就形势来说，委实是一个雄关。最动听的事是哥舒翰守潼关，被杨国忠催战，一战而败，失掉潼关，成为唐代由盛而衰的关键。这个著名的故事，增加了不少潼关的地位。潼关以东的崤函峡谷，函谷关在峡谷中，似乎更容易守，不过函谷关太偏东了，如其敌人从朝邑渡河，支援就不方便。潼关据山带河，可以应付东西和北面，就形成更重要的据点。潼关城在一个小山上，黄河从北到此便转到东方，看来确实非常优胜。拿我

751

后来到过的关塞来比较，不谈在全国性的地位和实际防守的难易，只讲气象的雄伟，当然以剑门为第一，其次要算贵州的七星关，下来，要数上潼关了。至于嘉峪关、玉门关、阳关、镇南关等，虽然占的地位很重要，就险要说来，就不大算得上。只有镇南关内的昆仑关形势还可以，也不是剑门潼关之比。至于娘子关诚然险要，但也只是在一个一般性峡谷之中，要不出特殊雄伟之点。

潼关因为当陕西全省的要冲，城虽然不大，市面却非常繁盛。陇海铁路未修以前，陕西全省的货物，都是从汉口循汉江北上，龙驹寨是全省货物集散要镇，到了陇海铁路建筑以后，潼关代替了龙驹寨的地位成为仅次于西安的商业中心。不过潼关的酱菜及潼关点心，却早就驰名，不在陇海铁路贯通以后。

从潼关坐骡车，东出函谷关过灵宝及陕县就到观音堂，是当年陇海铁路的临时起点。上了陇海车，第一个印象是车厢整洁，车行平稳。因为车走的快，缘线树木一个一个的望后面跑，这是坐骡车、坐骡轿无法领略到的。在郑州住了一晚，这是从西安往东唯一的筑了马路的城市。郑州旅馆的标准，和潼关旅馆的标准，同样有玻璃窗，有地板，有桌椅。但潼关只有木板床，郑州有铜架的棕绷子床，又胜了一筹。比起来其他偏僻地区，"鸡鸣早看天"的小店，究竟好的多了。还记得在郑州街上吃了一顿精美的饭，然后越过一个天桥坐平汉铁路车到石家庄。

石家庄本来是一个不太大的村镇。这时开辟未久，虽然市面已经繁荣，旧有的仄狭街道还保留着，市容远不如郑州。上了正太车和平汉车另外有个不同的观感。平汉沿线都是阔大的平原，正太沿线过了获鹿以后就入山，在山谷中走。为了节省建筑费，正太线用的是一公尺的轨距（和台湾火车一样），车厢要小些，不过整理的还清洁。缘线的车站，也建造的很小巧，并且培植着花木，具有很重的法国风。从石家庄到太原都是沿着溪流走，溪流内总是有水的，只可惜缘线的山树木并不多，因为山西以内已经要算黄土高原了。

晋祠主神是水母

太原是华北一个大城（虽然面积只有西安的一半），城楼及城墙的建筑也还雄伟，这是因为宋代已经是一个重镇，明代更因为是晋王住居的地方，规模更要像样才可以（现今太原市并非唐代的晋阳，太原府城是在宋太宗从太原县迁到阳曲县的，太原县城被缩小了），几条马路虽然不宽，还整洁。从另外一点看来，当时太原还是一个古老形式的城，大街上的商店，部分保存着古老式的布置法。最标准的是土布店，两间门面的是八扇门版，三间门面的是十二扇门版，白天下掉，晚上关上。内面是横着一个和门面一样长的柜台，后面是货架平放着各种不同颜色的布，再无任何玻璃的窗饰，其他的旧商店也和这种布店差不多。但是新开的洋布店却又布置着和现今台湾差不多的形式，其实西安当时也差不太多，只是太原表现着更保守些。

太原是我的大舅母家住家的地方，那时大舅正在汾阳当烟酒公卖局局长。我们在太原停留了几天，看到表姐和表哥，表姐在高小三年级，表哥在高小一年级。看到了他们当时在学校中功课的作业，成绩都很好。只是太原实在也没有什么可看的，我觉得只有太原县城外的晋祠比较还有意思。

我们是从太原出发在晋祠住了两夜经过交城、文水，到了汾阳又住了两天，然后经吴城离石，到了宋家川的对岸。汾阳是一个产酒的区域，城内比较繁荣，离石是一个山中的城镇，从离石到宋家川要经过三川河的河谷，沿途的风景还算秀丽。尤其在柳林镇的附近有一个薛村，家家门前都有流水，很有江南的风味。

在太原城附近三十华里范围之内，有两处著名的泉水，一处是兰村，另一处便是晋祠，我未去过兰村，对于它的景致不甚知道，至于晋祠，确是一个很美的地方。晋祠本来是周代的唐叔虞祠，但到了现在，晋祠的主神却是水母了。中国民间信仰，水神是女性，是很普通，例如洛水的宓妃、湘水的湘君以及海神为天后。其中附会的故事虽然并不一致，但这一个原则之下，一定有更古的本原。那就晋水以女性为神，也就不需惊异了。

水母宫是一个宏丽而古老的建筑，是北宋时代的遗留。晋祠的难老泉是一支丰盛而清冽的泉源，就在水母宫的殿后发源，再加上参天的大树，它的风景是太原城内找不到的，院内四个甲士铁像，也是宋代的遗铸，甚为雄伟。水母的神像也是宋代的塑像，未经多少修改。自从明清盛行缠足，神像的女像多数不再塑足部，水母像是宋代的，还显示着天足的圆头鞋（虽然已不用唐代盛装的翘头鞋），明清两代居然还能保持着原像，不能说不是幸事。

宋家川厘局一瞥

宋家川和汾河流域的交城县一样，都是曾经发现过旧石器的地方，这就表示很久很久以前已经有人住居了。就陕北地区来说，在大漠边缘地方，榆林是一个最肥沃的水草田，向北可到包头再达外蒙，向南缘无定河南下，要找最近的平原，并非关中平原，而是由宋家川到达汾阳附近的太原盆地，所以宋家川对于交通上的地位相当重要，因而对于古代文化上的地位，也相当重要。

但是宋家川的行政中心却不在当地，而在宋家川北面十里左右山上的吴堡县。这也是一个宋朝旧址，在宋金时期只是一个军事的堡垒，直到如今，还是一个只容数十家的小城。但下了山以后，居住在宋家川小平原的住户就有一千多家。虽然，这一千多家的小镇，也并没有像样的一条大街，在镇上平时只能买到小菜及肉类，至于比较重要的应用物品，除去每年有两次集会以外，一般都要到三十里以外的柳林镇，才能买到。

厘金局在沿河的堤坝上，面对着澎湃的长河，看到来往过渡的船和上下船的骆驼、骡、马非常清楚。堤坝是石头砌的，有一丈左右高，除去涨水时期以外，堤下是布满了石子，要走一二十丈才到水滨，这些石子非常光滑圆润，不下于雨花台的石子，从石堤上面下望，颇有五色缤纷的感觉。有一次一个厘金局职员数钱，突然把一块银元坠下堤去，他还未看到，我先看到了，拿另外一块钱一击，正中掉的那一块，这样他就下去立刻找到了。这次从远处一击打中银元，算来真是生平得意之作。因为，以后再拿石头打要打的石头，竟然一次击中也没有。

厘金局是一个四合头院加一个小跨院，东面对河，是一个门，及收税的出纳处，北面厢房是钱柜及账房，南面是厨房，西面正房是搏窑三间，上面再建楼房两间，跨院是客厅并且做我的书房用及工人宿舍（这时我的老师是张伯埙先生），砖窑及楼房，我们都曾经住过，陕北冬天确实很冷，砖窑只要烧个炭盆就一点不冷了。不过空气不太流通，并且看到窑顶就有一个拘禁的感觉，所以一到春天，就搬到楼上去住了。

羊膀子上走私雅片

从宋家川经过的货物，主要的是榆次和宁夏间的，其次是榆次和榆林，再其次为晋南与漠北间的交易。来往货物一般是值百抽五，甚少例外。其中最令人触目惊心的是海关的子口税单。当时宋家川每年的税收大致是两万五千两，可是过境的子口税单外货，如其也能抽到百分之五，税收大致就可增多到四五倍了。这种对于中国的反保护政策，扼杀中国产业发展的前途，他使得中国对外贸易额一直不能增加，对外国来说，根本是一个杀鸡取蛋的事。尤其使中国人在贫而愚的标准下过生活，演变到现在，还是一个封锁的市场，即令从外国人的立场来看，也真是十分失策了。望往知来，先进国家的自私政策实在是一种自杀政策，对于未开发地区人民生活的改进，不仅是为了别人的福利，也加强了自己的安全，可惜他们当时一点也不知道。

在税局一天看到的是各种不同的钱货。当时尚未废两改元。银两和银元、银角、铜元和制钱同样的使用着，再加上当时陕西省政府故意压低银元成色比例为六·九三三钱纯银，而银元市面上的成色仍为七钱二分，因而更造成币制的混乱。幸亏那时各省尚未大量铸当二十铜元（只有四川铸各种大铜元，可是在陕西不通用），所以数年中经常还维持一角当十二枚当十铜元的比例，来支持物价的安定。

因为钱币种类很多，每天都可以看到不同种类的钱币。尤其是银锭，更是每天见到的。税局职员都是辨别银锭成色的能手。他们一看就知道成色的高下。遇见有疑问时还会把五十两的元宝，或者十两及五两的银锭，切开一个裂口，来审查新切的裂纹，其中收到的银锭也时常有切开过几次的。

那时候陕西还是严格禁雅片的时期（山西就一直禁雅片），各税局当然有稽查走私的职责。但是也有出人意表的事发生。有一次从口外来了一群羊，当然收过了税，便放它们过河了。等到羊群走了以后，一个职员检到一个羊颈的牌子，原来里面全是烟土，这才想到这群羊是为掩护走私的，诸如此类走私的事情，直到现在对于吗啡或者对于疯麻（印度麻）的形形色色，还是继续不断听到的。

厘金是病商的，还是看主持人怎样。我的父亲向来对于过往的商人向不苛求的，使得当地商人及经常过往的商人非常感激。当然，"宦囊"也就不够充裕了。（自然别的委派局长，还比后来山西厘金包商要好些，不似那样的苛暴，因为包商一定要够本钱，而陕西委派局长，当时还好，对上司并没有红色的事。）

（刊载于《中外杂志》，第 5 卷第 5 期，1969 年 5 月）

学成之前　十年忧患

——关中杂忆之四

父亲跟陈树藩入川

从民国六年（丁巳）父亲跟陈树藩入川从宋家川仍然回到西安，在西安又住了整整的四年，从丁巳年秋天到辛酉年秋天。这个期间我们是住在西安的五味什字，一条开满中药店的大街。我记得只有我们附近连着三家，都是三进的住宅。东边一家是位姓傅的团长，四川人，目录学大家傅沅叔先生的族侄。中间一家是我们，西边一家是位镇嵩军的阚司令，当时我们家里对他们并无往来，可是若干年后，当他被陕军的胡总司令击溃时，我的叔父正做他的秘书长。

五味什字这条街，平时也没有什么，不过到了过新年的时候，这条街就成为著名的灯市和花市。两旁药店都扎结了不同形式的灯彩，现在看到新年龙山寺的灯，也许可想到当时的盛况。

这个期间对我最有用的，还是补习了三年的英文。后来到了中学对于英文就一点不费力了。但对于我们家境来说，却是一个不堪回首的段落。我的父亲从宋家川回来，希望能做到一个县知事，后来不久居然发表了白水县长。不幸白水一直被靖国军占据，只有几个村镇是属于北政府的，这样我们家就一点收入也没有。等到过一年多，才请求省政府每月拨下一百二十元的办公费，除去开销以外，多少还有几十元，这才勉强支持这个行将破落的门面，一直到辛酉年秋季。

民国十年（辛酉）秋季，我的父亲从白水县调到陕西的略阳县，也就在这同时，陕西督军也更换了。我们家中，除去我的伯父及五姑母还在西安，我的叔父回到湖南去找事，我父亲到陕南时，我的祖母、四姑以及我的母亲和我都到陕南，可是当时变化太多，我父亲到了汉中，就调任宁羌县，我们就不去略阳，而去宁羌。当时宁羌是中央第四混成旅王鸿恩的防区，对于陈树藩和派来的阎柏文及冯玉祥取中立态度。我们在宁羌三个多月，王鸿恩便推荐他的叔父接替宁羌县，而委派我的父亲做他的军法官。不久陈树藩战败，王鸿恩又怕陈树藩经过他的防区，请我的父亲作代表，去见陈树藩申明他的困难。等到我父亲到了汉中，陈树藩已决定从西乡入川，我的父亲回不来，就只好跟着入川了。

我们家里就只好借住在一个绅士家里，只等民国十一年（壬戌）的年初，有了确实的消息，父亲在四川绥定。我们才从宁羌坐轿子到四川广元，然后从广元到蓬安的周口，再坐轿到广安的三汇，又坐船上去到绥定。在绥定住的不到半年，陈树藩攻陕失败，回到四川的军队只剩三千人，我父亲主张家眷离开绥定，就坐船直下重庆。在合川遇匪，把重要的箱件全劫走了。我们到了重庆又重新的补充衣物，然后到了中秋前后，我们坐船到汉口（在宜昌换船），再坐京汉铁路火车转正太火车到了太原。这就决定了大学毕业以前，十年之中，忧患余生的心境。

两袖清风一贫如洗

这个关键就种因在我父亲汉中之行，使得家庭原有地位，大为变动。当时王鸿恩派我父亲做代表，只因为我父亲是从西安出来的，原来与王氏无甚渊源，比较好说话些，以免陈氏经过宁羌，就便吞并他的军队。同样我父亲在陈氏治下，只是四五年的"流亡县知事"，久久不调，别说不是核心人物，连外围也够不上。王氏也所深知，不会因此"协以谋他"。并且行前还和我父亲暗示，他的叔父是个乡曲老儒，此次只为他过一次县知事瘾，只要宁羌不会受战祸波及，将来我父亲还会有县知事做。这话虽然是紧急中辞令，却也不见得完全虚构。只是我父亲到了汉中，正是陈氏撤退之中，正需要人手帮忙之际，而陈氏旧人中也有不少逃走的。因此陈氏就一定要留我父亲同行。最先把汉中道尹的印信交给我父亲要整理汉中的秋收存项，起身以后又派我父亲代理副官长，又调任军需课长，因而我父亲碍于情面，就不便在别人困难的时候，脱身而去了。

在我父亲这方面说，陈氏正在撤退不便脱身，但撤退完成以后，也不见得就不能动。不过我父亲却也有他的打算。因为王鸿恩虽有六县地盘，可是实力微薄还靠刘存厚撑腰。即令父亲回来，王氏真能把话兑现，也不过一个穷山瘠水的宁羌县而已。另外一方面看，陈氏虽然已在转徙之中，可是实力尚保存一部分，余威尚在，局面不是王氏那样狭小。并且王氏对我父亲，至多不过一点人情债，而陈氏确实需要人帮忙，诚恳的程度也不同。因此就决定留在陈氏那里，却不料陈氏因为内部问题，只有半年的时间，便因反攻西安而失败。我父亲就只好再返回西安，因为有一度在陈氏左右的资历，并且因为我父亲的性情是不治生产的，虽然手里经过钱不少，但决不私扣一文军饷，下台以后，一贫如洗，这是任何人所不相信的。我父亲回西安，实际上是求救济，而面子上却还是发展事业，这样下去，就成了高不成，低不就。这一番在陈氏部中不期而然的"际遇"，反而成为后来就业上的障碍，这却是后来所料不到的。

一个不简单的问题

这是许多因素积累而成的，如其分析其中不同的因素，也可以做成中国过渡社会中的一个选样。先就家庭传统来说，我祖父是文毅公第三子的长子，在堂兄弟中排行第三。在所有堂兄弟中，只有我祖父一个人是用功治学，并且用心做场屋制艺的。虽然以荫生的资格补工部主事，却未放秋闱。可惜就是屡试不第，只好在工部抽签外放同知。不料运气不好，抽到陕西省比较闭塞的地方，再加补上了一个鄜州苦缺，就使得家庭之中闭塞更加闭塞了。

我的祖父在北平时候，比较赏识我父亲的，据我听见说到的，有潘伯宾（祖荫）、翁松禅（同龢）和薛庸庵（福成）。翁氏曾精心给祖父写了一个直幅，其文是《世说新语》的"陆平原兄弟龙跃于渊，愿彦先凤鸣朝阳，不意复见诸生"，语句之间很有分量。可惜我祖父久困秋闱，一朝外放，就失去了京华的环境。薛叔耘（薛福成字叔耘，又号庸庵）先生使英的时候本说好了要我祖父做随员。后来我祖父和祖父的姑丈徐寿蘅先生（名树铭，文毅公劳崇光的女婿，后来曾做尚书）商量，徐氏认为留在北平的机会多些，竟未料到后来竟然困守到郴州那个荒凉的城镇里。

这些因素是使我的家庭环境变成非常闭塞。诚然，我的祖父仍然好买书，我曾经发现到祖父的藏书中有全份《国粹学报》《新民丛报》，甚至于科学书籍如同江南制造厂"翻译丛书"以及科学入门书如《格致须知》之类。但不知为什么我父亲兄弟中对于学校教育还是将信将疑的态度。我的祖父后来健康情形很差，在保定速成招生时，我父亲名字在保送名单之内，就因为我祖父正在患病，我父亲不曾前去（当然也是觉得可去可不去），这就使得我父亲的资格差了一大截，怎样也补不上。至于为什么不在文学校中混一资格呢？这又是一个不简单问题。

行万里路读万卷书

就当时陕西情形来说，似乎一般学校程度确是不高。而当时一般士大夫中，可能就是看不起学校的资格。大致全国皆然，陕西更甚。（例如王闿运钦赐翰林，从美国返国的牙科博士徐景明亦授翰林。王氏自嘲曰："更无齿录尊前辈，幸有牙医步后尘。"不满之意溢出言表，其实牙科博士亦得来不易，还深深的被士大夫看不起。到了民国二十年左右，苏州一带世家子弟还有不入学校的，也是这类心理。）当时科举已停，捐官也不时常举行，只有学校一条路，而在看不起学校的社会中，就只好徘徊、观望、等待，却不料中国变的这样快！以后来的情况来说，既然有文武学历，如其我父亲决心回财政厅，十之八九可以科长身分退休的。不料中间平白生出多少周折，使得母亲及四姑母多受不少忧愁，而我在大学中也在应当集中治学的时间中，心情受了许多无辜的扰乱。这也无可埋怨的，只能说命运的捉弄人了。这些因缘倚伏，真是无从追溯的。不过"行万里路"也和"读万卷书"一样，都是人间胜事。生平两次入川，路径不同，时间亦异。其中山川风物在在可以引人的回忆，在下一章之中，预备在这一点上叙述一下。

（刊载于《中外杂志》，第 5 卷第 6 期，1969 年 6 月）

暂游万里　少别千年

——关中杂忆之五

秦岭苍苍，汉南雄壮

从西安城向南走，和从西安城向北走，完全是两种不同的风格，西安城以北是典型的黄土地带，西安城以南因为秦岭流下不少的溪流，越靠近山麓，受到溪流的影响越大，也就越近似所谓的"江南风景"。

从西安到汉中，在民国初期，旧的栈道已经废弛，新的公路尚未开通，只有经人行道坐轿子前去。当时南行的有三条常用的大道，一条是正南的子午谷道，一条是郿县的斜谷道，另一条是偏西南的陈仓道。其中陈仓道是主要道路，现在的川陕公路就是循着陈仓道，但子午谷道要近一点，因此我们当时是坐轿子经子午谷道去到汉中。

这是一个十二天的旅程，除第一天以外，有三分之二的时间都在秦岭山中的峡谷中，其余的时间在汉中平原中走过。坐轿子旅行是一种非常原始的办法，这种"夏桀庚人"的方式是不应该的，但专就欣赏风景的方便来说，一般旧式的交通工具，要比新式的工具更为有效。火车及公路上汽车就比飞机好，尤其新式的高速度飞机，可以说是"一无是处"。

行程的第一站是经过韦曲到子午镇。镇的街市正在秦岭山下，仰观长满树木的秦岭，更显得巍峨和秀丽。并且附近还有溪流流下，滋润着一片油绿的村野，更是一般北方的镇市所没有的。

从子午镇出发，就是一步一步上达山巅，举头北望，正看到如掌的秦川，中间拥着长安城的万家烟火。这种情调有点类似千佛山山顶看济南或者涂山山顶看重庆。但这些地方比起来汉唐都邑的长安都只是具体而微，确实不如八百秦川的雄伟。

八百里秦川，这个地方不仅是钓游之地，而且是生长之地，当时虽然想到的只是暂别，但在感慨万千情况之下仍然不免充分的具有"暂游万里，少别千年"的气概。一直到现在还无法再见这个郁郁苍苍的丰镐平原。但是轿子为着要赶路，不能做长久的停留，在山路打几个转身，又进入到深山的谷道了。

十分显明的，秦岭虽然距离西安城只有五十华里，却已经形成了重要的南北界限。黄土的堆积，到秦岭而止，山脉之中，不再属于黄土地带。加上雨量充分的原因，使秦岭和秦岭以南属于森林区域，而秦岭以北成为草原区域。这种南北之分就深深及于人文生活的种植方面。首先看到的就是民居建筑的形式，屋顶是不做石灰的双层瓦，和北方做石灰的单层瓦或做石灰的双层瓦上层用筒瓦的不同。院子采用天井式结构和北方四合大院的结构又不相同。人们的主食是白米不是麦面，秦岭山地种稻不易，才参杂上玉蜀黍和马铃薯，这都算杂粮，不是正粮。

景物奇丽，土地贫瘠

在子午谷谷地，属于宁陕县境。宁陕人把马铃薯叫做"文芋"，这是清代宁陕设治以后，有一位知县（大约他名字叫文学初）把马铃薯种子引进到宁陕境内，解决了粮食问题，县中老百姓用文芋的名称来纪念他，不过后来陕西普遍的都称做"洋芋"，宁陕也通用洋芋的名称了。

从子午镇入谷到宁陕县以南二十里的关什镇，一直都是在秦岭中，缘着溪流前进。子午谷虽然号称天险，就缘途的景况来说，也和从凤县双石铺到褒城一路秦岭的风物差不太多。所以子午道一直不认为川陕大道的原因，并非因为开道艰难，而是子午道中一直甚少种植粮食的原因。不如陈仓道缘线不远，就有许多县镇，容易供给缘途的粮食。自从玉蜀黍和马铃薯传入中国以后，宁陕一带还稍稍有些人烟，若在明代以前，就子午谷内五六日步道行程，就只有绵延不断的森林，聚居了成群的鸟兽，并无人迹。开辟一条大道，显然是一个徒劳的事。即令到了现在，子午谷虽然并非格外险阻艰难，但是缘线贫瘠异常，不论开辟公路或者修筑铁路都不如走陈仓道线更为合算，这或者就是至今子午谷道未曾开发的原因。

就实在情况来说，陕西秦岭中的佛坪、柞水、镇安、宁陕四县地方（包括太白山在内），在农业方面，都是些边际的土地。只能种些玉米、洋芋之类，才能勉强生活。但从科学及观光两项来说，这个地区一方面是景物奇丽，另一方面是在自然历史上占有重要的位置。天生的是一个国立公园的基地，而不是勉强开垦的县镇。如其按照国立公园的设计来发展建设，不仅公路交通当然在发展之中，而风景的配置也应有一番指导，可惜大陆方面一直未能安定，国立公园的计划也始终未曾被人提到过，不论如何，将来只要中国政治能够上了轨道，大陆上许多合理的建设一定会被想到的。

一进汉中，俨然川风

在子午谷道上，有几个重要的宿站，只记得江口、洵阳坝和关什都是其中之一，宁陕县城并不在宿站之列，这个小小的县城大致只是在人口稀少区域之中，一个稍具规模的场坝，在交通上并无多少重要性的。其中比较值得注意几个地点，第一是宁陕县以北的坪河梁。这是全路海拔最高处，一个山顶上的荒原，四面风来，几乎可以吹倒人。再就是江口以北的位子坪，过去是土匪来往之区，行旅过此，是一个胆战心惊的地方，颇有读《夜渡两关记》的情调。不过说来却又是一个风景幽静的地方，如其将来国立公园建设了，土匪也肃清了，那却是公路上一个好的休憩之所。

到了关什再向西行（不经过石泉县）便到汉江的缘岸，走了几天山地，忽然到了汉中平原，使人觉得轻松一下。汉中平原是汉南富庶之区，虽然平原南北宽度不过三十华里左右，但阡陌纵横，屋宇相望，和台湾的西海岸正有类似之处。尤其汉中平原的气候甚为温和，类似成都平原，不像西安附近那样的极端冬夏。

　　循汉中平原西行，计有洋县、城固、南郑（汉中）、沔县，然后入山到宁羌（从汉中向西，不经过褒城）。其中以汉中居民最多，市面较好，其次城固和洋县也是汉中平原的大县，沔县虽然也在平原，可是市面差的多了。县城全部荒芜，只有城外武侯祠附近尚有烟户。县政府就设在武侯祠的街镇上。不过到民国三十年我再过沔县，因为新整理水利建设，情形要比前好转的多。

　　汉中城是陕西省内仅次于西安的大城。城的形势东西长，南北短，也类似西安。只是入城以后，其中建筑就都是四川风气，和西安大异。尤其商店的招牌都是用碎磁片镶嵌在墙壁上，这却是汉中的特殊风格，在四川一般城市中，也少见这样做。沔县武侯祠在一路上叫算得是一个宏伟的建筑，当时尚记得正殿上有我伯曾祖一个匾，写着"其犹龙乎"（伯曾祖同治年间曾做过汉中道）。第二次到沔县未在武侯祠停留，不知道匾额是否存在，想来在民国三十年间还没有多少变化，到了现在，据我所知道的，各处名胜的联匾都已经被毁掉了。武侯祠建筑还好，可是比较之下，风景还远不如留坝县的留侯祠，留侯祠是我在民国三十年时看到的。

东山北山，两处道观

　　从沔县西行就渐渐的入山，沿汉水上游走，经过了一个分水岭，便到了嘉陵江支流沿岸的大安驿。从这一带南行就是著名的五丁关和金牛道，向南到达宁羌。就汉水上游情况说，汉水看着渐次的减小，但一直到大安驿附近，还可以将就通航运货。过了大安驿这个山中小平原，便一直是高山峡谷，再到宁羌县城附近，才又是一个小平原。

　　宁羌县四面环着小山，城的西面半个在小山上，东南两面环绕着小河，北面是一条川陕的大道。城的繁荣街道都在北关，也就是后来公路车站所在的地方。后来我在民国三十年和三十一年匆匆再过那里，只看到旧的石板街已经改成公路了（这条街也可能是新增建的），公路的两旁也修成旅馆、饭馆，以及堆栈一类的房子，不是当年情调了。

　　宁羌（今改称宁强，因为宁羌附近的羌水，据《水经注》亦称强水）

虽然是一个贫瘠之区，但就风景来说，确在汉中、城固、洋县、沔县之上。城外的河虽然不大，却是一清见底，并且底下全是石子，看去更增加清沥。出东门有一个小木桥，过桥就是宁羌著名的庙宇，东山观。宁羌有两个道观，东山观和北山观，规模都差不多，只是东山观距城更近一点。东山观修在半山上，西面对河一带都是廊子，可以俯瞰如带的清溪，也可以遥望隔城的烟树。据说以先时常有人在这里宴会过，可惜我父亲来到宁羌，正在军事时期，一切都不曾就绪，想找一个机会叫庙祝预备一壶清茶坐一个下午都未曾办到。只看到一年以前刘存厚的题壁，用刘石庵体写了一首诗，这也就证明当年的胜会了。这一处的景致后来我到桂林隔岸的佛寺，面对漓江，遥看城郭，颇有一点类似。两处风景一直常存在梦想之中。只因我在民国三十年和三十一年都是搭甘肃油矿局的长途车经过那里，不便自由停留，未曾再去赏玩。现在想来，在三十一年自甘肃南返四川时实在应当到天水就换西北公路局的客车直达西安，再从西安搭公路局车到汉中宁羌好好的赏玩一下。也许现在可以记的更多一些，可惜已经来不及了。

（刊载于《中外杂志》，第 6 卷第 2 期，1969 年 8 月）

宁羌旧事

"三年清知府，丨万雪花银"

我是辛酉年初秋到宁羌的，到壬戌年春离开宁羌，中间经过了半年的时间，在这半年之中，变化多端，对于我家庭来说，是有百害而无一利。对于我自己来说，诚然迟延一年的学业，却增长了不少人生经验，对于正在消失的封建社会，有一个最好机会看一看，也是值得的。

民国初年，政府把清朝接受传统下的官制及其组织用日本做模范来改革，虽然有一部分是成功的，但改革的并不澈底，并且遗留旧制的多寡，就全国来说，也并不一致。尤其当时的政府，政柄操在旧型官吏之手，在有意和无意之间，忽视了基层的自治，所以政令完全是自上而下的。因此越是偏僻省区，保留的旧制越多，越是基层组织，保留的旧制也越多。

州县衙门在清代完全是一个包办制。除去一个形式上的养廉而外（养廉是雍正时开始的，大致每年是六百两，因为物价上涨，至清末时已经很不够开支了），主要的靠平余和杂税，平余是钱粮总额之外，再抽十分之一的手续费。杂税是若干地方性的税收，即由当地地方官征收取用，不必再行上报。这些全部收入，并非专指官员的薪水，全衙门的一切开支，包括过往官员的招待费，官员的车马旅行费、刑名钱谷等幕僚的年薪、工役的工资、房屋的修建费，甚至于地方上必要的开支（如同修志的经费）都包括在内。这些收入的总数，依照地方的贫富，相差非常悬殊。例如鄜州每年不过三千两，兴安府，大致可达五千多两（蒲、富、临、渭却都在一万以上），假如政通人和，风调雨顺，不过恰够开支，所余无几，如遇荒欠，就会亏累。倘若在好的地方，例如江苏的苏州府，便是"三年清知府，十万雪花银"了。这种包办制，追溯到唐宋，是不成问题的。并放宽一点，也许更可以推到两汉和六朝。因为依照许多记载，是外官比京官待遇好，而外官的待遇又因为地区不同而天悬地绝。除去用明清的事实来解释以外，再没有其他方法去解答。

民国成立，对于清代这种包办制是努力加一番改革的，不过从一个纯封建传统的县制，改成一个现代的县制直到如今台湾县制的形式，是经过了不少过程的。据我所记得的，民国初期的县制依照地方富庶的情形，分为三等。一等和二等县较少，多数都是三等县。三等县的经费是每月五百四十元，其中县知事的薪俸是二百四十元，办公费是三百元，在办公费中包括县公署的经常开销，并包括秘书一人（旧的刑名师爷），会计员一人（旧的钱谷师爷或者帐房），承启员一人（旧的门上），以及其他工役，不包括承审员及科长、科员的薪俸，办公费的数目，似乎二等县比三等县多一百元，一等县又比二等县多一百元，现在记不大清了，因为办公费不包括科长科员，在宁羌县内正式的三科一直未曾成立，还维持过去"六房"的制度（这和省政府及各厅道成立正式科员制度的不同）。又因为法警及警察经费未曾指定，还维持着"三班"的制度。但西北各省，据我所知，陕甘是差不多的，当我民国三十年到敦煌县，县政府协助我们许多事，我了解了敦煌县在那时已正式成立科员及法警制度，只是地方法院还未正式成立罢了。这三十年中的变化，确比明清两代七百年的变化都大。

从旧衙门到新县制

各处地方法院成立以后，才有近代式的法庭，在县长兼地方法院职务的时期，一切都是旧日的形式。因为建筑设计的关系，影响到法院的精神，其间的差异是十分巨大的。举例来说，新式法院是在电影及电视时常看到的，而旧式衙门的公堂却在平剧（或其他地方剧）的布置可以看到类似的状况。真的法庭，在我是未曾看到过的，不过在学校内法律的模仿法庭看到过，而旧式真的公堂却在宁羌真的看到（过去在鄜州也看见过，不过记的不够真切），公堂有大堂和二堂，大堂在外，有一个暖阁，这大致是真的"大室"及"前殿"的遗制（因为县衙门的传统，是从封建时代的"公宫"因袭而来。《隶释》引应劭《汉官仪》说"大县有丞、左右尉，所谓命卿三人，小县一丞、一尉，所谓命卿二人"，即认为县令是从公侯变为流官的。这种类型的布置是可以上比附北平的王府，再上溯到皇宫，然后旁及于佛寺和道观，只有规模大小的不同，其基本布置是一致的）。但是大堂却不常用（皇宫太和殿亦不常用，只用乾清宫），平常公堂问案都是在二堂之内。

一堂的后面是四扇屏风（过去我的祖父及我的父亲审案的时候，我们只能在屏风门后面去听，并且屏风的空隙，还可以看见屏风门前面）。屏风门前面是公案桌子和椅子，桌子上放着印箱、签筒、笔架、砚池和惊堂木。印箱还是一个空印箱子外面包上布包（真的印在主官的卧室内，再用一个印箱盛着），签筒内装着竹签，显然的这些竹签的用途是等于一本拍纸簿的。再追溯它的渊源，更可以找到汉代、战国时代，甚至于更前的竹简或木简。到了明清时代，公文方面早已经全部用纸了，可是这个公堂上的装饰，还是一直不变，摆着一根一根竹签子，必需到了新式法院成立，这个几千年来的旧痕迹才被抹掉了。

那个时期正是从旧式衙门过渡到新式的县政府时期。就全国情形来说，进度甚不一致，沿海地区大致情形好一些。山西省是用他自己的办法，实行六政人员制度。六政人员称做掾属，计为承政员、承审员、主计员、劝学员、典狱员和宣讲员。一律由省长委派，另外由警务处委派警佐一人，县长无权用任何助手。其中除承审员一职为法定制度，原意是逐渐改设法庭，作为过渡的办法以外，其余都是山西省方面酌改旧制而成的，承政员是县丞变的，主计员是主簿变的，劝学员是训导变的，典狱员是典史变的，只多了一个宣讲员，那又是从宣讲"圣谕"的办法来正式官员化的（只把讲"圣谕"改讲省长的德政），所不同于旧制的，只是旧制地方首长尚有钱用助手罢了。这番改革在阎督军看来是充分把大小权衡集中于督军兼省长一人之手。却未料到任何一级行政首长，如其没有自辟掾属之权（甚至派一个主任秘书之权都没有），那就当然事事扦格不通，只能敷衍门面，决无从认真做事。这就是山西新政并无多少真的成效的一个原因，诚然山西的治安确实不错，这可以说是长期安定的结果，不是大权在握的督军兼省长"任命六政人员"的结果。

陕西省和山西省完全不同。山西省虽然未臻理想，一切总算已经上了轨道。阎锡山虽然学识不够，可是还有心做好。至于陕西就全然不同了，省政府并无心做好，外县又是军人干政局面，治安方面可以说是"群盗如毛"。县公署的组织没有经过大刀阔斧的改革，还多半保持前清的原状。在前清时候，州县衙门除去主管官员外，可分为下列几种职务：（一）官（所谓佐班，包括州判、县丞、各级教官、主簿以至于典史），（二）客（包括刑名、书启、钱谷各种师爷），（三）臣仆（即所谓长随，是仆的身分，不能和主官平起平坐，包括门上、签押房，以及帐房，如不用师爷时，亦用长随，以及一般厨司、点心匠、随身仆人，以至轿夫之类），第（一）项是藩司委派的，第（二）及第（三）项是随主官进退的，至于六房的吏和三班的役就全是本地的人，主官当然有权更换，不过一般都一仍旧贯。这种复杂的组织，一方面是因仍古代封建的遗传习惯，另一方面都是从历史上的演变造成的。

衙门照壁画只贪狼

中国县制可由战国及汉代沿袭下来的，其中因革可以一一的追溯。汉代县令出巡，和清代类似的，一样的具有仪仗。当然仪仗的形式不同，而且汉代用车不用轿，县令是坐在辒车上而不在四人轿上。并且县令单车上任，随身带的不过一名从者（佣人），也不像清代一个知县上任，要带上十几二十个人，才能敷用。上峰委派的，只有丞和尉。丞是委派的主任秘书，可是不一定能和县令合手，所以真的主任秘书变成县令辟署的功曹了。尉是警察局长，却还有些实际的功用。除去丞和尉以外，县廷就只有吏和卒了。吏是科长（掾）和科员（属），卒是一般工役。只是在汉代部守及县令照例把高级的吏当作客人，加以礼聘，地位略同现代的科秘，所以还可在当地找到人才。等到六朝以后，世族政治的结果，把吏的地位一天一天的压低，书办不受礼遇，可是主官还得找帮手，这就逐渐形成了刑幕的制度。

民国初年，陕西省各县公署之内，在表面上是改革了，内部组织还是因仍旧贯，除去省派下来一位承审员（警察制度也未正式设立，所以也没有警佐），在阳平开设了一位县佐（管那里一小部分的事，与公署事务无关），其中员吏，县知事是有权处分的。除去客观的环境过分恶劣以外，就县公署内部权责来说，却不像山西的县署纷纭掣肘，一事无成。县公署内，一位秘书，实际就是刑幕，一位收发员，实际就是门上，这是县署两个主要的帮手。所有人小公义，一律由收发登记，并向六房中提出案卷，送到知事签押房，然后再由知事分一部分给秘书，由秘书拟稿拟批，由县长改后（多半下改）画行发出。所以当时依照旧制，从上而下，各级机关都是绝对的集权制度，其中所谓"师爷"，向来只是幕后人物，不能正式露面的。至于骆秉章当巡抚时，"左师爷发折子"，就是非常例外的事了。

近来一般人对于清代的习惯不明白。有些小说戏剧把刑幕的重要性夸张了。其实刑幕并非不可能舞弊，但一定要通过主官才可以，不能擅自决定的。又如所谓"门上"，也就是文言中的阍人，民国时改做传达或承启，是全部长随中的领袖。他也可以舞弊的，不过他的身分究竟还是仆从，也不能过分飞扬跋扈的。从这一个了解也可以用于宫庭宦官中总管，也是仆从或者甚至是奴才身分，虽然能发生些作用，可是不能在行动上失掉了主奴的分别。一般小说戏剧对于李莲英的跋扈情形，就显得过分夸张，不近情理了。

再就我看到当时宁羌县的县衙门来说，虽然挂着一块宁羌县公署的木牌子，实际上还保持前清原有的样式（可惜在二十三年时被焚毁了）。对面的照壁还是前清画的贪狼（这在其他地方多被涂去）。各层门也还保存旧画的门神（和台北植物园内保存下的门神属于同一类型）。除去大堂、二堂和三堂以外，还有一个东花园，有五间正厅及下房厨房等设备。花园正厅的后面是一个不太小的园林，有一个鱼池，还有一个小楼，可以望远，只因为据说有狐仙，所以都不敢随时上去。

我们当时就住在东花园（三堂留给秘书诸人去住），为的多一些看花的机会。只可惜那是秋天，等到春天来到，又需要到别处去了。

过目不忘，受宠若惊

我父亲卸任以后，我们家就暂在当地一位绅士李家的过厅及一部分厢房借住，并且在他们那里搭火食，这位绅粮是当地首户，并且是当地火柴公司的东家，自然绅粮与地方人士是有缠不清的恩怨的。大致在北伐后一两年那位李君就病死了。等到民国三十一年我再过宁羌，在汽车听说火柴公司那时尚在，……由次子管事。……宁羌县和我们住过的四川南溪县，绅士们都牵涉到地方恩怨问题，确也难于评判是非。想到这些认识的人，只觉得有些怅惘。其中最使人悼念的还是甘肃省议会议长张维先生，他的确是一个德业完具的人，不是土劣一类，为什么也不能免于劫运呢？（并且深为湖南省议会议长赵夷午先生庆幸，因为他有机会早点出来。）

在李家借住两三月之中，最使人印象深刻的，是李家的塾师李树堂先生。当时他已经有五十多岁了，是一个非常有经验的老塾师。诚然，他用的是标准旧的方法，但是他思想清晰，有判断的识力，有分析的才能，他讲的是《古文观止》，却也真能把古文义法一步一步的叙说出来。可惜他生于一个小县，足迹不出陕南，没有什么影响。但却使我了解"百步之中，必有芳草"这句话。小县的塾师，完全陈旧的方法，也不可以完全非议的。当然比较之下，现代的教学法更为进步，没有恢复旧式方法的可能，也没有恢复旧式教材的必要。主张小学国语教科画不可以用《三字经》及《百家姓》代替的，都是正常的心理状态的人，决非病态。可以断言。但从另外一面来说，现代教育原则过于重视奖励而忽视惩罚，也有矫枉过正。因为许多实验之中（例如白鼠的迷津实验），一定要赏罚兼施，只赏不罚，就效力不够。这一点旧式教育，诚然太偏，但也不必完全循着新的轨道的。看到现在美国和日本学潮的普遍化，确也应当存几分的戒惧。如何调协教育中的人情味和纪律，不仅是将来中国教育的课题，也将是世界教育的课题。纯约翰杜威思想的教育哲学应当成为过去了。

有一次，我曾经听到别人说，李树堂先生对人表示，在他几十年教书的经历中，认为我是记忆力最好的一个。"过目不忘"的人，他平生未曾见过。和"过目不忘"最为近似的，要算我了。这一个不虞之誉，使我真有受宠若惊之感。现在说来，这已经是几十年前的事，记忆力好坏，到现在已不必追溯。只是要检讨一下，如其有这份本钱，是否曾经充分利用？

据实说来，我的记忆力好坏，以及智慧的高下，我真是一点也不知道。不过数十年如一日，我从未沾烟酒，来摧残我自己。并且定时作息，每晚一定睡够八小时至九小时，从来未曾失眠过。在学校时，从来不曾逃课，平时尽量做到"手不释卷"的程度，即令拿的是一份报纸，也觉得比不看什么好些。但决不在睡觉时及厕所看书。这样积累数十年，应当有差强人意的成效。经讨了自己检讨的结果，觉得距离想像的标准还差的甚远。这许多年来，在考证方面的论文，就量来说，确不算少，就质来说，自信可以达到谨严的标准。但是就对于全国以及后世影响有多大来说，我却未敢作正确的估计。许多年来，我一直做的考证的工作。考证的工作，就其大致来说，是一种"刻鹄"的工作，不是一种"画虎"的工作。刻鹄的工作，有一定的范围，只要题目找的对，然后上天下地去搜集材料，再细心去整理，即令是中人的资质，也一样的可以有成绩出来。并且搜集材料的工作，有些人还可以托助手去搜集，或者自己迅速查出，标出标签，再用人来把材料抄下（我从来不这样做的，我的所有卡片，没有一个字不是我的亲笔）。这就比较更省事了。据我所知一代名儒如同王先谦，如同杨守敬，都是这样做出来工作的。

为着使工作更为精确，考证方法的使用以及考证方法的训练都是极为需要的。不过考证工作并非能包括宇宙中一切工作，并且考证方法也究竟是手段而不是目的。许多考证的结论，诚然有用纯归纳的方式来推定出来的，可是更多的结论是先有假设，后有证明，因此这个证明的真伪，便大有问题。这也就形成了考证中的争论。所以考证只是无边学海中的一个据点，考证并非万能的，更不是全然可信的。对于非考证的工作，仍要认识其重要性。为着不宜妄自骄矜，还应当随时加以警惕。

（刊载于《中外杂志》，第 6 卷第 4 期，1969 年 10 月）

追悼胡适之先生并论"全盘西化"问题

胡适之先生逝世了。胡先生逝世，不仅是今年一个重大事件，也是二十世纪中国的一个重大事件。当胡先生灵柩，在台北极乐殡仪馆停留的时候，以及灵柩到南港的途中，一直挤满了学生、军人、妇女和一般的市民，这种感人的场面是近十几年来所未曾看到的。这是为什么？为的胡先生的路线是给人一种希望，尤其是有关文化出路的问题。

胡先生主张西化的文化路线，一直到胡先生逝世之前，还成为论辩的中心问题。在台湾、在香港，有一些秀才绅士纷纷起而攻击胡先生，基于他们偏见，他们不会发现他们自己的过失，现在千千万万人们热烈的情感，证明了胡先生的意见是正确的，也证明了中华民族的前途仍然是有出路的。

胡适之先生逝世了，这一位富于创造性的巨人，对于中国文化上的伟绩是永远不会磨灭的。他的道德文章，决非这篇短文所能叙述。现在只谈年来论辩的中心问题，也就是全盘西化的问题。

"全盘西化"只是世界文化正走的一个方向，所谓西化内容，并非说要向那个特定的国家学习，如同要英国化、要美国化，或要德国化，那是不可能的，而是西化就是指近代化，凡是近代的国家，文化都已达到一个共同的标准。这种文化也就是以科学及工业领导的文化。科学及工业已成了近代文化的主流，和西方国家的文化已经结为一致。这一种文化，迟早将吞没全世界的各种文化，而形成一致的新文化。凡是不能接受这种类型文化的，迟早将归于自然淘汰。

近代世界因为交通的关系，使得世界任何一个地区更为接近，不论属

774

于那一种政治制度，或者属于那一种宗教思想之下，凡关于科学和工业，甚至于物质生活的方式，都是向一个标准去进展。这种世界标准的文化模式，已经湮没了许多不同形式的旧的文化，现在还以很大的力量向前迈进，倘若追溯这种世界标准的基础，显然是属于西方文化的。

现代的文化是由于科学领导的文化，科学的发展是由惨淡经营，一步一步累积上去，一点也没有取巧的努力而渐次搜集、试探、测定、分析、证明，种种步骤而形成的文化，因而不论自然科学，不论人文科学，不论应用科学，都和西方的文字语言系统分不开。这已经注定不是用汉文、用梵文、用阿拉伯文所能更换其科学正统的地位（例如中国日本有一套翻译科学名辞，不过事实上只有通俗文字上的意义，正式科学报告，是不用的，尤其最近日本对于新的科学名辞只用假名译音，更使原有学名在日本地位更为重要）。再加上属于西方语言的各国科学的发展，仍然方兴未艾，我们现在正在随后去赶，尚赶不上，更何能今后代替整个西方的科学地位？所以准情按势、度德量力，用中国国粹的力量使全世界将来科学，以中国语言系统来替代西欧语言系统，作为科学的标准，除非天翻地覆，决无此可能，那就科学系统属于西方系统，也不可能改变。所以我们不发展科学则已，要发展科学就不能置身于西化范围之外。

在张之洞的时代，我们中国还可以提出"中学为体，西学为用"的口号，现在时代已经完全不同。张之洞提出这个口号，当时的命意不是拒绝西学，而是暗中为他办工厂修铁路辩护，所以还可以说是进步的。到现在早已超过张之洞时代，还要拿张之洞的旧话来故步自封，就毫无意义了。我们现在早已处在西学为体的时代，却是居然还不自觉。倘若对于这种情况还不能明白的体会，那就不仅辜负了几十年科学教育，而且还不配做一个近代的人了。……

凡是一个住在台湾或香港的人，决不可以忽略西方文化领导他的生活，他穿的衣服都是电力或汽力的机器纺织，再用西式的缝衣机做成的，他吃的东西，其中面粉是外来机制的，米是用西式的水坝灌溉，再加西式肥料生长出来，再用电力辗出来的，坐的车子是用汽油和电力发动的，点着电灯，菜油灯早已不见了。倘若过着这种生活还要反对科学，那就是不知道从何说起。过去印度的甘地，并非反对科学，亦非反对西化，只为抵抗英国人的统治，还以身作则过着极简单的生活，现在自命为反对西化的人，却不肯用旧方法躬耕自织。他们自己享受现代文明，这是言行不一致，应加以反省的。这些以个人的偏见为中心，而忽视国家前途的人，虽然对于国家的进步，甚至对于国家的生存，有深切的影响，但却用不着忧虑。因为国家的前途是寄托在青年人身上，青年人的眼睛是明白的，青年人决不会把这反对时代的论调当作一回事。在近数年中，各中学的优秀份子无不明白表示愿意学习一种科学，而决不愿跟随着反科学的人们。再就台湾的情形来说，凡是学医的，都志愿学近代进步的医术，不愿学中医。台湾的中国医学院的过去都是以失望的心情等待着，直到由西医做校长，才发现了一线的光明，这都是显著的事实，无可辩驳的。

现在有一个问题来了，就是全盘西化的结果，会不会影响到国家的独立和民族精神的发扬。这是不必顾虑的，因为全盘西化是指学术方向、生产方式、政治形态的西化。一个国家的民族精神，在一切的固有文化（包括物质文化及精神文化）完全改变以后，仍然是存在的，最显著的例子是菲律宾，经过了西班牙及美国占据以后，物质生活及精神生活现在已全部采取西化，不过其民族精神，丝毫未曾消失，其次是以色列，除去宗教信仰保存历史上的传统以外，其他方面，完全是西欧式的，可是以色列的民族精神是著名强烈的。至于非洲许多新兴国家，除去西方文化教养实无多少立国的固有文化可言，但是近年民族精神的勃发，又如何的值得注意？此外泰国走的全盘西化的路，仍然是一个佛教国家，土耳其走的全盘西化的路，仍然是一个回教国家，也都未曾丧失其民族精神。我们即令走全盘西化的路，也不过像明治维新的日本一样，旧有的文化不会全部丧失，民族精神更不会丧失。民族精神是现实的，是为把握现在创造将来，而不是为过去的时代看守坟墓，倘若只提出祖宗牌子，不向将来努力，那只是一种破落户的想法，我们决不希望中华民族是这样一个毫无出息的民族。

当然，重要的问题，是民族道德的问题。这是无庸顾虑的，这与全盘西化的宗旨并无冲突的。全盘西化指以科学为主的西洋文化来作为立国的一切基础和治学的一切基础，至于道德和宗教自可涵育于新观念之中，而相辅相成造成将来中国的文化。上文已说到以色列及土耳其的例子,可以证明。现在凡是主张全部接受西方文化的人,并无排斥孔子哲学及佛教教理之心,那就是凡是相信孔子哲学及佛教教理之人,也不应当因中心信仰怀疑西方文化。

胡适之先生和孔子思想的关系是一个复杂的问题,在此只能平心静气的分析,既不可以讳饰,更不可以诬蔑。胡先生在《吴虞文录》序言中的确说过吴虞只手打倒孔家店这句话,不过在《中国哲学史大纲》以及在《说儒》中并无任何对孔子不敬的文句。我们确实知道胡先生确无反对孔子的意图,而从胡先生立身行事看来,也是并无不合孔子之教。陈大齐先生在一次公开讲演中,曾反复证明胡先生从未反对孔子,我们深明陈先生的分析是对的,现在就是对于这一句序文如何解释的问题。

我深知道胡先生是赞成孔子学说的人,但他却反对将孔子过分的教条化,在过分教条化的结果,会发生许多残酷不近人情的事,他在《儒林外史》考证上,曾谈到一个逼人殉节的事件,这种冷酷、不近人情并且丝毫不重视人权的习俗却藉着孔子遗教招牌,当然不是任何富于同情心的人所能忍受的。胡先生并不十分同情吴虞,后来吴虞晚节披猖,胡先生再不提到他一字。可惜这句序文为着当时反对冷酷的社会,竟会贻世人以口实,实在是太不幸的。罗兰夫人是拥护自由的,但是其临死的遗言,谈到自由教条的流弊,至今仍为痛惜。孔家店实是指教条的招牌,其实店内的货物,早已不是真的遗教了。孔子到现在已两千五百余年,这两千五百年中,社会和法律并未完全走上合理的道路,其中有许多不好的积习,也假借孔子的招牌,这些积习是改革的阻碍。孔子思想的原则,是不可以反对的,而这些教条化的事实,倘不设法加以改革,则国家和社会,都不会有出路,所以胡先生当年的序文实不可以断章取义的。

"执中无权,犹执一也",儒家的道理与时俱化,原不当过份固执。记得去年孔子诞辰,有好几位发言,说的太过份了。当时我们的领导人特别提出来"孔子圣之时"一语向他们解说,这确实应当十分注意而体会的。时代的进展,正是宇宙中的重要现象,倘若过分的固执,拿着旧历书来看新节气,就错了。

就中国与西方文化的关系来说，的确是一个复杂的问题。首先辨明的，就是对西方文化的接受或者不接受。不接受西方文化一件事，早已成为过去，当然不在考虑之列。目前问题只是怎样接受的一件事，也就是有保留的接受或者无保留接受的问题。有保留的接受是"中学为体，西学为用"，无保留的接受，就是"全盘西化"。

"中学为体，西学为用"这一个口号，确有吸引人之处。因为一方面可以为吸收西洋文化者作辩护，另一方面却也可以满足我们对于自己的骄傲。在前清晚期，成为名言，甚有道理，不过实行起来，却有困难。因为体用二字必须有所指，假如"体"指固有的道德，"用"指西方的科学，表面看来，当然不错，不过实际行来，困难极大，因为学科学的人必需承认科学至上，科学本身是"体"不是"用"，倘若承认科学本身只是"用"而已，那就无异摇动对于科学的信心，蔑弃对科学价值的估量，只能学到一点皮毛，决不会有任何的成就。因而这种论调对于真正学科学的人是不能相信的，科学的学者既不相信这种论调，那就此种论调必然渐归泯灭。

其次，在前清晚期的确大家都相信外国学问，我们过去都误以为"中学为体"，可适用于任何学问，诚然许多学问曾参加过东方成分，这是不错的，不过现代科学的造诣已经超过了国界，而且现代科学到达的程度，远在过去的成分以上，倘若我们还以此故步自封，那简直是滑稽可笑，因而中体西用的观念，也就无法接受。

为了科学要在中国生根，我们非接受西化，不作任何保留不可，也就是只有全盘西化的路可走。当然，全盘西化的范围和意义也得加以澄清的。

首先，需要讨论的，是除去"闭关自守"及"中体西用"两种方式以外，是否只有全盘西化一条路，或者尚有别的路可走。这点从排列形式来说，尚有两种不同的形式，即：

（一）不论中西，惟长是取。

（二）西学为体，中学为用。

"不论东西，惟长是取"，看起来好像非常客观，实际上这话等于不说，因为所谓"长"指的是什么，每一个人都可指出来不同的意义，结果变成毫无标准可言。从前黄以周在南菁书院的训词说，"实事求是，勿作调人"，这是值得玩味的，"不论东西，惟长是取"，就是一个调人的态度，结果不会有什么成绩做出来。

近百年的中国，因为在新时代中落伍，在贫弱愚病四大疾患中要想法解放出来，所以需要的就是取资于西方一切之长，并无多少固有成份在内。这许多年来台湾人民生活标准的提高，可以说自三皇五帝以来所未有。高坝修成了，电力增加了，高级公路到了穷乡僻壤，肥料的生产使得农民更为富裕，疟疾已经完全消失，乡村人家几乎家家有电灯、收音机、缝衣机，文盲减到最少数。这些都是受到了科学之赐，不容否认。当然，我们对于台湾，正有更高的要求，不过就现在来说，已经把贫弱愚病的程度，大为减削。过去做乡村工作的，不注意用科学来改造环境，只想利用组织、宣传以及教育的力量，结果完全失败，台湾现在并不宣传乡村工作，然而乡村工作却比过去任何一处都好，我们还能忽视西方文化、科学的效果吗？

这里有两部有关中西文化的名著可以参考的，一部是梁漱溟先生的《东西文化及其哲学》，另一部是蒋梦麟先生的《西潮》。梁、蒋两先生都是著名的农村工作者，只是梁先生失败了，蒋先生成功了，假若"不论东西，惟长是取"，凭着当前的借鉴，那就最好走蒋先生的路，千万不可走梁先生的路。

至于"西学为体，中学为用"，实与全盘西化没有多大的区别。全盘西化指任何一个部门，都采用西方的方法，西学为体、中学为用当然也是一样。西学为体，中学为用，只是以西方的原则为原则，对东方的事物并非全部加以遗弃，全盘西化当然也是一样。

中国戊戌变法、宣统元年的改革和民国元年的改革，都是从日本的成案抄袭而来。我们自己的确无全盘西化的企图，不过既抄自日本，也就当然形成了全盘西化的方案。所不同的，日本是具诚意实行西化政策，而我们中国并无西化的诚意，只做了些表面的文章。所以日本早就步上了现代国家的轨道，我们的现代化却至今并未成熟。抚今追昔，真不胜感慨系之。我们有数千年的文化，我们的文化在东亚的领导地位，是我们中国人历来自负之处，但到了现在，只剩下一般人的狂妄、骄傲、愚鲁、自大，直到胡先生逝世的前夕，原来不成问题的问题，也成了争执的中心，真为中国国家感到不幸，真为中国人感到不幸。

胡先生逝世了，成千成万的青年、学生、军人、妇女，含着眼泪来吊唁这位一代大师，正表示着人心未死。这些成千成万吊唁的人们，正表示着中国民族正当的趋向。青年们，你们都是新中国的建设者，事业的成功是要经过一番奋斗的阶段的，新中国需要科学，需要工业，需要法治，这些都是改进的目标，一定有光明的前途，不要怕走不到，只要向前走就是了。

（引自《中国的社会与文学》，文星书店，1964 年）

胡适之先生不朽

　　胡适之先生逝世已经快二十八年了，现在已是胡先生的百岁冥诞，即将到来。这位中国文化上的巨人，是可以不朽的，有关于不朽这件事，胡先生过去曾经谈到过，现在时移世迁，历数近年许多逝世人物中，不朽的声名，胡先生当在首选。

　　胡先生逝世的时候，在茶会时，有些院士因为所谓"科学生根"的问题，使得大家争论纷纭，使胡先生精神上感到困扰。这个争辩本来是不必要的，而且争辩中得不出结论的。那一次院士会议，我未曾到会。对于院士会，我以前很少缺席，以后也很少缺席，只是那一次，因为绿卡问题，不能出美国境外，以致对于胡先生一点忙也不能帮上，实在是十分遗憾的。因为至少可以竭力劝胡先生不要参加茶会，能休息一下就好的多，现在已经遥遥二十多年以后，也无法挽救了。

　　我所想到的当年讨论到的"科学生根"这句话，本来就是一个模糊不清的命题。这里的"科学"是指纯自然科学，还是指"科学"和"技术"？"生根"是指输入？还是指自己的发展与贡献？要达什么限度才算"生根"？实际上，科学的"根"在任何民族中只要已经移入，就拔不掉的。照这个标准，中华民族早已"生根"。如其指全国的现代化来说，这不是"生根"而是进展。在二十八年以前，中国的科技，已在迈进中，现在还在继续的进展，而胡先生创立的"国科会"，更给予极大的力量。以"知人论世"的观点来看，即此一端，胡先生已可不朽了。

　　在我辈年岁差不太多的人，在小学，在中学时期对于胡先生的姓名，大都已经熟悉了。其中影响最深的，当然是有关推行语体文的问题，其次才是国学中的必读书的问题。后一个问题虽然对于中国文化开了一个门径，诚然有用。但是就一般社会来说，前一个问题影响更为深远。

不错，在中国历代的写作中，语体也曾经多多少少占到一些地位，在胡先生的《白话文学史》就搜集了很多的例证。只是白话在历代通用写作中，并非主流。过去凡是一切重要文件、著作以至于书信，都用文言文，也就是除去娱乐性的小说间或使用白话以外，其余所有的应用文字，及学术文字，都是采用了文言文。文言文和现代口语距离相当的大，在语体文未推行以前，往往有些人读四五年书一封信都写不通，要想自己发表自己的意见，更做不到，这就深深阻碍民主政治的发展。至于进一层用文言来做科学及哲学的思想，更是一个困难的事。科学研究需要的是以精确思想的运用为基础，只能采取能以运用自如的白话，或者就干脆用外国语文。用文言文的思想来使它精确的可以在自己心中追踪科学，我深信没有一个人办得到。不仅文言文在思想中运用太难，就看晚清几部著名的文言文翻译中，比起原文，也嫌出入太大。这就表现了如其希望高度的科学进展，语体文的运行，最是十分重要的。

由于近许多年白话文推行的成功，使得做研究的人思想更为精确。现在我们可以确定，科技在台湾确已"生根"，而这个"生根"的最大推进的原动力，无疑的，胡适之先生的文学改革和"国科会"的建立，要首先数到。这件伟大的成功，是出于二十六年以前一般人预料以外的。就此说来，胡适之先生不仅是一个哲人，而且几乎是一个先知了。

语体文运动是成功的，不仅散文一项是深深的受到胡先生的影响，在语体诗方面，胡先生也是最先创制的一个人。关于诗这一个问题，中国式的诗有中国自己单线演化的传统，由《诗经》《楚辞》、古体诗再到所谓"近体诗"及"词"，形式方面及写作条件方面，越演变越严格，已经成为不可改变、不可通融的古典规格，发表自由思想及新加入的思想，简直成为不可能。诗当然是文学中一个重要部门。如其语体文的规格已经树立，那就语体诗也当然需要树立的，旧式的诗限制太多，无法适应新的环境。新体的诗也势在必需发展的。但中国文学中从来就没有形成这种形式，因而创制新语体文的路上，也必需添加新诗。这一点是胡先生早已料到的。

所以中国第一部新诗集《尝试集》也就由胡先生创制而出版，成为中国新诗的里程碑。

胡先生在旧诗方面是下过相当的功力的。这部新诗集除去受到本身有相当的可读性以外，还对新诗开了一条新路。当然《尝试集》也只能算是一种尝试。诗的天下还非常宽广，诗要走的路，还非常漫长。《尝试集》的刊行，也不能预料到以后新诗的方向。至于新诗在中国是否已经"生根"还有人争论。不过无论如何，这一方面是可以看出来的，即：（一）近几十年中，确有成功的新诗出现；（二）目前能够做旧诗而够上旧诗标准的已经一天一天的减少（赋已无人再作）。到了无人再作旧诗时（现在西方已无人再写拉丁文的文学了），也就是新诗独领乾坤的时代到来。

文言文和旧诗都具有数千年相承不断的文化传统，当然有非常吸引人的欣赏价值。尤其是诗（包括赋和词），因为是属于美文学，其吸引人的感情更为显著。胡先生在提倡语体文时，就郑重声明，从那时以后，不再做文言文（诗也在内）。但一般人却不能这样严格的遵守着。这几十年来，语体文的势力确实一天一天的占优势，可是做文言文的，并不曾断绝。尤其是中年以上的人，在学校里是做文言文出来的，情形更为显著。他们的心理中，可能含有许多复杂因素，其中如同：（一）觉得自己做的文言文比做的白话文好；（二）觉得后进的人写不了文言文，在下意识中想借此表示优越；（三）在某种体裁中（如同法律条文等），一直采用文言文就跟着做文言文；（四）从来有做文言文的习惯，改不掉；（五）完全基于保守的想法，对于文言文有类似宗教的信念。这许多因素在社会上是随时随地都可以出现的。不过具有以上信念或习惯的人，越来越少，亦是事实。

世界上本来没有十全十美的事，语体文前途具有充满的希望，无可否认，但其对于中华民族的影响，在正面的是思想的精确与自由思想的推广，其负面仍将使得下一辈对于传统文学总会有相当程度的疏远。依照当年标准来衡量，就有"一代不如一代"的感叹。再加旧书的阅读时间不够，绝大多数的人将会对古书了解力也差些。这当然影响到文化继承的顺利性，也难以完全责备有些人士又唤起复古的兴趣来（不过情形也不致这样悲观，因为只要提高社会文化水准就可以）。本来在任何一个社会中，即使最后目的相同，进行的步骤和进行的方向，也不可能一致的。这就会引起争论，不过争论中可以使得理智更为显出，这也有其好处。

在我，对于文言白话之争，也有一段经过，虽然这已经是文言白话争论一个尾声，此后已很少再有人做这相类的事了。沙学浚先生是我的朋友，也是台北师大的同事。当年韩国老学人李丙焘到台北讲演，忽发狂言，说中国太大，希望能把东北送给韩国。当时我们同时反驳李氏的说辞，他只好承认这只是他个人的意见，以后也再没韩国人士发出这一类狂言，所以沙先生也是我的同道。只是沙先生后来自费登广告，并且《"中央"日报》发表他的意见，认为小学教育应当采用古老的教材以《三字经》，《千字文》等为教本，在我的想法中认为教育制度有其一贯性，应当各科彼此关联做好设计教学，古老教材不能适用。（附注：我只反对小学中用古老教材，至于高中加入"论孟礼记选读"一事，我是支持的，只是"选读"只可采用经内原文，不宜加编辑人意见，否则又是步入"四书大全"的老路了。）现在白话文已普遍，更不宜有文白之争。我的这篇也是在《"中央"日报》发表的，据说相当引人注意。可是正反两方都无人公开理会，此后也就以不了了之。其中意义就是文白之争实际上并未休止，只有等将来的自然趋势了。

胡适之先生一直是坚决的自由民主斗士，虽然表面上看来是相当的冷静，但内心里却是十分热情的。依胡先生的看法，中华民族最需要的是自由和民主，但民众在贫、弱和愚不利条件之下，民主理想是不可能做到的。胡先生出身于西方教育，并且对于西方社会和思想有甚为深厚体验的人，对于中国所有的军阀政治当然不会满意。……想要打破这个环节，除发展产业，使得经济的势力（或者说产业的势力）超乎一切，实在无其他办法，使政治上轨道。这当然不是"一蹴可几"，但一个安定的政治环境，却是转换时期的必要条件。

为了期望在安定中求转换，这也就是胡先生过去参加善后会议的看法，也是丁文江先生为孙传芳建设大上海的看法（现今所谓"浦东计划"，也仍是丁文江先生构想的伸张）。胡先生当日一切构想，是目光如炬的。……

胡先生并不是一个反对社会主义的人，毋宁说他对于社会主义还多少抱一些希望。只是他是一个实验主义者，同时也是一个尊重人权的人。他对于社会主义的实行，一心想要有一个成功的实验，他曾经希望着，并鼓励着美式社会主义新村运动的成功。但结果却是看到了失败。苏联式的大型实验，在胡先生生存的时代还未看出来结果（成功或失败），他很谨慎的，不敢下断语。……为了世界上许多新的政治主张都是不曾证明其确实有效的。所以胡先生也就诚恳的表示："多谈问题，少谈主义。"

依照《藏晖室日记》中所指示的，胡先生在学生时代同情的是民主党，这表示只有对于民主党同情的人，才能对民主党中重要人物的心理状况有所了解。在美国佛兰克林、罗斯福总统时代，也只有胡先生算得最成功的中国大使。宋子文把胡先生换掉，不知为什么，据猜想可能就是宋子文的共和党倾向，和胡先生有很大距离。后来退出大陆，多少牵涉到中国参与美国两党的纠纷，如其当时也能多询问胡先生的意见，情况可能就好一些。到了1953—1955年间，我在纽约看到胡先生，胡先生谈到为了国民外交，有时还会晤过共和党的地方领袖，胡先生还说一般人还是认为共和党是"有钱人的党"。也就是胡先生仍认为在理论方面，共和党是多少有些问题的。

我的看法，对于对内方面，民主党做过不少事；而对外方面，民主党就太天真、太迂腐了。譬如卡特时代在国外推行民主，原则方面未错，可是对于伊朗，就帮助推翻了虽然独裁，还可能改变的巴勒维，而引进来一个更专制、更顽固的何梅尼，成为外交史上一大败笔。共和党只以美国利益为重，虽然偏私，可是容易执行一些。至于在民主和共和党人中，都有富翁。只是在所得税上表现的，从罗斯福"新政"起，富人的所得税是很多的。到雷根改革税法，富人的税减去很多，但比一般人还稍重些。今年布希再改革税法，原来设计一般人最高抽百分之三十一，富人比一般人溢出的收入，只抽百分之二十八，反而少些。经民主党议员力争，以致拖延议会通过日期，才由百分之二十八改为百分之三十一。这一点昭示着共和党偏袒富人最明显的一次。也就是过去胡先生所闻，也不是全无根据了。

胡先生过去发表《人权与约法》和《我们何时才能有宪法》两篇，曾经受人攻击过。其实胡先生的立场一点也不激进，只是希望中国能有机会变为法治国家。中华民国宪法在重庆创制的时候，胡先生以及张君劢先生都费过不小的心力，才得到相当的成果。当然，因为协商的结果，受到各方许多压力，以致还有不尽理想的地方（例如国代可代办创制、复决两权，就是一个大败笔），不过宪法总是宪法，绝大部分是优秀的，尤其总统任期一层，更是全部宪法中的精粹。……此是胡先生的生平大节，从来没有人知道，现在说了无妨，所以就此申述出来，来显示胡先生不妥协的精神。现在想来，胡先生的努力可惜竟因种种阻滞未能成功，但当政方面的适度宽容，也带来目前国内政局大有进步的契机。（附注：胡先生对于维持宪法中总统任期的努力，现在李幼椿先生尚在台，一定知道此事。）

我们看到的胡先生是一个外表冷静而内心却十分热情的人。他主张改革而不主张革命，是因为革命以后将有彻底的破坏，重新建缔，要白费许多国力和人民幸福。只要能有一个安定的时期，给予改革，总会达到目的地的。依照人文主义、合理的方向去走，回头路是走不通的，他的生平从来没有支持过开倒车的思想。今年是世界大改革年，我们纪念我们文化上的哲人，自有其积极的意义。

胡先生向来重视自由思想的人，他向来不勉强别人接受他的思想。即如我对宗教的态度，尤其对佛教禅宗的看法，和胡先生是有异同的。但我仍尊重胡先生自由思想的精神，来处理我自己的看法。

（刊载于《胡适先生百岁冥诞纪念特辑》，《传记文学》，第 57 卷第 6 期，1990 年 12 月）

纪念傅孟真先生

傅孟真校长逝世了，这不仅是本校的损失，也是中国文化界的损失，更是东方文化界事业前途的损失。

我们中国自从几千年以来，始终没有和西方接触，也始终没有谈到自觉。在前清时代，还是零零碎碎的。到了五四的前夕，孟真先生的《新潮》，才揭发了我们文化的自觉和文化上的路标，这一个路线一直遵循到现在。

孟真先生回国以后办理中央研究院历史语言研究所，做的功绩更多。他不仅将过去英雄式的才子崇拜一扫而空。他并且将乾嘉汉学不够实证的地方也修订了不少。他不仅根据金石，他还推动科学的考古学和人类学。因此他手中所创导事业的成绩，无一处不是强固不拔的坚城，从此以后，我们中国的文化界更走上了平心静气、实事求是的途径。我们知道中国文化是东方文化的中枢，我们更想在这方面树立了全部东方化事业的基础。

孟真先生在这复兴基地来主持台湾大学，的确有他深长的意义。日本时的台大虽然是军事侵略的补给所，但我们对于他们认识台湾的重要却还相当正确。我们正希望孟真先生树立和平文化的基础，来订立我们的百年大计，不料他在半途逝世了。然而他创作的规模和坚强勤奋而不屈的精神，却值得以后任何一个人追随下去的。（台大校刊第一〇一期）

（引自《傅故校长哀挽录》，1951 年 12 月）

对于李济先生的简单叙述

今年学术奖金文科部分由李济先生当选，这是一个群情翕然的事。许多朋友对我说："以李济先生的学术地位，早几年当选，也不算一个惊异的事。"李济先生在国内的学术地位，在国际间的声望，这是学术界周知的事，用不着我多为申述。

李先生今年六十岁了，当花甲之生辰，获国家之荣典，诚属我们学术界中尊崇学术先进的一番盛事，当然我是应当做一篇像样的文来给李先生庆祝。只是在一个短短限期交卷之中，也就只能算做一时的印象，而不能算做一个正式的介绍。

李先生是湖北钟祥人，很早就到了北平，所以李先生说的国语相当的好。李先生的父亲是李权先生，过去在学部任职，并且擅长古文及诗词，所以李先生也得到优良的家学，有很好的国学根柢。李权先生在胜利复员后才去世。我们所知道的李先生是事亲孝的人。同样我们也知道李先生也是敦睦李夫人始终如一的一个人。

当李先生出国之时，正是中国历史及考古研究尚未上轨道之际。李先生到了美国，接收到新的方法和观点。李先生在美国的克拉克大学及哈佛大学研究院不仅成绩优秀，而且李先生的论文 *The Formation of Chinese People*，在当时不论在中国在外国，都是以没人用过的新材料，开拓了没人走过的新园地。到了现在，还是一部不朽的名著。

李先生回国以后，因为造诣的优异，立刻受到了当时学术界的注意。先在南开担任教授，接着就在清华研究院担任导师。当时清华研究院的导师共有四人。除去李先生以外，其他三人为王国维先生、梁启超先生、陈寅恪先生。清华大学为李先生的母校，从这一点可以知道李先生当时的造诣了。

最先，李先生调查山西夏县西阴村的古迹，开始了科学考古的第一步。在这里发现了蚕茧，证实了中国人在新石器时代，已经有养蚕的事实。到了中华民国十八年，因为中央研究院历史语言研究所所长傅斯年先生的邀请，李先生在河南安阳县商代的遗址，开始领导正式的发掘。此后到民国二十六年，一共发掘了十五次。这十五次的发掘，奠定了中国科学考古的基础，使得考古的成绩震惊世界，而使得中国人考古学的地位，和西方先进诸国并驾齐驱。

历史语言研究所的成功，是在贯彻一个重要观念之下而执行的。这就是凡是做考古工作的人员，决不收藏一点古物。在李先生领导之下，是被严格执行着。对于古物的态度，是不论发掘或收买，都是涓滴归公。要尽量提高研究的热忱，谨慎对于公物的保护，而反对对于私人的收藏。李先生工作数十年，没有一本善本书，没有一件古器物。这和一般附庸风雅玩弄金石的"古董客"，不惜"悬金以求，募贼以窃"来充实私藏的人比起来，实在有一个划时代的进展。

这很容易解释的，科学的考古家的工作，是一个严肃的工作，这种严肃的工作，是和其他的大科学家一样，要将全部的时间、事业、生命，都放在一个学术的王国上去。在学术以外，几乎更无私人的爱好，更不会把学术的庄严，只看作客厅中的古董玩物。李先生是树立科学考古正式规模的开山者，他认为："科学的田野考古工作，所需要的这一项训练，应该是如何的严肃、坚实、透彻了。这决不是一种业余的工作，可以由玩票式的方法所能办到的。这更不是故意要把田野考古工作的方法说得特别的艰难深奥。现代科学所要求的，只是把田野工作的标准，提高到与实验室工作的标准同等的一种应有的步骤。……一个重要遗址，一座古墓，一尊纪念石刻，若是被摧毁了，没有第二个同样遗址、古墓，或石刻可以代替的。同样的，若经手发掘古代遗址，古墓的工作者有了错误的观察，或不小心的纪录渗入他的报告内，这种错误却很难用直接方法在短时期内校勘出来。一个严重的后果就是谬种流传，无形中构成这学业前进的一大障碍。像这样的情形，除了古生物学外，没有其他科学可以比拟的。因此，我们更感觉田野考古工作的人们所负科学使命之重大。……这种材料的可靠性，由此亦可以得到研究人的信心。……这种信心的培养，必须完全由纯理智的观点出发，不能杂任何情感的成分。若有任何方面，情感与理智发生些微的冲突，从事这一工作的人应该有勇气放弃他的情感，遵从他的理智。"（台湾大学《文史哲学报》第一期：《中国古器物学的新基础》）在这方面我们看出他如何对于学术的认真。从这一点出发，李先生在任何方面都是一丝不苟的。因此在处事上，朋友们或许感觉李先生过于方严或过于刻板。但在熟悉李先生的人，也会感到这样的刻板是应当的。因为李先生的目的不是处处和蔼近人，而是希望一般事业的制度化。

从安阳发掘到现在，已经有二十七年了。当安阳发掘的开始，一般学者对于中央研究院史语所的期望，不过是获得甲骨文。因为当时在中国学者风气之中，还没有考古学，只有金石学，还只知道鉴赏金石文字为重要学术工作。甚至于当时国学大师，也还对甲骨文不相信，认为属于伪造。自从安阳发掘以后，在这十五次之中，除去了发掘大量甲骨和其他重要材料以外，尤其重要的，是在遗址中保存了现象，在发掘过程之中，任何一个步骤都有详细的纪录，使得我们在殷商三千年以后的人，还可以追溯殷商时代的生活。其中如小屯的宫殿、侯家庄的墓葬，只要能够保存的现象，都完全保存了。假如以器物的分类来列举，所发掘出来的实物有陶器，骨器，石器，蚌器，青铜器，玉器，朽腐了的木器及漆器的痕迹，附属于铜器的编织品、锡及水银等的材料，作镶嵌用的象牙、鹿角、龟甲、牛骨，其他各种兽骨，镶嵌的绿松石，作货币用的海贝，以及铸铜用的泥范等。在兽骨方面，还包括了鲸骨、象骨、水牛骨、青海的扭角羚羊等等各处不同的兽类。在陶器方面，可以把全形复原的，有一千七百多件，其中碎片则将近廿五万片。这样大规模的发掘，使得中国考古学的拓荒工作，从此开展。

除此以外，中央研究院史语所考古组在李先生领导之下还在山东历城、滕县、诸城、日照等地发现了黑陶遗址，证明了中国沿海一带，在殷商时代之前，还有一个黑陶文化。对于中国的古代文化史及民族史上，是一个非常有意义的工作。此外还有河南浚县与辉县的发掘，西北古代文化的考察，四川岩墓的考察，云南新石器时代的研究，也都在李先生领导之下，才得到了不少的成绩。

李先生除去领导田野工作以外，对于研究工作，对于教授的工作，都是十分认真。李先生的研究工作，我们可以看到数十年中未曾懈怠。就到台湾以后已发表的而言，如同《中国古器物学的新基础》（《文史哲学报》第一期），《豫北出土青铜句兵分解》（《历史语言研究所集刊》二十二本），《殷墟有刃石器图说》（《历史语言研究所集刊》，傅斯年先生纪念号下），《跪坐蹲踞与箕踞》（《历史语言研究所集刊》二十四本），《小屯陶器质料之化学分析》（《"国立"台湾大学傅故校长斯年纪念论文集》），"Notes on Some Metrical Characters of Calvaria of the Shang Dyasty Excavated from Houchia Chuang，Anyang"（《中央研究院院刊》第一辑）。其中无一篇不是十分精粹的。尤其是正在印刷中的《陶器图录》，这是一部非常伟大的著作。李先生完全从形态学上来分析陶器，纯然就科学的观点上，把陶器的种类及其演变明白的指明，一洗旧日治古器物学者，或者完全站在古董客的立场，或者对于古人的命名一知半解，随便的加上去，古人命名本未曾严格过，再加上去，便更不对了。但是做科学的工作，第一要有科学的训练，第二要有普遍的搜集，第三要有耐心的工夫，这就非李先生不能办到的。

（刊载于《政论周刊》，第 105 期，1957 年 1 月）

李济教授的学术地位

  这是一篇对于今年文科学术奖金获得者李济先生的一个简单介绍。我相信今年"教育部"主持下的学术奖金给予李济先生是十分公平的。李先生是中国考古学的宗师，并且他历来对于研究、教学，以及他主持的各种事业，都是具有科学的精神，从来不畏艰难，不计成败，而完全以事业为中心，这是在现在贞下起元之际，更值得介绍的。

  李先生生于湖北钟祥，这是江汉平原中的一个要区，过去为安陆府治。而江汉平原之中，除去汉口为五方杂处之区以外，其他地区还保存了过去张居正、熊廷弼的作风，个性都是非常坚强的。大致说来，云梦洞庭区域的倔强不变，和燕赵区域的慷慨悲歌，正是两种形式强者的对照。

  李先生是清华大学旧制毕业（一九一八年），在一九一九年得到美国屋士特（Worcester）城的克拉克大学（Clark University）学士，一九二〇年得到克拉克大学硕士，一九二三年得到美国哈佛大学（Harvard University）博士。他所学的主要科目，是人类学及考古学。回国以后首任南开大学教授，再到清华大学担任教授。中央研究院历史语言研究所成立以后，即担任考古组主任。民国三十七年，被选为中央研究院院士。民国三十八年，任台湾大学考古人类学系主任。一九五五年，担任"中央研究院"历史语言研究所所长，直到现在。

  中国人历来重视古物，不过对于古物的看法，只是认为玩好罢了。自北宋以后，逐渐重视古物的历史性，至清乾嘉迄于同光，更为考证古器物的极盛时期。而光绪二十四五年间甲骨的发现，更为当时重要的事件。不过当时对于古物的工作，仍然到文字的考证为止。至于器物相互的关系，文字与图案器形的关系，古物与地层的关系，古物出土的一切现象，含有古物的遗址中所有现象表示的意义，当时并未曾有人注意到。以至于当时的国学大师竟然怀疑甲骨文字是假的，而研究甲骨文字的人也无法提出有力的反证。

李先生担任中央研究院历史语言研究所考古组主任，主持安阳殷墟发掘事宜，事在中华民国十七年十二月。当然，认识科学考古的重要，而主张聘请李先生的，是傅孟真先生。此后推动中国近代学的工作，而做划时代的进展的，是李济之先生。在此以前，曾经试掘过一次，正式的发掘则在中华民国十八年三月七日开始。连试掘的一次一共发掘了十五次，到中华民国二十六年六月十九日，因为不久以后，中日战争就起来，才不能够继续发掘下去。和殷墟同时做发掘工作的，尚有山东历城县的城子崖。山东日照县，河南北部的浚县及辉县，河南东部商丘，永城以及安徽的寿县等地区，都是用精密的方法并且加上完整的纪录。

中日战事开始，中央研究院历史语言研究所迁到后方，但考古的工作，在李先生指导之下，并未稍懈。自中华民国二十八年起，即在云南西部做调查发掘的工作。到中华民国三十年，就同时在四川省境内，及西北地区，包括甘肃及陕西两省和宁夏一部分做调查发掘的工作。到三十八年，在台湾省境内又做了许多调查及发掘的工作。这些工作最多数是李先生亲自主持的，有些虽然不由李先生亲自主持，也是在未出发以前，同人们先得李先生的指示，出发以后仍然随时通函请示，所得到的成绩，也仍然是李先生指导之力。

李先生历年的研究工作，贡献也非常的大。这可以就两点来说，第一是功力，第二是观念。就功力来说，李先生的治学，除去对于中国旧学，有深厚的根底；以及对于人类学及考古学，在美国留学时有优越的造诣而外；在中央研究院史语所做研究工作，总是手不释卷，数十年如一日。并且对于所做的范围以内的事，也总是对于材料丝毫不苟的加以分析及比较，决不轻易放过，所以有今天的贡献，决非偶然。就观念方面来说，李先生一本实事求是的精神，决不牵强附会。并且对于欧美新的出版物，只要能够得到，也一定要加以注意。我们深知从宋到清末及民国初年，利用古物来做工作的，确也有不少的成绩。不过也还有不少的缺陷。第一，前人不够精，他们对于社会进化的观念，看的不够，他们最高的目的，高者例如清人只想能够确切恢复到古人的分类和命名就已算尽学古之能事；次者例如宋人便牵强附会，以意为之，胸中并无一整个的观念。现在就材料分析而来，知道古人的分类命名，本不精确，并且随时而变，随地而变。想以一组旧有系统来概括古人，是一个自寻纷扰的事。因此李先生对于陶器及铜器中之容器，先求得相互的关系，然后就其形制的客观性质，重计号数之命名。古人的命名和分类，只当做参考之用，然后才能豁然贯通，行之无弊。至于利器的比较也完全用客观比较之法而不为古人所囿。第二，前人不够广，他们的知识，大率以国内为限，而不能对文化不是孤立的有所认识，并且对于人类学、社会学、考古学的造诣，不仅多未曾接受过，也因为时代所限，进展的不够，不能有相互发明的补益。李先生本来已很渊博，再加上随时注意世界学术的新进展，还出国几次，随时吸收新的造诣，自然成为中国考古学的权威，这决不是偶然的。

李先生的工作，在芮逸夫先生的《李济之先生在考古学人类学上之贡献》中搜集的非常完备，读者可以有一个有用的参考，本篇不必再做重复的搜集了。现在再引一段李先生的意见，供读者的参证。李先生的《中国古器物学的新基础》（台湾大学《文史哲学报》第一期）云：

中国古器物学，经过了八百多年的惨淡经营，始终是因仍旧贯，没有展开一个新局面。最重要原因是：对于原始材料审订的工作及取得手续，这八百年来的古器物家没有充分地注意。他们很显然地都晓得，古器物是一种珍贵的史料。但他们很少感觉到，这些材料的本身另有一段历史，为说明它们所以成为历史性材料的不可少的知识。若干对于古器物的来历有直接兴趣的人们，却没有把这兴趣正常地发展出来。只在古物的本身上抚摩，想由这一方法断定它的真伪。真伪的鉴定，在他们的下意识中，似乎不必在"出土"问题这个方向寻求。向这一方向寻求所引起的可能困难，不但是远在断定真伪之上，同时也是不值得读书人尝试的。

近三十余年，田野工作所搜集的与古器物学有关的材料，可分两组解说：一组是由地质的调查及古生物的寻求所涉及的人类遗物与遗迹，主持这一个工作的机关为地质调查所，及与地质调查所合作的机关。又一组为完全寻找早期历史材料而发现的人类居住遗址及墓葬所得的成绩，主持这一工作的机关，由中央研究院历史语言研究所领首。这两组工作虽说是由两种不同的立场出发，但在短期间，他们却携了手；在方法及技术上，他们有绝对相同的地方，只在题目上，各有各的范围。由地质调查及古生物探寻入手的工作者，最紧要的课题之一，是想把人类历史与自然历史打成一片。专门历史学的人，眼前的问题为急于把纯历史性的若干主要迹象，由田野考古的途径，向远古追溯它们的根源。这两种出发点是可以同时进行不悖的，在若干方面是可以互相辅佐，充分合作的。……

民国十七年，历史语言研究所的考古组，在蔡院长的领导下成立。所选择的第一个发掘遗址，就是出甲骨文字的小屯村。在开始这一工作时，参加的人员就怀抱着一个希望，希望能把中国有文字纪录历史的最早一段与那国际间甚注意的中国史前文化联贯起来，作一次河道工程师所称的"合龙"工作。那时安特生博士在中国所进行的田野考古调查工作，已经到了第十个年头了。这一希望，在第三次安阳发掘时，由于在有文字的甲骨层中一块仰韶式彩陶的发现，大加增高。现在事隔二十年了（按：时为一九五○），回想这一片彩陶的发现，真可以算得一件历史的幸事。安阳发掘团前后所记录的小屯出土的陶片，差不多快近二十五万块，但始终没得到第二片彩陶发现的报导。那时注意这问题的，在发掘团中，只有极少数的人；要不是终日守着发掘的进行，辛勤的纪录，这块陶片的出现，很可能地就被忽视了。有了这一发现，我们就大胆地开始比较仰韶文化与殷商文化，并讨论它们的相对的年代。

民国十九年，考古组田野工作第三年，我们在山东济南附近的城子崖发现了一个小的遗址，却得到了极重要的收获，开始了黑陶文化研究的一幕。黑陶文化的发现，……证明了这一文化，在中国东部文化圈内，是史前到历史期间最扼要的一道桥梁。

以上一段只是证明了李先生工作态度及工作方法的一角落。我相信李先生的工作，是扩大了旧日学问的园地，同时也加强了旧日学问的深度。现在中国文化已经成为世界文化的最重要一部分，我们要充分利用我们自己及别人的成就，来创造我们文化的将来。李先生工作的成绩，实在值得为我们各部门文化创造者的模范。

（刊载于《教育与文化》，第 16 卷第 2 期，1957 年 4 月）

董彦堂先生逝世三周年的怀念

董彦堂先生逝世三周年了，对于这个自己做成自己的学人，的确使人致深厚的怀念。

彦堂先生原来是开封第一师范毕业，后来进了北京大学的研究所国学门，这时也是不需要任何资历的只要做过研究工作就可以，彦堂先生是做歌谣研究进去的，同时也就做甲骨文的研究，后来甲骨文的研究成为全国最重要学者之一。

彦堂先生做甲骨文的动机，现在不甚明晰，不过彦堂先生幼年，曾经一度学刻字，再转为刻图章，因而对篆文早就很熟悉，这对于学甲骨文是很有帮助的，也许就是其中的一个原因，无论如何刻字对于甲骨文的研究是有用的。彦堂先生曾告诉过我，他鉴定甲骨真伪的一种方法，是从原来刻时的刀法看，而这种心得就是从刻字的方法中悟到的。他写甲骨文是名闻天下的，他的写法有深邃的功力，一般朋友们是学不到的，这也是他在刻图章上树立的基础，他不常刻图章，可是刻出来都十分好。

彦堂先生在甲骨方面最大的贡献，第一是断代研究，他根据贞人、坑位、字形等十种不同的方法，把甲骨文的先后断定了五个时期，自他分期的方法创立以后，甲骨和商代历史的关系才能有更深入的建树。直到现在他的论文发表三十多年，尚没有人不循着这个路线。其次是殷历的创立。在彦堂先生以前一般学者对殷历都是凭空摸索的，其中有许多离奇古怪的意见。自从彦堂先生殷商使用四分历的说法成立以后，过去许多怪论一扫而空，使后人研究商代历法有一个正确的途径。他的殷历谱根据商人祭祀，可以说是信而有征的。纵然有人把他武王伐纣的————年加以更定

（这还是未定之论），也无法否定他的历谱。

彦堂先生对于殷历的成就不能不归功于他的基本认识。当他主张尚未成为定论以前，有不少人主张只管甲骨文内容，不要管实际的天象。也有人认为实际天象无从知道，只能根据汉代的三统历。只有彦堂先生却坚持商代历法一定根据商代真的天象，商代真的天象却是可以用岁差方法推算出来的。他就向天文研究所各位请教，根据黄教士的历谱和奥伯尔兹①的历谱推定出了西元前一千年的真的天象。然后依照这个真的天象再和甲骨所见的历法比较。经证明了确实用的是四分历。这是方法上的胜利，值得推重的。

彦堂先生是一个谦和俭朴的人，他平时虽然多少有点性急，可是对于朋友，对于工役，对于一般不认识的人，却总时常保持谦逊，不惮烦琐，他自己历来是非常节省的，可是到了需要帮助人时，他决不吝啬。在四川李庄时，历史语言研究所同人住在一个非常偏僻的孤村，所有康乐活动，都是他悉心筹画，使得在极端冷静的环境中，增加了不少生气。现在他写的甲骨文尚不少，我想朋友们看到他的墨宝，总会立刻记到这个有个性的学人。

（引自《董作宾先生逝世三周年纪念集》，1966 年 11 月）

---

① 奥伯尔兹：Theodor Oppolzer 1841—1886，奥国天文学家。

忆陈寅恪先生

这是中华民国十七年春，北大的改组风潮才过去，北平大学的北大学院方才组织成功，由陈大齐先生担任院长。北大的历史系恢复上课，陈寅恪先生就在此时由清华大学聘来兼任一门功课"佛经翻译文学"。到了秋季开学，陈先生再改授"蒙古源流研究"。等到民国十八年，陈先生因为身体较弱，不愿奔驰清华北大之间，就不再到北大来了。以后同学们只好到清华去听课。

在陈先生未曾上课以前，同学们已经知道陈先生是一位了不起的人物。上课以后大家因为注意的关系，每一个人印象都很深。此时方在初春，余寒未尽。陈先生穿的厚袍加上马褂，携着一大包书，用橙黄的包袱包着。清瘦的面庞夹着神情奕奕的目光，给人一个清晰的联想，想到这位盖世的奇才。诚然，这是王静安和梁任公两位都已先后逝世，只有让陈先生独步了。

"佛经翻译文学"这门课，因为同学中没有一个学过梵文的，最后只能得到一点求法翻经的常识，深一层了解没有人达到。"蒙古源流研究"这一门比较好些，因为至少一部分同学对元史方面都多少有些准备，所以大致尚能了解，至于涉及蒙古文原文的问题，以及德法文引证的问题有时会感到困难些，不过大家大致尚能应付。

等到我到中央研究院史语所做研究工作，陈先生是第一组主任，不过陈先生只担任一个名义，并不管实际上的事，一切事务都由傅孟真先生亲自处理。遇到学术上的问题，以及升迁的问题，才去特别找陈先生，请陈先生发表意见，这件事在史语所当然是一个很少被谈到的事。等到傅孟真先生逝世以后，我在参加傅先生遗集整理工作之中，在傅先生的一本书中，看到夹着陈先生一张回复傅先生的信，对我加以郑重的推荐，这件事陈先生从来未曾直接和间接表示过的，使我万分的感动。当时觉得这是傅先生未曾公开的信，我只好看过仍夹在原处。实在说来，当时真应当特别放在一个大信封中，加以标记，请那廉君先生加意保存，现在这封信，可能尚在傅先生遗书之中，希望看到的人能够特别注意，提出交那先生或图书馆珍藏，因为陈先生的墨宝现在实在太有限了。

寅恪先生治学的范围，据我所了解的，在欧洲时治学集中于欧洲诸国文字，以及梵文及西域文字。回国以后，就集中在本国历史，尤其是魏晋南北朝至唐的制度方面，再就其中最重要的部分来说，梵文及南北朝唐代制度更是重点中的重点。若就梵文和南北朝唐代历史比较，寅恪先生似乎更侧重于南北朝唐代历史方面。寅恪先生对于梵文是下过深厚功力的，他的功力之深在全国学人之中，更无其匹。不过，他站在中国学术发展的立场，权衡轻重。他觉着由他领导南北朝唐代历史的研究，更为急需。所以他放弃了独步天下的梵文知识，来在南北朝唐代历史集中精力，就他所发表的研究成果来说，他的确能见其大。他认清了政治和文化的主流来作提纲挈领的工作。唐代诚然是中国历史上一个重要的朝代，可是真正下工夫作工作的并不多。至于南北朝历史，更是一片荒荆蔓棘。他在这个荒荆蔓棘之中开出大道来，今后南北朝及唐代的研究无论怎样的开展，他的开创的功绩确实不容疏忽的。

寅恪先生最重要的著作当然是《隋唐制度渊源略论稿》和《唐代政治史述论稿》，这两部书都是博大精深之作，虽然篇幅不算太多，却把南北朝至唐代政治文化的关键指示出来。其他单篇论文包括的范围也非常的广，其中很多有独特意见的。在早期论文中，多注意印度文化对于中国的影响。最有趣的是《清华学报》中讨论《三国志》，曹冲及华佗的记载，证明了采取了印度的传说，虽然有点惊人，却是非常合理。至于《四声三问》那一篇，证明中国语言，虽然本有四声（但四声之中，还有变调，四声之分不易被发现），而能以发现四声的，还是靠梵文的启示。此亦可以发千秋之秘。以后再转到天师道的问题，从滨海关系，进而研究天师道的信仰及其作用，对于两晋南朝若干不能解答的问题，有此可以作充分的解答，而从《桃花源记》谈到坞堡问题，更为一个历史上不朽的发现。后期再从唐代的文学，研究到唐代政治、社会、风俗，以及文学上本身的问题，最后一直推到清代的弹词上。这也是一般讲文学史的，从来未曾走过的新路。

寅恪先生治学的方面可说是广极了，但他深知道中国学问中未做过的领域实在太多，他要开风气，他也要为师，他提示些可走的新路，并且指导别人去做这些新路。他深深的知道"罗马不是一天造成的"。一切伟大的成功都建筑在许多人许多时候辛苦经营的基址上，所以他的路线很显然的只是为别人测量基址，指示别人去画蓝图，而无心去自己来做一个始终其事的大匠。近二三十年，他的主要工作是在两晋南北朝隋唐史以及唐代文学与政治及社会关系方面，但是在中印文化沟通上，在中西交通史上，在元史的研究方法上确曾做过不小的提示，今后做这些范围以内学问的人，还应当重视他的功绩。

寅恪先生的尊人是陈伯严先生（三立），清末民初首屈一指的诗人，新江西诗派的领袖。他的诗高华傀伟，平心而论，恐已超过末代的黄陈。寅恪先生受此趋庭之教，当然有非凡的造诣。他自称"论诗我亦弹词体"，恐怕只是一种谦辞。其实他的诗出入唐宋而自成一格，实非弹词体所能限。他的被传诵的《吊王静庵先生》诗是白香山体，而《再生缘》题诗却是李义山体。其中的"绝世才华偏命薄，戍边离恨更归迟"和"上清自昔伤沦谪，下里何人喻苦辛"恰恰嵌入了"上清沦谪更归迟"一句。这是出于李义山《过圣女祠》诗的第二句，只寅恪先生把"得"一字易作"更"字。也许这样一改，嵌字不十分显著，以避人耳目，也许改掉"得"字，以示"上清沦谪，不得归迟"。无论如何，是可以看出他的心情的。

寅恪先生身材瘦削，并且也不高大。加上了具有神采的双目和高耸的鼻子，的确有些像"甘地型"的人物。当他在清华大学时．有一天便服乘凉，有一个新来的学生告诉同学说："我今天看到一个人真像甘地。"寅恪先生听到，亦为莞尔。这里并非说寅恪先生那样大师亦羡慕甘地声名，而是说在中国像他那样了解印度的人已成凤毛麟角。何况还有甘地相同的被压迫民族感情和时代意识。自然，他也禁不住有共鸣之感了。

寅恪先生在北平时，住在清华大学的教员宿舍，因为潜心治学，进城的时候很少。我曾经去看过一两次，他住的宿舍是单层平房，相当质朴，和南港"中央研究院"的宿舍大致差不多。因为太远，谈话的机会也很少。到了民国二十八年，寅恪先生来到昆明，住在中央研究院租到靛花庵的楼房上，才有机会朝夕晤对。那时寅恪先生已患目疾，需要时常休息。他吃的不多，可是烟酒都不沾的，他曾经和我谈到民国初年长沙的事，并说看到过和我父亲同曾祖的两位伯父，神情和我还多少有些像。可惜我生长在陕西，对于湖南的情形相当隔膜，因而接触到的问题也就不多，不然这也是近代史上很有用的资料。

寅恪先生在外表看来好像是一个文弱书生，但他却能坚持原则，不轻易迁就。有一次清华大学的硕士考试，吴雨僧先生曾为了一个微小问题否决一个学生的及格，寅恪先生不惜以去就力争。又有一次在中央研究院的评议会上，有一个不合理的议案。寅恪先生独仗义直言，把这个议案打销。从别一方面看，寅恪先生是很有风趣的。在清华大学考试国文，用对对子的方法是大家都知道的。虽然毁誉参半，但想不失为一个新的试验。其中答案如"孙行者"对"祖冲之"，"人比黄花瘦"对"情如碧海深"等，寅恪先生也曾击节叹赏。至于拟防空洞的联对如"见机而作，入土为安"，运用成语到了妙语解颐的地步，也是寅恪先生所作。当大陆在所谓"百花齐放"时，寅恪先生已料到多言有罪，而又不能不说，提议要把孟小冬请回来。这当然感到"此间不可以庄语"，有意这样。若再加推索，如其用这个姓孟的能生能旦的女伶来扮演《再生缘》中姓孟的人物，也真是最合适不过。寅恪先生和我一样，对于平剧半句也唱不来。在清华住的时候，既然很少进城，也未曾看戏。直到民国二十三四年间，有朋友请他看戏，他一看之下，才大为欣赏。寅恪先生后来大约也看到过孟小冬演戏，不然也不会想得到吗。（上一节有一部分是从俞大纲先生处听到的，特此志谢。）

传闻这位才华盖世的大师是去年十一月逝世的，大陆上严冬寒冽，新炭难求，不适宜于老人养病。当去年冬天时，红卫兵的高潮早过，当然他是以八十高龄，寿终天年的。不过在物质的供应上，在心情上都不愉快，使我们在大陆以外的学生们、朋友们没有人不抱歉然的情绪。只有希望寅恪先生提示出来各方面的研究日就光大，也就稍可告慰于在天之灵了。

　　壶公先生的《陈寅恪先生之死》甚为精采，只是关于武则天和佛教问题，略有错误。此问题已由寅恪先生在《史语所集刊》发表，题为《武曌与佛教》。说到以佛经说女人不可作国王的，但《大云经》说到女子国王，所以武则天提倡《大云经》。并未曾说到"面首"一事。

　　　　　　（刊载于《传记文学》，第 17 卷第 3 期，1970 年 9 月）

记朱家骅先生

仪表群伦，殷忧社稷

朱骝先先生从一九六三年逝世以来，到现在已经快八年了。在这八年之中，他的政绩还时常在人的心中存在着。当骝先逝世后，我做过挽诗，并代做公祭的告窆文。纪念性的文字却只在《大陆杂志》做过一篇《蔡邕〈悲愤诗〉出于伪托考》，未曾涉及骝先先生的生平。现在《中外杂志》王成圣先生来信索有关骝先先生的文字，我想确是应当做的。只是过去别人的文字已有不少，难以下笔，现在只就想到的做一个补充，无法求全求备的。

仪表群伦日，殷忧社稷时。衡阳归雁地，旷古一通之。我亦江湘客，当年欲献诗。及今余涕泪，回首望何迟。

学殖昭新续，崇公二十年。忧勤思惜晷，风范想渟渊。方在归贤俊，何期更播迁？东郊遗念在，丹腾志桓桯。

客岁残冬日，更来长者车。百年争瞬息，万里更踟蹰。凄怆徐君剑，萧条贾傅居。老成凋谢甚，愁读茂陵书。

以上是当时我对于骝先先生的挽诗。第二首第七、第八两句指的是南港"中央研究院"院址和建筑的建立，完全是骝先先生的功绩。凡是到"中央研究院"的人都会想到他的辛勤缔造。至于"丹腾志桓桯"一句，实在只是文字上的修饰，对于朴质实用的"中央研究院"的建筑并不切题。却未料到"中央研究院"民族研究所以后建造朱家骅先生纪念馆真用了宫殿式，成为"中央研究院"院内唯一的宫殿式建筑。"丹膜志桓楗"就真有着落了。当然，这只是一个巧合，民族所所长凌纯声先生决不会为实现这句诗才为骅先先生做宫殿式纪念馆的。

就"中央研究院"的建立与发展来说，骅先先生是继续蔡子民先生来做院长的。蔡先生的特长是度量和风格，以儒家的修养为基础加上西方的自由思想，来做全国学术风气上的领导。朱先生却走的不同的路子。朱先生是发展事业的典型人物，在朱先生一生之中对国家对民族所做的事真是不可计数。虽然因为客观环境不好，使事业上有许多挫折，但算起来成功的还是不少。诚然，事功的影响往往只在一时，而思想的影响往往可达百世。不过朱先生所创建的事业，不管成功到一个什么程度，可谓没有什么毛病。蔡先生提倡的思想，绝大部分我是非常尊重的，其中一小部分，只有"以美育代宗教说"，我就从前未曾赞同过，现在不曾赞同，将来也不会赞同的（宗教和美育完全是两个不同的范畴，虽然有一部分相关，其主要部分决不能互相代替。因为这是蔡先生说过的从来未曾有人敢表示过不同的意见，但当仁不让于师，实在不应该盲从的）。知人论世实在太难了，所以思想和事业，那一个轻，那一个重，也就很难有所轩轾。

保全杭州生命财产

骅先先生在政海进退多年，却对人从不说谎话。骅先先生平时对起居舆服相当讲究，但从不治生产，每次去职以后仍然一无所有。骅先先生办党多年，并且担任过组织部长。但他未曾利用办党的机会，发展过任何的小组织。骅先先生是从德国式的教育训练出来的，做事一板一眼，非常认真，但对于朋友，对于属员，对于学生，却有深厚的人情味。这些都是很可取的地方。

骅先先生具有丝毫不苟的作风是随处可见的。他曾经担任过中山大学校长和中央大学的校长，完全一本他的严格负责的作风去办。在那个时候，不论华北或南方，许多大学中，尤其号称为名教授的，往往不肯尽职讲授，时常缺席，并且过了一二十分钟才上课，上课又不肯悉心讲功课，时常谈闲话。一般教授也跟着学样。这种不负责的作风，骝先先生是痛心疾首的。他任职后加以整顿很有成效。所以任何一种消沉偷懒的风气，纵然由于社会中坚分子来造成的，只要安心整顿，还是事有可为的。

在朱先生所有事业之中，牵涉太广。并且我都是局外人，只能就现有史料中，加以剪裁。即就朱先生纪念册及年谱来说，已非此一篇短文所能叙述，若再旁征其他史料，更难下笔。就简略的印象来说，朱先生在教育部长期间，重要的事业要算国立编译馆的建制，及统一中外地名译名的计划。在交通部长期间，那些成就更为重要，例如开始整顿招商局，购买元亨利贞四艘海船，整顿航空事业，筹还邮局债务，将邮政储汇局资金集中上海一事，改为在各地方放款使用，并且创立全国的电话网。这些工作都完成了，只有一部分是受到了抗战的影响以致未竟全功，但贡献已经不小，而电话网的装设对于抗战前途更有极大的贡献。尤其重要的，是任浙江省主席的时候，阻止了决堤来堵阻敌军的计划，在这种决定之下，全部钱塘江三角洲的人，都免除了浩劫。朱先生又首先否决了杭州焦土抗战的计划，保全了杭州全城的生命财产，并且保全了千余年西湖的文化遗产。以他为先发表反对焦土抗战的谈话，使全国城市除去长沙、桂林少数大城以外，都保全下去。如其不是朱先生发表这个谈话，那就得使中央政府失掉了全部沦陷区的民心，其后果的严重是不难想像而知的。

反对焦土抗战政策，朱先生可以说是全国第一人。焦土抗战是在日军深入以后，一部分舆论界提出的。这些人的想法是拿破仑征讨四方，无不胜利，只有在莫斯科一战完全溃败，就是由于俄人诱敌深入，然后用焦土政策来打击法国人的。但是焦土政策在俄国可以用，在中国却不能用（也只是十九世纪初年的俄国可以用，到了希特勒打俄国时，俄国并未焚毁莫斯科，只在斯达林格勒集中全力作一次生死斗争的主力战）。十九世纪初年的俄国，地旷人稀，交通不便，深入以后，后方交通线太长，处处都有被截断的可能，至于中国的长江流域，人口繁密，决不能把所有大小城镇，全部毁掉（那样日本人还有办法，自己却没有办法了）。在日本人方面，长江就是一条理想的交通线，不论那一个季节，军舰上下都可以通行无阻（当然夏天好些，可是冬天也一样可以畅通到宜昌和长沙），不像俄国那样，可以把法军粮道完全截断。所以焦土政策是一个徒害百姓、无裨抗战的事。当时杭州的驻军已经准备这样做了，朱先生以省主席的职权，全力阻止，并且还以他的看法告诉江西省主席熊式辉和湖南省主席张治中，熊式辉听了朱先生的话保存了南昌，张治中却不听朱先生建议，仍然烧毁了长沙。

继丁文江为总干事

朱先生是民国二十五年一月，在丁文江先生逝世后，蔡先生即请他担任中央研究院总干事。在朱先生担任浙江省主席的时候总干事的职务临时请假，到民国二十七年朱先生仍然回到中央研究院，当时蔡先生健康情形很坏，在香港养病，由朱先生代理院长职务，一直到一九五八年。二十年间负责"中央研究院"院长的职守，并且当过国民党中央组织部长，行政院的教育部长及行政院副院长。在这个期间，重要的事情，有"中央研究院"各所的迁移问题，在抗战时从南京迁长沙、桂林、昆明及四川各处，复员时又迁回南京，再从南京迁到台湾。从南京迁出迁回是交通的问题，而从南京再迁台湾更有许多人事问题。朱先生排除万难，终于在南港安定下来，并且恢复了好几个所，如其知道内情的人来想，简直可以说是奇迹。此外民国三十年由中央研究院史语所、中央博物院和中国地理研究所组织西北史地考察团，继续前西北考察团未竟之业，也是在朱先生主持之下做成的。到民国三十七年，中央研究院院士制度的产生更为中央研究院树立不拔的基础。此时朱先生又兼任教育部长，值得注意的事，第一是极力提倡国语，第二是建议恢复修身功课，第三是重视学生通学（即走读）的制度。提倡国语的重要早已尽人皆知，不必重述。"修身"一课是久已作废的功课，由"公民"来代替，这是一个非常失当的事。朱先生把它恢复过来，真是目光如炬。所可惜的是受了环境的牵制，"修身"还是不能独立讲授，直到现在还是叫做"公民及道德"。这仍然很不适宜。因为：

㊀公民和修身完全是两件事，离之则变美，合之则两伤。㊁"道德"名称不如"修身"好，因为道德属知识范围，修身为实践范围，修身是要"做"的，不是要"说"的。所以我衷心希望有关教育职责的，能照朱先生遗志，把"修身"能独立的恢复（不必事事学美国人）。至于通学制度的重视，是朱先生考察台湾后得来的结论。当时大陆上一般人的主张，是尽量修建中学宿舍，而主张把全部学生住校的。这件事看来是增进教学的效率，实际上流弊极大。因为：㊀学生宿舍太浪费，其建筑费及维持费等于把可以办两个学校的钱只给一个学校用。教室荒美国已感到了，中国更用不着中学宿舍这个奢侈品。㊁宿舍的训育全由学校负责，通学的训育由家长负责。学校方面精力难周，不如家长负责的好。所以多数宿舍的学生是"群居终日，言不及义"，更容易成为过激思想的温床。㊂学生住宿失掉家庭的温暖，容易变成古怪。㊃尤其是住宿的学生容易发生风潮，给学校平添许多不必要的麻烦。（通学制度也有弊病，第一是学生费时间在交通上面，第二，少数不负责家长对于子弟失教，引起了少年问题。但比较大陆上宿舍制度还是弊病少些。）所以在此还是要推朱先生的远见。

料定李宗仁不可靠

到了民国三十八年，蒋总统引退，朱先生仍留行政院任副院长，未同进退，这是朱先生甚为歉然的事。不过朱先生早已预料李宗仁不可信任，留在行政院可以监视李宗仁。到了共产党提出"八项二十四款"时，李某已有意投降，而朱先生首先坚持原则，张群先生支持朱先生意见，这样才能撑下去，而布置总统复职的机会。所以朱先生留在行政院仍有其决定的作用。

管理中英庚款董事会是民国二十年成立的，朱先生是其中的董事，不过朱先生的影响力量最大，尤其二十二年以后用英庚款来打通粤汉铁路，更是他一手促成，对于后来抗战前途，关系极大。此外中英庚款每年考送学生赴英留学，造就人才不少。到了台湾，因为粤汉铁路沦陷，英庚款利息无着，但其节余款项美金二十万元，还能用来补助"中央研究院"购置南港地皮，后来"中央研究院"能恢复工作，完全靠地皮尚未大涨时，购置的院址作为基础。如其不然，那就工作无法推动了。

中德的国交向来是敦睦的，而德国民族性认真，对于中国帮助极有价值。中国在蒋总统领导之下建军，德国顾问甚为尽力，其中许多交涉工作是朱先生做的。等到第二次大战的时候，中国对德国人比日本人稍好一点，但许多德国人仍然入了集中营，朱先生颇不赞同。二次大战以后，朱先生是主张中德迅速复交的，不幸外交当局也因观望而耽搁了。以后中华民国和西德迄今未复交。如其现在中国和西德尚有国交，那么中国在欧洲就有一个可靠的据点，对于国家的利益是不可以数计的，在此真要佩服朱先生的远见了。

股肱之勤维公实多

当朱先生作总干事及院长以来，因为没有多少事务的事和他接洽，一直未曾深谈过，直到中华民国三十一年我参加了西北史地考察团，在出发以前他才详加指示。他对于开发边疆是有相当大的宏愿的！在实行开发以前确实要做一些必要的准备。西北史地考察团的正式目的，还在新疆和西藏，因为西藏太远，只有留着以后进行，而新疆又因为当时盛氏尚未和中央合作，没有法子前往，只好限于甘青宁陕四省地区。史地考察团暂时分为历史和地理两组，地理组主要的是考察青海省的柴达木盆地及祁连山，历史组考察敦煌和居延的边塞，敦煌千佛洞以及陕甘两省的新石器时代的彩陶遗址（彩陶遗址是石璋如先生做考察工作的，对于周初的文化甚有裨益）。

到了台湾以后，在一个偶然机会中，我曾经替朱先生代做了送人的寿诗，以后朱先生就找我来做应酬文字。直到朱先生因健康不佳，辞去院长职务为止，我曾经替朱先生做过不少次数，因为这些应酬诗文都是只讲技巧而不讲性情，我未曾存稿，现在都不可踪迹了。到了一九五八年，朱先生已经辞职，由胡适先生担任院长，就接着开第三次院士会议，选举新院士。这是到台以后第一次的院士选举，也是朱先生任内筹备了多年的计划。我在这一次选举中当选院士，并接着当选"中央研究院"评议员，每次院士会议和评议会，朱先生向来是到会的，而且常常有建设性的建议，对于胡适之先生帮助甚大。

朱先生平时并非一个辩才无碍的人，他说话时虽然条理清晰，曲达事情，可惜语调上比较平坦，不能激动听众的情绪。但他诚恳的心绪在态度上充分表达出来。在民国三十年时，他到西北去，青海省主席马步芳对中央常有戒心，经朱先生诚恳的宣达，才完全释然，马步芳也在不久以后去重庆述职，和中央关系从此合作无间。这个例子可以证明真诚无伪是处人处事一个最高明的方法。这一点凡是接近朱先生的人都知道的，在胡颂平先生的《朱家骅年谱》和杨树人先生的《"中央研究院"最近十年》已经都说的很清楚。

对我来说，最感人的一件事还是在我出国的前夕，朱先生亲自到我家里来看我，殷勤的叮嘱要随时和国内取得联络，并且时常回来和同人相聚。朱先生的身体已经非常衰弱，我看到他下汽车再上汽车回去，心里非常感动，想一定回来的时候要特别致谢他，不料竟成为最后的一面了。

（刊载于《浙江月刊》，第 3 卷第 4 期，1971 年 4 月）

记袁守和先生

　　袁守和先生是乙己一九六五年二月逝世的，当时听到以后就给我心情上沉重的打击，当即打了一个电报去安慰慧熙大人。后来听到在台北要开追悼会，当时本想再写一篇悼唁文字，因为需要寄到台北去，托人写了送去，手续比较麻烦一些。稍一迟延，竟未能托人去办。到现在除去那封电报外，竟没有其他的吊唁文字，想来觉得非常歉然。最近接到守和先生哲嗣袁澄兄的来函，并寄来守和先生的《思忆录》，要我最好写一点感想，以下就再写我自己的想法。

　　我是在北平北海静心斋时认识守和先生，当时傅孟真先生任中央研究院历史语言研究所所长，所址就在静心斋。守和先生和孟真先生是老同学，北平图书馆距静心斋也不远，守和先生有时会到静心斋来，孟真先生也就把我当时的研究工作告诉他，现在算来已经有三十多年了。就当时情形来说，我对于守和先生指导下北平图书馆许多研究工作人员都很熟，不过对于守和先生见面谈话的机会并不算太多，守和先生对于我的认识大约只根据孟真先生的介绍。后来在长沙，在昆明，我都看到守和先生，至于比较上有长谈的机会，还是后来守和先生住在麻省康桥那一个时期。等到我从康桥回到台北，守和先生也迁到华府，彼此之间却有些间断的书信来往。其中在一九六一年刊行《新疆建置志》时，守和先生并且命我做过一个跋文。直到守和先生逝世以前几个月，他还希望我有机会能到华府住几天，我也有意到东部来看一看，只是因循了一下，和守和先生竟然不及见面。

　　我对于守和先生的印象，是守和先生是一个标准的恂恂儒者，做事认真而对人宽厚。我碰见了不少守和先生培植下的研究人才及图书馆专家（略见严文郁先生文《提携后进的袁守和先生》），可以说没有一个人对于守和先生不是由衷的怀念，这是事实，一点也没有夸张。就一般而论，领袖人才多失之过分精明，不够浑厚，守和先生能兼有精明与浑厚之长，不能不说是由西方治事精神出发，会通中国世家风度和儒术修养一个成功的组合。

守和先生办成功了北平图书馆，无疑的是中国图书馆史上一个最重要的里程碑。北平图书馆本来是由京师图书馆和北海图书馆合并成的。京师图书馆是宋元以来国家相传旧籍，北海图书馆却是中华文化教育基金新设的，京师图书馆原来在北平安定门内的方家胡同，是一栋旧房子，距离市中心很远，看书非常不便。其中目录只有一部抄本，并无印本或卡片式的设备，一切都显得陈旧。好在民国初年的北平，看书的人并不太多，可以勉强应付过去。北海图书馆原在北海，后来改名北京图书馆迁到中南海，比较上西文书多些。自从守和先生合并这两个图书馆，改名北平图书馆并且新建北海西墙外的现址以后，中国第一个现代的大型图书馆才算肇基。

北平图书馆建筑起来，在当时北平来说，的确是一个了不起的设计，当时新式宫殿建筑确实还有协和医院及燕京大学（辅仁大学尚未建），协和医院夹在市廛之中，无甚风景上的意义。燕京大学因为设计者对中国建筑运用不熟，许多栋建筑都被做成有顶无基的孤零单位（近来东海大学就好的多了）。只有北平图书馆在当时可以说是第一个在北平环境之中（尤其是在北海风景区），一个无懈可击的现代建筑。从北平图书馆成立以后，用了新式的管理，有卓越的采访部门、典藏部门及研究部门，有非常有效的阅览室及研究室，并且出版了许多有价值的刊物，这都是可以做全国楷模的地方，当然这都是守和先生精心的所在。

不仅如此，这一个典型图书馆的规模还影响到后来中外许多图书馆的成绩，守和先生宏奖人才，现在不论台湾的图书馆以及国外的图书馆有关中国部门，几乎都和袁先生培植的人才有直接或间接的关系。这许多卓越人才的姓名，在纪念守和先生的《思忆录》大致已有叙述，在此不必一一指明。不过无论如何，图书馆是非常重要的，今后中国学术在世界上有任何的发扬，守和先生之功总不可没。

到了民国二十六年抗战开始直到三十七年，只有短短的一个复员时期，算比较上回到北平的安定状况，其余时间都在流离颠簸之中，但守和先生仍然做了不少的工作，其详情见于徐家壁先生的：《袁守和先生在抗战期间之贡献》。至于到美国以后，袁先生更亲手做了许多有价值的工作，如同西文汉学书目，俄文汉学书目，中国学生留英、留美及留欧洲大陆博士论文目录，中国经济社会论文目录，中国数学论文目录，胡适之先生西文著作论文目录等，并重印《新疆研究丛刊》十种，这些工作详见于李书华先生的《追忆袁守和先生》。更可见守和先生孜孜不倦、至老弥笃的精神，即令在国外时期，助手方面极度困难情形之下，也要自己劲笔去做，非常可惜的是守和先生的勤奋，影响了他的健康，以致守和先生未竟的志向，还得有人继续的去做才好。

我的曾祖（名文翼，字辅芝，后以字行）曾经做过安肃县知县（安肃即徐水的旧名），只是我对于从前的事知道的太少了。对于安肃县乡土的问题，始终未曾和守和先生谈过，现在想来河北省许多乡土的事项，也的确是可以注意的题目，可惜不及与守和先生讨论了。

守和先生逝世三年了，他的声音笑貌，因为个性显著的关系还深深的印在朋辈心中。守和先生的次公子袁清兄，当我在康桥的时候，他方在高中毕业。毕业典礼那天，我因为一个偶然的机会，和现在维士康辛大学任教的周策纵兄曾一齐参加典礼。当时袁清兄是全校四个荣誉学生之一，我们都觉得这是中国人的荣誉。现在也已经十年了，袁清兄已得到博士学位而加入青年汉学家的行列了，可见凡是真材实料不会因为时间的关系而改变的。

（刊载于《中外杂志》，第 4 卷第 2 期，1968 年 8 月）

悼 济 安

殒落了，这人间一颗慧星，
光芒扫遍了天地，
目前朋友们惋惜你发挥未尽的才能，
忍看你这就长此安息！
百年来到今天，
一直还没有人做到文学创作与批判的权威，
大家都等着你，
把这个衰落的文坛举起。

你在中西文学的造诣已经非常可贵，
更重要的是你对人生和社会的哲理。
如今纷乱的思想已经失了权衡，
有心的人们不能就此舍弃。
如其没有广博知识和决断才能的人挺身而出，
那就灾难不能胜纪。
这是关系着人类的和平幸福，
不是几个人的私意。
最近你的研究著作，
虽然已经有了光辉的成绩，
这仍是你的末节，
我们至少的希望着，
由你把几千年来的东方和西方，
正确的移入新鲜的空气。
我们确然知道你抱着宏大的志愿，

目前还是准备时期，
又谁知不幸的袭来，
使整个的希望受到无穷的打击。
只盼望你的残篇断简付给方来，
还有人不断的相继。

烟斗，
书桌，
旧的轿车，
和无数的聚谈，
现在都成了陈迹。
更有那天墓地的黄昏，
将使人永远深怀而感泣。
诚恳、强烈、深思、健谈、热心的生平。
再加上不世风华、
多才多艺。
将来定会有你的朋友们，
举起了如椽的大笔，
使这一个生龙活虎的人，
永远存在天下人的记忆。

编者按：夏济安先生先后任教西南联大、北大及台大，中西文学造诣均高，数年前应美国加州大学之聘赴美讲学，极为留美学人暨美国学术界所重视。本年二月不幸突然病故于加大研究室中，闻者莫不为之悼惜。中外友人撰写纪念文学者甚多，已散见各报刊。本刊除上期刊出贾廷诗先生大文外，本期续收到陈世骧、劳榦、谢杨美惠、叶维廉诸先生自美寄来大作，特一并刊出，以追念此一才华纵横而不幸早逝的学者。

（刊载于《传记文学》，第 6 卷第 6 期，1964 年 6 月）

书信及其他

与李树桐教授论史事书

奉阳兄大鉴：

奉到来函，并赐寄大著《唐史新论》，拜读之余，殊为钦佩。吾兄近作各篇除涉及唐代开国史以外，所及更深更广。而观点正确，引证繁富，更不待言。展读数通，实快心目。承嘱予以校正，愧不敢当。惟读过以后略有若干意见，今作札记式蒐录，抄列各条，以博一粲，非敢言有所创获也。

（一）大著于唐初史事、唐代士风及科举与世族之关系诸项，与陈寅恪先生之说有同有异。其中订正寅恪先生之说者，亦多所可取，但受寅恪先生论证之启发，亦自不容疑。故将来如有机会作订正再版时，不妨再加若干附注，列于后方。则今后读者更易于追溯前贤之意见。惜寅恪先生已归道山，否则当引吾兄以为净友也。

（二）汉代乡举（察举）里选比战国游说好，而科举比乡举（察举）里选好，此意极是。但尊意以为察举仅注意"砥砺实行"而不重学问与能力，以致入宦以后，每不胜任。此意甚佳，但亦有所未尽。盖孝廉原意本为举考察廉。以后（尤其在东汉）已非纯由品格而是相当顾及人才。其最大弊端乃在郡国守相不能拒绝世族豪门之请托。而孝廉之举变为豪右有权，寒峻无分。左雄订立历史以来之考试方法（过去对策不算真正的考试），欲以客观标准厘定去取。虽然被举者仍以世胄居多，但加以考试仍可略资沙汰。至于徐淑事件，大致说来，徐淑可能尚是一个人才。左雄以颜渊闻一知十为问，实不足以服人之心。（"不愤不启，不悱不发，不有仲尼，何得使人闻一以知十？"此亦清谈家谈论公式也。）但左雄自非李林甫

819

式小人，故意压抑人才者，盖欲坚持"四十以上"，不使有例外。如能坚持四十以上，自然可以杜绝一部分豪右高门（因大部分膏粱子弟，不能等待到四十始求察荐，如此则若干寒峻可以有机会矣）。当然朝廷中如左雄之流不避权势者究竟非常有限，所以东汉豪门政治，早已形成，不必等待陈群九品建立始"上品无寒士，下品无高门"，只九品中正更造成极端之豪门政治耳（《左雄传论》"权门贵仕，请谒繁兴"更可证明豪门政治之说）。

（三）唐高祖称臣突厥事，经大著深入详考，真象涣然冰释。唐高祖确实不是对突厥自称为"臣"。但从大著之收获而言，亦可见其事之复杂。"启"之一字究竟为下级对上级行文之用（唐代如此，宋代已成为平等审拟之用），在唐高祖自己可以解释为表示尊重，在突厥方向便自然将唐算在朝贡国之内（国际间重在平等，不平等便算属邦。中国土耳其之不平等条约，只是实质上不平等，而非形式上不平等。过去西洋使节对清廷争执跪拜一事，亦是平等关系上之争执）。譬如清代除去行省之外，便有八旗、藩部、朝贡国种种不同。而朝贡国中又彼此不同，虽然大致不干涉其内政，但其中还略有差异。朝鲜是称王，对清对国内是一致的，越南却是对清称越南国王、对内称大越皇帝，明清以来（明时为安南国王，大越皇帝）北京方面亦并不强烈干涉。再就是日本方面，日皇自称天皇，受中国封号，到幕府时代，幕府主接收中国封拜之日本国王封号，国内由日本天皇拥虚号。所以在中国看来，日本无疑是中国属国，可是日本自己，却避免承认这件事。此可见臣与非臣仍有相当斟酌。"启"之一字（约相当后代之禀字）诚与公然称臣者有别。但"身分"问题，仍可以作不同的解释。盖政治本为现实的，李渊初起之时，其地位不过等于五胡十六国或五代十国中之一国，与后代之大唐帝国本自不同。而李渊亦善为规避。大著考订详明，事实已见，初不必为之曲讳也。

（四）中国之宗教，究竟以佛教为主流。道教虽然偶一点缀，但道教所以幸能存在者，全恃丹鼎符箓可以长生之迷信。有唐三百年中，真能算得道教皇帝者，只有玄宗及武宗，"玄元皇帝"之追谥，虽在高宗时，而庙祀建立，并崇玄学则在开元二十年，正玄宗迷信达到颠峰之时。后世之特崇道教者尚有宋徽宗与明世宗（宋真宗已开始迷信，但多少尚有政治作用，不似宋徽宗也）。唐玄宗固可以姓李为解答，但宋明两代，究竟与李姓无关，除以长生妄想为解，无从置答。若比较唐玄宗、宋徽宗，及明世宗，则三人皆有不可动摇之奸相：李林甫、蔡京、严嵩。此诚历史所罕有（乾隆晚年之和珅，传闻其形貌类似故世之宠妃，而其生年又与宠妃之死年相近，因而引起乾隆认为宠妃转世，与道教无关），但亦绝非一偶然之事。盖人君过于相信长生，即无心政事而奸相可乘其隙以把持政务（汉武帝是一例外），同时则君主相信方士，奸相则乘机接纳方士，因而蒙蔽君主。惟唐武宗不同，盖偶然值一贤相李德裕，虽李德裕之任，亦略可权倾天下，但李德裕能爱才，能治国，不似李林甫等才仅足以济奸而不足以济世者，后世固可以谅其心而重其政也。

因民族主义关系，儒生中排佛甚于排老。而唐代皇室，则因先世出于六镇，保持胡化，信佛成分多于信道。大著搜集材料证明唐代初期帝室与佛教之关系，十分重要，亦可证明唐太宗自称不甚重视佛教之说，乃对付中国儒生一时之辞令，非真意也（当然太宗对道教亦不排斥，但分量决不如佛教）。王昶《金石萃编》收有李渊造像一段文字（原石在龙门已毁，可能被古董商窃去，以致遗失），记李渊因世民病许愿而造佛像，照《金石萃编》所录，其字体结构（已转写为楷书，结构大致尚可看出），及文体程式，决非伪造，则从此项造像亦可证明李渊父子之宗教信仰。

（五）《唐人喜爱牡丹考》是一篇坚实而有趣之文字，对于牡丹名实两方面，皆为前人所未及。盖中国之国花，若溯诸历史，只有桃花可以当选，其他各花皆勉强也。《诗经》中最称赞者为桃花。桃花为贤淑妇女之象征。《周南》云："桃之夭夭，灼灼其华，之子于归，宜其室家。""桃之夭夭，有蕡其实，之子于归，宜其家室。""桃之夭夭，其叶蓁蓁，之子于归，宜其家人。"此诗并为《大学》所引用，《大学》曰："故治国在齐其家，《诗》云：桃之夭夭，其叶蓁蓁，之子于归，宜其家人。宜其家人，而后可以教国人。"朱注曰："夭夭少好貌，蓁蓁美盛貌。妇人谓嫁曰归，宜犹善也。"故就轻重分量言，就道德意义言，桃花不惟非牡丹可比，抑亦在梅花之上。盖桃花为曾子所称道，而梅花不过为林和靖所称道（据大著牡丹之重视始于武则天，则更不足道矣）。桃花之代表意义由齐家治国，为积极的，梅花之代表意义，为暗香疏影，稍感消极。至于牡丹代表之意义，坦白言之，为荡妇所欣赏之男性美，风斯下矣。（从"伊其相谑，赠之以芍药"即已如此，不必待至武后也。）当南京定都后，中央政府曾有国花之讨论，国花问题结果未曾明文规定，但事实上通用梅花。当时焦易堂先生提出菊花，大致因日本皇室亦用菊为纹章，故被否决。当时无人提出桃花，盖不曾考证群经正统也。大致桃花之地位自上古迄于隋未曾大变。除《诗经》中及《大学》中所言之花（亦即中国正统之看法），以桃之地位最为尊重以外，小说之中（亦即民间传说部分），如《山海经》《神异经》等则参入神秘及神仙成分，则亦尊崇地位所略变。就文学作品而言，如曹植杂诗"南国有佳人，容华若桃李"，阮籍咏怀"嘉树下成蹊，东园桃与李"则皆以桃花为美的代表，梅菊尚不能涉及，芍药之属更无论矣。陶渊明虽爱菊，然亦重视桃花。其著名之《桃花源记》言及渔翁忽逢桃花林，夹岸数百步，中无杂树，芳草鲜美，落英缤纷，写景奇丽，宛如置身其中。是陶氏自亦以桃花为最美之花，亦与河阳一县之遗意相同也。至于有唐，牡丹已独擅嘉名，然刘禹锡之前度刘郎，崔护之春风人面，播之歌咏，事属珍闻。夫岂得称为偶然之故实哉。然自兹以还，牡丹之地位日高，桃花之隆重遂损。而"颠狂柳絮随风转，轻薄桃花逐水流"竟成为天下后世论评之准则。其所抑桃花者，即所以扬牡丹，何则？桃花与牡丹皆被认为属于入世型，扬此则必抑彼。其不遭压抑者，则为人认为出世型之兰与梅，兰为幽谷之芳，梅为残月霜钟之秀。更因菊因附渊明而得隐逸之名，于是并竹为四君子，而独立于嚣尘之外。其《诗经》时代赋有圣母型之桃花而具有齐家治国之意义者，则不再获登于君子之堂矣。此亦国运世运之升降也。

究其实，不论桃、李、梅、兰、菊，以至牡丹、芍药，一律为虫媒花，其功能一律为引诱昆虫，传播花粉，其间实无所谓高低清浊。所有一切拟人的含义，皆为人类所赋与，全属于主观性质，并且亦全属任意的（arbitrary）。所以甲民族所设想与乙民族不同，甲时代所设想亦与乙时代不同。如以人类社会的立场，作一客观的判断，亦只能说牡丹限于少数地区，且需要极多的工作时间培养，只能供少数富贵人欣赏，属于特殊阶级的，桃李不需浪费太多工作时间，且全国南北皆可种植，属于一般众应的而已。更深一层，便涉主观，难以悉数也。

凡属人工培养或豢养之动植物，无不有极多之变种。其最显著者，金鱼为鲫鱼之变种，梅李同出一源，其非梅非李、亦梅亦李之变种，多至不可胜数。菊花之变种，有草本亦有木本。以一切变种情况类推，牡丹为芍药经人工培养之变种，原不必有所异议。大著推牡丹二字出于武则天所命之名，洵为探本之论也。

专此，即颂
著安。

弟劳榦再拜

八月十一日

（刊载于《食货月刊》第 2 卷第 7 期，1972 年 10 月）

劳榦教授来信

拙著《与李树桐教授论史事书》多承惠予刊载，弥用心感。惟此篇引《金石萃编》一段尚需斟酌。其中"龙门"二字，实应改为"鄠县"二字，因原石所在地不明，翻刻之石在陕西鄠县，不在河南洛阳也。《李渊造像记》凡有二石，今此二石并亡。据林侗《来斋金石刻考略》，谓是元代寺僧重刻，刻工未佳。但以文体例之，更以字体衡之，应原为真迹不误。再就石文称李渊为郑州刺史（即今河南郑县，大业中郑州改荥阳郡），而《旧唐书》但言渊转谯、陇、岐三州刺史，荥阳、楼烦二太守，而不及郑州。实则渊任郑州时，炀帝改郑州为荥阳，郑州、荥阳实是一地，故史文不再重及。毕沅《关中金石记》有考，深可凭信。即此一端亦足证非作伪者所能设想所及。其原石为真石，于此更可征实。惟李渊诸子，除诸庶出者以外，世民与建成、元吉同为嫡出，何以独钟爱于世民？此则有两种可能。（一）世民幼时确较多病。（二）李渊亦曾为建成、元吉作功德，此项遗制，在世民继位时被毁。不论如何，于此可益证明李渊为佛教徒，与北朝各大家贵族相同，与武则天家族信仰亦同。而世民之建立佛寺，亲手为玄奘作《圣教序》，亦自可溯及于其家世传统也。

又陈槃兄引一七〇·三简"当舍传舍"，拙著误作"当言传舍"，并以夏作铭兄释文为证。实则拙著上海印本《居延汉简释文》中已改为"当舍传舍"，不始于夏氏也。夏氏实据此而释者。

一九七三年二月十二日

又延煊来函，言及牡丹之名以段成式《酉阳杂俎》引谢康乐文"竹间水际多牡丹"为更早。惟今之牡丹与竹不能并生。国内盛产牡丹者为山东曹州，而不能种竹，盛产竹者有广东广州，而不能种牡丹。广州新年需牡丹为饰，皆运自曹州。是竹间水际之牡丹与木芍药又是一同名异实之植物矣。又及。

前致《李树桐论史事书》（第二卷第七期第四十五页）上栏第十八行下栏第六行，"寒峻"二字均应作"寒畯"，并乞惠予更正为幸。榦并及。

（刊载于《食货月刊》，第 3 卷第 1 期，1973 年 4 月）

廖伯源《试论光武帝用人政策之若干问题》 之审查意见

汉光武在东汉创建以后，尽量纠正西汉时的偏差，在政治方面所表现的十分显著。其中有得有失，关系中国政治演变的甚大，其中用人的标准一事，在光武的政策上，非常重要。本篇从各方面的材料加以分析。可以将东汉政治的源流追溯其重点，在选题及作法上均有相当贡献应推荐在集刊中刊载。

光武帝用人问题是东汉一代政治上的一个重要问题，其中牵涉到的相当广泛。本论文作者搜集资料加以分析，深见功力，应值得推荐在集刊发表。以下是对其的看法，并不建议作者加入论文之内，如作者觉得可以作些补充时，可由作者自行斟酌。

（1）关于"功臣"两字的界说问题。功臣和非功臣是怎么区别的，怎样才算"功臣"？或者怎样只算"恩泽"？多少不妨说明一下。依照《汉书·高惠高后孝文功臣表》《景武昭宣元成哀功臣表》以及《外戚恩泽侯表》，其中标准是 1. 开国时的武将算功臣，2. 开国时画策的文臣以及维持后方的文臣算功臣，3. 开国以后立过大功的武臣算功臣。至于一般文臣，凡是赶不上开国时期的，如其受封列侯，只能算为恩泽侯，不在功臣之列。依此推论，三公中的卓茂（卓茂为太傅，职比三公）、伏湛、侯霸、宋弘四人都只能算作"恩泽侯"，不在功臣之列。即使卓茂在云台画像，也不算"云台功臣"。再说马援是非常可能画入云台的，只因明帝不愿开一个推崇外戚的先例，所以把他去掉。不过马援倘若画入云台，也是因为德高望重的关系，和其他二十八将追随光武开国的不同。马援封侯确属

"功臣侯"而非"恩泽侯"。只是他的功劳史究竟不是对光武从龙并起而封的。

光武时期的三公只是执行机关而非决策机关。决策机关是权在尚书，《后汉书》四十九《仲长统传》《昌言法诚篇》光武皇帝愠数世之失权，忿强臣之窃命，矫枉过直，政不任下，虽置三公，政归台阁。《侯霸传》（《后汉书》二十六）："建武四年，……拜尚书令，时无故典，朝廷又少旧臣，霸明习故事，收录遗文，条奏前世善政法度，有益于时者，皆施行之。"这只表示尚书令影响到的一部份，却也显示尚书令的重要性。尚书令的名位上不在公卿之列，但在实质上已同于公卿。

光武时代的尚书令，因为记载不全，现在只能知道计有郭伋、侯霸、冯勤、申屠刚及郭贺（见于《蔡茂传》）五人。不过就五个人中，还可多少有些分析。依照《续汉书·百官志》，尚书令下，刘昭注引蔡质《汉仪》，说"故公为之者，朝陛下（依惠栋改"不"字为"下"字）奏本，增秩二千石"，这表示三公和尚书令可以调来调去的，只是三公再为尚书令，增秩为二千石罢了。这也可以看出来尚书令在公卿中的比重。这种情形发展下去，也就使尚书令的位置在后代变为真的宰相。

在论文的三公表中的功臣，其中张纯还是只能算是恩泽，不是真的功臣。朱浮不是云台功臣。在云台功臣中，任三公职务时，也还有分别。例如王梁任大司空，只是"行大司空事"，刘隆任大司马，也只是"行大司马事"。甚至于邓禹在光武早期任司徒，是真除司徒。后来光武祀泰山时，只是使邓禹"行司徒事"，而且在洛阳还有冯勤在任职实际的司徒。所以邓禹的位置只是陪祭时作光武的傧相，是一种荣誉职，和国家政事是无缘的。其次，在三公中的重要性，也不是完全相等的。就其中看，司徒最为重要，按公文程序上说，应当是由司徒府拟定办法，再征求司空府的同意，会同决定。至于太尉府（或大司马府），如其和军事无关，就不需知会了。其中重要性是司徒为重点，其次是司空，然后才算到太尉或大司马。当光武时代，因为司徒吃重，所以司徒更换的最为频数，并且司徒还有人得罪，其次才是司空。大司马职责较轻，可能只是一个等贵而清闲的职位，所以吴汉以云台功臣而联任二十年，创了一个久任的先例。这一点在分析时可能还要顾到。

《后汉书·马武传》："帝虽制御功臣，而每能回容，宥其小失，远方贡珍必先赐列侯，而太官无余。有功辄增邑赏，不任以吏职，故皆保其福禄，终无诛谴者。"这只是一个大致概括的说法，不能细加追讨。《贾复传》："帝方以吏事责三公，故功臣并不用，是时列侯惟高密，固始，胶东三侯与公卿参议国家大事，恩遇甚厚。"不错，光武时期的功臣亦曾点缀式的参加国家政事的，不过只要把西汉初年功臣在政治上地位，就可看出光武对功臣限制的严紧。西汉初年政权操在功臣手里，虽吕后亦无可如何。到光武时，即就决策中心并无功臣在内，即在执行机构中，司徒一职除去邓禹曾做一个短时期外，也是把功臣除外。吴汉、刘隆相继任大司马职，不过点缀而已。至于李忠、王霸、臧宫、盖延、邳彤诸人也曾外任郡守，但在九十三郡国之中，功臣任职郡守的仍属少数，这只是光武偶然表示一下，并无意排斥功臣，实际上功臣在政治上显然是不发生作用的。

至于功臣的兵力，因为功臣受封列侯以后，即常在京师，和原有军队离开，不能再受指挥。至于东汉初年的军队，似乎集中的屯在几个据点（如同"黎阳营"之属），以至边防上几个地方。和西汉时期全用郡国材官骑士的不一样。至于王霸为上谷太守二十余年，并领屯兵。这个屯兵指的是北边屯兵未必即是王霸所领旧部。不过特许带领屯兵，也算对于功臣的特典了。

（刊载于《"中央研究院"历史语言研究所集刊》，第 61 本第 1 分，1990 年 3 月）

汉故郎中赵菿残碑（跋二）

时代之推测

碑中未明著时代，今只能从碑额上之"建武二年"及碑首之"惟汉中兴"等字来推测，分列于后：

a. 建武二年的题识

关于这一点，有两种可能：

一、碑中原有之字，经后人重书于碑额者。

二、汉以后另有"建武"纪元此时的人所题记。

第一点，在金石书别无例证，甚难相信其必有，而且所谓"建武二年政月此日望"也不类碑版中文字的体裁。因此谓为后人钞碑上原有的字，并无充分的证据，因而此点颇难成立，即碑额的建武题识，不能证明与本碑的年代有何等的关系。

第二点，汉以后确有曾以建武纪年的，即：

一、晋惠帝永安元年七月改建武，十一月复称永安。

二、晋惠帝建兴五年三月改建武，十一月长安陷，但晋元帝仍称建武，二年三月始改元。

三、南齐明帝称建武，凡历五年。

以上除晋熙帝建武无二年，晋愍及齐明皆有二年，宛在东晋成帝咸和三年始入后赵，又在晋穆帝永和四年收复，至齐明帝建武三年南阳始为魏孝文

829

所陷，（注）故晋愍帝之建武及齐明帝之建武在南阳皆有可能，（注）徐旭生先生云："建武年号除汉光武、晋惠、晋愍、齐明曾用外，尚有后赵石虎西燕慕容忠，北魏北海王颙均曾用之，除慕容忠势力不及河南，元颙二年，且势力不及南阳外，石虎时似有可能"，谨志于此。

更以题字之事言之，则自汉代之对于嵩山石阙，以及近代之对于景教碑、颜勤礼碑、爨宝子碑，其例几乎举不胜举，而白石神君碑之燕元玺三年题字，且有人误会至立碑年代问题，此皆可以为旁证明，因此建武落为后代的纪元，即无从证明碑为汉代的建武所立。

b. 惟汉中兴的问题

"惟汉中兴"以下，似为"七"字或十"十"字上半截，若为数目字，则有以下的可能：

一、惟汉中兴七年

二、惟汉中兴十□年

三、惟汉中兴七十□年

四、惟汉中兴十□世

若为七年或十□年，当然在光武之世，若为七十□年，当为和帝永元六年至和帝永元十五年，若为惟汉中兴十□世，则桓帝为第十世，灵帝为十一世，献帝为十二世，若皆有可能，则此碑应为光武、和帝、桓帝、灵帝，或献帝时所作。

关于惟汉若干年或若干世，都是有相类碑文的，如：

盖汉三百八十有七载（校官碑）

惟汉二十一世延熹二年（蔡邕朱穆碑）

伊汉二十有一世（蔡邕处士圈典碑）

惟汉二十有一世（蔡邕胡广碑）

所以并不能证明"年"或"世"那个可能性大，即在此一点不能确定属于东汉二百年中那个皇帝在位时，或那一年。

c. 与其他石刻的比较

在汉的石刻显然的可分两个阶段，前期的如：

开通褒斜石刻

三公山碑

嵩　石阙铭

都官是吾碑

裴岑纪功碑

之类大都篆书（或接近篆书的隶书）无额，只王稚子石阙为隶书，但王涣虽卒在元兴，石阙却无年月，王涣以循吏见称于后，所以并不能证明非安顺以后所立。至顺帝时的北海相景君碑，则隶书篆额，有铭，显然为另一种作风，而顺帝以后篆书的碑刻只有二袁碑两个特例，但其书法作风与东汉初期并不相像，其他自顺帝至献帝的各碑，则几乎千篇一律，笼罩在一个作风之下。此碑既属于此种作风，当然属于顺帝圣献帝时期的成分甚大，若"世"字的推测可据，即此碑属于桓帝至献帝时期的成分甚大。至于东汉后期好立碑铭的风气，欧阳修、朱竹垞、李富孙等都已说过了。

二十九年，三月，十五日。

（刊载于《史学集刊》，第 4 卷，1944 年 8 月）

资中城墼（封面说明）

资中城墼，发现于四川资阳，拓本为南溪罗伯希所赠。资阳相传故汉资中故址，有此城墼，更可以证实矣。

城字作成，乃是简写，墼字据《说文》云："令适也，一曰未烧者。"段玉裁于"未烧者"句下注云："上文一义谓已烧之专曰墼，此一义谓和水入模范中而成者曰墼，别于块而未经陶灶也。"故墼之为物，包括已烧与未烧者，凡范土成形，均得为墼，此墼乃已烧成之砖，即令适也。

古砖城较少，《史记·滑稽列传》："二世又欲漆其城，优旃曰：'善，主上虽无言，臣固得请之。漆城虽于百姓愁费，然佳哉。漆城荡荡，寇来不得上，上即欲就之，易为漆耳，顾难为荫室。'于是二世笑之。"筑土为城难于施漆，或是用砖，亦无确证。《晋书·赫连勃勃载记》言勃勃"蒸土筑城，锥入一寸，即杀筑者而并筑之。"《魏书·铁弗传》曰："屈子性奢，好治宫室，城高十仞，基厚三十步，上广十步。宫墙五仞，其坚可以砺刀斧。"是其墙仍筑上而成，非砖墙也。惟《水经注·浊漳水注》，言邺城"东西七里，南北五里，饰表以砖，百步一楼"，则确为砖城矣。

唐代砖城仍不普遍，封演《封氏闻见记》，言太守专城，有误以为砖城者，则唐代砖城，惟州治始有之。明清以来，砖城渐多，然穷僻之县亦多非砖城。此资中县城，在汉时已为砖城，则蜀郡本富庶之区，固不能以他处相比也。

（刊载于《大陆杂志》，第 4 卷第 5 期，1952 年 3 月）

重印《新疆建置志》跋

　　榦生长关中，习闻关中耆宿，以宋芝田先生为著称，先生壮年风宪，气节凛然，晚岁治学，笃实精至。当时绩学之士刘占恩先生而外，盖罕有其匹也。壬寅冬袁守和先生重印芝田先生《新疆建置志》，命榦为之跋。其书远溯汉志，近凭目验，旁参群籍，详核得失，而于清末户口数字亦复能据官方资料，记录不遗，卓然出于徐松、李光庭诸书之上。宋氏考订地理，谓阿克苏为故墨而非温宿，谓婼羌非故婼羌，谓辟展为汉狐胡，而非故鄯善，谓唐轮台非汉轮台，唐轮台在今阿尔泰南境，皆为精当不易之论。惜宋氏成书稍早，楼兰故城，尚未经发见，故不知故鄯善所在，因而婼羌当为故伊循，亦无由据方位道里论定耳。

　　然宋氏书中亦颇有沿袭前人之误，而未及纠正者，如谓阿尔泰地方为汉乌孙地，实则乌孙之在伊犁，宋氏固已知之，阿尔泰应为匈奴呼衍王故地，乌孙不得而有之也。书中已言巴里坤湖为蒲类海，又引《辛卯侍行记》，以奇台县之木垒河为蒲类，则误矣。又谓回人呼汉人为赫探，赫探为和阗对音，实则赫探一语，出于契丹。辽世领有西域，声威所播，且至西亚，今俄语尚称中国为契丹，于和阗无与也。至谓疏勒土著为阿剌伯族则误，维吾尔族虽用阿剌伯字母，语言则略同突厥，而其人则故西域三十六国之裔，非阿剌伯族也。按西域各地，语言各异，自唐代以来，突厥、突骑施、回鹘相继入居其地，而以回鹘在新疆之势力为广大，以后突厥语渐成为新疆通用语言。然回鹘本信摩尼教，用叙利亚字母，伊斯兰教之传播，盖始于宋而盛于元明，宋氏言吐鲁番明末改信天方教，是也。天方经典，例用阿剌伯文，维族用阿剌伯文，乃从宗教而来，非其历来所用者矣。

宋氏书中于户口之数，并列汉回与缠回。第一卷"乌鲁木齐"下注云："缠头回即回回，汉装回即回鹘，不同种。"按维吾尔（缠回）与汉回，诚不同种，然谓维吾尔为回回，汉回为回鹘，则不然。维吾尔在元代称为畏吾儿，其名乃沿回鹘旧称而来。至于回回之名，语源亦本于回鹘，世俗曾以概西域远方各地，元代且以称花刺子模。时畏吾儿尚未信回教，而花刺子模已为回教国，因而伊斯兰教徒，亦被称为回回。元时色目人中伊斯兰教徒本占势力，元代既亡，除原有伊斯兰教徒外，凡也里可温、摩尼教徒、袄教徒，甚至犹太教徒，亦渐次归入伊斯兰教，而其教日盛。更以地域关系，西北若干地区，汉人亦相率信教。（此事至民国亦然，青甘汉人时有改信回教者，尤以青甘回教主持下之汉人中下级军官及士卒为然。在营中本依回教典礼，退役后亦多不复再改。）故汉回别出于复杂之来源，与维吾尔颇异也。

吾国经营西北，已历二千余年，虽时塞时通，而唇齿相依，久已与中原为一体。时至今日，铁路贯通，空运发展，万里玉门犹吾堂奥，开发有责，不应让人。虽民族复杂，宗教各异，和平相处，共跻繁荣，是则将来时势所必至。守和先生刊印《新疆研究丛刊》，意味深长，不仅功在载籍，窃尝思之，群玉山头，蒲昌海畔，国际观光人士，相与西出阳关，东经丝道，话华夏之辛勤建设，探究东西文化之播流，其将不必待至二十一世纪乎。

壬寅十二月劳榦谨跋。

（刊载于《大陆杂志》，第 26 卷第 9 期，1963 年 5 月）

"零与一"只是常识问题

——劳榦先生的来信

编辑先生大鉴：

最近一与零问题的争论，表面上看着很艰深，其实艰深的还是些表面的装饰，骨子里仍然只是常识上的问题。

科学的所以成为科学，必须是这样的，倘若从实验得出来的结果，要一定告知别人实验手续的经过；倘若从算式导出来的，要一定告知别人演算的算草，决不能牵强附会。所以望远镜决不等于千里眼，电话也决不等于顺风耳。

至于古人有关科学的记录，其中理由及导出方法不详的，也应当在两种原则之下去解释：（一）就古人知识能力所达的范围，做推求的工作。（二）如其解释不能确定，只能就可能性最大的答案去解释，而要避免就自己最喜欢的答案去解释。譬如在《庄子·天下篇》所引辩者的话，"一尺之棰，日取其半，万世不竭"，确是级数的观念，"无厚不可积也，其大千里"也可以认为几何学上"面"的观念。至于"天与地卑，山与泽平"却决不可以说是地圆的观念，即令战国人的想法，可以推论到地圆，但这两句就字论字显然是从"高岸为谷，深谷为陵"（见《诗经》）的成语演出来的，不可以自己希望古人谈到地圆，就来附会。科学要的是准确，疑似之谈是不能算数的。诚然自然科学家有时也要灵感，不过灵感之来是科学家个人的事，不在学科范围之内。即使艺术比起科学来不必那样严谨，然艺术家更要灵感，但灵感的来源，也并非艺术。就书法来说，张旭看公孙大娘的剑器舞而得到灵感，颜真卿看到屋漏痕而得到灵感，可是剑器舞自然只是剑器舞，屋漏痕自然只是屋漏痕，都不在书法艺术范畴之内。以此比照，灵感和科学更是两回事了。

《易经》在表面是艰深的，实际上并不难懂。《易经》是一个"迷宫"，要了解迷宫，不能在迷宫内钻，只能在迷宫外看。《易经》的阴阳、六十四卦、三百八十四爻是一回事，《易经》中的易理又是一回事。《易经》的基本配列，显然的专为占筮之用，其中的吉凶悔吝，完全是任意的（Arbitrary），并无必要的关联。至于卦辞和爻辞以次各文，又显然都是具有深厚文化背景的哲人，用他的人生哲学眼光来编次而成的。其中如"亢龙有悔"，"王臣蹇蹇，匪躬之故"，《谦》卦六爻皆吉，以及《易》终于《未济》等等，都显示可贵的人生经验，不是轻率置辞，尤其终于未济一项见解，更为千古的名笔。说《易经》是"漆黑一团"，当然比拟不伦，但如其认为卦爻辞都是精密的符合易象，却也未必。现在《易经》中的《未济》用火水二卦，当然可以说通，但如其换成"泽水未济"或"风水未济"也一样的可以持之有故，言之成理。所以《易经》的可贵，并不一定由于易象的可贵，而是易象以外人生哲学的可贵。如其把一套《易经》人生哲学搬到《太玄》《潜虚》或甚至于"牙牌数"之内，也一样的可以表达出来。所以易象的艰深只是外表的。在此，我这一种看法，只是一个尝试的提出，如其要对于《易经》找更详尽的入手书，我想最好看屈万里先生《周易卦爻辞成于周武王时考》（《台大文史哲学报》第一期）及戴君仁先生的《谈易》（开明书店），决不会走错了路。

《易经》之中，既然卦爻辞一定在孔子之前，而且许多思想方法也和孔子接近，所以孔子看到了《易经》，似乎不必多为怀疑。《庄子·天运》说"丘治《诗》《书》《礼》《乐》《易》《春秋》六经"，《天运》虽在外篇，但郭象内篇外篇的分别，只在有无篇名一点上，和杂篇可疑的不同（外篇如《秋水》《山木》都极重要）。庄子大约和孟子同时而稍后，比庄子更后比荀子为前的《天下》篇，更详说《易经》，可见战国时儒家确据《易经》为要典。《论语》的"假我数年，五十以学易"，五十应为误字，而"易"字不必删，朱子的见解是对的。当然，汉碑已用"五十以学"为句，可见如有误字，汉时已是这样。但是孔子五十以学的话，不论学什么，究竟不甚通顺，与"学易"或"非学易"无关，那就仍是朱子的见解好。

至于"零与一"是否哲学问题，今案"零与一"在某一个角度，确是哲学。《易经》本身虽无"无极"的理论，但宋儒从周敦颐的《太极图说》以来，就郑重申明无极之义。就数学的发展史来看，零的发现，是一个非常重要的步骤。宋儒之中朱子主用"无极"之义，而陆子却认为先儒不用，反对采用。其实学术是不能故步自封的，陆子是主张六经皆我注脚的人，在此忽然保守起来，除用偏见来解释以外，别无道理。但是"无极而太极"的主张虽有哲学上的意义，却还是不要向《易经》附会为是。同理，二进法的二是10，三是11，四是100，这在《易经》上也找不到，也不要向《易经》附会。

关于尼丹《中国科学技术史》问题，这部书错误不少，搜集材料也不少，在台湾找人翻译还是值得的，至于错误部分，我想翻成中文以后，能够有资格批评的人，远比做翻译工作的人还要多些，对此可以不必顾虑。《天工开物》一书除原书以外，中华丛书中尚印有苏芗雨等翻译薮内清等《天工开物之研究》，虽然可补充的地方尚不少，但是既令加以补充，也应以此书为基础，不知何故竟少有人注意到。

对于科学技术问题，不是一个闭门造车的事，除去了解自己以外，还应当注意别人。至少，我想下列的书应当看一看㊀George Sarton：*A History of Science*㊁Abbatt P. Usher：*A History of Mechanical Inventions*㊂Arthur Berry：*A Short History of Astronomy*，虽然这几部书都已旧了一点，但他们的看法对于我们还是新的，至少我们看一看他们对于他们自己科学的演进用的什么态度，是严格的下工夫，还是加上无稽的附会。

对于敝宗亲劳国辉先生的看法，我觉得大致可取，不过有两点还有可商：第一，他用"玄学鬼"这个名称，这是四十年前科学与玄学辩论时用的口号，现在看来当时的争辩实在不够深刻。要知道观念论及实在论的争论，是一个永远不能解决的问题，所以"玄学鬼"一名当时用的有些莽撞；第二，他说"不信神灵"，我想科学与宗教，完全是两条路，宗教信仰从来与科学发展无关，可是对于一个人处世做人的道理有助，我希望还是不要多多排斥宗教为是。

　　此颂

著安。

劳榦敬启

三月廿一日

　　　　（刊载于《"中央"日报》，1969 年 4 月 1 日）

关于中文直行书写

——劳榦先生来函

仲父先生大鉴:

读到《"中央"日报》十月二十日苏莹辉先生《为中文自右而左直行书写进言》,他同意台湾地区行政机关的办法,这一点我也是同意的。因为在无办法之中,只有依据事实及民情,来规定一个实际可行的办法。其"根据中文之传统格式",亦只是大致的趋向,并非完全拘泥于传统格式,丝毫不加修改。否则配合科技一语,便成空话。现在新定标准,在传统格式及科技应用之间,调和斟酌,已极费苦心。应当认其并无多大错误。

至于苏先生引用钱存训先生的专书《书于竹帛》(中文本名《中国古代书史》),说"这大概是因为左手执简,右手书写的习惯,便于将写好的简策顺序置于右侧,由远而近,因此形成从右到左的习惯"(中文本一七七页)。苏先生特别重视此项意见,可谓特识。其实这一个意见,是在一九五三年,我从台湾来美,经过芝加哥告诉钱先生的。当时钱先生问到对于书籍行款的问题,我说大概是这样的,这在当时只算一个猜想,而且不是出于我的论文,不便引据。所以钱先生不曾提到是我说的。等到钱先生中文本出版我的后序(中文本一八〇页),我对于此说怎样推演出来的加以阐释,这实在是当年在李庄时候,用汉简模型实验的成果。但下笔时却十分困难。因为作一后序,怎样才能说明原书中是我的意见?不过事实自事实。钱先生的英文本是一九六三年出版的。我是一九六二年到美国洛杉矶的,在此以前,我曾在台湾做过好几次公开讲演,谈到汉简问题,其中汉简的款式与中国传统直行由右而左的原因,也曾经谈到,我相信一定有不少的人还记得这些讲演。这只是一个小小的发现，现在把事实揭明以后，也对我不会增加多少声誉。只是为这个行款的排列我也费过一番苦心，只有把事实表明，才能对得住自己。这里要十分感谢苏先生认识这个问题的重要，提醒我说这一件事。钱先生因为体例的关系，在此并无责备他的意思，不过这个意见是谁想出来的，应当在社会作一个交代。

　　专此，致颂
大安。

劳榦敬启

一九八一年十月廿六日

（刊载于《"中央"日报》，1981 年 11 月 12 日）

对中国文字改革的意见

看到本年（一九六九年）十月十八日《"中央"日报》的广告，对于亚洲地区读者的通知，说：

> 本报顷接台北邮局通知，略以：凡寄亚洲地区之报纸，除日本、越南、琉球、香港等四地仍可用中文之姓名地址照寄收外，寄亚洲其他国家之报纸收报人姓名、地址、国名，须改用英文。否则收邮所在国当地邮局不予收送等情。

这一段消息，对于中国文字来说，可说是有史以来一个很严重的打击。原来照我们知道的，除去韩国、新加坡对于汉字的应用，当然不成问题以外，在马来亚、泰国、高棉，甚至在印尼境内，信封都是可以写汉字的。除去印尼限制过必需用拉丁拼法才能递寄，其他地区大致当可通融。依照最近的发展，印尼当然更不用说，韩国以及新加坡都不承认汉字在通信使用上的合法性了。这个趋势当然会使人意识到，代表大中华民族传统的汉字，在人类使用范围内，有逐渐减少的现象。最后将剩余我们自己抱残守缺的残局，而这个残局如何据守，将成为严重的课题。

就我自己的心情来说，我平生致力之事，勉强可称为艺术的只有旧诗和书法。数十年来，把许多的精力寄托在这上面。这两件工作有一个特点，就是以必需依附在汉字的存在为条件。如其汉字一旦不能使用，这两件工作都将成为白费。我并不说中国文字语言在任何一方面都不可用拼音来表达，例如最近柏克莱加州大学，用国语罗马字来拼白话文用在翻译机器上，就曾得到初步的成功。但是旧诗在任何情况之下，决不能采用现存汉字以外的任何形式，如其勉强做去，那就神韵损失十之六七。至于中国的书法，确是在世界文字中独一无二的高超艺术（亚拉伯文字也注意书法，可是还不及中国文字的艺术性），书画虽然同源，但画的笔墨还要以书的笔墨为基础，可是这许多年以来，书法不讲（尤其在国外），画的引人注意远在书法以上。在现今稍稍注意书法的人，真有古调虽自爱，今人多不弹的感慨。虽然知道这也无可如何，仍然会有但求耕耘，不求收获的情思，来加强汉字的爱惜。

汉字的重要性不仅是几千年的中国文化由它来代表，也不仅是具有独特无二的艺术性，而是汉字是表意的，每一个字就是一个特殊的符号，具有特殊的面貌，使得阅读的人，迅速了解。这种符号性，在拼音文字中，有时也可以现出一点，但其效力和表意文字简直不能相比。在表意文字之中，繁体汉字又比简体汉字好的多。所以如其承认汉字的优点，而保持汉字的优点，维持繁体字也不是没有理由。

从另外一点来看，汉字确也有汉字的缺点，凡是太阳下的事物，不会有十全十美的，只看当前的需要上，那一种类型最为合用罢了。汉字最大的缺点是不适合于科学性的管理，这是尽人皆知的。但推行汉字的阻碍，还不尽然在此。推行汉字最大的阻碍还在其过于硬性，除去采用汉语的民族以外，对于其他民族太缺乏适应性。日本、韩国本来就在中华文化圈子之内，所有文化辞汇，几乎全自中国借来。但终于为着他们自己语言系统的需要，创立了假名及谚文的应用。他们确实没有排斥汉字的意图，只因他们有自己的语法，非别创补助文字，就不能表达。至于中国西藏、泰国、缅甸，他们的语系确比日韩更近于汉语，只因他们也直接受到印度文化的影响，为着适应他们自己语言的方便，宁可采用印度式拼音办法而不采用汉字。数千年来，以我们优越的文化，卓著的武功，对于汉字的推行，到了东南亚竟然不能越雷池一步，再比较目前汉字在东南亚日蹙百里的地位，真值得我们的反省，而不应该关起门来自我陶醉。今年暑期看到海外来华某君的讲辞，说到汉字的优点，并预料将来有全世界应用汉字的一天。使人看来有信口开河之感。此事最好先试验一下，拿任何一部西文书，将原文用汉字移写一下（用汉字写原文，不是翻译），然后看是否可能成功，并且被人接受。如其不可能，那就不只是浮夸而且是呓语了。

汉字诚然不便用于科学管理，也绝不适于移写汉语以外的他种语言，但汉字究竟是中华民族自己的文字，为数千年来文化所寄托。所以生为一个中国人还得读汉字，还得写汉字。至于汉字是不是应当改革呢？其中当然还有许多方案。不过任何一种拼音方式对于古籍是毫无办法的，可以不提，只有简体字一项，是否对于古籍可以适用，还有讨论的必要。依照易大军先生《中国文字改革运动简史的意见》说：

> 中国文字自甲骨钟鼎隶正草，一路皆在演变，皆在简化。我们今日提倡简体字，并非是大逆不道，并非是放弃旧物，因为简体字实施以后，中国文化一样可以保存，中国经书一样可以传诵。例如古经用古文或篆隶写刻，今用宋体字刊印，不也是一样能传之永久吗？

这里的意思，我是不能同意的。因为从汉代以来隶书和正楷实在还是同一的系统，改变甚小。至于从古文转写为隶书，即所谓隶古定的工作，在汉代实在是一件非常严重的问题。许多经学上的问题，以及校勘上的问题，都从这里发生出来。到了现在，凡是做过经学及校勘学的人，对于三代两汉之书，实在不敢再转写为今本以外的字体。这也是无可如何的事，不论外边风浪如何的大，也只好抱残守缺。所以对于简字问题，我觉得如其平常手写，不论简字甚至草书，都可以自行其是，不能限制。至于铸到铜模铅字，有现在一套繁体就够了，如其再铸简体，那就更加繁赘。就工作方便来说，在一般印刷厂内，只预备繁体，不再预备简体，不仅对于排印古书以及对于后进阅读古书各点，都有益无损，并且就检字来说，也比较迅速。

关于科学研究所用文字问题，我以为经籍归经籍，科学归科学，范围不同，立场自异。在科学研究的文字应用上，只要限制汉字的字数，繁体简体问题并不关重要。在任何一本科学的报告上，所用名词主要的是国际标准学名。所有汉字译名，类如告朔饩羊，充数而已。如其写中国文字报告，用汉字叙述是应该的，用到科学名词时，即应当拿出勇气来，用国际标准学名直写。这就不仅在一个限制的字数下，用繁体汉字仍然够用，并且不必另记一套没有实际意义的译名，还有对国际人士易于了解的好处。

我不反对汉字的任何改革，我只要求汉字改革不能妨碍古书的阅读，我不反对平时书写简字，并且也认为考卷上写简字都是可以的。只是平时通用的简字，应当减少极少，至多不超过五十或六十，并且只作为手写时方便之用，绝对不可以变成印刷体，铸成铜模铅字，成为一种正式的字体。我并非因中共采用简体而有所避忌，我只是感到自从日本及中共采用简体以后，能读繁体字的人就日渐减少。将来的演变，势必是古书无人再读，使传统的文化不能影响后世。为今之计，对于繁体字这个抱残守缺的阵地，必需坚守。即使对于文字改革方面在别处让步，这个阵地却不能让步。

我深知社会进步的趋势是不容遏止的，文字改革运动中的简字运动是一个排气孔，有了这个排气孔，中国文字的前途才不至于被僵塞而爆炸。但是这个排气孔影响太大，有了它以后，就要影响中国文化全局，没有一个角落容许抱残守缺。那就宁可别开一个排气孔代替这个排气孔。这就是我宁可让科学研究的书籍听其走的更快些，来实行减少汉字字数，并且容许直写原名不再翻译的原因。

至于原名用那一国的文字呢？我想还以采用英文为便。在冯承钧做《西域地名》那本书时，英文的势力实在还不及今日，在他比较英法德三种文字以后，他发现英文最为简捷，因此他便以英文为主。现在这种情形仍然存在，而且国内从中学以后外国语都是学的英文，自然不须标新立异以德文或以法文为主。在科学书中应当直写英文名词，不必再译，在普通文件及报纸上，除去已见于高中课本的名词已有汉字外，其他新见的字，自不妨由办文件的人及记者临时加上中文译音，并附英文原名，如此，那就中文译名纷歧的时候，还有原文对证。已有的几部"国立"编译馆的译名表实在无甚用处，科学发展日新月异，并且任何一种科学也译之不尽。为通俗用，高中教科书已经够了，为专门学者应用，任何一种名词小册，都是太简陋的。与其费力求备，将来还是不备，并且仍然不能做标准，那就不如就现在所知的范围编各种科学的词典，还比较实用些，至于词典的排比，当然以英文字母为次较为便捷。假定的译名可附在后面，并且还可以就编者的看法，或译或不译，或译意，或译音，只以假定为主，并无做标准的意思，这也就责任少些。

我的这番看法，是由对于外国语的人地名中译一事，曾经有过失败的经验而来。这是抗战结束，初到南京复员时候的事。这时教育部有意请中央研究院合作，厘定标准译音的办法，这件事由史语所经办，傅孟真先生请董龢先生设计，并约芮逸夫先生和我随时商酌。经董先生各处搜集材料并作初步试验，发现表义的汉字，和拼音文字绝不相同。如其把外国译音有系统的表达出来，必需创许多条例，条例越繁，就越不适用。因此他认为目前最急需的是统一人名地名译名，只因因事制宜，仍由"中央社"发稿时照常斟酌去译，将来即以此为准，不要再纷歧就好了。其他进一步的，无法去做。虽然如此，我还希望能有一个标准译音字总比较好些。因此在一个偶然机会之中，把 Serindia 译作"塞印狄雅"因为"塞"代表"塞里斯"（Seres），"印"代表印度，如按通用名称，译作"塞印度"，和原文音不符，若译作"塞印地亚"，也无甚好处，不如参考商务印书馆的《标准汉译人名地名表》中的《译音表》，译作"塞印狄雅"，可以作一次循用译名表标准的试验，我自己以为不会引起太大的误会，却不幸的，我的朋友方豪先生不知我的用心，拿他拉丁文的知识，从语源来批评，其实 Seres 一名我在大学一年时就知道了，India 一名那就初中学生都知道，本不稀奇。只是狄雅二字，确实用的太生硬，上了那部标准译名表一个大当。从此以后，我再不愿再谈那部书了。因为那部书原意甚佳，却的确是一本失败的书，不能实行的。所以标准译名办法无其用处，就只好处置不管。一就佛经翻译而论，鸠摩罗什的译名实不如玄奘的更考究些，可是玄奘的译法正因为条例较繁，也就不容易被人理会了。所以译名只好一仍习惯，听其粗疏，听其混乱，而无法去有效整理的。

在译名方面既然无法对其合理化抱较大的奢望，只有在通俗方面取其便用罢了。一涉及专门学术，便有无从着手之苦。所以在一般应用上，不论译音、译意、汉字、英文字母，都可以各从其便，不必拘泥。到了专门写作上，就只好以英文原名为主。至于汉字译名附注与否，我想还是随作者的方便注入不注入都无不可，只求能用汉文写成整句的结构，就算汉文的著作。这种著作供给中国的科学家阅读，是不生什么困难的。对于外国任何一国的读者，就只有方便了。

从前我在大学一年级的时候，就曾手抄过戴东原的《声韵考》全部，这是一部精刻，用说文楷体书写的书，我在抄时也一一据原有写法抄上。抄过以后，深深的感觉现在楷书字体的毫无道理，深深的可惜清代那样一个汉学发展时期，竟然不能在科举功令之中采取说文字体，一任现在使用的那样讹文伪体谬种流传。仔细思量，现在采用的楷书字体已经不可据为典要，已经使治小学的人增加不了麻烦。岂可以变本加厉再使用简体字，这真是可为痛哭流涕而为长太息的事。虽然，我倒是觉着双轨制是可以采用的，也就是对于治国家及平时应用仍用现存楷书（采用说文体更好），对于科学方面尽量用英文原文（因为德文法文较繁），以免学科学的人多记一套无用的名辞，这种并行不悖，而多少有革新趋向的办法，如其海内外的人士能加以注意，不仅对于汉字的改革有益，对于汉字的保存也是有益的。

（刊载于《新时代》，第 9 卷第 2 期，1969 年 12 月）

对于观光事业的几个意见

过去在《文化复兴》月刊有一次关于观光的座谈，我觉得十分有意思。看过以后，又想到许多事，现在大致把这些意见写下来。

第一，基本观念。现在台湾正处在一个观光事业的歧途上，还是要洁净崇高的欣赏呢？还是要声色蒲博的欣赏呢？台湾的地面并不辽阔，只能单纯的接纳一种，而不能并容两种。所以应当特别谨慎不可误入歧途。就台湾的局面来说，我们诚然要重视观光，但观光事业以外，我们还有非常重大的使命。当中国文化存亡继绝之时，我们对这一线仅存的中国文化，负担着极大的责任，当着世界社会风气皇皇不安之际，我们更要抱众醉独醒的决心，不仅不可以鼓励任何败坏善良风俗的行为，我们更应当进一步肃清我们自己旧有的弊窦。诚然风化问题是社会问题中一个十分困难处置的问题，但至少应当把台北市包括阳明山管理局所辖区域严格的管制，要和 Saudi-Arabia 看齐，使娼盗两项完全绝迹，并且观光旅馆的表演要达到相当保守的限度。我相信这对于台湾观光的人数，绝对毫无影响的，因为来台湾的旅客绝对不是为着风化问题而来，为着风化问题在东京、香港、巴黎……任何地区都可满足，用不着为此专程来台湾。如其台湾（至少台北市）能真正做到一个绝对清洁地方，只有好处决无损失。只有更吸引观光人士，决不会赶掉观光人士，台湾严格剪男子长发一事，我衷心拥戴，更希望百尺高楼更进一步，尽量向清洁做去。

第二，建筑的方向。要以分为园庭、寺院及特殊集体仿古建筑来说。关于园庭方面，我觉着有几个原则可以注意的。（一）不要千篇一律的一窝蜂去建筑宫殿式，也要参加些苏浙的式样。（二）如日式有长处而可以采取的，也不妨采取日式的庭园布置，此外英式的庭园布置和中式布置是不冲突的，亦可广为采用。（三）建筑物并不宜限于中式（或从中式出来的日式），如其和环境调和时，中东式及南洋式亦可酌为采用（只有欧式反而要避免一些，除去喷泉等必需用的以外）。

这里要说的就是园庭宜雅不宜俗，过于鲜艳的油漆彩画太俗气了，不是园庭所宜，日本式园庭间或点缀一二红桥，但轩亭亦多朴素。近来新加坡公园，采取苏式，甚有见地。今后我们当然还要多建园林，应多参照西湖、苏州、无锡等地庭园成法，其日式和中国式样不太冲突的，亦可加以参考。英式花木布置我们可以在英国各园庭的照片取得资料，而加拿大 Victoria 城的 Butchart 园的布置也非常值得我们的参考。

至于园庭布置第一宜力求朴素，第二应力求变化，有时波斯、印度、亚拉伯的形式，如可用时，就不妨采取，这在欧洲人及日本人看来还是新鲜的，即就中东的人看来，因为在完全和他们不同的中国环境中，也不会觉得不好，台湾各公园中，台中公园的亭子，就从来被人欣赏，并且当作台中的代表，其实就不是中国式或日本式而多少有南洋的风格。这个原则是值得采取的。

其次关于寺院一项，是观光事业中一个重要部分。可是现在在台的寺院，除去极少数几个寺院（例如日月潭的玄奘寺就很合标准）值得推荐以外，我看过了一些寺院，不是规模太小，就是设计太俗。今后新的寺院是应当增加的，不过修寺院的善男信女们，还是要宁肯捐款修大的寺院，不必捐款修小的寺院。这样不仅达到信心，而且对地方繁荣也有贡献。

关于修筑寺院的办法，第一，是将大陆上某一个著名的寺院建筑一丝不改的整个搬到台湾，《中国营造学社汇刊》中的许多调查，例如五台的佛光寺、嵩山的少林寺以及大同的几个佛寺，都值得我们在台湾拷贝一下。如其是一个忠实的拷贝，寺院的故事当然也随着带来，更增加游客的兴趣。

其次如其不照旧寺院去拷贝，那就一定要请高明点的建筑师作一些完全不拘成法的全新设计，要设计一种世界上未曾有过的新式样，抽象式未来式以及一些叫不出名堂的新式，这才能在世界建筑纪录上占一席地，而引远方游客的欣赏，如其采用全新的形式，有一件事要注意，就是手法要十分简洁，切忌庞杂，佛像最好只有一个本尊像（或只有一尊大士像），地面要一尘不染，最好像泰国的佛寺进门一定脱鞋。并且尽量的只用鲜花献供。这种全部特异的作风，一定会吸引大量外处的人观光的，这样去做一定成功，只是领导的人要能下决心才可以。应当多筹资金，规模越大越好，以广宣传。

在这里不提道教而专谈佛教，是因为道教的贡献已成过去，而佛教的贡献还在将来，道教的白日飞升已证明为幻想，炼金术已达到变为化学的任务，全真教在元代时事功上的贡献已经完成。对于现代的中国别无可取（老庄思想是道教攀附上去，不可认为是一回事）。在任何一方面看，道教的方术和佛教的教理是无法比拟的。为有效利用财力和精力起见应当集中起来发展佛教。

台湾境内是可以建立一个 Williamsburg 或 Knots Berry Farm 一类旧生活的展览场所的。找一个地方，依照清明上河图来安置也是一个办法。只是要好好的去做，所费太巨，而且也很难找适当的地区，即使建立好了也只能把宋代以前的事物放进去才适宜，明清的事物都放不进去，限制太多。我想不如建设一个模型地区，完全以清末民初的风俗事物为断（即按照 1910—1920 的服装、饮食、娱乐为标准），在距台北不太远之处，建设一个小型城市，中央为一十字路，依照北平四牌楼的形式修四个牌楼，正街仿照前门大街建筑式样，旁边两条街，一条仿照大栅栏，一条仿照琉璃厂，在仿大栅栏那边，应当盖一个市场，所有建筑及布置，完全依照东市场的形式。在仿琉璃厂那边，应当有一个公园，完全依照中山公园的设计，包括主要建筑"水榭"及"来今雨轩"（仍然可题为"水榭"及"来今雨轩"）。并且要大量培植菊花和牡丹。除此以外，如有山地，应当修一个"碧云寺"，以纪念国父。再在其他隙地照"北京饭店"的规模和形式修一个观光旅馆，照这个设计，大致是仿效北平，不过北平事物是不可能全部放进去的，只能选择几个用民间财力可以做的几种来仿制。所以全盘设计，不能依照北平原有的位置，但就其中每个单位来说，却应当尽量从北平原有的拷贝下来，使得进入里面仍然有进入"新丰"的感觉，对观光上仍有益处。譬如 Knots Berry Farm 的正街，就仿制了一个独立纪念厅，其四周环境和费城的独立纪念厅并不相似，但就独立纪念厅本身来说，却和费城的仿制得十分相像，这也算是成功的。

（刊载于《中国文化复兴月刊》，第 4 卷第 1 期，1971 年 1 月）

谈 读 书

近年来自由中国各处的成年人和学生中，读书的风气甚为普遍，实在是一个非常可喜的现象。这是显然的，读书是一切知识的来源，而知识是帮助我们国家的向上、社会的进步和个人的成功不可忽略的要素。

学校中的功课，军中的训练与讲演，对于知识的获得都是非常重要的，不过任何的讲课或讲演，总有若干省略之处，为要求知识更充实、更丰富，在听取课业或讲演之外，都应当自行寻觅参考书，才更好些。

此外，在一个对于读书成为习惯的人，他对于书籍的阅读，是不属于效用的或功利的，而是觉到读书是生活中的一个重要部分。他读书以后，要觉到他所居住的天地比别人更大，他所存在的时间比别人更长。他所领略的自然、人生和社会比别人更细密、更开展、更真实、更美丽。这样，伟大的人格和丰富理想才会自然培养而成，丝毫用不着勉强。

读书的方法一般分为精读或略读，虽然可作这样的分法，但意义还嫌不太明朗，并且也容易发生误会。因为精和略都是主观上的，精到什么程度或略到什么程度，颇难决定；尤其用一个"略"字好像有些书不必一个一个字去读，更容易发生误会。为明朗起见，不如分为"生活"上的书籍及"职业"上的书籍，或称为"阅读"式的书籍与"分析"式的书籍，更为确切些。"生活"式的或"阅读"式的读书法，也要用心的读，慢慢的读，一个字不要放过，只是读过以后，不需要再做任何的工作。"职业"式的或"分析"式的读书法，那就要按书的内容及性质，做种种不同的工作。有的需要作实验，有的需要和他书校勘和参证，有的书需要作提要，有的书需要摘录，有的书需要作种种的分析。关于这一类的工作，旧式的办法是找本字大而天地头大的书，在上面做眉批。现在的办法是预备一个卡片箱，分成许多抽屉，在每个抽屉之中又分成许多类，加上有指引标的卡片，然后分类来过录参考资料。即令卡片不方便做，也得预备好几本练习簿来分类过录。

书是人人要读的，但工作并不是人人要做的。纵然去做，也大可不必每本书都这样做。因为任何工作，要的是专精，每本书都这样做就要进度很缓，并且更容易倒胃口。所以与其做的太紧张使得做厌，不如稍为松缓一些，让做的时间长些，一直做到底，更为有用。因此凡要做一种工作，未做之前，先估计自己的力量，不可过分的期望，已做之后，必需维持恒心和耐力。

因为"职业式"或"分析式"的读书法，只能用于一小部分书籍，所以我们平时接触的书籍，总是属于"阅读式"或"生活式"的。这一种的书籍，又可分为长期的诵读及随时的阅览两类。长期诵读的书籍，例如《论语》《总理遗教》《新约》《杜诗》《近思录》《传习录》《佛经》等，虽然随着各人的意见及性情而有所不同，并且也可以在某一个时期，做分析的工作。但是还是以陶镕德性、涵育性情为主，模楷的功用重于材料的功用，分析的工作并不需要每个人都去做。这种特别注重的书籍，和一般书籍，究竟不同。

随时阅览的书籍，大致可分为关于学术的读物、关于技能的读物、关于文学的读物三项，此外还有参考书籍，例如字典辞典等书。这一些书籍，因为范围很广，当然必需要有一个有计划的选择，第一、要和自己平时所注意的范围有相当的关系，第二、总要选择好一点的书，即是凡属于学术范围的书，一定要求谨严和平实，凡是言大而夸，理论不精密，系统不明朗，都不是好书。凡属于技能范围的书，就要看内容是不是充实，出书时期的早晚，有没有修正过。凡是关于文学的书，总希望读些名著，并且要出于欣赏文艺的态度，而不要仅仅以"消遣"为目的。至于字典及辞典一类，那就更为需要。任何一个人的记忆力都是有限的，一个人的学问的大小，成就的多寡，要与他用过字典或辞典的次数，成正比例。凡是真正做学问的人，一定要预备很多的字典辞典，全世界没有例外。一个人除非认不得字，凡是手头一部字典都没有的人，一定是一个没有学问的人，或者是一个妄人。在过去的乡下，的确有些没有学问的人，拿不用字典向一无所知的人表示渊博，现在可不是这种时代了。自然，任何的字典及辞典都可能有错误，不过究竟任何字典及辞典的错误，在全部解释中，占的百分比都不会太大。

人类的智慧究竟非常有限，学然后知不足。凡是成功的人，没有一个不是从苦练得来。今后的世界为科学的世界，这一点当更为显著。过去虽然有许多关于"才子"的传说，大部分是些无稽之谈，证据并不充分。人类的智慧传说是靠不住的，照近代智慧测验的结果，普通人最多的智商为一百，智商超过二百的，毕竟是一个不可能的事。因此到了许多难算的问题，"电脑"才用得着。所以我们对于我们的智慧，既不能自恃，亦用不着妄自菲薄，只有一方面利用有系统的方法，一方面加以不懈的努力，才能达到光明之路。

现代科学的发展，既然证明了人类秉赋的有限，在体力方面，不可能出现传说中的力士，在智慧方面，不可能出现传说中的才子。所以有志的人尽管放心，有一分的耕耘，一定有一分的收获。不过同时我们也应当知道我们的体力，是有一定限度的，努力过了这个限度，就会有"报酬渐减"的现象。因此"刺股"是二千二百年以前的人做的事，"悬梁"是一千五百年以前的人做的事，都值不得我们现代学人的仿效。我们宁可相信这句话："当工作的时候工作，当游戏的时候游戏，这是对于你愉快而欢欣的大路。"

书是不容易得到的，我们应当爱护，尤其公众的书籍，是我的利益，也是别人的利益，决不能容许有目无书的情况发现。尤其一部成套的丛书，被一些人拆散了更为不道德，倘若社会上遇见了借书不还的人，应当毫不客气给以名誉上的制裁。此外我们阅读书时都应当爱护书。尤其在揭叶时候，千万不要用指甲去抠去抓，更绝对不可用唾沫来揭。当人前用唾沫揭书，是一个失态的事，凡是一个有训练有教育的人，对于子弟，对于学生以及对于朋友，必需随时劝告，才算对得起受到国家的教育。

（刊载于《中国一周》，第 146 期，1953 年 2 月）

恶性补习问题

现在台湾教育问题之中，恶性补习问题是其中一个严重问题。教育当局虽然屡次力图解决，可是效果甚微，假若用头痛医头、脚痛医脚的办法，结果是补习仍然补习，毫无改变，假若想从现有制度下手，那就利未见而害先著，反而引起不必要的纷乱。

恶性补习的原因，固由于中学不够，而主要原因，还是由于好中学太少，学生要考好中学的原因，是由于大学入学考试不易通过，所以根本原因不是小学的问题，而是大学的问题，并且还是都想入较好大学的问题。但是现在大学教育是高等教育并非国民教育，事实上不可能敞开到凡是一个小学生都有可能进好大学，恶性补习就会继续存在下去。

这个错误是现在社会上把大学当作职业学校，大学既然成为职业学校，为着谋薪金较高的职业，只有上大学的一条路，记得从前有位哲学教授给学生说："哲学不是谋生的，你既然在理想上是学哲学，就不应当管将来生活的问题。"这话虽然冠冕堂皇，可是不实际，一个正常的人就是一个俗人，就有他对于他自己及他的家庭所负的一般责任，从大学毕业或者做更高深的研究的人，当然要求一个正常的生活水准，这个生活水准不可能特别高，也不应当太低。同时从事研究的人还有别的收获，即：一、生活安定的保障，二、个人兴趣的发展，三、比较上可以有一点自己支配的时间，四、有成绩后所获得的荣誉。所以走上学术的路，并非空洞的清高，而是有一种现实上的打算，当然这种并非唯一可能的打算，更不应该凡人都走这条路，还有更多及更好的路等着青年去走。

这些有前途的路，就是各种不同职业的路，就工厂来说，工程师是一种职业，从普通工人而变成为熟练工人也是一种职业，在待遇方面，譬如将来一个教授拿一千元大头一月，一个普通工程师也拿一千元大头一月，一个技巧熟练的工人也拿一千元大头一月，这一千元大头，可以住洋房坐汽车，并享有一切新的设备（这里此话说的太平庸了，不过事实是要正视的），所不同的是一个教授大致是大学四年毕业，再加上四年的研究，然后在大学服务七八年才得到，工程师是大学四年或五年，有时加上一年或两年就可以，一个熟练工人只要高中毕业，聪明一些的人，大约三年就可办到。在这以前几年中，大学及研究院至多只能找点生活费，很苦的过下去，还要紧张的去读书，工厂工人的收入按理应在三百元大头以上，至四百元大头，生活舒服些，除此以外，售货员也可以渐次混到经埋，生活也相当舒服，在这样状况之下，那就大学入学竞争性少的多了，恶性补习自然消灭。

我知道发展台湾的经济事业甚多，其权不在教育当局，教育当局也注意办职业学校，问题只在职业学校的出路如何，教育当局确苦心解决恶性补习问题，不过也只能做一步算一步。我衷心的要求社会上还是多注意经济上的一切基本问题，这才是恶性补习的基本原因，千万不可以对教育方面过于求责备。

一九六四、三、十二　于美国落杉矶大学

（刊载于《文星》，第 13 卷第 6 期，1964 年 4 月）

关于民俗改善

一、民间迎神赛会之事，多出于"崇德报功，慎终追远"，似不宜悉以陋俗目之。况其中尚有予终年勤奋之农民以休息娱乐之机会，尤不宜轻为取缔，万一多数人失去安身立命之宗教感，当然变为朵斯妥也夫斯基，及阿志巴绥夫小说中所描写之中心人物。其影响于国家社会者，或更什百倍于每年浪费中之损失，此则不可以不深思熟虑者也。《新生报》专栏曾有蒋梦麟先生论文可以参阅。

二、宗教信仰惟有以宗教信仰破除。台湾迎神赛会中之最大消耗，实为牲畜。但若以高级教理衡之，实为错谬。台湾最次之"拜拜"为七月十五日之盂兰会，而此日则出于佛教之普渡。按之佛教教理，万无杀生为祭之理。即以儒家理论言，圣人德及鸟兽，亦无轻于用牲之理。如今之计，应宣传净土宗戒杀放生之说，并宣传惟有邪神始歆受牲畜之事，庶几崇慈崇俭以厚风俗（丰子恺曾有《护生画集》，其人虽已"变节"，但其画仍不可废，应改画翻印，广为流通，又莲花大师《戒杀放生文》亦宜翻印）。

三、台湾"拜拜"每年至少六十余次，自嫌太多，似宜减少，但仅七月十五日一次，亦难实行，似宜改为①二月十九日②四月八日③六月十九日④七月十五日⑤九月十九日——共为五次，举行时应力改杀生，并举行戒杀宣传。会集亲友，应以素席，此外迎神赛会亦可演戏，但诲盗诲淫者亦应禁止。

（刊载于《台湾风物》，第 2 卷第 7 期，1952 年 10 月）

佛与菩萨的"性"的问题

读到《"中央"副刊》二月三日毛一波先生的《观音变形不变性》，和二月十九日释广元大德的《释迦与观音像之考允》，对于佛教问题，大家都很热心，实在是一个非常可喜的事。毛先生和广元大师的意见都是相当正确的，只是佛教中的解释问题，不一定是一般读者所能想像。一般的读者或许会用外道的想法用在佛教上面，这就会发生了一些误会。不仅如此，用外道的想法固然不可以，即使一般人采用常识的想法，也是不可以的。在佛教的意义上，所有的名词，如"空""有"等等，其含义和常识上的含义决不能相混。至于性别上的看法，如"男""女"等，也和一般认定不能相同。其中"变性"和"不变性"一个问题，若依照常识的想法，岂不认为菩萨是扮演，是伪装，对于菩萨的信实问题，岂不是要打一个折扣？

若要讨论菩萨"性"的问题，首先要从"天人"的性讨论起。天人是六道轮回的最高层次，如果能从天人这一层再行超过，那就达到了"声闻"和"缘觉"的境界，不再受了轮回中生老病死的束缚。天人是分为"欲界""色界"和"无色界"三重等次的，其主要分别就在"形质"一端上，和"性别"另一端上。"欲界"和人世是比较接近的，所以不仅具有形质，并且还保持有男女的关系，但是到了"色界"，那就只具有形质，却不再有男女的关系。这就是说，性别成为无意义的事。再进一层到"无色界"，不仅没有性别，并且形质也成为多余的，只有意念存在着。当然，再上到声闻和缘觉以至于菩萨，只有比这种"无色界"的天人更远于世俗，而不是近于世俗。

菩萨已经不是从形象可以推求，当然，佛的形象照理来说，更不是我们世人所能领会的。但是我们又知道，佛是具有三十二相，相相具足。那又是什么意思？这就只能这样解答，"凡所有相，皆是虚妄"。"不能以三十二相得见如来"，三十二相是男性的，是古印度认为人间以及"欲界天"最完美的形相，却并非佛的法身所本有。换言之，佛是可以用三十二相的庄严形相出现，但这种形相仍只是佛的"应身"，而不是佛的"法身"。佛是可以藉着三十二相来显化，世人却不可以用三十二相去寻求佛的玄旨。（修净土的是可以观想阿弥陀佛的形象，但净土也只是等于诸天之一，藉此准备修省，并非成道。）

依照法华经普门只，观世音菩萨有化身三十三身之说，如毛一波先生所引证。同类的楞严经亦有三十二应之说。三十二应，即佛身、独觉身（阿罗汉）、缘觉身、声闻身、梵王身、帝释身、自在天身、大自在天身、天大将军身、四天王身、四天王太子身、人王身、长者身、居士身、宰官身、婆罗门身、比丘身、比丘尼身、优婆塞身、优婆夷身、安主国夫人命妇大家身、童男身、童女身、天身、龙身、药叉身、乾闼婆身、阿修罗身、紧那罗身、摩睺罗迦身、人身、非人身，这就表示观世音菩萨法力无所不能。菩萨的应身或化身至少可以有三种方式。第一是菩萨亲身显现，第二是菩萨用法力凭空创造一个化身出来作为代表，第三是菩萨把法力灌入某一个天人或世人心灵中，这个天人或世人就自然的成为观世音菩萨的代表，也就是化身。譬如密宗中，认班禅为阿弥陀佛的化身，而达赖为观世音菩萨的化身。并非认为只有达赖喇嘛才是观音，这只承认达赖是观音的代表。在诸天中帝释和四大天王都是已经确定的，并非说观音菩萨又化身为新的帝释和四大天王。其帝释和四大天王可以作为观世音菩萨应身的。显然的，观世音菩萨传法力到帝释和四大天王，使其在某种程度之下作为观世音菩萨大慈大悲的代表，决无"扮演"性质在内。

就佛及菩萨的存在状况说，应当分为法身、应身及报身三种形式。法身是佛菩萨本性所具有，应身是为显示天人，随时现化，自可不拘一格。报身母为菩萨"善不受报"，所以菩萨虽然可以获取报身，却不接受报身。就法身说，诸天的无色界只有一个意念就已具足，所以佛菩萨的法身实际上也只是一个意念。这个意念是独立存在的，是可以自由运用的，具备了六通和十力。运用起来，有无限的法力。但经常在静止之中，微波不起，这是凡夫决难达到的。法身存在其中牵着到双重问题，第一是了悟的问题，第二是实践的问题。这是说，"禅悟"是不够的，还要"禅定"的真工夫，才能真去体验意念独立和静止的境界。而百丈清规能个控制的表里如一，更是一个基本条件。帮助意念达到真正清纯的程度。——以上所述，大都是从考证方法得来，并非我有一个真正的了悟。但是这个方向是不错的。其中最高的成就，是极度的清纯，不含形质，决不允许在佛世界还有人世及欲界天遗留下来淫业的渣滓。所以不论原来是比丘或者比丘尼（僧尼），其至于原来是优婆塞或优婆夷（居士及女居士），只要修行的能到佛世界，就是一样的，不再有任何区别，也不遗留俗世原有的区别。

就生物的观点来说，男女两性是完全平等的，其中并无尊贵与卑贱的分别，也没有"完全"或"不完全"的分别。但在古代社会，如其到了男性中心时代，在习俗之中，认为男性是超卓的，是完美的，女性是卑微的，是缺憾的。这在各种宗教中，不论佛教、基督教，以及回教，都是一样。在当时自然把这种歧视女性，认为当然。现在就生问题了。在佛教的教义中，到了诸天的高级层次以上，就逻辑上的推演，不能再有任何的性别。但受了习俗的影响，仍不免于引起误解，这是必需加以澄清的。

此外，还有人认为佛教是一种"无神论"，这是对于神定义的问题，若"神"字用中国传统用法，指一般超物质的生命，那佛教就不是无神论。若"神"字专指创造宇宙万物的神，而佛教主张宇宙是从因缘业报生成的，不是某神所手造，那佛教就成为无神论了，这就看我们是用中国式的用法，还是用基督教的用法，其中区别是很大的。

（刊载于《"中央"日报》，1980 年 4 月 27 日）

中国人的饮料问题

《"中央"副刊》十月二十日张云先生《由白开水说起》，一个海外的人士关切到国内的能源，其爱国心是可以钦佩的。不过对于开水的废弃一事，我却不免有些新的看法。第一，国内如不用开水，事实上有严重的困难，决非一二十年内可以解决的。本来台湾自来水厂已经声明"自来水的水质，是可以生喝的，只因为管线陈旧，用户还是不宜生喝"。但是改善起来，又是谈何容易？美国加州的自来水是可以生喝的，但是还不够百分之百的安全。最近加州投票就要投改善饮用水质一项，所要的经费是美金三千万元。三十年还清，每年由州税中扣一百六十万，也就是需要五千万新台币。这在台湾也是一个不小的数目。这是在良好基础之下，尚要这个数目。况且这是从税里付出的，不像白开水由各个人家自己付燃料费，当然也较为困难。再说，自来水可以随意饮用，只是美国的新处置，在欧洲就没有一个国家可以这样随意饮用自来水的。如其有人说"台湾建设好，台湾有什么好的，连自来水都不能喝"。这简直只有疯子或者傻子才会这样说。请问是否也要说：西德和法国建设好，西德和法国有什么好的，连自来水都不能喝。请问在欧亚大陆，难道大陆、苏俄、东德以及波兰、捷克、南斯拉夫，以至于印度、巴基斯坦、伊拉克、伊朗等等都可以随便的安全的喝生自来水吗？

第二，如其不用开水，用自来水替代开水，也不见得能够有效的节省能源。因为把饮用水来做到清洁，也需要能源，如其清洁的越澈底，所用的能源也就越多。其实美国人对于白自来水也只是补充饮料，并非主要饮料。美国人经常喝的是咖啡、啤酒、可乐以及七喜汽水。这些饮料都比茶或白开水消耗更多的能源。就咖啡来说，咖啡是煮的，茶是泡的（新出立即咖啡，泡就可以，但做出时，要用更多的能源）。至于啤酒、可乐、七喜等，应以铝罐为最经济，因为铝质轻易于运输（运输也要能源），而且铝质还可以回炉再用。可是铝的熔点为摄氏六百六十度，水的沸点为摄氏一百度，若以节省能源的立场来看，那就任何一种饮料（除去不可能强迫全国人民饮白自来水以外），都远不如用开水来的最省能源。若不能达到全国只以饮用白开水或茶以外，只有浪费能源的。

其实烧开水在农村里还可以用煤、用柴甚至用树叶子，不必一定要用煤油。何况在台湾做日光能烧水系已经初步成功，将来还可以大量应用，可是如其饮用白自来水成习惯，将来饮用啤酒、可乐、汽水一定也跟着来，在时尚之下，如其要再回来饮用开水或茶，也就困难了。这是要郑重的细思细想的。

第三点，也是这里最重要的一点。因为饮茶煮水是中国文化中的一个重点。因为我们中华民族有这一个优良的习惯，所以在世界各民族之中，大瘟疫是摧残民族生命及文化的一个重要原因，可是中国人向来有饮用开水的习惯，使得至少在近二千多年中，逃脱了大瘟疫的劫数。在美国初期开发西部时用的是华工和爱尔兰工人。华工体力不如爱尔兰工人，但华工疾病及死亡率比爱尔兰人低，所以华工工作效力高。这也没有什么秘密，只因为华工抬着大桶热茶到工作地点，不饮生水。爱尔兰人就没有这个习惯，这一个回忆就应当永远纪念这个民族的根源，而不应忘掉这个根源。

中国人是饮茶的民族，目前，在台许多家庭从原来饮茶改饮白开水。从某一些角度来看，也许有商榷的余地。中国人传统的习惯，是喝茶。近数十年中有许多家庭改喝白开水，与其说是由于某一些医生在报纸刊物上的建议，还不如说这是一个西化的初步。是一种西化方向的行动。并非所有的人都能每天只喝白开水而一点不需要刺激的。在所有饮料之中（只有白开水是不含任何刺激物的，再就是果汁，如橘子汁、苹果汁之类，但价昂，用能源太多，含糖分太多，一般也只做酒的代替品，无人整天饮果汁来代替水的），如同咖啡、可乐、汽水以及啤酒，含有糖分、酒精、脂肪，或者钠的化合物，比较一杯冲淡的绿茶，除去含有微量的咖啡精以外，决

861

不含有糖分、钠化合物等有害物质。淡茶的咖啡精含量大致可与"三卡"咖啡相比（精制过的咖啡去掉了百分之九十五咖啡精），只是"三卡"咖啡一定要有相当的浓度，淡茶却可以淡到只余少许的茶味。所以茶在一般饮料中是有害性最少的一种，世界上不能过分的走极端，走极端往往得到相反的结果，为了开一个温和的活塞，也只能推荐茶而不能推荐三卡咖啡、可乐、七喜汽水。

风俗习惯看来好像是一件小事，但一个民族的构成，风俗习惯却是一个主要因素。我们的固有文明还有不少是应当珍惜的。现在已经面临到民族自觉和文化自觉的严重课题下，对于我们所见、所闻、所接触的，都已经会感到处处相关。现在应用这个原则来观察社会上的饮料问题，我们会注意到，第一是国民健康问题，第二是社会功能问题，第三是推广较高的情调问题，第四是维持民族文化问题。把这四个问题能够面面顾到，诚然是不容易的事。第一，因为近年医学的发展和过去观念不同，发现了盐（包括一切含钠食物）糖（糖精更坏）都不可经常多吃，所以各种饮料只剩下淡茶害处最少。第二，许多民间风俗和饮茶的习惯联系着，如其饮茶习惯改变，也就若干风俗也会消失，所以为保有若干风俗也就要保存这种饮料。

第三，有关情调一件事也就是有关情趣的事。近二三十年来的世界音乐趋向于极度的放纵情感，要到一种不能控制的地步。所需要的也就是嘈杂的不是宁静的。相伴而来的，也是动乱，吸毒，不能安心工作，家庭结合不稳定，而深深影响到国家和民族的前途，我们目前所受的影响还不算太大，正是应当急起补救的时候。最重要一点还是培养国人的兴趣。至少我们要能够了解并且能够欣赏这种情趣的。譬如在松声竹影之中，万籁俱寂，独有高士携唐宋名琴，弹高山流水，此时假如供给饮料，应当是什么？又譬如暮春三月，窗草不除，在远近莺啼中，展读《周易》，此时如需要饮料，应该是什么？再如午斋初罢，稳坐蒲团，远寺疏钟，突开禅悟，此时需要饮料，又应当是什么？此时此刻，如其端上一大玻璃杯洋可乐加满了冰块，就完全不是那回事了。

倘若说明了以上三点，第四点也就毫无疑问的，在饮料之中，只有茶才是合乎我们固有的文化标准。最近"立法院"对于加强观光事项的建议，其中办法中的一项，就是发扬中国的饮茶仪式。这当然是聪明的建议，因为在我做的进一步分析的结果，对于茶的提倡，不仅为的是文化问题，就节省能源及外汇来说，综合相关的消费，也只有饮茶是比较用其他饮料最为节省的。

净化自来水诚然是我们走向的目标，却不可以因此而破坏我们传统饮沸水的优良习惯。

（刊载于《"中央"日报》，1980 年 11 月 20 日）

略论在美国的华侨

在世界各处分布着的华侨，是中国人勤劳刻苦经过奋斗而成功的象征，我们到世界任何一个角落里，总看到许多可敬的同胞在那里生存着，中美的国交，历来有敦睦的传统，而我们的同胞也有不少的人住在美国。

中国人在美国，除去英国人、法国人、西班牙人之外，比其他东欧国家的人到的还早。到了同治初年，美国铁路向西发展，更有七千多华工，替美国人筑路，从此华侨更大量的进入美国。只因为中国人的生活标准低些，工资较少，美国劳工的工资数目也受到影响，后来美国的工人便发动排斥华工。当时清代的政府方面，并不奖励工人出国，美国政府便和中国政府商定禁止华工入美，于是华侨的数目也就从此停顿下来。到了现在，美国境内的华侨为十一万七千余人，檀香山的华侨为三万人，总数将近十五万人，约为美国人口千分之一弱，约为美国印第安人数二分之一弱，犹太人人数四十分之一。

在美国各大城市之中，多半都有中国街（China town），旧称为唐人街，提到所谓"唐人街"，在一般人的印象中，总觉着湫隘简陋，简直都是些 Slum，其实并不如所传之甚，其中最大的是旧金山的中国街，自从旧金山大地震之后，完全新建，占地甚广，崇楼杰阁，现在已成为旧金山名胜之一。纽约的中国街在曼哈坦（Manhattan，即纽约市本部）的南部，比较旧金山中国街差的很多，最近纽约市政府已设计重建为西式高楼三所，可住三百家，每所楼并点缀中国式宝塔一座，建筑完成以后，也势必成为纽约的名胜。

在美国的华侨，以广东中山、新会、台山、开平的人为最多，他们现

864

在已经有不少受过高等教育的，其中有医生、有律师、有工程师，不过大致说来，未曾受过高等教育的还有不少，他们的待遇比起美国人来，并不优裕，有不少的人吃住都在店中，除此以外几乎不用一文，换成汇款寄与家中。还有结婚多年的人，并且自己已经取得美国公民身份，但仍把妻子放在广东，他自己宁可一个人在美国辛辛苦苦的生活下去，这在美国人看来简直是一个不可想像的事，但却有华侨真做得出来，所以侨汇一项，简直全是血汗堆积而成，一般人提起华侨，总会联想到有钱，其实他们并非特别有钱，而是有特别辛苦的钱。

住在中国城的华侨眷属，也大半保存着中华旧俗，除去都穿上了西式衣服以外（女子尚有穿中国衣服的），屋子中的陈设，仍多是中国式的，他们仍然奉祀祖先，有些人还奉祀中国的神祇，他们家庭之中，还守着父慈子孝兄友弟恭的旧训，在美国的大城市中（例如纽约、芝加哥等）有时不免有恶少滋事，虽然被警察严禁，总算一个社会问题或教育问题，但还没有听说华侨子弟成为恶少，这一点可以表示中国的家庭教育确也很有成功之处。

但就另一方面而言，美国华侨的地位，还不能说到兴盛，并且华侨生活习惯，与美国人相差较远，这在美国人的情绪中，也会发生异感，我们立身处世的大原则是"忠恕"，我们自不妨用在交邻国、交友邦，我们自己当然希望我们同胞永远仍为中国人，但别人国家中，却不愿有国内有永不同化的外国人，为着他们要生活下去，我们要鼓励他们做所在国的公民（这一点对于菲律滨及印尼尤为重要，并且我们同胞子孙做了外国公民，对我国亦无损，试看美国人到现在外交政策上尚特别亲英国，就是一个显例）。至于对华侨的联络，应不应该用参加"国大代表"方法，更应当考虑，代表的选举，似乎只宜适于非外国公民的华侨，不宜有双重国籍。

我总觉得对于华侨的联络，经济方面，更重于政治，现在的问题还在如何帮助华侨或辅导华侨，使他们的生活过得更好一些，现在华侨中最多的职业，是古玩商、杂货商、饭馆及洗衣店，就这几样而言，也许都还有改进的余地。就古玩商来说，古玩本来是冷货，所以他们也兼卖中国艺术品，例如磁器、漆器、丝绣、竹器、玩具等，因为近来大陆"沦陷"，货物的来源断绝，他们就只好代销一些日本货，我总觉得台湾方面应当和他们取得联系：第一，台湾已有的艺术品，而合于美国人口味的，由他们销售；第二，台湾现在未做，而技术上可以做出来的，应当先调查以后，再在台湾做，并且美国人好新奇，式样还得常常更换。

其次关于杂货商，大部分属于 Grocery 一类，他们大部分卖青菜、卖肉、卖作料，再加上一些罐头，完全是中国式的陈设，这种商店是可以存在下去的，不过这种商店出不了中国街，出了中国街就会没有生意，并且比起了一般犹太人的杂货店，那就简直比不上，至于美国人的大规模市场（Super Market）就更无中国人能有资本去做了，就这一点来说，尚有可以努力之处。

关于饭馆一项，纽约有比较好的，只有的价钱还嫌太贵一点，至于比较小一点的城，饭馆的生意大致还过得去，只是做菜的手艺，比国内似乎远逊，例如每样菜都加上很多的小粉，并非广州扬州等都市的做法，恐怕仍是保持乡下的做法，至于杂碎（Chop suey）及炒面（Chow mien）都是外国化的中国菜，不能全以中国标准相衡，但按外国的做法，仍可做的更好一些，再加上菜的种类，也似乎太少一点（也可以说还可再精选一点），假若再做的精美一些，就可以更多一点生意（加上些法国或意大利口味，倒不妨事）。曾经有些外国人问我，波士顿中国城那一家最好（实则我去吃的次数并不多，不过"耳食"罢了），以及那一种菜最好，我简直不能答复，因为我觉得都差不多，这的确有关生意发达，应加改进的。此外饭馆做的饭都嫌太硬，除去湖南人以外，江浙人也吃不惯，外国人更不必说了，假如能注意这几点，外国人到中国饭馆的可能更多一点。

中国饭馆不论大小，都是 Restaurant 而不是自助餐馆（Cafeteria），因此每餐都得小账，这在学校附近的饭馆，比较上大为不利。在外国看来，一角钱也有一角钱的用处，得到并不容易，经常到自助餐馆的人，到此只好望而却步，假如华侨能在大学附近开上中西合璧式的自助餐馆，也一定会有学生及职员去照顾的。

洗衣店的生意，大都是由全家经营的，家中大小在空闲的时间，都来做一切整理的事，华侨洗衣店的分布，在美国至为广泛，不论美国现在洗衣机大为推广，并且还有自动洗衣机的商店，洗衣业受到不少打击，再加上熨衣也有机器，衬衫及衬裤都可在熨衣机上熨平，华侨洗衣店还是用电熨斗，未能用熨衣机，现在美国稍大点的城市，都有比较大规模的洗衣店（非华侨所开），除去干洗、湿洗、熨衣全用机器，并且还有皮衣的冷藏库，生意甚好，华侨得用力直追了。

过去华侨在檀香山多从事农业；现在已完全改从商业，将农业让给日本人，农业收入当然不如商业，但商业也常有不景气的时候，并且华侨商业的规模，也不算大，近来日本人在美国经营园艺（种花及种菜）已大成功，以美国之大，园艺也不会全由日本人独占，将来华侨也得在此注意才好。

大部华侨在美国最苦的事，为独居无侣，他们本意是积蓄些钱，到老年离美，返到中国田园，过小康的生活。但现在情形不同了，人究竟是人，他们有些人因为无家庭之乐，便只好以赌博来消遣，这种风气有时也会影响到土生华侨青年，对于华侨前途，有害无益，现在听说我国政府有意解决他们未婚男子的婚姻问题，确是一个好事；不过对于已有妻子，妻子从香港来美，似乎仍可由香港招商局办事处，设立一个登记处，对他们给予特别的方便。

关于国语问题，确实是一个严重的事。我在对日抗战初期，经过越南的河内到云南去，参观过一个广东人办的华侨小学，其中华侨子弟国语程度的优良，使人感到惊异，但是美国方面的华侨，却未曾有机会办到这一点，现在华侨差不多不论成年人及儿童，都未曾学会了国语，国语和广东话比较，广东话多保存中原古音，而国语是比较新发展而成的，国语简单，广东话复杂。国语在全国各种方言是最容易学的一种。美国华侨未曾推行国语，还是由于时势艰危，历年政府要做的事情太多，无力及此的原故，但是无论如何国语是中国人互相了解的重要工具，总得要推行下去，因此我想到现在政府在台的小学教科书，是一个标准教本，最好能将前四册灌成国语录音片，再在美国大量复制，不仅美国可用，就是在台湾也大有用处。

关于"中国街"的建筑，只有旧金山是故意参入许多中国成分，其他各处只是在霓虹灯上加一点中国气味，其余仍是美国旧建筑，这次纽约预定改建的中国街，却是一个整个的计划，其设计除去利用中国式宝塔表示中国建筑之外，其他仍以外国式为基本，这是很值得注意的，过去我们所谓"宫殿式"建筑，例如协和医院、武汉大学、上海市政府、西安车站等，都属于这一类，其主要部分，是一个大房顶，这个大房顶对于木构建筑，确有功能上的积极意义，但到了钢骨水泥建筑，在功能上不惟无积极意义，反而妨碍了建筑本身的发展，只成了一个有害的装饰，一个艺术品加上装饰是可以的，不过有功能上积极意义是上等装饰，无甚意义也无甚妨害是中等，无意义并且有害于功能是下等，所以"宫殿式"的大顶，将来只应建于木构，而不应建于钢骨水泥。这次美国设计的宝塔，多少有功能上的意义，还可以说是中国艺术上合作的成绩。

（刊载于《中国一周》，第 251 期，1955 年 2 月）

美国的人种与华侨

美国是一个大的国家，同时也是一个交通便利的国家。就前一项来说，再加上美国是尊重个人的个性，并且重视地方自治，因此出现了许多地区上的个性，显著有些事实地与地不同，就后一项来说，再加上美国是年轻的国家，民族的组成大部分自从美国东北向西南移居的祖籍属于欧洲的住民，因此又有些事实是全国相同的。

美国人的生活大致相同

诚然，就我们从中国来的人来看，从西部到东部许多地方是相同的。例如全国使用着类似的交通工具，同样的飞机，同样的火车，同样的公路，公路上走着同样的汽车，甚至于最大的长途汽车公司（猎犬公司）用着同一设计的长途汽车。经过的地方，用着同一的语言（各处略有差异，但差异极小），建筑着非常类似的商店、旅馆及住宅，在霓虹灯下照耀着非常类似的广告，在普通饮食店中预备着千篇一律的食品，以至于满街的人们穿着类似的衣服，妇女们用着同类的装饰，和类似的声音笑貌。倘若在美国生活下去，假如一处地方熟悉了，别处也大致差不多。

但是美国地方个性也不是没有的，除去了气候和物产上，东西南北各不相同以外，在人文上也非常显著。美国各州有各州的法律，以至于公路上的行车规则，各有不同。再加上一切法律是偏于柔性的，更造成地方上种种的殊异。就美国大学的章则来说，因为并无教育部来约束，所以各校的组织、系科以及课程方面，各校有各校的特征。甚至于这个大学的学生，对于另外一个大学的习俗，并不一定能了解。

人种偏见减低了

一个东方人初到美国，也许会存有戒心，惟恐受到有人种偏见者的歧视。不过到美国以后，大致还好。最大多数的美国人，还不会表现出轻蔑的态度来，并且有时还可以遇见了十分同情的人。就最近趋势说来，美国的人种偏见，确向减低的路上走去。美国黑白分校，已经取销。其中确尚有若干困难，但已经有不少地区，得到了空前的成功。本来除了高加索人（白种人）以外，印第安人以及东亚人在最大多数地区，早已依照白种人待遇。除了加州黄白在法律上不得通婚以外，在人种偏见最重的南部各州，东亚人种和印第安人仍然算在白种人里面。

历史上黄种人和白种人通婚，所生子女，例如土耳其人，大致白种人面型属于显性（除去蒙古眼以外），差别究竟还不算太显著。在几十年以前，北加洛林那州，暹罗连体双胎兄弟（其人为在暹华侨张姓之子，娶美国人姊妹，各生子女十余人）的后裔，已有二千余人，大部分为当地农人，一般人也都把他们认为白种人。至于具有印第安血统的白种人，为数更多，在美国人中还认为可以夸耀之处。其余印第安人多居住于印第安保留区，尚有三十余万。这些印第安人语言仍然十分复杂，形貌也并非全然为印第安钩鼻，有些印第安人看来与东亚人并无多少区别。

美国黑人过去是陆续从非洲各部分运来，非洲黑人本来人种也相当复杂，到美国以后，因为黑人互相通婚，并且也受到白种人遗传的影响，因此美国黑人和非洲黑人已经多少有些区别。在语言上他们已完全说着英语，只是有时发言上还有特别的习惯。在音乐上他们还多少保存旧时非洲的音乐，经过了长期的交互采取，就形成了他们自己特殊的音乐，这就成为美国的爵士音乐。这种爵士音乐，有时黑人自己的礼拜堂，也奏上去了（黑人已全信基督教）。这一种音乐，富于刺激性，虽然不够崇高，也还有意味。最近美国法律教堂不得再有人种的差别，这种情况也许会改变了。

美国的黑人除去一小部分具有纯粹黑种的遗传以外，其余大部杂有白种人的遗传。因为比例多寡不同，其肤色和面型也具有种种不同的形式。在一般习惯中，具有六十四分之一的黑人血统便算黑人。其实黑人的智力和能力与白人并无轩轾，只是社会上二百年来的积习，一时不能改变，以后总有达到完全平等的一天。

华侨的婚姻与国语问题

美国的华侨连夏威夷在内约有十一万人，其中以广东人为最多。受过高等教育的也有不少的数目。不过按各地中国街中男女数目比例来说，还是男子数远超过了女子数。现在最严重的问题，除去了一般商店的维持与中国货物的供给以外，第一是婚姻问题，第二是国语的推行问题。

美国人对于中国，还是善意的成分多，不过一般讲来，总觉得对于中国情况还十分隔阂。当然，要明了一个外国，本来不是一个容易的事，尤其美国一般不懂中国文字语言的人，明了中国，更加困难。中国语言发音，对外国人已经不容易，尤其中国话的英文拼音，更为离奇诡异。现在所用中国语的英文拼法是同治时英国驻华公使韦妥玛（Thomas Wade）所设计，其中主要目的是为外国人学北平话（邮局所用的邮政式，也和韦式大同小异），但用在对一般不懂中文的人来作东方宣传，就会障碍横生。从这种拼法读出来不像中国话，这倒无所谓，因为无论怎样拼法，用外国文读法都不像中国话。主要的缺点是原来中国话有显著区别的字，用他的拼法读来，就全然无别，因此混乱错杂，使外国人听到中国的人名地名就糊涂起来，尤其显著的，是不用英文常用的字母 b、d、g 来拼切中国语（因此二十六字母中，拼切中文只有十八个字母用得上），却用一个吐气符号 " ' " 加到 p、t、k 的后面上方来表示区别，这个符号打字时已经十分费事，到了报纸上就根本取消。于是乎 "东" "通" 不分，"张" "娟" 无别，变成了中国语音上的天下大乱。美国迈廉公司（Merriam Company）出版韦白斯特人名辞典及地名辞典曾因中国人名地名英文拼法过于混乱，另外用一种拼法注音，其中 b、d、g 等字母都用上了，确实免除了不少的混乱。不过在一般习惯上仍用韦妥玛式（或翟理士 Giles 稍加修改的韦妥玛式），最好的办法还是我们自定一种专对外推行，只要能够废除吐气符号，怎样也比韦氏方案好。因为这是我们的责任，不是外国人的责任。

（刊载于《中国一周》，第 293 期，1955 年 12 月）

美国的交通

美国虽然是一个幅员相当大的国家，但交通的发展，却把一些差异的地区，联合为一。使得全国货物便利交流，而全国各处的物价，也相差不远。从美国建国以来，逐渐向西部的广大边疆发展。道路的开发，随着资本的发展，随着人口移动的洪流，一同西迈。好几条大的铁道平行着向西开到。一些新的都市，也就建立起来，并且繁荣起来。

就美国的天赋来说，是便于发展交通的。美国东岸海岸曲折，中多良港，并且从北而南，直到佛罗里达州，沿海都是泻湖（lagoon），湖与湖间修上了运河，南北沿海交通，便可沿湖直下，不虞风浪的袭击。北部五大湖是冰川削刻而成，波澜壮阔，并且很深，不仅湖与湖之间交通便利，并且利用运河，还可东南和纽约联络，西方和密士失比河联络。从纽约到芝加哥，有些货物，并不经过铁路而是由运河输送。最近美国联邦政府和加拿大政府凿通圣罗棱斯水道，此道一成，万吨货轮，可以从芝加哥出海，而加拿大的铁矿，也很容易的运到底特里城了。

铁路是主要运输

当然，内地的主要运输，最重要的还是铁路。因为运输中的货运，比较客运更为重要，而货运之中不受任何限制，大陆上任何地区均可通达，并且运费比较低廉的，还是铁路。

在客运方面，自北而南主要的是东部沿海的大西洋海岸铁路（Atlantic Coast Line），中部的伊里诺亚中央铁路（Illinois Central Line），以及西部沿海的南太平洋铁路（Southern Pacific Railway），沿南部海岸抵达西部，则为南方铁路（Southern Railway），尤其重要的还是穿过美国大陆，从东岸抵达西岸。

从东岸至西岸，是以芝加哥为中心，东到纽约。主要的是纽约中央线（New York Central）及本雪文尼亚（Pennsylvania Line）二线为重要。前者从纽约到保法庐（Buffalo）城以后分为二线，南线经克利夫兰城（Cleveland）抵芝加哥，北线穿加拿大境内，再入美国境，过底特里城到芝加哥。距保法庐城约一点钟的火车路为耐亚加拉大瀑布（Niagara Falls），这里有一个九万人口的城，隔水和加拿大的瀑布城相对。在美加两国交界之处，就是这个世界第一的大瀑布。瀑布的流水，多在美国境内，但是从加拿大境内来看，却当着瀑布的正面。瀑布以下有一个大桥，为美加接境大桥，除去美加二国公民以外，要过这一个大桥，还得预先办手续才可以。

北中南三线

自芝加哥而西，大致分为北线、中线及南线。北线的最北线为大北铁路（Great Northern），多经过山岳及森林区，稍南为北太平洋铁路（Northern Pacific），经过黄石公园附近。中线北部为联合太平洋铁路（Union Pacific），道路平坦而迅速，只是经过地区，多无风景可述。中线的南部为西太平洋铁路及其他铁路联合线，有一种特别快车称为"California Zepher"所经为落机山的风景线。南线称为 Santa Fe 铁路，可转车到美国著名的大峡谷（Grand Canyon）长二百七十里，宽十三英里，深一英里，朝暾夕晖，气象万千！却是一个宇宙的奇景。

公路和公共汽车

美国境内公路非常优良。有汽车的人往往自驾汽车作长距离的旅行。这种旅行有其方便之处，因为美国公路沿途，除去西部沙漠中以外，随处有加油站及修车之处。并且沿途几乎随处有公路旅馆（Motel），除去住房，并有停车之地。而且沿途饭馆林立，可以任随所好就餐，对于风景区亦可随时住下。但将汽车开到远地，究竟不是一个太简单的事，所以还有不少的人乘火车或公共汽车。

公共汽车最大的公司叫做灰猎犬公司（Grey Hound Co.），几乎每个城都有分公司。所备汽车的票价比较火车要便宜些。不过短程还好，长程还是不如火车的舒适。因为火车只要上去了，可以从芝加哥到旧金山不必下车，车上座位宽畅，洗脸间也完备，汽车上就没有这些设备，座位也无法做到和火车一样的宽畅（美国火车有两种，一种称为 Pullman，为卧车，相当昂贵，另　种称为 Coach，无床，但座位可以放下来睡。汽车上也可以，不过比火车狭小多了）。并且晚上遇见大站，也要停车，甚至于换车，很难得睡的火车上一样的充足。

美国的飞机也十分方便，飞机票价比卧车还要便宜些。所以坐飞机的人也不少。飞机迅速，不过在旅行上也有不如火车之点，（一）危险性较火车要大些，（二）经过风景区域，停留不便，（三）飞机场往往距市中心太远，不如火车上下方便，因此也就不能完全替代火车。

地 下 道

除去纽约、波士顿，以及部分的芝加哥和落杉矶是有地下铁路以外，其余各处的市内交通，多赖地面电车及无轨电车。地下铁路（有时为高架铁路，地下铁路多在繁荣地区而高架铁路多在偏僻地区）的系统，以纽约市为最好。纽约市所包括的曼哈顿（Manhattan）、布隆克思（Bronx）、布鲁克令（Brooklyn）、昆斯（Queens）都可以用地下铁路来联接。纽约人口众多，而纽约中心车站和本雪文尼亚车站都在市区繁盛之地，火车决不能在大街中穿来穿去，因此火车也有火车的地下铁路，在地下铁路内专用电气发动的火车头。不过无论地下电车，或者是地下火车，以及地面上的电车，在美国都是用的同样的轨距（三英尺八寸的中标准轨距）。所以不论是那一种车，都可以行在同样的铁轨上。这种全国铁轨的标准化，对于美国的交通上，确实便利不少。

美国是一个动的国家，美国是一个旅行的国家，在全国各处地方之中，纵横的公路网遍布了一切的乡镇。这些公路无论是超级公路或者是一般的公路，无一不是柏油的路面。这一点对于节省汽油和车胎大有用处。在学校的假期中，教员及学生大都以旅行为唯一的娱乐。这也对于美国全国的同风同俗，很有影响。自然，这一点来移植到中国，还是一个遥远的事，不过总是人类进化史中的一个远景。

（刊载于《中国一周》，第 298 期，1956 年 1 月）

关于张骞墓

民国二十年五月，西北联合大学清理张骞墓，并筹备改修事宜。此墓在汉中附近城固县城西四公里之饶家营。有毕沅树立的碑记"汉博望侯张公骞墓"，当时清理时甚为慎重，并曾有详细记载，但因此墓曾被盗过，坟甚少有系统的殉造物品。其中比较重要的只有一个陶器之底，据何士骥《修理张骞墓工作报告》（《说文月刊》第三卷十期西北文化专号）摹出的文字，应当改释为"博望丞造"四字才对。现在认为陶器之底的，因为古代殉葬为蜜印（见王基解），非陶印，且系正文，非反文，故陶印说不能成立。封泥都是泥土，决无烧者，所以封泥说亦不能成立。至于印范一说，乃初发现封泥时对于封泥的猜度，不应当沿着错，所以非是陶器底部印文不可。陶器底部的印文，战国时即有之，甚为普通。

当时清理张骞墓曾有一点最大的疏忽，即张骞曾为博望侯，其后侯爵被免去，至死未曾恢复，看《汉书·功臣表》《汉书·本传》和《汉书·乌孙传》均甚明白，故其墓中决不会有博望侯印，至于博望侯丞造的陶器，至张骞死时以之殉葬，那就无甚奇怪。又此博望丞，可能为家丞，家丞管侯家的事，可看《汉书·窦婴传》。

张骞墓在汉中不成问题，因为既已免侯，不曾再葬博望。而该书本传且明说"家居汉中，卒"，卒在汉中，当然葬在汉中。此处既历经指为张骞之墓，且发现了载明"博望"二字的陶片。则此墓纵非张骞之墓，亦是张骞家中之墓，毫无疑问。倘若尚有以为可疑，那就是对于可以利用的材料还没有能充分利用的原故。

（刊载于《大陆杂志》，第 1 卷第 1 期，1950 年 7 月）

877

龙冈杂记　高适籍里

　　《旧唐书·高适传》："高适者，渤海人也。父从文，位终韶州长史，适少濩落，不事生业，家贫，客于梁宋。"所称渤海者，渤海本高氏郡望，未必即其著籍。其《封丘县》诗云："我本渔樵孟诸野。"似适为孟诸人，然唐时无孟诸县，孟诸本为薮泽，言人籍里当取州县之名，不当以薮泽为号。孟诸见于《禹贡》，亦号称盟诸泽。《汉书·地理志》言"睢阳盟诸泽在东北"，是孟诸泽在睢阳县境内也。睢阳为今河南商邱县治，唐时为宋州，玄宗天宝时改为睢阳郡。是《旧唐书·高适传》所言梁宋间者，即其地也。

　　其见于高适之《高常侍集》者，如《宋中十首》《睢阳和畅大判官》《宋中遇陈二》《宋中送族侄式颜》《宋中遇林虑杨十七山人因而有别》《宋中别李八》《宋中别周梁李三子》《奉酬睢阳李太守》等，皆是在宋州时所作。其《答侯少府》诗云："常日好读书，晚节学垂纶。漆园多乔木（按：庄周，宋人），睢水清粼粼。韶书下柴门，天命敢逡巡。赫赫三伏时，十日到咸秦。"是高适少本居宋州，所言"我本渔樵孟诸野"者，即"晚节学垂纶，睢水清粼粼"之宋州也。

　　高适以应试为封丘尉，《初至封丘作》诗云"去家百里不得归"，则其家尚在宋州，封丘与宋州，正相距百里，与诗意合。以前举各诗为证，适家于宋州者甚久，亦或适即生于宋州。又据其《别韦参军》诗云："归来洛阳无负郭，东过梁宋非吾土。"洛阳负郭虽用苏秦故事，审之诗意，对梁宋而言，仍当属实有所指。故适之祖籍当为洛阳人，宋州则为其家客居之所，故曰"非吾土"也。但游宦之家郡望本全不可据，其祖籍亦未必与其本身有一定关涉，不论居于宋州始于其父祖或始于适，自未尝不可认适为宋州人。又适诗中亦屡言及单父，单父为山东单县，距宋州不远，似为其少时游踪所至，非必曾居家于此。至于诗中偶言及安阳别业，则在其仕幽州以后所置，非其祖业矣。

尝疑高适为隋故相高颎之族人，颎自言为渤海蓨人，实不可信。其实颎当为洛阳人。颎父曾为独孤后家之客，并曾以此赐姓独孤氏。据《隋书·独孤后传》，后为洛阳人，则颎亦自当为洛阳人。《颎传》言："初孩孺，家有柳树，高百许尺，亭亭如盖。里中父老曰，此家当出贵人。"则亦当指洛阳而言也。

（刊载于《大陆杂志》，第 14 卷第 6 期，1957 年 3 月）

阳关遗址的过去与未来

阳关不像玉门关的浮动，他从汉到唐，总是在一处，未曾迁移过。然而玉门关尚存留到现在一个时期最久的（从汉武帝时期到南北朝）并且比较完整的遗址，屹立在敦煌西面的小方盘。阳关一地，从汉武帝到唐初未曾搬过家，但自从唐建中二年沙州陷吐蕃之后，阳关便废。此后的记载如伦敦藏卷子 S 七八八，残《沙州志》，巴黎藏卷子 P 二六九，残《沙州图经》，和敦煌某氏藏的《寿昌县地境》，对于阳关都非常不明了，甚至有阳关即系玉门关的谬误记载。可见张义潮收复沙州以后，敦煌人对阳关的观念已经模糊。直到清乾隆帝作阳关考才指定敦煌南湖西北的红山口为阳关。

这种说法一方面因为"御制"，一方面没有更好的说法，所以清乾隆和嘉庆《一统志》认为定说。自此中国论及阳关的也无不以此为定说。斯坦因到过这里，并未曾规定了阳关的地址。然而他测绘的地图对于决定阳关的地位却有很大的帮助。

敦煌南湖的东北有一个废城，这个城址公认为寿昌县旧城从无异说。从各方面的证据看来，可以肯定此城是寿昌故城，也就是汉代的龙勒城。此城在敦煌西南的一百五十里。红山口在此城的西北约六里，照《元和郡县志》阳关距寿昌城六里看来，在这里上是不错的。然而寿昌西城南六里另有一个遗址叫做古董滩的，这一处才是现在规定出来的阳关，红山口却不得为阳关。

这是从斯坦因地图上可以看出来的，再加上实地的调查，便更可以证明了，从敦煌西南行到寿昌城已经走了一百五十里，再从寿昌城过红山口经水尾西北行只有到玉门关一条路，又得走一百五十里。倘若由敦煌直到玉门关，只要走二百五十里便可以了，用不着多走五十里路，从古到今也无到西域先走阳关再过玉门关的记载。假如从红山口水尾西走，不到玉门关，那就是一片沙原，中无滴水。并且从毫无遗址可以证明有过道路。可见从古以来也未曾有人从水尾向西到罗布淖尔走过。所以在任何方面说来，红山口决不是阳关大道经过之处。

现在再讲规定为阳关的古董滩的情形，古董滩是一个距寿昌城西南约六里的一个遗址。四周城墙已经毫无痕迹了，看其大致，大约是山水冲光以后被风沙削平的。在上面又堆上许多沙土，有些地方经过风的吹动，便将遗址露出来，乡下人往往可以检到古钱、箭镞，及其他器物，古董的名便是从这里得来的。现在看来这一个地方的陶片大概可从汉到唐，并且从发现过的半两、五铢，及货泉各种钱，和青铜的箭镞看来，可见自汉以来曾经被利用过。在这个遗址上尚偶然有房屋基址城墙壁的痕迹，有些地方上头铺着沙堆。但将有遗址的地方合并看来，仍然可看出是个城的遗留。

古董滩很明显的是一个城的遗址，红山口除去一个残破的烽台以外毫无遗址可寻。在一个重要的阳关所在，决不能毫不留下一点的遗迹，并且古董滩的遗址非常显著，假如不是阳关，便无从解释为什么有这些堆积。方才已经说到红山口只有到玉门关的路，并不当西行大路，和历来所拟的阳关情形不合。至于古董滩那就正是从敦煌经寿昌故城，再西南到库拉斯台及安南坝行至南八城的必由之路。假如古人修一个关塞，为什么不在到西域主要道路上的古董滩而在寿昌与玉门关间支路上的红山口呢？从此说来，古阳关自然应在古董滩而不在红山口了。

只是有一件事需要重为解释的，便是红山口是一个山峡，而古董滩只是一块平地，在一般人的观念总觉得关塞应当在一个隘口方好。从内地来的人，看到居庸、山海、潼关、镇南、仙霞、昆仑、牢固、武胜、碧鸡、七星、紫荆、娘子、倒马、雁门……等等，凡是号称"天下雄关"的都是在一个山中的隘口。阳关也是一个非常重要的关塞，修到平地上总觉得有一点不类。然而要知道这里是一个沙漠区域，从敦煌到罗布泊千里之间，并无一个隘口，玉门关也是在平地上的，不仅阳关为然。红山口虽是一个隘口，无奈不当大道，自不必强为附会了。

汉玉门关之为小方盘，前有《道光敦煌县志》附图，后有斯坦因的证明，已无疑问。只是阳关地址自唐以来总是若显若晦，敦煌本地的人也不知道。三十一年夏天，我到了敦煌的南湖，才决定了阳关确在古董滩的遗址，当时写信给各处的师友，虽然赞否各殊，但现在看来是大致不错了。三十二年回到李庄，写《两关遗址考》，此文中虽然有若干应当修正之处，但决定的古代地方位置。如：

（一）阳关在古董滩而不在红山口。

（二）定苦峪城（琐阳城）为唐瓜州城。

（三）定六朝以后玉门关曾经迁移二次，唐初在瓜州城北五十里，沿疏勒河之处；唐中叶以后在瓜州城东二十步（据《元和志》），并非相传之双塔堡。

这几个"点"的决定，我相信决不会大错的。

阳关的位置既然决定了，再说阳关的环境。

阳关的修筑是根据南湖的一块沙漠田来修的。在敦煌以西婼羌以东，这是一块最大的沙漠田。阳关和玉门关修筑的意义，稽察过往人的关系尚小，而供给补充对西域的使节和兵士以粮食和配备，其关系比较大。在敦煌城之西，小方盘和南湖都是具备这个资格的，小方盘之东有河仓城（即大方盘，据夏作铭君所定），南湖则其东有寿昌城，其西有阳关城都可以存储大量的粮食。此外要在沙漠作长期的旅行还要携带相当的水，倘若预备数千人之用，更应当选择一个适当的地方。小方盘有后坑，南湖有寿昌泽的许多水源，正合此用。还有一点玉门和阳关与内地的关隘不同的，便是内地的关隘是防正面敌人，汉代却无西域人敢直攻此二关之事，所要防的是侧面的匈奴和南方的羌。因此对北方是防守疏勒河边的长城，对南方是防守祁连山口之烽燧。因为筑关的意义不同，因而所取的形势也就不同了。

从敦煌到南湖，出敦煌西门过桥以后便达敦煌旧城现在称做礼县坊的。从桥头过旧城西南行二十里便达南台。这是敦煌耕地的西界，过此以后就到了沙漠，只有东方沿山一带稍有疏落的树，略为点缀罢了。走七十里到了南湖店，这是一个沙漠中的小店，堆石作成小小的房屋，从党河取水上来，烧牛马粪及刺草供旅客临时的休息，并且和牛马饮水的，南湖店附近的党河，已经削刻成了四丈深的河谷。从南湖店下去一里多，便是西千佛洞所在，西千佛洞是沿党河河谷凿穴作成神龛的，照现存洞窟的遗迹看来，应当有二百多个洞。只是沿河的两水下来，将各洞大都冲毁了。现在只剩下十九个不全的洞。这些洞现存着有北魏的壁画，及少数的唐宋画。然而保存的还不如千佛的好。尤其许多塑像经过民国时的改修，修像的人不但不能说是俗手，简直可以说是外行，手法现出可惊的拙劣，幼稚得只有未开化人才有这种作品的。西千佛洞有一个庙房屋比南湖店好些，然而因为不顺路，所以也除去庙会时的善男信女，也就很少人前去了。

南湖店南行五六里，便到党河口，这是一个山峡，党河从东南山里面出来，便到比较平的地方了。从敦煌来的路，到此以后，便转向西。再行六十里的沙漠，便到寿昌城畔了。现在的南湖分为上湖和下湖，下湖分营盘、西头沟、南工、北工、水尾五处。上湖还是草滩，由山中出来的蒙古难民游牧的。

上湖在汉至唐的时代，大约便是所谓寿昌泽的。经过长时期芦苇的腐坏，旧的芦苇便成土，新的芦苇又长出来了。这样一年一年的总和上芦苇变成的土壤，和远处冲来山水中的淤积，因此一天高似一天，现在已经比下湖的水草田要高三丈了。远远的祁连山水透过沙层透过上湖，下湖便发生了好几处泉源，灌溉着三十三方（每方约六十亩）一百一十五家农户的田地。

南湖本来是一平和、安静的地方，从清初开垦以来，内战和土匪都未曾骚扰过。只是近年新疆的哈萨克相继迁入柴达木盆地和阿尔金山，这里的平和而快乐的蒙古人被赶得无家可归。南湖接近当金山口，在民国三十二年春季曾经被哈萨克人大大的骚扰一阵，这一年夏季敦煌县长陈冰谷才督导住民在营盘的西面修了一个方堡，周围一百八十三丈，称做阳园堡。这个地方正当南湖水草田的中心，各处到这里逃避比较方便。只是堡内水源不大好，所以在里面只有一个保公所，并未住着人家。南湖的人家都是散住着，并无街道和铺户。

河西的水源都是靠雪水，这些雪水究竟是近年的雪水，还是靠上古的"化石冰"积存下来供现在的享用呢？历来是一个争执问题。但据祁连山西武当山测候所对于该处卅三年雨量记录是四〇六二公厘，而张掖历年平均雨量只有九五公厘，尚不及其四分之一。现在虽然对于全祁连山夏季的雪水是否可在冬季完全补充，尚无精确的估计，但这个山中雨量数字确是对河西是乐观的。只是如何培植山上防暖气的森林，如何培植平地防沙的森林。如何修筑池渠和堤坝来准备蓄水防止渗水罢了，自然这在技术上尚有问题，但不是没有办法的。据王钧衡《敦煌县南湖区之地理环境》所估计，从前垦田要比现在多六倍有奇（《边政公论》，四卷二三期合刊），倘若森林水利办的好，这个数目或者可以办到的。

然而南湖的垦务，其发展毕竟有限，开垦南湖的目的，当然不仅为开垦而开垦，而是有更重要的要求。南湖的重要意义，历来都在交通上。从前如此，将来还会如此。

南湖的交通，主要的大约这几条路：

东至敦煌城。

北至玉门关。

西经库拉斯台、安南坝、野马泉各处到 Miran（古伊循城）以至和关等处。

南过当金山口到柴达木盆地。

现在的甘新公路，到天山北路是走安西到哈密的，不经敦煌。而计画中的公路，到天山南路要经敦煌，再经南湖（不经小方盘）。是走上湖向南沿山绕到南湖西面的沙梁到库拉斯台可再到婼羌。此路若成，南湖当为餐站，库拉斯台或安南坝当为从敦煌出发的第一个宿站。但西面许多公路站所有一切的供给都要仰给于南湖，因而南湖的农产便要显出重要性了。

不但如此，将来西北铁路，应当完成下列各线，才能谈开发西北。所有各线，当为：

（一）陇海延长线，从兰州经武威、张掖、酒泉、安西、哈密经迪化至塔城。

（二）从哈密经吐鲁番、焉耆、库车、阿克苏，至喀什噶尔。

（三）从兰州经西宁、都兰，穿柴达木盆地至婼羌，再经于阗、和阗至喀什噶尔。

为避免第一条线太孤单起见，第三条线实有计画修筑的必要。并且柴达木盆地及祁连山实是最好的牧场，第三条线也不见得一点经济上价值也没有。但为第一条线到第三条线联络起见，其联络的支线，实以从柴达木盆地经南湖，敦煌到安西为最方便。因而南湖便正在联络中的要点。虽然第三条线和联络线用轻轨比较合宜些，但不论何种形式的铁路或公路一旦完成，便立时可以显出旧日阳关，现在南湖的重要性。而建设南湖的计画，更成将来当前的切要了。

（刊载于《边政公论》，第 4 卷第 9—12 期，1945 年 12 月）

河西走廊

    中国在一个地形图上，是很清晰的，在亚细亚的东南部，群山汇列的一个地方，就是中国。因此，在历史上，中国也自成了一个单位。

    中国区域的地理中心是甘肃省的武威县。在这一个地方，距离海岸和帕米尔高原，差不多是同等的远近。而武威一处，从古以来，都成为军事上的重镇。

    武威的地理区域，是属于"河西走廊"一个区域的。河西走廊是正在中国的"中原区域"（Chinese Plain），新疆蒙古及青藏高原（Tsinhai-Tibetan Plateau），会合之点。所以河西走廊也成为中国地理及历史上的关键区域。

    在汉代以前，河西走廊为许多民族来来往往不断争逐之区，其中可能还有中国人周朝的祖先，但是历史上的文献不够，已经不能完全明了了。到了汉武帝在公元前一百二十年的前后，陆续屯垦。从此以后，这一带的区域，便成为汉民族长期农耕之地。

    河西走廊全属沙漠地带，其中几个城市，大都为沙漠田区域，凡是有水的地方就有农民，就有市镇。这些地方的水源多为山中的雪水，溶化下来，汇成河流，再利用这些河流修成沟渠，灌溉河西各处的田地。河西各处田地不多，但是都很肥沃。甘肃全省都是雨量稀少之区，别处倚赖雨水，一遇天旱，毫无办法。只有河西一带仰仗水利，不怕天旱，因此河西各地在甘肃说来，反而是一个富裕之区。

    河西走廊中比较重要的，是这几个城市大致从来都是重要的，计为武威（汉武威郡治，汉代为姑臧县），张掖（汉张掖郡治，汉代为觻得县），酒泉（汉酒泉县治，汉代为禄福县），敦煌（汉敦煌郡敦煌县治），此外还有一个安西县（汉代为敦煌郡的渊泉县，不是郡治），到了清代开辟了星星峡到北疆的大道，才繁荣起来。

这五个城市，排列的相当整齐。从兰州坐汽车出发，第一日武威，第二日张掖，第三日酒泉，第四日安西，第五日便到了敦煌。这一带的道路，除去永登以北、武威以南要经过一个乌鞘岭以外，其余都是平坦的。并且除去敦煌附近有少数流沙地带以外，其余皆为砾石滩地。所以汽车道路甚为坚实，将来修铁道时，在技术上也没有什么了不得的困难。

这一带的天气除去雨量较少而外，大都凉爽而干燥，对于卫生是适宜的。不过各处也略有区别，大致酒泉冬季最冷，可达华氏零下二十余度。敦煌最暖，冬季常达不到华氏零度。并且敦煌在热天可以种棉花。而新疆的哈密瓜及无核葡萄，在敦煌也可以一样的出产。

这一带回教徒（汉人信回教的，又称汉回）诚然不少，但还是以信中国神教的汉人为多。这些地方之中，每一个城市，甚至每一个村庄，都至少有一个庙宇，每一个庙宇都装饰得金碧辉煌，并且都是满墙的壁画。在张掖县城内，还有改修的西夏庙宇以及一仍旧贯的元代庙宇。而张掖东方的"镇夷"镇，全城都是未经修改过的明代庙宇。就中张掖庙宇中的大佛像，便曾经被马哥波罗游记叙述过。但这点是前几年的情形，现在就在不可知的情况中了。

河西中每一个城市，都有一些广阔而齐整的街道。有几个城中，还保持着古代的"鳌山灯"建筑。所谓鳌山灯，是一个五六层的高楼，后面是一个高墙，前面全是一排一排的横架子，一直到房顶。现在安西的这种建筑，还题上"鳌山灯"三字，而黑城（会被马哥波罗说到，称为亦集乃城，到明初就荒废了）的遗址中，也还有同样的高高墙壁存在着。再看看《水浒》这部小说及宋人笔记中，也有鳌山灯的记载。这就是表示：中原地带早已不用的建筑，在河西尚有遗留。使我们悬想到，在一个中古城市之中，当着新年初过，成群的男男女女挤着去看灯烛辉煌的高楼，再在高楼之间，放着许多样子的烟火，响着不断的爆竹，这是如何动人一幕。

从古以来，河西地方因为雨量和交通的限制，只能保持一个有限度的繁荣。但今后国家恢复到平静和自由，河西的前途仍旧未可限量。在雨量方面，就现今的情形看，诚然是雨量不足。但河西方面，靠的是祁连山的山中雪水。祁连山顶因为比较寒冷，降雨降雪的机会都比山下大得多。这些水溶解下来，除去一部分供给灌溉之外，其余大部分都流到沙漠之中而消失。倘若在山中修了水库，使水可以存储，那就可以开垦的地，必较现在大为增加。而况除去农业以外，还可经营森林、牧畜，以及中国最著名的油矿。生产问题解决了，交通的发展，当然更在有利条件之下。

甘肃省的得名由于甘州和肃州，即张掖和酒泉。这两个城市，无疑的是占着非常重要的地位。这两个城市都控制着到外蒙及到青海的孔道。到外蒙是从额济纳直向北去，沿途都有水草，向南则祁连山的重要山口，正在这一带，因此这两个城都为十字路口。只是其中还多少有些分别，就农业及交通关系来说，张掖比较重要；就石油的产地来说，酒泉比较重要。尤其张掖人口众多，街市整齐，建筑雄伟，居河西的领导地位。将来倘若交通能够充份发展，无疑的张掖当成为河西商业中心。

其次便是安西和敦煌，这两处地方，汉代都为敦煌郡所属，唐代安西为瓜州，敦煌为沙州。安西因为直通哈密和迪化，比较敦煌在交通上为冲要，但敦煌不仅产物丰富，文化上的地位亦远在安西以上。在敦煌的西北有汉代古长城遗址，是发现过大量汉代简牍及许多汉代遗物的地方。敦煌县东南四十里的千佛洞，是一个苻坚时代以来的佛教洞窟寺院。这里曾经发现过大量卷子本藏书，现在主要的卷本仍分藏伦敦、巴黎和北平三处地方，美国也藏有一部分。在敦煌佛教洞窟中的，尚有多数的着色泥塑佛像及彩色的壁画。这些佛像和山西大同云冈及河南洛阳龙门的石刻佛像属于同一型式，但是却大都保存原色。至于壁画，那就比较日本奈良法隆寺，称为日本国宝的唐代壁画，在时代上更早，在数量上也多几十倍，凡是一个对中国艺术有兴趣的人都应当注意的。

（刊载于《今日世界》，第 13 期，1952 年 9 月）

长安今昔谈

我曾经答应过刘绍唐先生为《传记文学》写稿子，刘先生希望我能够写"自传"一类的文字。我说"自传"一类是应该写的，不过要费许多时间，我不敢说立刻就可以动笔。不过每期的《传记文学》，我都要郑重的看，好好的看，因此差不多在每一期中，总会有一篇两篇，我可以发表补充的意见，或者不同的意见。很可惜的，就是我回到洛杉矶后，并未曾这样的做，不免使绍唐先生失望了。现在新看到《传记文学》第四十五卷第六期，耿殿文女士《故国行》大文中有关西安的记述，有了一些意见，不能再拖延了，就把这些意见写下来。

我是在辛酉年（民国十年的辛酉）离开西安到汉中，从此没有再到西安的机会。年纪大了，也没有勇气再不远万里而去大陆。看到了这篇西安的游记，不免有非常亲切的感想。今再照原来游记的次序，一段一段的写下来。

耿女士对于西安城过去的发展，是根据了一些旧有材料的，大致上是没有什么问题，只是在叙述方法上，多少有一点摘要的性质，中间不免有节取的地方，也许还需要解释才能明白。所以在此我宁肯用另外一种叙述的方法，也许对看的人更有用处。

西安这一个据点所以能成为关中平原的政治和经济的中心，甚至一度成为中国全国的政治和经济的中心，是从秦都的咸阳发展或转变而来。当战国时期，秦都咸阳，本来只限于渭水以北，等到秦始皇统一了全中国，咸阳城也随着扩大，不仅仿建的六国宫殿在咸阳北阪上，而且也扩充到渭水以南。在渭水以南因为风景较好，其中离宫别馆甚多，甚至于主要的宫殿——阿房宫，也修建在渭水以南。等到项羽焚烧了秦的宫室，咸阳完全毁灭，渭水以南的离宫，反而有少数幸存的。萧何为汉高帝修建的长乐宫，就是拿秦代旧的宫殿作为基础，再整修扩建的。长乐宫完成以后，才在长乐宫的西方修建了更大的未央宫。长乐宫和未央宫全部完成以后，才在这两个宫殿的北部，沿河修建了长安城。所以汉代的长安城实际上还是咸阳的延伸。到了唐代仍然有人把长安称为"咸京"，也就是认为咸阳和长安本来就是一体。

东汉和魏晋虽然都建都洛阳，但以后的"五胡十六国"时期，以至于西魏、北周和隋，都断断续续，总有人建都长安。到了隋文帝统一中国，因为旧的长安城受地形的限制，不能做有计画的发展，就在原来长安城的东南十五里处勘察到一个新的城址。这地方的旧名是"龙首原"，是一块平坦而且高敞的原地，他就在这块地方新建了一个隋唐以后新设计的长安城。这个新城虽然在唐朝灭亡时毁掉了，但其中的一小部分，还依旧保存着作为居住的地区，这就是现在的西安。

天	地	玄
荒	日	黄
洪	宙	宇

以上是一个九宫格，为了便于图解唐代长安和汉代长安设计的不同，采用九个方位来表示。其表示方法是用千字文的次序，从西北方"天"字算起，顺时针方向，转到正西"荒"字的地方，共八个方位，再转到当中的"日"字。把汉城和唐城比较一下，除去唐城比汉城的面积大的很多以外，唐城是整齐方正的没有缺陷，汉城却在西北的"天""地"两区缺的很多，东南的"宇"区也缺的不少，以致全城成为不规则的形式。汉城的宫殿主要在西南的"洪"字区，唐城的宫殿却主要在"地"字区更向两旁伸张一些。这是两个城的地形和演变，由于不同的渊源，就形成了不同的结果。

这个世界最大的都城一直保存到唐代的终了。朱温为了要篡唐，他的势力又不在关中一带，他为了使长安不能再建都，在九〇四年把长安全都毁坏，甚至把民居的木材都沿渭水、黄河而下，运到洛阳。这个大城后来就没有人有此力量重建了。现在西安城的基础是在长安京城毁弃以后，凤翔节度使韩建以宫城及皇城（皇城是中央官署所在的地区）的范围来新建的，相当于图解的"地"字区域。到明代又在东面扩大了一下。比原来京城要小多了。但比起了汉代长安，还不算太小。比起了其他北方城市，如同开封、太原、济南、兰州，也够上了一个大城。倘若把全国大城排列的名次以面积大小为序，应当是（1）北平（不包括外城，只算内城，已够上全国第一位，不过比起来唐代长安，还要小些）。（2）南京（南京城圈的长度，超过北平，只因弯曲太多，其中包含的实际面积，就比北平小些。若将城垣包括玄武湖、光华门外部分，以及水西门外至江边部分，那就可把面积增加二分之一至一倍，也就比北平大些）。（3）成都。（4）开封。（5）西安。（6）杭州。（7）苏州。（8）宁夏（这是西夏旧都，虽在边区，还是相当的大）。（9）太原。（10）南昌。在我们想像中应当是大城的，如同广州、武昌、昆明等，实际上都不太大，广州使人觉得不小的，是因为有一个西关，武昌所以使人觉得不小，是因为包括上汉口。若只就城垣以内来算，那是比西安小的多了。

西安城垣建筑的特别高大，也特别坚固，被人认为是全国第一坚城。在民国十五年时刘镇华围攻西安，守了十个月未曾攻下，打破了民国以来守城的记录。当时刘镇华有晋军的炮兵支援，城内的陕军在火力上差的很远。但刘军并未能集中火力，用压倒的威力，做一次中央突破。这种集中炮兵威力的办法，后来邹作华攻涿州，攻南口，以至于日本人的攻光华门，都是这样成功的。但刘氏的镇嵩军并未全力这样做，以至于十个月中城内的百姓遭到空前的粮食恐慌，所遭苦难，一言难尽，而镇嵩军也终于失败。此中的意义所指示的，西安城是一个非常好的艺术作品，是重要国宝之一，值得后人的重视与维护，却不必认为到现代还有用的工事。

关于西安围城的情况，四川诗人吴芳吉曾有记述，值得作为当时史事的参考。

昭陵六骏的安置问题，我所了解是这样的。当民国六年的时候，陕西的古董商把昭陵六骏刻石卖给美国人，六块大石版，是同时启运的。其中两骏先出潼关，此事已被陕西士绅知道，即设法截留。只因前两骏不在陕西境内，只截留下四骏。这四骏即安置在南院门的陕西图书馆中，一直到"文革"时并无变化。只因陕西图书馆是"文革"时全国损失最大的图书馆，全部数万卷藏书都被焚毁，图书馆亦不再存在。这个残毁的四骏，是"四人帮"垮台后才搬到碑林再做复原工作的。原来在陕西图书馆的四骏，我过去曾看到过许多次。虽然有一块似乎曾打的碎裂过，但情形不太严重。而且四骏的拓片，在当时很容易找到，都是相当完整的（在美国的两骏，却无拓片）。其在美国费城宾夕凡尼亚大学所藏的两骏，我也曾经看到过，相当完整，并未曾打破。现在碑林的四骏，如其都是被打碎后再复原的，显然都是"文革"时被毁坏的。因为商人卖给外国人，越完整越值钱，非万不得已，决不轻易打破。前两骏既非打碎后再运出，后四骏同时运出，自然不是打破过的。此四骏现在复原总是好事。不过复原工作确实不容易做，如其像罗马梵谛冈的被狂徒打坏的圣母像那样，费钱费事，请艺术专家修理的全无痕迹，那就更好了。

《开成石经》是最古而完整的石经，以前的汉石经和魏石经都破坏了，只有唐石经还完整，其中只有九经，即《易》、《诗》、《书》、"三礼"和"春秋三传"，在校勘上占很重要的位置。当张宗昌在山东时，刘春霖（前清状元）建议照拓本刻为木刻印刷。现在此种木刻印本在台湾尚有存在的。可是书坊未曾重印，最好缩印一下，再把《论语》《孟子》《孝经》《尔雅》排印附入，成为十三经。那这个本子就可能比商务过去的《十三经白文》以及开明的《十三经经文》都要好些。

碑林在西安孔庙附近，除去《开成石经》以外，著名的如同《大秦景教》、《流行中国碑》、《圣教序别本》、柳公权的《玄秘塔碑》，在民国时才发现的颜真卿的《颜勤礼碑》、欧阳询的《皇甫诞碑》、怀素的《千字文》、汉碑中的《郃阳令曹全碑》等等。至于秦代的《峄山碑》，原碑已亡，碑林中的是一个宋代覆刻本，不过在覆刻本的《峄山碑》，此本被称为长安本的为《峄山碑》本最好之本。此外还有更著名的，即两宋间伪齐时期所刻的《禹迹图》和《华夷图》，为现存最古的全国地图，在中国地理学史极有价值。马王堆近来也发现过地图，那只是地方性的不是全国性的地图。从前碑林以外有许多碑帖店，除去碑林的几个名碑以外（《开成石经》

太多却只有定拓才可以），其他陕西各碑如大雁塔的《唐三藏圣教序碑》，外县的《广武将军碑》《晖福寺碑》，河南省的《吊比干文》《龙门二十品》，山东曲阜的孔庙各碑，大都可以买得到。至于昭陵四骏的拓本当时也可以在碑帖店买得到。近年大陆文化又到草创时期，不知道这些碑帖店现在还有没有。（此外当时的碑帖店中，对于畅销的碑帖如虞世南《夫子庙堂碑》、欧阳询《九成宫醴泉铭》、颜真卿《多宝塔碑》、柳公权《玄秘塔碑》，甚至于汉《曹全碑》，因为模拓原碑，限制甚多，坊间就有枣木的覆刻本，大致刻工精细，几于乱真。不过无论如何，在神采上仍逊真碑一等的。）

西安半坡是中国新石器时代义化的重要发现，半坡文化是属于早期的彩陶文化，相当于半山期（或称为仰韶期），这是中国西部文化的主流。在中国华北地带的古文化，若以平汉铁路做一个大致的分画，那就东面应属于黑陶文化，西部属于彩陶文化，黑陶文化是一种缘海文化，彩陶文化是一种大陆文化。当然彩陶文化还有多少分支，而彩陶文化及黑陶文化以外，还可能有别的文化。但陕西、甘肃、青海、山西南部，以及河南西部，有一个深厚彩陶文化的累积，是不容怀疑的。商代文化的起源对于彩陶和黑陶文化的关系，现在尚不能完全明了。不过夏代的二里头地区，正是彩陶文化的区域，而周初文化曾经石璋如先生调查过全部属于彩陶文化的遗址。所以中国古代文化，究竟最重要的部分是从那些支派混合而来，还待进一步的发现，只是彩陶文化是中国文化中的一个来源，这却没有多大问题的。

半坡文化可能是一个母系的氏族社会，其中非常值得注意的，还是房屋的形式。在安阳小屯所发现的，是有两种不同的房屋，大的建筑是具有基址，用堂构的办法建筑成长方的形式。小的房屋却是一个一个单独的圆形建筑，这和半坡是相同的。但是到了两周时期，圆形房屋逐渐淘汰了。但是"中霤"或"奥"的地位，在一个人家中还是十分重要的。"与其媚于奥，宁媚于灶"，这个古代的俗语其中含义还不十分明确，不过无论如何，"奥"是一个重要的祭祀，所谓五祀虽然解释上或认为是"门、户、中霤、灶、行"，或认为是"户、灶、中霤、门、井"，各不相同，但其中都有"中霤"，这是古代圆形房屋遗留下的信仰，从半坡遗迹可以看的很清楚的。

在西安城有两个唐代宝塔，一个是慈恩寺塔（大雁塔），另外一个是荐福寺塔（小雁塔），这两个宝塔都是中国式的，并非梵塔旧式。当唐太宗时玄奘建五层宝塔，已是中国形式，所以武后时加高为七层，仍是中国形式。武后时加造的或作"七层"，或作"十层"，当以七层为是，作十层是不对的。玄宗时岑参《登慈恩寺塔》诗"四角碍白日，七层摩苍穹"，四角七层，仍与现今的大雁塔形制相同。又唐人诗又云："初经底座如攒洞，更上高层似出笼。"此诗虽不佳，但现今大雁塔的底层是黑暗的，但上去一层就豁然开朗，这是大雁塔特殊现象，和别的宝塔不同。这种情况迄今未变，这也表示大雁塔从来未曾有太大的变动的证据。

塔的形制应当是四方形的，六角形是后来的发展。敦煌早期魏洞，其中有一个方形柱子，中有佛龛。这种方形石柱，实际上是表示一个方形的塔。早期的塔已不存在，不过唐以前的塔，例如洛阳永宁寺的塔址，是方形的，而日本奈良的法隆寺塔，也是方形的。到了五代以后，逐渐把四方形改为六角形。例如西湖的雷峰塔，原来就是六角形，而宋代西湖的保俶塔、开封的繁塔、山西应县的辽塔，就都是六角形的。只有云南元明时代的塔，还是方形，这是因为云南地方较为偏僻的原故。

西安的"新城"也就是被称为"皇城"的，本来是明代的秦王府。这和太原的"精营"为故晋王府、开封"龙亭"为故周王府（原来是北宋宫殿旧址）是同样的情形。"新城"在民国初年时，城垣大致尚称完好，只是里面完全不曾利用，是一片平地。在城内的西北部，有一个约一丈高的白色太湖石，这表示城的西北部分是一个园庭。后来历次变动，这块地方太湖石就不知去向了。"新城"是冯玉祥所改，第一次曾称为"红城"，再改作新城。在那里建造营房成为兵营，陕西的高级军事指挥部，也在那里办公。但是究竟因为地位适中，终于把城拆掉了，作为住宅用地。只是不知道保留了若干绿地没有。

汉中平原气候温和土地肥沃，盛产蔬菜和水果。关中冬天的大白菜，不下于北平的白菜，西安附近盛产水蜜桃，邠县的梨不下于莱阳的梨。灵宝的枣虽然在河南境，但到陕西格外方便。商洛一带盛产胡桃，汉中附近橘子很好，秦岭的板栗也不下于良乡的板栗。沙果（古代称为林檎）是中国土产苹果，未经品种改良的，不过也有特殊的风味。至于西安沿街叫卖的豆腐脑，那和四川的还是一样。"河洛"我想或者是"和箩"，和字读二声，箩字轻声，是用荞麦面在有细孔的压榨器压成的面条，粽子是凉吃的，那根作为切割用的线条，实在不够卫生标准，太危险了，还是用刀切为好。所谓"晶糕"，晶字要读第四声，可能应写作"甑糕"或"净糕"，普遍是用笋壳包着，不是荷叶包的。为什么用笋壳包，似乎还是由粽子转变而成的。

至于"羊肉泡馍"在西安只有一处，而且那样的难找，这就与其说是西安的乡土食品，还不如说是兰州的乡土食品为恰当。因为兰州的大街上，到处都是，决不像西安那样希罕的。西安的食品，在天然方面确实特别丰富，在加工方面，却不似那样理想。就中如潼关酱菜、凤翔烧酒（据说不在汾酒标准之下），远近闻名，却未听到做过宣传工夫。其人工产品之中，我还是欣赏糕饼店中的"薄脆"，这是麦面烘成的二寸宽三寸长的薄片，上有芝麻，略似西方的饼干，却具有中国的风味。不过说来如其要找乡土味更重的，那又要算到太原的煎饼。这是用甜糜子面糊摊成的，香、薄、脆兼而有之，真可以值得推荐。再进一步说，这还不够摇荡人的心灵。只有北平的糖炒栗子算得上（"炒栗"宋人写作"爁栗"）。当着北平天寒地冻的时候，街头的糖炒栗子却给予人们无限的温馨。加之这种炒栗子的办法是北宋旧都开封传到北平的，其中所代表的意义是不平凡的，这和北海琼岛的奇石是从"花石纲"的花石运到北平，同样的带来多少沧桑的遐想。

（刊载于《传记文学》，第 46 卷第 6 期，1985 年 6 月）

建设首都的一件最重要的事

—— 市区扩张与江北工业区的建立

南京，自从胜利前后带来的国家状况，已经将南京固定了都城的地位。南京倘若就亚洲及世界的关系来说，虽然在地理位置上有些条件不及北平好，然而就现有中国的境域来说，那就都城只有南京合适。况且在位置方面也可用铁道和航空来补救的。

先说铁路。中国南北的地理界线，是秦岭及淮河。南京的位置是属于南方部分。按照需要来说，中国的南北交通是应当调整的。照战前情形看来，津浦和平汉客运及货运已经拥挤不堪，倘若将来中国成了现代工业化的国家，那就运输将见比战前还要拥挤。所以这两条铁路的双轨，必须实现。此外，照建国方略中的铁道建设计画，中央铁路系统实在是用南京来作中枢。其由南京出发，到华北及西北的，计有：

（一）南京至海州（连云港）再经临沂以至泰安。又另一线从亳县以至泰安，再东至黄河口。

（二）南京经定远、亳县、安阳、太原，以至库伦。

（三）南京经定远、亳县、郑州、延安，以至乌里雅苏台。

（四）南京经定远、阜阳、周家口，以至洛阳。

（五）南京经定远、正阳关、淅川、商县、长安、庆阳，以至宁夏。

（六）南京至西安以后，再利用陇海线至安西，然后分向南北，北至塔城，南至喀什噶尔。

（七）南京至亳县后，再由亳县经菏泽、聊城、禹城、乐陵，以至东方大港（照现今计划，东方大港设在塘沽）；再由东方通至东北各处。

除此以外，现在尚希望有一条自聊城经临清、冀县以至保定之线，和保定到东方大港之线。又照建国方略设计，南京至北方诸线系由定远、怀远到亳县集中以后再分支北上。今按，或者可改从乌衣镇至定远，从定远至正阳关，再从阜阳分支北上较为便利些（因为阜阳是一个应当纪念的地方，地位也的确重要）。这要看实际测量情形而定。不过这都是小节，主要的大纲已由建国方略决定了。

总之，南京虽然是一个南方的城，但幸亏还在中国南方的北部，只要津浦平汉两条双轨的铁路通车，再加上建国方略的七条新路修筑成功，那就对于北方的联系不成什么问题了。况且尚有航空加强了近代的方式的联系。此外尚有从扬州到济宁，从临清到大津两段的苏运河用新式方法浚深了来通航五六百吨的轮船，在技术上似乎也没有多大的困难。济宁至临清间除转津浦路以外，尚可用双轨铁路再来联络。如此南京至中国的北部各省，已经有铁路、航空、水路（海道及运河）互相联络的大系统。那就中国重要资源和人力所在的华北，和南京也可以说打成一片。以百年大计论，将来正式的首都南京，和真实的陪都北平，便可随着国力的发展而同时辉显于世界。

其次，再谈南京市区的问题。南京市区包括明代南东大城、八卦洲以及对岸浦口一小部分，共计四百七十八方公里。较之北平市区七百十八方公里，青岛市区约一千方公里，并不算大，北平和青岛市区所以较大的原因，是因为青岛包括劳山风景区，北平包括西山风景区。将来新市区扩张的范围，尚未多所列入。照旧时的市政理论，认为市区不宜过大，因为市区应当只限于工商业区域。假如市区太大，那就市区内的农业区域的公共福利将为注意力集中在工商业区域的市行政机关所忽略。这种似是而非的论调，只能是用于过去的都市，对于现代的都市并不适用。只能适用于西方的都市，对于东方的都市也不适用。因为现代都市和乡村的界线渐渐的泯灭，都市的郊野不但早已没有纯粹自给自足的农村，且附近的农村早已成为都市的附庸。倘若建设都市的福利，也必然的建设都市四周的福利。即就东方式的都市来说，属于市区的农民其负担也不见得比属于县区的更多多少，而其所受都市之益却远过于一般县区。所以日本市区（府）也就等于县区，日本在东北所设之市，设市以后，县亦随废，此事并无若何不便。中国近来设市以后仍存县区一事，只是迎合欧洲大陆工业革命以后的情形来对东方作削足适履政策。中国设市存县一事，除去中央及省政府年收入问题以外，并无多大的当地事实根据。因此南京的扩大问题之中，实无保存江宁江浦等县治的适当理由。只有恐怕增加江宁江浦等县农民负担的一个理由可以考虑，但是一个大国的首都，经费自应当有充足的补助。江宁江浦县的农民负担，再加重了对于首都财政问题贡献是有限。难道就无法使京市的农民比江苏各县的农民在负担上相等或者更轻些，为此有办法补救的小事也值得作为限制首都发展的理由吗？南岸的行政区和住宅区的扩张暂不在本篇论及，今先论北岸的工业区。

　　南京市划界设不合理的要举浦口区了。浦口和南京要连合为一，本是建国方略中的预定计划。无奈当时划界的时候将浦口部分划的太小了，小到不便发展任何建设事业。现在的浦口本来是江上浅滩，修津浦铁路时才垫成的。浦口的名称是从浦口镇（今名浦镇）而来。浦口和浦镇在任何方面说来都有不可分的理由。然而现在却勉强从三岔河分界，本来可以作南京工业区的浦镇划到市外了，至今不能建设。浦口本是应当建设工业区的，从北方运煤较便，尤其是面粉、纺织、烟草以及化学、食品等工业，原料也都是从北方运到，不必过江。但现在浦口地皮太少，没有多少可以修筑工厂的地方。而且浦口连浦口街市在内，都属于津浦铁路局，铁路局自有其立场，自有其应当保有的地段，也不便尽备租与民营工厂。因此在这种条件之下，浦口的工业僵死了。以前南京市政府曾规定下关至上新河为工业区，但这是非常不好的。因为这一带的煤以及其他原料多半要由浦口及下关从驳船转运，运输不便，成本增加。再对于厂基的设置和工人的居住等管理说，也一无是处。厂方宁可在上海无锡建厂，也不愿在此。即令可以在此，但沿江一带风景秀丽，正当清凉山一带新住宅区的西部，将来正好作为新住宅区的扩充地带，不应作为工厂地址来增加新住宅区的烦忧。实在说来，南京市区长江以南部分，将来为首都的安静和清洁起见，以后不宜再修一间工厂，不宜增加一个烟囱。轻工业的中心当在距铁道中枢不远的浦镇，即三岔河；我们的要求是华盛顿的简洁，不是伦敦的嚣乱。虽然，南京地位重要，自不能不划定一个工业区，不过重工业当在芜湖裕溪口筑地，首都实无建设重工业之必要。首都以北的地区，三岔河以南的地及应留作铁道运输和长江商港之用。现在津浦铁路的机厂及电厂均在浦镇，工人聚集甚多。将来以此处为中心作成一个工业城，前途是大有可望的。

因此，为首都的工业区问题，谨郑重作以下之建议：即想在南京市区的江南部分，为安静及清洁设想，不设工厂。首都的工业区应当在江北利用浦镇为中心而发展。工业区的范围应当以浦口的津浦车站为起点，向东北沿江，和西南沿江，各延长十公里，向西北经过浦镇也延长十公里，即浦口区域，成　从东北至西南为廿公里，从东南至西北为十公里的近于长方形的地带，其面积当约为二百方公里（因为八卦洲对岸，江面不甚规则，所以不是正的矩形）。其浦口附近南京市旧有的区域当作为交通上的使用，包括总车站、停车场、堆栈、码头、船坞等类。而旧界以外新扩充的地带，却应当划为工业区。因为新式工业为防空起见，有不得不需要广大面积之理由。其江浦县全境，也应当划给南京市，将江浦城乡分成若干小的工业中心。不过规模江浦镇区要小些，而建设也不妨等待浦镇区的建设略有头绪以后，再从事推广。这样，江浦的地皮价格将要增高，江浦人民也比较易于谋生，对于江浦人民无疑的是有利的。

中国的轻工业很显然的是要以纺织工业为领导工业。就纺织业而言，现在各地的生产成本要以上海为最少。这是因为上海都市设备比较其他各地完备，间接生产成本较其他各地为经济的原故。但上海以外的各地地价较上海低廉，固定资金内的利息可以减轻。工人工资较低，经常开支可以减少。江北为产棉区；两地为货物市场；原料采购便利，销货接近市场，因此运输、利息、保险、佣金，都可以减少。就国际的贸易说，京不如沪，就国内的贸易说，沪不如京。中国以后的工业，连纺织工业在内，仍将以国内四万万人为主要消费对象。那么浦镇的一切工业，在生产的条件上都较上海为好。只在如何减低间接生产成本一项，这大抵也不太困难的。

再就动力一项来说，江北用煤的费用较江南为省，毫无疑问。至于用水力发电，则将来从 YVA 的发电中心宜昌，通至南京，江北和江南一样，因为都是从远处接电而来，也不在乎这几公里的。

现在南京首都计划正在推行之中。但就工业建设而言，还是一片榛莽未开之地。正应就地理交通、原料、销场，以及对首都全部的市容来通盘设计，此时如不审慎，将来变成为病态的发展，势所必至，反成首都之累。因此对于工业区应设在江北，和扩大江北市区一事，愿当局早为考虑。

（刊载于《中央日报》，1946 年 7 月 27 日）

对于南京城市的几点认识

一 南京城市的起源

南京城市的起源和地理的位置与交通上关系，相当重要。南京这一处地方，在汉代为秫陵县，属于丹杨郡，并不如何的重要。[①] 这时长江下游的都邑是广陵和吴，亦即现在的扬州和苏州，这两处地方的发展，苏州最早，扬州次之。苏州的发展和扬州的发展，是政治和交通的关系。苏州为吴的旧都，扬州为汉代广陵国的都城，同时都是运河的经过地方。再以四周环境来说，这两个地方也都是农业发展的区域。至于南京在汉代和汉代以前，却并不如此。

然而南京却也有他的特长。南京虽然不属于农业富裕的地带，然而却属于几个农业地带交会的中枢。虽然不属于运河的要点，却属于长江运输的要点。汉代四百年中，江南地带一天一天的开发，自然运输也一天一天的频繁。[②] 并且从水运来说，汉代的水运，也是逐渐的重要。苏州和扬州以外，自然有新开辟都邑的必要，这就是京口和南京（秫陵）发展上、经济上必有的趋势。此外南京还有一个特具的重要性，这就是南京的军事上位置。

南京的重要，和扬州苏州有些不同。苏州和扬州的重要是水的交通重于陆的交通；南京的交通，却是水陆兼备。[③] 自中国有史以来，文化的中

---

① 参见王先谦《汉书补注·地理志》。

② 见《中央研究院历史语言研究所集刊》五本二分《两汉户籍与地理之关系》。

③ 见《中央研究院历史语言研究所集刊》第十六本《论汉代之陆运与水运》。

枢都在黄河三角洲，财富的中枢也都在黄河三角洲。这里的都市是邯郸、邺、定陶、曲阜、阳翟、大梁和在这里附近的洛阳、临淄、彭城、寿县。人口的密集，商业的繁荣，至少在汉魏的时期，要超过苏扬而上。假如谈到对北的水运，则扬州可以自江入淮，自有其够上繁荣的条件。但反过来说，不由水路而由陆路从长江流域到北方几个重要都市，那就最近的不是扬州，而是南京。假若从商业上的运费来说，自然要以从扬州为合算，但是要找一条利用太湖区的粮源，而作一个北上的军事根据地，那就不仅是运费一层，所应当顾到的，第一是时间要节省，亦即要找一条比较直捷的路；第二要北上容易，亦即要行军起来不是低洼、沼泽，以及沟渠交错之区。那么扬州不是上选，而上选却是向北渡江之后比较易于行军的南京地方了。

这一点的认识，并不是一下所可以决定的，所以在建都南京最早的一个人孙权，原是建治在京口的，京口即扬州的对岸，亦即利用扬州北上的路来北进，而同时利用长江来自守。但到了后来，发现了南京的重要，才建都南京。

南京宫庙未建设之前，只有几个堡垒，这几个堡垒是依山靠水而建的。即：

冶城　春秋吴建，在现在的朝天宫。①

越城　越建，即长干城，三国为都城，在现在的中华门内秦淮屈曲处之东南。②

楚城　楚建，孙吴就其地筑石头城，在现在的清凉山。③

这些堡垒，尤以石头城的形势为险要，因为古代长江的水道和现在长江的水道不同。古代长江的水道是自大胜关东北，顺着现在京芜铁道的平行线东北流，直至莫愁湖，顺扫清凉山的脚下，因此在清凉山上建造的石

---

① 冶山以冶城而得名，冶山在今朝天宫后。《世说》注引《丹阳记》曰："丹阳冶城，去宫三里，吴时鼓铸之所。"

② 刘渊林《吴都赋》云："建业南五里，有大长干、小长干。大长干在越城东，小长干在越城西。"长干在秦淮沿岸，所以越城即其附近。

③ 见《建康志》引《宫苑记》。

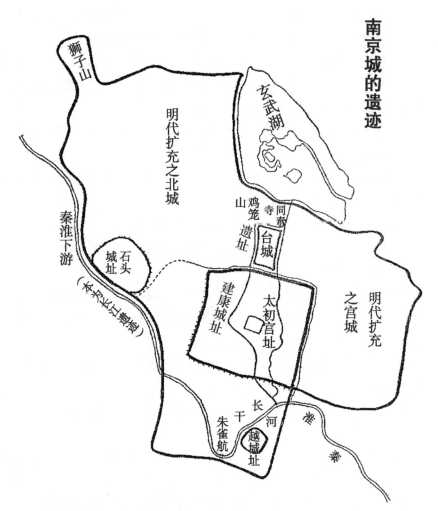

头城，形势便非常雄伟。"山围故国周遭在，潮打孤城寂寞回"，便是写照石头城的名句。然而这些只是堡垒而已，[①] 在这些堡垒上，尤其是在石头城上"望天低吴楚"，在城的下面，也可以看到"钟山龙蟠，石城虎踞"。

---

① 《御览·地部》引《丹阳记》云："石头城，吴时悉土坞，义熙时，始加砖累石头，因山以为城，因江以为池，地形险固，有奇势云。"坞，据《说文》云："坞，小城也。"汉代以来在西北方的坞，都非常小，不过是一个小的堡寨，假若在清凉山，也不过一个直径二三百米突的小城罢了。

但其地位却不能容纳宫阙庙社，百官有司。因此，在南朝时代，虽然保留下石头城堡垒而建业城（即古南京城）却不能即以石头为限了。

建业城是吴大帝（孙权）黄龙元年（二二九年）开始建造的。据《建康实录》卷二说"都城周二十里一十九步"，城门多少未曾记载（《实录》注说是六门），不过南朝以后却总是十二门，计为：[①]

（1）宣阳门　正南门，见《建康实录》《舆地纪胜》及《至正金陵新志》引《宫苑记》。

（2）开阳门　正南次东门，见《建康实录》《宋书·文帝纪》《至正金陵新志》引《宫苑记》。

（3）清明门　南面最东门，见《至正金陵新志》引《宫苑记》。

（4）陵阳门　南面最西门，见《至正金陵新志》引《宫苑记》。

以上南面三〈四〉门。

（5）延熹门　北面最东门，见《至正金陵新志》引《宫苑记》。

（6）广莫门　北面次西门，见《建康实录》《宋书·文帝纪》《至正金陵新志》引《宫苑记》。

（7）玄武门　北面次西门，见《陈书·南康愍王传》《至正金陵新志》引《宫苑记》。

（8）大夏门　北面最西门，见《至正金陵新志》引《宫苑记》。

以上北面四门。

（9）建春门　正东门，见《建康实录》《至正金陵新志》引《宫苑记》。

（10）东阳门　东面北方门，见《至正金陵新志》引《宫苑记》。

以上东面二门。

（11）西明门　正西门，见《舆地志》《至正金陵新志》引《宫苑记》。

（12）阊阖门　西面南方门，见《建康实录》《至正金陵新志》引《宫苑记》。

以上西面二门。

---

①　在孙权未建都之前，孙策的府治已经在后来太初宫址了，所以这一带早有了相当的繁荣的。只是二十里周围的城却不算小，这大约是孙权时才有此规模。

这十二个门，宣阳、开阳、清明、广莫、大夏、建春、东阳、西明、间阖，都与洛阳的城门名称相同，位置亦相类。并且就《建康实录》注引《舆地记》在六门时已有宣阳、开阳、清明、建春、西明等名称。然而二十里十九步却是自吴大帝时已经建造，则吴大帝时或即仿东汉京城洛阳宫阙而造。[①] 但是京城的西北角却多出一个坚固的堡垒即石头城。可是在洛阳方面，在魏明帝时却也在洛阳的西北角筑了一个城堡，取名叫做金墉城，金石二名相对而位置亦同，可见亦是相仿，并非巧合。后来石头、金墉同为屯戍要地，也同为拘禁皇帝之处，这也可见事有相仿，使用有相同了。

南朝建业城周为二十里稍强，那就每面大致为五里稍强，将五里打一个八折，当为四里（因为古代的尺度要短些，魏尺只合市尺七寸三分），即合二公里。[②] 因此古建业城的所在，当为北至珍珠河，南至白下路，东至逸仙桥，西至莫愁路。而宣阳门正当中华路北口大桥之北。此外尚有一个御苑在东北城外。[③]

又左太冲《吴都赋》云："列寺七里，侠栋阳路。屯营栉比，解署棋

---

① 《水经注·江水注》下半阙失，没有建康，这是一个很大的缺陷。不过洛阳城有杨衒之的《洛阳伽蓝记》，加上《水经注》，再加上宋敏求的《河南志》（徐松据《大典》有辑本，见《藕香零拾》），所以比较有办法些。《洛阳图》见《中央研究院历史语言研究所集刊》二十本《北魏洛阳城图之复原》。

② 见王国维《观堂集林》，《记中国历代之尺度》。

③ 陈新《金陵古今图考》："宫之后有苑城，晋所谓台城即此。"按宫城即苑城，亦即台城，今云宫之后有苑城，于辞未切。但以苑城为台城，则是对的。陈文述《秣陵集》云："台城本吴秣陵，晋建故城址……魏晋谓天子所居禁省为台，故遂名台城。……台城当北倚山冈，冈外为苑，苑外为湖，今北极阁鸡鸣寺正其北城所届。"大体虽不差，但也不尽对，因为北城不到鸡鸣寺的，元《至正金陵新志》《台城古迹图考》云："台城一曰苑城，本吴后苑城，晋成帝咸和中，新宫成，名建康宫，即世所谓台城也。在上元县东北五里，周八里，壕阔五丈，深七尺，今胭脂井南，至高阳楼基二里，即古台城之地，尽为军营及居民蔬圃。"又引《宫苑记》云："古台城即建康宫城，本吴后苑城，晋咸和中修缮为宫。"又引《舆地志》云："同泰寺与台城隔路，今法宝寺及圆寂寺，即古同泰寺基。故法宝亦名台城院。以此考之，法宝圆寂寺之南，盖即古台城也……此城唐末尚存，至杨吴改筑，而城遂废矣。"此城虽废，而壕尚存，现在中大之北，成贤街之东，以及大石桥一带之河，皆为壕之遗迹。

布。横塘查下，邑屋隆夸。长干延属，飞甍舛互。"李善注引刘渊林曰："吴自宫门南出苑路，府寺相属，侠道七里也。解，犹署也，吴有司徒大盟诸署，非一也。横塘在淮水南，近家渚，缘江筑长堤，谓之横塘，北接栅塘。查下查浦在横塘西，隔内江，自山头上十里至查浦，建业南五里有山冈，其间平地，吏民杂居。东长干中有大长干、小长干，皆相连，大长干在越城东，小长干在越城西，有长短，故号大小长干。"即吴宫距淮水为七里，又据《宫苑记》宣阳门距淮水五里，据《建康实录》宫门又距宣阳门二里，总为七里，也和刘渊林的注正相符合。关于宣阳门在白下路附近一点，陈沂《金陵古今图考》也大致认定的相同，不会有若干问题。假若以白下路至镇淮桥的比例为五，那比例为二的地方应当在户部街的地方，即吴的宫门所在地。

又据《建康实录》，吴大帝的太初宫周回五百丈，即每边约为○·八里。大致算来，以城南北五里来算，则距宣阳门为二里，距北面的城墙二·二里，即吴的太初宫正在城的中部，大致当现在的南起户部街、北至铁汤池的地方，而洪武路至中华路，便是宫前七里的大道。

由此看来，吴的京城北墙正和南唐京城的北墙是一样，都在珍珠河之南，只是南门却远在现在的南门，亦即南唐的南门之北。并且宫城正在全城的正中部，和洛阳南宫的位置正同。这样说来，似乎吴大帝建造宫阙时也受了洛阳宫阙设计的影响。再按照四川成都故宫的位置，也在成都城的正中，这一点似乎吴和蜀又都同样取自同一的规模了。

二 南京城市的发展

吴时的南京，是不如现在的大的，照以上所计算的看来，其规模略同于现在的南昌、长沙或昆明。这一个规模是不能适合于帝国京城的，因此照左太冲《吴都赋》所说，在城外五里的大道上，夹着一些官署，而秦淮两岸所谓大小长干和横塘，便住满了住户，这就是六朝以至唐代所称的《长干行》《横塘曲》等乐府的来源。一直到现在，秦淮两岸以及门东门西，正是烟户繁密之区，充满了老房子，假若发思古之幽情，这就是当年艳称的地方了。

旧的南京究竟太小了。吴时的宫虽在城内，但御苑却要在城北以外发展的。所以在孙皓时期，便扩充御苑，修上宫室，开了运河。[①] 到晋成帝咸和四年，宫阙被烧，次年便在吴的御苑营建新宫。新宫既成，命名曰建康宫，缮治苑城，苑城是在城外的，在建康城北，别为一城，即后来所谓台城，大致包括中央大学和珠江路以北的地方。台城和京城相连，但并不在京城的内面，这一点看看汉武帝的建章宫，以及唐代的大明宫便可明白。就是南宋的宫阙，也在凤凰山而不在杭州城市范围之内，以此例彼，自然不足希奇了。在台城的北面便是鸡笼山，这是东晋陵墓之所在。而鸡笼山东便是同泰寺，这是梁武帝时特建的，和宫城只隔一条道。这时同泰寺是很人的，当然中央研究院和考试院都在这个寺院范围之内了。

到了隋文帝开皇八年，贺若弼平陈，宫城烧毁。开皇九年，诏建康城邑并荡平耕垦，只在石头城设立了一个蒋州。因此宫苑的遗址，遂归渐灭。不过当时的大小长干，并不在建康城阙之内，大小长干仍然是住户所居之地。从这一点来发展，渐渐的又重新发展起来，这个野火烧不尽，春风吹又生的芳草，便一直蔓延到建康的旧址。隋炀帝大业十三年，已经准备开始建筑丹阳宫，未成而亡。（到辅公祏又修理陈时故宫，可见旧日建康并未全部荒芜，隋文帝荡平耕垦的命令，似乎未澈底执行。）但这时，长干住户的发展，已经超过了石头城。所以到唐高祖武德九年，便将金陵县移治白下村，改称白下县。后来百余年间，由白下县而江宁县，而江宁县成为江宁郡治及升州州治在李唐一代，金陵又恢复了从前繁荣的局面这是有两种原因的，第一，是南方的财富自然的增殖起来；第二，是天宝年间，中原丧乱，使得财富更移到东南，因此树立了南唐城郭的根基。而在盛唐的李杜诗中，还可以使我们增加许多对于当年的回想。

江南的繁荣，江南的财富，使得南京取得了领导的地位。这个领导地

---

① 《建康实录》卷四："宝鼎二年夏六月，起新宫于太初之东（北），制度尤广，二千石以下，皆入山督摄伐木，又攘诸营地，大开苑囿。起土山，作楼观，加饰珠玉，制以奇石，左弯崎，右临硎。又开城北渠，引后湖水激流入宫内，巡绕堂殿，穷极伎巧，功费万倍。"又《建康实录》卷二："赤乌三年十二月，使左台侍御史郗俭监凿城西南自秦淮北抵仓城，名运渎。"注："案，建康宫城即吴苑城，城内有仓，名曰苑仓，故开此渎，通转运于仓所。"

位一直继续下去，到了南唐，到了宋代，到了明代，到了清代，一直到了太平天国之亡。太平天国之亡，虽然对于南京有若干的损失，有若干的残破，但不到很长的时候，又恢复了起来，这样一直成为现在的国都。

除过六朝建康城之外，要算杨行密吴国的城，亦即南唐的城。经宋元两代，到了明初，明太祖才修筑现在的城。我们知道建康是有城垣的，后来隋代平陈之后，城垣一部份荒芜了，但土垣遗址到唐末不过三百年，当然存在，是不消说的。不过以现在的推想，应当东面和北面存在，西面和南面已经渐次毁坏，尤其是南面，应当毁坏更厉害些。因为城南一带的大小长干，本不在建康城内，这一带的住户，便是唐代金陵都市复兴的中心向北发展的结果。自然冲过了城垣的南墙。城垣是荒废了的，听其自生自灭，在建康南城的城垣，这时已经成了发展的障碍，人民建筑的发展，自然而然的将城垣逐渐的破坏而最后归于乌有。西面城墙因为和石头城相接的关系，也自然有逐渐破坏的情形。只有北面和东面因为偏僻，反而得着保存。到杨行密修筑新城，假若有可以利用的旧城，自要尽量的利用，因此北面利用旧城，东面利用旧城，再将北面延长到石头城，东面延长过了秦淮河，而西面和南面完全来新建筑。到明太祖修建南京城，再将东面和北面扩大，于是六朝建康的遗址便完全拆毁了。①

明代的南京城东至谢公墩，北包狮子山，奠定成一个"葫芦城"的形状。然而这种不规则的葫芦形，却可看出改过几次。最先可以看出的，他只准备在东面加一个宫城，而北边则凭覆舟山、鸡笼山，经鼓楼而西至清凉山，包石头城在内。其神策、金川、仪凤各门的城墙，并未在计画之内。② 所以鸡鸣寺北的一段所谓"台城"和覆舟山的城墙正相连接，而与现在玄武门附近的城墙不相连接。并且鼓楼正与此所谓"台城"成一直线，可见鼓楼正是准备建筑的北门。③ 后来计算变了，才一直修到狮子山。

---

① 《至正志》引《舆地志》："至杨吴改筑，而城遂废矣。"亦可证破坏的情况。

② 这是我听见胡小石先生说过的。我觉得胡先生意见很好，但如有错误，由我负责。

③ 这是我听见 O. P. Fitz Gerald 先生说的，Fitz Gerald 先生观察的出发点和胡先生不同，而和胡先生的结论可以互证，可以想到这个观察是有相当可靠性的。

从这一点看来，明太祖的南京城，也有随时改变的痕迹。

但是南唐的江宁城，究竟是在历史上经过千余年发展之区，从来为城内精华之所在。城北一带，便在明代筑城之后，就没有繁荣过，一直到国民政府建都于南京之后，城北才开始繁荣起来。然而南京设计时，都市计画却不知道为什么，非将城北所有的道路全设计成中山北路的平行线和垂直线，将北城作成一个东南向和西北向的斜棋盘街道，以致因为地盘和道路的纠纷，至今未能充分发展。其实在一百六十年前华盛顿都市设计时，早已利用棋盘方块兼对角线的交通，至今仍称为模范的设计。中山北路本是一个最好的对角线，原不必将各路全与中山北路平行，现在南京北城斜向的设计，只是一时的疏忽，却限制了后来的发展。然而这一点并不是不可以补救的。

三 南京城市的将来

南京市的将来，是自有其发展的。这可以从南京的地理上地位和南京市的发展状况分开来说。关于南京市所处的地位，是相当优越的，一部份原因是由于政治上的地位，一部份的原因是由于地理上的地位。然而政治上的地位也由地理上的地位而来。

在较大的地理范围来说，南京对于远东距世界航线必经的上海很近，并且正在中国最大的河流长江的要点，海轮可直泊城下。就空运来说，倘若世界航空可以畅通，那就自达尔文经马尼拉、台湾、西比利亚而至纽约，也必然经过南京。将来上海成为东方大港，从东方大港起经陇海铁路联运到中央亚细亚，也必然经过南京。所以南京在世界的交通上要占一重要的位置。虽然不是唯一的重要都市，但已需要相当的发展了。

其次，我们再看一看都市的发展史，许多重要的都市，是由于一个桥梁或渡口产生的，例如旧大陆的罗马、伦敦、布达佩斯、维也纳，新大陆的圣路易斯、蒙特利尔。然而南京在中国全国的交通上，是一个南北大道的渡口；在世界的交通上，是一个东西交通的渡口。而这个渡口，正是宽如大海的长江，将来无论是利用轮渡、桥梁，或者是隧道，但在一个过渡的地方，一定有相当的发展的。因此就上两点，即第一，世界的交通要港，第二，长江的重要渡口的两点看来，将来南京的发展方向，一定是沿着长江，而且要发展到长江的两岸，亦即在南京江南方面要沿江发展，从下关而达江心洲，在浦口方面，要北至浦镇，西至江浦的附近。这不仅是可能的趋势，而且是无可避免的趋势。

假如南京继续了都城的政治地位，当然以明故宫为政治区，住宅区可能以城内及陵园为两翼，再以通济门外一带为政治区以南的住宅区，大致不会不够用。不过我们现在注意的不是南京的政治地位，而是南京的经济地位。因为政治的地位多少带些人为性，赵孟之所贵，赵孟能贱之。然而经济的地位却是由于客观性的发展，不属于政治范围之内。假如中国将来是个像样国家，走上经济建设之路，那就南京经济上的地位，实有重视之必要。以上我已经说到南京将来的发展，是沿江的发展。那就可再分析沿江各区发展的性质。大致说来，江心洲一带应为港埠区，因为是一个大的商港，必须有大的码头和船坞。长江水位不定，不便于作人为的控制，必须要找一处可以控制之处来作码头和船坞，然后可以泊巨舰，并且可以修巨舰。江心洲是一个长江的岛屿，假若仿照德国汉堡船埠的处理方法，而用设计的方法，比汉堡再来得整齐些，那南京自然可以为远东的一个大商港，与东方大港的上海可以相互补助，使得南京上海两港都繁荣起来。所以江心洲一带应留作南京商港的港埠区。

其次，从下关以西直至上新河，应为南京的新商业区。有人以为城内已经有商业区了，何必在此再多为发展，其实这是不对的。城内的商业区，只是为了政治区消费之用，对全国商业的位置上来说，可以说并无地位，因为城内对于外埠的交通，并不便利，工业成品到了城内，再来转到别处，远不如下关一带的方便。假如要想南京经济的地位在全国有所树立，必定不能利用城内作商业区。但是假如南京的商业地位已经树立了，那下关地方决不够用。上文已说过，江心洲应当利用为港埠区，那商业区为接近港埠区自然要由下关扩充到上新河了。有人又可以说这一带不是准备作南京的工业区吗？其实不对的。第一，这里作工业区，商业区就太小了。第二，工业区还要受原料的限制，就原料来说，实以浦口一带为便，所以这一带还是作商业区的好些。

再以江北部分的浦口和江浦县两区来比较江南下关一带，究竟那一处适宜于做工业区，那就很显然的江北比江南好的多。因为工业是离不开原料的。不论轻工业，或者重工业，江北的来源比江南的来源多的多。倘若再谈到燃料问题，那就江南更非江北之比。即今将来长江隧道或长江大桥完成了，但隧道或铁桥运输一定非常频繁，应当利用来运输成品，而不应当利用来运原料及燃料。再就下关一带来说，因为接近南京城，地皮有限，不如江浦和浦口一带可以无限的扩充。在江北便容易解决工人的住宅问题，工人生活可以较好，而生活费也可以较廉，这也可以减少成品的成本。此外中国的冬季季候风是西北风，冬季的风且较夏季的风为频繁。下关至上新河一带正当南京之西北，倘若这一带成了密集的工厂，那就南京城市到冬季要弥漫于工厂烟雾之下。倘若浦口及江浦为工厂，那就对南京要隔一个江，影响可以小些。并且工人住宅区将在工厂区西北的僻地，工厂的烟对工人健康也影响不太大。所以在以上的各种原因之下，南京市的工业区，自以全在对岸为宜。

现在已经明白了南京的发展，将来应在长江两岸，南岸为商业区，而北岸为工业区。再可以谈到市区与商业区的关系。商业区是在下关至上新河，但上新河至城墙，不论从水西门或汉中门，中间还隔着一大块空地。这一大块空地，将来一定要发展成住宅或堆栈的。并且以现在南京道路而言，全市的中心是在新街口，新街口以西是汉中路，出了汉中门，便直达上新河。因此可以预想到，从上新河应该有一条大的干线通到新街口，而这一条干线，将来可能是南京最繁荣的一条干线。现在汉中路已经开始发展了，将来贯通上新河之后，更可看出他的重要。

南京城是一个不规则的城，这些不规则的地方，到将来发展成为伟大的城、四五百万人伟大的城时，这若干不规则的地方，一定将被填补的完整。只要能认识水运与南京存在不可分离的这一点重要性，那就对于将来南京是应当如何发展，向那一个方向去发展，便不难了解。本文所提出的沿江工业区和商业区的分配，那是在一个南京与长江的重要关系上这一个大前提下必然应有的结论。假若这一个结论是正确的，那就南京发展计画之下，决不能不将南京城的水西门、汉中门外的大片地区，不加以计画的控制，而听其自然的发展。

　　此外，我们还可以看出来，清凉山的石头城，从前是一个军事的重镇，而莫愁湖却是长江的遗迹。自后长江改道，石头城也就寂寞的变成南京城的一个偏僻之区，不论战争或是和平，都占不了引人注意的位置。然而这种寂寞，可能是暂时的寂寞，到了南京完成了他自己应有的发展之后，清凉山和莫愁湖假若能预先保存好，不变成四分五裂的住宅区，那就仍将为南京市中心的两大公园。到这时，虽然不是山围故国、潮打孤城的情景，但却可以看到山上长着烂漫的芳英，地下映着碧澄的静水，在万家烟火之中，仍然包围着一个清凉世界。

（刊载于《学原》，第 2 卷第 9 期，1949 年 2 月）

南方型的城市与北方型的城市

都市的建立和市民的生活关系是非常密切，并且都市和政治及经济相互的关系也非常重大，从考古方面来观察，考古的注意点，不外坟墓及住居的遗址。而坟墓及住居的遗址，分配密集之处，又都是都市的本部及郊外，我们甚至于可以说，人类的文化是以都市的发展为中心的，假若除去都市的发展，人类的文化当然也就被减去最大的部分。

近东各国，在上古时代，都是由城邦变为国家，由城邦再转为都邑。早期都邑的中心，是一个寺院，或宫庭，这由巴比仑（Babylon）、乌耳（Ur）、克努苏斯（Knossos）等处遗址都可以看出来。并且埃及的爱耳亚玛那城（El-Amarna）的遗址，更有一个完整的都市设计。我们中国，周代是封建的时代，其中所有诸侯，还留着城邦的痕迹。再追溯上去，殷商一个区域是先具有国家形式，而殷（安阳）就是一个发展到相当程度的都邑。到了周代以至汉初，其都邑遗址曾经被我们注意过的，其中如洛阳（金村）、邯郸、曲阜、临淄、易县、长安（旧城）都有比较大的规模。至于可能是战国以来的旧址，到现在尚沿用的，就有成都、苏州、长沙等处。这些大规模城市的遗址，也就反映着我们古代的生活。——但是我们可以注意，南方（秦岭淮河以南）及北方（秦岭淮河以北）却有些不同。

就都市发展的来源而言，大别可分为政治性或经济性的。凡是古代的国都，都在北方，属于政治性的代表。凡是有计划建设为政治性都市，多半是整齐的，而周公营建的洛阳，就是一个非常标准的代表。《考工记》云：

匠人营国，方九里，旁三门，国中九经，九纬，经涂九轨，左祖右社，前朝后市。市朝一夫。

"市朝一夫"，据郑注云："方各百步。"戴震《考工记图》云：

以朝百步言之，方九百步之宫朝，左右各四百步，外门百步之庭曰外朝，路门百步之庭曰内朝，路门内至堂百步之庭曰燕朝，王与诸侯若群臣射于路寝，则路寝之庭容侯道九十步，弓与步相应，其百步宜也。

孙诒让《周礼正义》云：

依郑义，王宫三里，前后五门，三朝惟皋门内及路门内外有朝，自应门至雉门，雉门至库门，并不为朝。而宫室府库所在，两门南北相距亦当各有百步，则路门之前当有四百步，其后尚有五百步，……亦并不迫隘也。其后市之制，以此经及司市推之，盖三市为地南北百步，东西三百步，共一里。在王宫之北，左右中平列为三市，市有一垣以为界。……惟储货物之尘，则当于市旁相近隙地为之，虽亦市吏所掌，而不在三夫之内。

这就是说建立都邑的规制，是以"夫"及"里"为单位的，"夫"为百步，"里"为三百步，因而就成为棋盘形的规制。在古代"步"与"里"的确实数目，虽然其说不一。但是用步和里做成量地的名称，是无庸怀疑的。

一般的住宅都是有里门的，《战国策·齐策》："淖齿弑闵王……王孙贾年十五，事闵王。王出走，失王之处。其母曰：'女朝出而晚来，则吾倚门而望；女暮出而不还，则吾倚闾而望。女今事王，王出走，女不知其处，女尚何归？'王孙贾乃入市中，……与之泮淖齿。"此处的"闾"即是里门。《说文》云："闾，里门也，《周礼》五家为比，五比为闾。闾，侣也，二十五家相群侣也。"里有监门。《史记·郦食其传》："为里监门吏，然县中贤豪不敢役。"里有门而自为一区。这种制度到北魏时代的洛阳仍然保存着。杨衒之《洛阳伽蓝记》云：

> 京师东西二十里，南北十五里。户十万九千余。庙社宫室府曹以外，方三百步为一里。里开四门，门置里正二人，吏四人，门士八人，合有二百二十里。

这种设计方法也和唐代长安的设计相同。不过"里"在唐代称为"坊"。《旧唐书》三十八《地理志》说：

> 京师西内、大明、兴庆三宫，谓之三内。有东西两市。都内南北十四街，东西十一街。街分一百八坊，坊之广长皆三百余步。皇城之南大街曰朱雀街，街东五十四坊，万年县领之；街西五十四坊，长安县领之，京兆尹总其事。

至于坊的制度，据宋敏求《长安志》所记：

> ④皇城直左右各六坊，长方形，东西巷及南北巷（650×400 步）。
> ⑤皇城直左右各六坊，略作正方形，东西巷及南北巷（650×550 步）。

所以虽都称为坊，而其大小及形式并不完全相同。唐代长安原是最为规律的一个京城，坊制也并非绝对画一的，那么自周至汉魏的里制，为唐代坊制所根据的，也只能大致说是有一定的规画，却绝不能说是完全画一。我们再看一看汉代长安及洛阳城都不是正的方形或矩形，虽然墙垣是平直的，墙角都成直角，但还有不规则的缺角（如汉长安为凸形）。则其中虽画分各里，似乎并不完全大小一样了。

这种整齐规划的都邑，也影响到日本的平城京（奈良）及平安京（京都），直到现在日本京都尚是一个整齐而美丽的都市。并且以"町"为市区规划的单位，尚保存到现在的日本。我们中国接收台湾诸市，从"町"（坊）的计算法，改为"路"（Road）的计算法，是由"唐"化，改为西化的实例。

从另外方面来看，宋代开封本是一个战国时代旧城，但后来发展的结果，街道已经不算太平直了。据说赵宋太祖惮于改作，到徽宗时蔡京当政才加以修撤。到了现在，开封城还大致是规律的。北平城是元明以来旧都，元代是有规画的建筑（从海王村东北移至今址）。所以街衢规画，平直便利。北平城中本来亦有坊制。直到民国时代，旧时坊门（即牌坊与木栅）尚未全撤。而"站堆子"房之制，后来仍然被利用的警察分驻所。

黄河流域的县城，多由旧国变来，其非旧日建的诸侯，也多是从侯国规模的传统，仿效而来。所以都是四方的城，而衙署规模，亦或为旧日诸侯宫室的遗址。至于长江流域的城市，在结构方面，就显然不同了。

长江流域及其以南城市的发展，显然的和河流有密切的关系。凡是一个比较繁盛的城市，一定有一个河街；并且河街就是一市精华之所在。就中如湘潭，如汉口，如重庆，如佛山镇，都有非常长的沿河地带。再推溯沿江的城邑，也大都由商业上的城镇，转变而来，并非属于原来封建时代的堡垒。并且因为江水成了交通重要的工具，而城市的发展不够，于是有些人就只好在船上住家。这种情形在现今的广州看的很清楚，在一千九百年前的汉代，在四川也有这种情况。常璩《华阳国志》云：

> 永兴二年……巴郡太守望上疏曰：郡治江州（即今重庆的江北），结舫水居五百余家，承三江之会，夏水涨盛，坏散颠溺，死者无数。

从这一点来看，舟船对于四川区域的重要性在汉代也是这样了。

长江流域以南的都市差不多没有一个不是沿河的，而且要尽量利用河流的交通。黄河流域在原则上是不利用河流交通的。虽然是沿河的都市，例如兰州、太原、开封、保定，在沿河一带，也并非繁盛之区。除去天津、济宁等少数的例外。我们知道，河道是弯曲的，南方（秦岭淮河以南）以河道为繁荣的中心，城市自也随着河流的自然状态而变为不规则。北方以半路及城堡为中心，自不必去管河道的状态。这就形成了南方及北方城市性质的不同。

南方的城市具有世界上城市一般性的共通点，北方城市另有一种传统上的关系。这一种传统上的关系，似乎和古代中国的田制有关。井田的制度，虽然不能详细去追溯，但古代有井田这种制度，是不成问题的。甲骨文中，田字或作⊞形，可能代表着井田。再看《诗经》中的"我疆我理，南东其亩"以及《左传》记载的，郤克打败了齐人，对于齐人"尽东其亩"的要求，指为惟"吾子之戎车是利"，而加以拒绝。也就证明了井田之制，虽然如何收税，如何分为"公田"及"私田"（《诗经》"雨我公田，遂及我私"），虽然尚未能完全明白，但有井田式的区画，事属可信。西洋中古原有较为整齐的庄园（Manor），而中国古代的井田，似乎比西洋更为规律。井田是一种复杂原因下的产物，其一部分理由，由于封建，另一部理由，由于华北大平原灌溉上的需要，而可能形成世界上一种特殊的田制。这种田制的画法也就影响到城市的规画与计算，而《周礼》所记显然有一种事实的背景，并非完全属于空中楼阁。这种田制在战国时期由于"尽地力"主张之下，而加以破坏，但井田制度下的痕迹，阡陌，到汉代仍有留存（见《汉书·匡衡传》）。然而井田之制，在长江流域显然是没有的，这就形成了都市的区画在长江流域和黄河流域成为两个不同的传统。

（刊载于《"中央"日报》，1957 年 5 月 28 日）

华北名城与名泉

水和人类的前途

今年全球各地多数亢旱。美国西岸各地也是亢旱区域之一。除去供给全国的蔬菜大量减产以外，西岸各大城市的用水，也深深的受到影响。目前三藩市附近，各户用水要比去年减去百分之二十五，洛杉矶附近，各户用水要比去年减去百分之十，各家用过此数，便要加倍收费来限制。若今年再没有充分的雨量，年底以后，可能像香港那样分区停水。这当然是一个水的恐慌，也反映到用水问题的严重性。

近年来因为稻作育种上的成功，得到收获量很高的麦种，使得世界粮食产量大为增加，这当然是一个好消息，因而被称为"绿色革命"。但把这件事过分的夸张，却也有其流弊的。固然吃饭对于人是十分重要，但人类的需要却不仅只有粮食而已。空气和水，平时也许不觉得，但实际上和粮食一样的重要，甚至不妨说比粮食更为重要，现在已经形成了世界问题了。

地球表面上海洋面积虽然占全地球四分之三，但是可用的淡水，实在太少。本年四月的《时代》（Time）杂志曾经报道过世界各处缺水的严重问题。现在除去两极水帽，以及地壳深处不能使用的淡水以外，目前在河流、湖泊、沼泽所有可用的水只有全地球水量的千分之三·六。而这些淡水之中，还有些被种种不同的污染。现在世界已有四十亿人口。但至少有三十五亿的人口，需要把生活标准加以提高，如其把生活标准提高，就得更进一步工业开发（除去能源问题还成大问题，在此尚不包括在内），而工业开发，就得需要大量的工业用水，再加上河川进一步的污染。如其世界人口能就此打住，不再增加，前途还可以乐观，如其人口再大量的增加，前途就很难说了。

目前已开发国家，人口增加尚比较缓慢，只是开发中的国家，医药方面进步了，而国民知识还是很低，因之人口增加最快。对于全世界将来的局向，颇具爆炸性。（上次全世界人口问题会议中，美国代表曾提出注意。但被左倾国家斥为帝国主义的阴谋，企图消灭落后国家人口，会议变成没有结果。）这样下去，落后国家人口大量增加，而落后国家的开发也就从此以后办不到。将来人口的平衡，就只有像印度、中非洲那样，在大旱灾之中人口自动的减少下去。这是一个惨酷的事，除去祈祷不要发生以外，再无其他办法。

水对于人是十分重要的，人类的前途，要说靠在水的供给上，也不为过。在中国历史上，南方的文化，逐渐超过了北方的文化，并非南方住民较为聪慧，而是南方的给水，较为丰富。这也就使得北方的住民逐渐移到南方去。中国民族本来是一个好清洁的民族，但东南的住民和西北的住民悬殊很大。东南的住民也往往好讥笑西北的住民。不过只要稍稍检讨一下，东南有充分可用的水，就能够随个人的意思浣濯；至于西北地带，有些区域简直找不到用水。在水变成了格外珍贵物品的情形之下，就被逼迫着无法多用水，也无法讲求清洁了。只要稍稍把水量的供给加多一点，也就立刻会变成好洁的社会的。

天山溶雪，敦煌酒泉

国内严重缺水的地区，要算新疆的沙漠，那里就全世界说也是距海最远，雨量最少的地区。其中譬如白龙堆沙漠（在吐鲁番的东南）就是《大唐三藏法师传》中所说，未到高昌国以前，他平生旅行中，一个最危险的地区。而罗布泊附近，依照斯文哈定游记所说，也是他平生旅行最危险的一次经历。而这两处所以形成危险，也就是因为完全缺水的原因。从这里也可以了解为什么汉时的张骞封"博望侯"就是因为他知道水草所在，使大军进行不乏水草的重要性。

有关国内给水的情形，先从内陆的甘肃省说起。为了不使范围扩充太大，此处不谈灌溉用水，只以日常用水为限。在甘肃的河西廊子地方雨量很少，但冬天的祁连山上却下着不少的雪，等到天暖了，雪慢慢的溶化下去，就形成了一些绿洲。最西的敦煌就是一个。敦煌的饮用水，也是这样取到的。在敦煌东南的千佛洞，洞前就有一条溪流，住在洞里的人，也靠这个溪流饮用。只是溪流从山上下来，夹带不少的矿物质，有些苦涩，除去泡砖茶（当然红茶可能更好些，一般绿茶就喝来不是味道了）以外，很难喝下去的。再向东去，如嘉峪关、酒泉城、张掖城、武威城等情形和敦煌差不多。酒泉城在东门外，有一个泉，叫做酒泉。实际除去水很清冽，也许适宜于造酒。

黑城与黑将军考证

比较上可以注意的要算张掖以北，黑城和额济纳河的故事了。这是一个西内蒙古盛传的故事，斯坦因（Aurel M. Stein）的考古记录也记着这个故事，据说黑城守将名叫黑将军的，兵精将勇，驻屯在黑城，准备征服附近各处，被敌人来攻，城坚守不拔，敌人将河改道，城内水源断绝，掘井也掘不出水来，缺水无法久守，最后黑城被敌人攻入，从此这个城就毁灭了。大家也都不知道这是那一个朝代的事。按照黑城考古的记录，这个城的确是一个文化储存极为丰富的遗址。

就黑城发现的遗物来看，最晚到了元代，所以黑城毁灭是在元明之际。这一点未曾有人做过考证。今据《明史》一二九《冯胜传》，洪武五年（1372）冯胜征扩廓帖木儿，回师到亦集乃路，守将卜颜帖木儿降。亦集乃路即是黑城，卜颜帖木儿应当即是传说中所指的黑将军。照《马可波罗游记》来看，也可以证明这个城十分重要，其繁盛的程度，不下于张掖和武威，再就遗址来看，其规模也和张掖武威差不多。但从洪武五年以后，这个在东西交通上十分重要的城，就不声不响的毁灭了。除去在《冯胜传》中几个字以外，别无记载。但这个城从围困以至投降，是由于水的切断，确是事实。因为额济纳河却是改道了，而从改道的地方看，是由于人工做成了一个坝来强迫改道的，这个六百年前的遗迹，现在还看的很清楚。

兰州西安家家有井

兰州在乌鞘岭之东，已经算从沙漠区域到了草原区域。地下水是可以利用的。所以兰州除去沿黄河附近，可以用河水，城南五泉山部分有泉水以外，一般是用井水的（五泉山建筑宏丽，只是当时不开放，不能去看泉水）。再向东去，就是天水和陕西的西安，我对于天水的印象，是饮用井水，至于西安，那就确然以井水为主了。

关中在典型的黄土平原上，黄土容易藏地下水，但黄土是垂直的节理，地下水也往往在较深的地层上。尤其西安城建立在龙首原上，井水更深，所以西安的井都是上面有一个辘轳来绞一丈多长的绳子来汲水的。西安城内和别处不同还有一点即是别的城并非每家都有井，西安城内却是每一家一定有一个井。只是所有的井并不一定都是甜水，有的是甜水有的是苦水。大致甜水只限于西南城一带部分，因此西南城一带就成为住宅最多的区域。

西安的井因为很深，成本高做的也讲究，上面是一个青石的井口，内部用砖箍，一直差不多到底。不过井有时也会变浑的，这就要找人淘井，淘井的人完全不着衣服，用绳系腰吊到井底，然后再吊下去工具和麻袋，一次一次的把淤泥吊上来再运到别处。这样井水就变深了。不过淘过后大约还有三天不能用，过了三天。水就比前清冽多了。这是因为《孟子》中说过舜的"浚井"，才会看到了在记忆中，否则早就忘掉了。

西安最重要的一口井，是在西安的西门外，西关内。这是一个大井，有三四个井口，里面井水不仅十分充足，而且水的品质也是全城最好的井水。因此每天总是不断有人汲水，并用水车运送到全城各处住户。不过西安城究竟相当的大，远处（如同东门附近以及东关）西门的水是送不到的，只好买其他井中的水了。

西安以东五十里的临潼县，有一个华清池的温泉，这个温泉温度适宜，水量充足，成为一个历史上有名的温泉，泉内硫磺气味不重，所以也供当地的饮用。至于硫磺气重的温泉，那是西南城南的汤峪，也就不能饮用了。

洞中泉水弥足珍贵

陕西的北部叫做"北山"，南部叫做"南山"。北山中的榆林是个塞上名都，也是一个沙漠中的绿洲，北山中南端的鄜县，却是一个河谷的城镇。鄜县自唐代便是北山最富足的地方，但经过清咸丰时回民事件后，变成了荒芜的小县，经过多年的休养生息还未曾恢复原状。鄜县虽然沿着洛河，但洛河的水苦涩，不适于饮用。城内的井也是苦水，只有西山的山腰有一个山洞，山洞的壁上有许多裂缝，渗出泉水来。大约十分钟可以掠一桶水。全城就靠这里的水饮用，洗衣服洗菜等就用井水。按理应当凿取深井，不过民初的陕西还未曾采用深井的办法。

至于陕西的南山包括汉中、安康和附近的县，因为在秦岭以南，雨量充足，土质也不同，井就比较浅多了。并且因为雨水冲刷，土质变成酸性土壤，也是苦水井很少。平时饮用的水，参杂河水及井水来用，这和四川的情形非常类似的。

再东再说山西省的情况。山西的太原城本是饮用普通井水的，但到了民初（民国十年以前）就差不多全以深井的井水来代替了。只是一直未曾装自来水。深井的凿出是省政府大力推行于全省的。对于卫生方面确有不少用处。当时山西工业化的程度不高，没有污染的情形，更没有因工业取水，至于地层下陷的情形。

山西清泉与水母祠

从山西太原到陕西的边界，柳林千军渡，中间是要经过山谷的，在柳林附近的薛村，就是一个流泉清澈的村镇。清源县附近泉水也不错，尤其著名的，是太原西南的晋祠，这是山西著名的泉水。不仅水量充沛，而且水质也非常好。晋祠本为唐叔虞祠，但现在著名却是"水母祠"。水母祠是北宋的建筑，其中水母娘娘的塑像也是北宋时代的。据当地的传说，水母娘娘是一个孝顺的媳妇，她的婆婆是讲究喝水的。不许她挑井水，一定要汾河的水，有一天她从汾河挑水上岸，看到一个骑马的天使，给她一个马鞭，说以后不必挑水了，只要在水缸里左转三下，右转三下，缸里的水就充满了。隔了些时候，被小姑偷看到，有一天水母娘娘回娘家去，小姑子用马鞭在缸里一直转，结果水冒出来了，水流的不歇，越涨越高，要把房子冲掉了，水母娘娘赶快回来，在缸上一坐，才把洪水止住了，但水母娘娘也就坐化了，缸下的水从此流住不止，就成了晋祠著名的泉水。这个故事和《后汉书·列女传》姜诗妻的故事有些类似，其中各有出入。这是宋代的故事，姜诗妻却是汉代的故事。

晋祠的泉水可以说是山西第一泉水，建筑和塑像却是民国以来才被人注意，塑像的便装，与一般道教女神塑像及画像采用"宫妆"的不同。鞋也是现今所谓"鲇鱼头"前端圆的鞋，这和当年在吐鲁番发现的唐代绣鞋同一形式。但在宫妆的图画中却是用履（即鞋头加一大块装饰的绚，到明清的人就省去不画了）就显得太形式化，若讲平时服装，对于北宋初年的了解，便装或者比宫妆更重要些。此外院中还有四个铁制武士，也是宋代的。

北平多靠水车输送

再向东说，就要谈到北平了。北平现在虽然已有自来水，不过自来水的分配却是非常有限，自来水只能分配到少数有钱装自来水的人家，对于一般人是无法普及的，普通一般的住民只有去买水车子送来的水饮用。这样卖水的人，过去都是打的井水，等到自来水装了以后，他们是先把自来水放在蓄水的小池子里，然后再用水车把水装入，再推到各家门口，用桶挑进去。凡是在大陆各处，盛水的都是水缸，大致可以装到一百加仑以上，有些人家甚至有两个水缸。北平、太原、西安、兰州各处，却一样的把一桶一桶的水存到水缸。即在西安城自己有甜水井的地方，也是先把井水从辘轳绞上来，倾倒在水缸中待用，这是一致的。北平的特点，只是送水的人，早有一个帮口，在没有自来水时候起，一直传到后来。这个帮口中人，都是山东东部的人。同样的，开饭馆的人也是山东东部的人。

从玉泉山到《清明上河图》

北平因为早已装自来水，虽有深井，深井不多（自来水是取自永定河的水）。但是北平却有很著名的泉水。即是西北郊玉泉山的泉水。那泉山的泉水，水量丰富，水质优美，和山西省的晋祠可称伯仲。不过玉泉山因为在皇都，因此玉泉山区域的附近华美的园林格外多。西北郊的名园、颐和园的昆明池都是利用玉泉山的水，城内的三海（北海、中海、南海）也是从玉泉山的水引来。这是辽金以来一千多年就是如此。至于太原，晋祠的水在汾河以西，不能供太原城点缀风景之用。但太原之北，还有一个兰村，也有天然泉水，但太原资力有限，也不曾做点缀园林之用。再说西安，西安南方的终南山（秦岭的一部分）却有不少泉水溪流下来，在汉唐时代点缀风景的水源也是不缺的。

河南省的三个大都市开封、郑州、洛阳，其中郑州是一个最古的城市，郑州城墙的规模，还大致依循殷商时代的旧址。其次是洛阳，是周公建设的城市。再其次是开封，是战国时魏国的都城。这三个城市都是饮用井水的（洛阳还有一个义井村），若就天然泉水来说，洛阳和郑州都可以想办法，开封就困难了。这一点也应该就是北宋时代的名园，多在洛阳而不在开封的原因。开封的优点是交通上的地位，汴渠正在南北交会之处，但不幸的是元代大运河开后，这个交通上的地位被山东济宁代替，平汉铁路通后，又被郑州代替。看到《清明上河图》繁盛的情形，也只是历史上的旧迹了。至于河南省泉水最著名的还是辉县城外的"百泉"，也就是卫河的源头，卫河从山东临清直达天津，成为河北省南部的大动脉，百泉也是宋代邵康节隐居之处。所谓"淇园之竹"也是在这一带生长出来的。

济南名泉和大明湖

山东省各城市也一般是用井水的，除去济南和青岛以外。青岛和济南西部商埠地方，用的是自来水。济南城里却是在中国城市之中，一个最特别的地方。在城内和城南围子（围子，即南面的关厢，只是比较大）的北部，任何一处只要向下来掘，一定就掘出泉水来。其中当然最著名的是西门外的趵突泉和城东南角的黑虎泉。趵突泉是从下面涌出来，黑虎泉是从旁面流出来的，都是水量非常充沛。在附近汇成了一个小池，然后再流来成为小清河，到广饶县的羊角沟入海。

济南城北的大明湖，是城内各泉汇集而成的。只可惜全为葑草所塞，只有几条运河通达湖中各处，对于湖中风景减损不少。惟一的办法，只有疏浚全湖，把淤泥葑草做成一个西湖苏堤式的堤坝，可惜一直没有人去做。趵突泉也是被摊贩充塞，弄的杂乱无章。说来济南这个城市，在天赋上是国内数一数二的，虽然看起来不算太坏，但却十分的八九整理工夫，都从来不曾做过。

......

（刊载于《中外杂志》，第 21 卷第 2 期，1977 年 8 月）

玄 奘

少年时代

在历代求法翻经的大德名僧中，玄奘这个人是值到特别注意的。因为从他冒险西行，从他的渊博学识，从他的翻译经典在量方面之多，在质方面之精，都值得世人的特别称赞，无怪乎自宋以来便已在街谈巷议的中间，成为民众最普遍周知的人物。虽然民间传闻多半是不足凭信的，但一般所讲的玄奘弟子传说，也还是出于印度的传说，不是无因而起的。

玄奘法师，洛州缑氏县（在今河南偃师县）人，生于隋文帝开皇十六年（西元五九六年）。兄弟四人，法师是最小的一个。他的二兄长捷，早已出家为僧，住在洛阳的净土寺。他因为早慧，也随着他的二兄到庙中学习经法。隋炀帝大业四年，法师年十三岁，洛阳奉皇诏书，特度僧侣二十七人。法师的特殊聪慧，被选出家，得度为僧。他因为加上精勤不懈，一闻讲演，大义尽通，再加研习，更无所遗。因此众僧便推他升座讲演，成绩甚佳，无不佩服。

到了隋末大乱，玄奘遂和他的哥哥一同从长安入蜀，住成都空慧寺。在成都住了五年，感觉到还需要出外再行精进，便和商人结伴，放舟三峡，在荆州天皇寺讲经。自夏至冬，再到相州和赵州。到贞观元年（西元六二七年），再入长安，住大觉寺。当时长安有法常、僧辨两大师，为上京和尚及俗人所倾心。玄奘在各处用心已久，对于两大师深造之处，能够一针到底，穷尽边际。他们都深为叹赏。因当时宰相萧瑀之请，遂受了庄严寺十大德之选。

在这一个时期，玄奘备详各家之说，终以"瑜伽"之说，海内译文，未能尽意。并因中天竺法师颇罗密多罗抵长安，从知其师戒贤三藏在那烂陀寺讲学，他便决意西行。先就地在长安向诸外国人学习书语，静待机会。最先因为朝廷禁止国人入蕃。到了贞观三年（西元六二九年），长安附近因霜雪以致灾荒。朝廷有命令，人民得随丰就食。玄奘趁此机会，和难民一同出关，继续西行。

出塞西游

此时玄奘年三十四岁，在八月的时候，从长安经过秦州、兰州，到了凉州。当时凉州地方冲要，为河西第一大都会，玄奘停留了一个多月，开讲涅槃、般若诸经，道俗大为叹服。西域商人，回到本国，向他们的政府深为赞美，并言他即将西来。于是西方各大城，无不准备他的降临。

但是当时唐朝的国家是新建的，基址不远，严禁对外的交通。在凉州的长官，是凉州都督李大亮，得人报告，说"有僧自长安来，欲向西国，不知何意"。李大亮便追问玄奘，盘诘来由。他说欲西行求法，李大亮便逼他回京师。当时有慧威法师，是河西佛教的领袖。很愿意帮助玄奘，于是遣二弟子，一名慧琳，一名道整，密送西行。昼伏夜行，到达瓜州。于时瓜州刺史独孤达，闻法师至，供应甚厚。他在瓜州访人西路情形，有人说道："从此北行五十余里有瓠卢河，下广上狭，洄波甚急，深不可渡。上置玉门关，路必经由，这才是西境的咽喉。关外西北，又有五烽，住着候望的人。各相去一百里，中无水草。五烽之外为莫贺延碛，就是伊吾的国境了。"（按）汉晋时期的玉门关，在敦煌西面二百五十里的小方盘。此为唐初的玉门关，相当于今安西县城。此由汉代西域交通，楼兰为重（楼兰即今罗布泊西北的废址），而唐代以后，西域交通，伊吾为重（伊吾即今哈密县），所以唐代的玉门关，也改在到哈密的大道上。从今安西起约五十里，有一古城，今称为琐阳城，当为瓜州旧地。此处距万佛峡甚近，也就可以证明万佛峡是就瓜州城而开辟的。又瓠卢河即今疏勒河。

这的确对于玄奘是一个困难的问题。在他愁窘之中，他的马又死了。沉默月余，不知应当怎样办。适逢凉州访牒又至，说有僧人字玄奘，欲入西蕃，所在宜严候捉。牒文到了州吏李昌手里，他本是虔诚信佛之士，心疑便是法师。密将牒文呈与玄奘，说："不是这吗？"玄奘迟疑未报。李昌说："师须实语，倘如必是，弟子为师去图。"玄奘乃具实而答。昌大为叹赞，认为稀有，他说："师实能尔者，为师毁却文书。"就把文书毁坏。

但玄奘仍倍觉忧惘，所从二僧，道整先向敦煌，只有慧琳在旁，知其不能行远，也就放还。虽买得马一匹，苦无人相引。即于所停寺弥勒佛像前祈愿。俄有一胡人来，行入礼佛，行二三匝。问其姓名，说姓石名槃陀，即请受戒。玄奘为受五戒，胡人心喜辞还。

这一个胡人不多的时候，送饼果更来。玄奘见其明健恭敬，便告诉他西行之意。胡人允许送他过去五烽。玄奘大喜，乃更置办衣资并买马匹期待着。次日傍晚待于草间，他果然和一胡老翁，乘着瘦赤马结伴而来。玄奘见马老瘦，心中不怿，胡人说："此老极熟西路，曾去伊吾三十余往返，故与俱来，望有商量耳。"胡老翁因说："西路险恶，沙河阻远，鬼魅热风，多无达到的。倘若徒侣众多，尚恐迷失，况师单独，如何可行？愿自斟量，勿轻性命！"玄奘报曰："贫道为求大法，发愿西方。若不至婆罗门，终不东归，纵死中途，亦非所悔！"胡老翁曰："此马往返伊吾，已十五度。强健识路，师马太齿轻，不堪远涉。"玄奘察其言出真诚，便与胡老翁换马，礼敬而别。

玄奘装束就绪，与少胡夜发，三更许到河，遥见玉门关。去关上流十里许，两岸可阔丈余，岸旁有胡桐树丛，胡人乃断木为桥，布草填沙，驱马而过。玄奘既渡，觉着欣喜，解鞍休憩，与胡人相去不过五十余步，各下褥而眠。不料在这个关头，胡人忽然精神错乱，拔刀而起，慢慢地向玄奘睡处走去，距离不到十步，胡人又自觉无主，忽又折回。玄奘不知他有何用意，疑有异心，即起诵念观世音菩萨名号，胡人又回去睡下。

天快亮了，玄奘唤胡人起来，取水盥漱。斋罢将发，胡人说："弟子看到前途险远，又无水草，惟五个烽下有水，必须夜到，偷水而过。但一处倘被发觉，即是死人，不如归还，还为安稳。"玄奘决然不回，胡人乃俯仰张弓露刃而进。并请法师先行，法师不肯在前，于是胡人行了数里说道："弟子不能去，家累既大，王法又犯不得。"玄奘知其意，便任他回家。胡人又说："师必走不通，倘若不幸被捉，牵引上弟子，又将奈何？"还想迫着玄奘回去。玄奘答言："纵使切割此身，如微尘者，终不相引。"重为立誓，胡人乃信，与马一匹，劳谢而别。从此玄奘孑然一身，孤游沙漠了。

玉门关外

玉门关外，完全是一片大漠，连天接地，都是望不尽的砾石，渺无人烟。只有望着驼马骨和马粪，渐向前进。忽然远处发见军众数百，布满沙碛，人穿毡裘，骑着驼马，并有旌旗、矛矟之属，遥瞻渐著，渐近而微。玄奘初以为盗贼，渐近渐灭，乃知为妖鬼（其实是沙漠折光，将远处人物折来）。似闻空中有声，言"勿怖！勿怖！"乃安定下来。这样共行八十余里，乃见第一烽（按第一烽当为白墩子，第二烽为红柳园，第三烽为大泉，第四烽为马连井子，第五烽为星星峡）。

第一烽到了。但恐怕被哨兵看见，他隐伏在沙沟之内，至夜才出发，到烽西见水，下饮盥手讫，欲取皮囊盛水，突有一箭飞来，几乎中了膝盖，一会儿，又有一箭飞来，法师知道被看见了，乃大声叫着说："我是和尚！从京城来！你莫射我！"即牵马向烽，烽上人也开门出来。相见以后，知是僧人，便将进去。见到了校尉王祥，校尉命令点火来看，说："不是我们河西的僧人，实像京师来的。"具问去意。法师说："校尉！颇有凉州人说，有僧人玄奘，想到婆罗门国求法不？"校尉答言："闻说玄奘师已经东还，何因到此？"法师引示马上章疏及名字，彼乃相信。但他说："西路艰远，师终不达，今亦不加师罪。弟子敦煌人，欲送师到敦煌。彼处有个张皎法师，钦贤尚德，见师必喜。请往小住何如？"法师答话："玄奘生长洛阳，少而慕道，对于两京知法之匠，吴蜀一艺之僧，无不负笈相从。岂以檀越敦煌为劣吗？但恨释迦化后，经有不周，义有所阙；所以不计性命，不惮艰险，誓往西方，遵求遗法。檀越不相勉励，专劝退还；岂是同遵法教之道？必欲拘留，任即刑罚，终不东移一步，以负初心！"校尉闻说，深为同情答言："弟子多幸，得逢贤师，敢不随喜，师已疲倦，且卧待明，自送指示涂路。"次早斋罢，王校尉使人盛水及面饼，自送十余里，指点法师说："师从此路径向第四烽，彼人亦有善心，是弟子骨肉（兄弟），姓王名伯陇，至彼可言弟子遣师来。"说罢泣拜而别。

入夜到了第四烽，恐被留难，想默取水而过，谁知未到水下，飞箭已到。还如前报，即急向前，彼亦下来，入烽，烽官相问，答言欲往天竺，路由过此，第一烽王祥校尉，故遣相过。彼闻欢喜，更施大皮囊及马麦相送道："师不须向第五烽，彼人粗率，恐生异图，可从此去，百里外野马泉，更去取水。"此去即莫贺延碛，长八百余里，上无飞鸟，下无走兽，往往逢诸异象，奇形怪状，心生恐怖，一念般若心经，即便安恒。及行百余里，仍不见野马泉。欲下饮袋取水，袋重失手，千里饮料，全部倾覆。路又萦回曲折，不知去向，欲回第四烽，已行十余里，复又自念："我先发愿，若不到天竺，终不东归一步，今何故来？宁可就西而死，岂可归东而生？"于是勒马回头，专念观世音，向西北前进。

此时四顾茫然，人鸟绝迹，夜则磷光鬼火，烂若繁星；昼则惊风拥沙，散如时雨。虽遇如此，心无所惧。所苦无水，渴不得饮。此时四夜五日，无一滴沾喉；口腹干焦，不能再进，因倒卧沙中，默念观世音。密启菩萨道："玄奘此去，不求财利，不希名誉，但为无上正法而来，仰惟菩萨，慈念群生；惟菩萨知而来故？"如此告时，心心无辍。至第五夜半，忽有凉风触身，冷快如冰，遂得眼明，马亦能起，强起进发，行十里左右，马忽另行异路，控持不住，行经数里，忽见青草数亩，于是放马，任其饱食，去草十步，又见一池，池水甘澄镜澈，即水就饮，身命重全，人马俱获救助。即就草地休息一日，次日盛水取草进发，更经两日，方出流沙，到达了伊吾国境了。

从高昌到罽宾

法师到了伊吾，投止佛寺，胡僧及伊吾国王，都来请谒，并将法师迎到宫中供养。当时高昌王麴文泰（高昌在今吐鲁番），因闻凉州商人传说，法师即将过此，早已沿途派人探访。至此即发敕贵臣，拣送骏马数十匹，迎接法师。法师本拟取道可汗浮图，至此因为高昌王意太殷勤，便在伊吾留十余日，再行六日，到了高昌境界的白力城，数次更换良马，原先所乘的赤瘦马，留交使人带来。

法师入城，高昌王备致殷勤。迎至宫中，住在一个重阁宝帐之内，国王及妃嫔亲自顶礼。并托八十高龄的国统王法师与法师同处，力劝法师留住。法师坚决西行。王终不纳，更使增加供养，每日进食，亲自捧盘，以示虔敬。法师只好绝食，水浆三日不入口。到了第四日，国王大受感动，对母张太妃前，与法师约为兄弟，任师求法，还日留住三年，行前讲法一月。

法师每次讲经，太妃以下，王及统帅大臣各依次敬听，王亲捧香炉自来迎引。讲毕，复为法师制法衣三十具，黄金一百两，银钱三万，绩绢五百匹，足供二十年之用，给马三十匹，护从二十五人，先从至突厥叶护可汗所，又作二十四封书，送给二十四个国家。出发之日，王及诸僧大臣百姓等，倾国送至城西，王抱法师大哭，道俗大众，咸为流泪。

从此西行，经过了焉耆（《三藏法师传》作阿耆民 Agni）、龟兹（传作屈支 Kucha）、姑墨（传作跋禄迦 Baluka），更行三百余里，北入雪山。过了七天，才达了清池之畔，这个清池名为热海（即伊斯色克库尔 Issik-Kol），循海西北行五百余里，适逢西突厥叶护可汗来此打猎，即凭高昌王的介绍信，去见叶护可汗。

西突厥是西域的大国，可汗仪卫甚盛。可汗身着绿绫袍，以丈余帛裹额垂后，达官二百人，皆锦袍编发。自余军众也都裘褐毳毛，槊纛端弓，驼马之骑，极目不知其止。既见可汗，可汗大悦。三日后至可汗帐，用金花装置烂眩人眼。突厥相信拜火教，以木含火，不睡床上，只在地上覆一层的毡毯，但仍为法师特设铁床。当他们招待法师，陈酒设乐，荤鲜盈积于前，但对法师还另设饼饭、酥乳、石蜜、葡萄之属。仍请法师说法，法师给他讲爱养物命之意，可汗举手叩额，表示敬受。此时中亚各国，咸属突厥，非得突厥过所照件，不能通行，既承突厥允诺，于是停留数日，再南行到罽宾国（传作迦毕试图 Kapisa，在今阿富汗喀布尔城）。

法师从突厥出发，又经过了十六个国家，大致所过的为塔什干（传称赭时国，即石国），萨玛尔罕（传称飒袜建国，即康国）等处，再南行入山中，到了罽宾国的境内。罽宾为当时大国，王为刹帝利种，统十余国，经欢迎在此坐夏以后，便再向印度进发。

入　印

法师自罽宾东南行，又历了丛山峻岭，先到健陀罗（Gandhara），圣迹甚多，法师一一观礼。再东南到迦湿弥罗国（Kashmir），国王特为招待。有僧称法师，年近七十，戒行纯洁，思理淹深。法师请讲授诸论，经讲有俱舍论、顺正理论、因明论、声明论，法师了悟力甚强，僧称法师，大为欣悦。计法师在此住了两年，诸经都已谙熟，此时法师已三十六岁了。

自此又再向东南前进，到恒河沿岸，曾两次遇贼，非常危险，终于抵达了摩揭陀国（Magadha）。国都在今阿拉哈巴德（Allahabad）城西。

此时北印度正以摩揭陀国为主，形成一个有力的大国，国王戒日王（Siraditya）尊崇佛教，国中的那烂陀寺（Nalanda）为印度学术中心。那烂陀寺又名施无厌寺，故老相传，如来昔行菩萨道时为大国王，建都此地，怜愍孤穷，常行惠舍，物念其恩，故号其处为施无厌地。此地本为庵没罗长者园，五百商人以十亿金钱（即百万金钱）买以施佛，佛于此处二月说法，商人多有证果。佛涅槃之后，国王造此，以表敬意。累代增修，体制大备，五印度寺院，数逾十万，壮丽崇高，要以此为第一。寺形整方，四而直檐，长廊西绕，卧壁累砖，约三四丈。内皆砖室，重叠三层，每房约方丈许，后面通窗，前户洞辟，互相检查，不许安帘，寺上四角各建砖堂，备多间大德安住。寺门向西飞阁凌虚，雕刻妙饰，房内地用砖屑，如桃枣大，和杂粘以杵平筑，上加石灰，杂以麻筋并油，鲜澄如镜。寺西南大院外，有大塔及塔庙百余，金宝莹饰，华妙稀有。僧徒主客常有万人，并学大乘，兼十八部及俗典吠陀诸书，因明、声明、医方、术数，也都研习。

寺中主要的大德，为戒贤法师。当时已有百余岁，众所尊重，不敢称名，号为正法藏，是当时大乘佛学的权威。法师随同众人入谒，依印度的仪式，膝行肘步，鸣足顶礼，问讯赞叹之后，正法藏令广敷床坐。当言按着旧有的因缘，应当给支那国僧说法。特给玄奘以丰富的招待，使玄奘从正法藏学习瑜伽论。

此时为贞观八年（西元六二四年），法师已三十九岁。正法藏已多年不说法了，特为法师开讲。同听者数千人。一共十五个月，将经讲毕。

法师在寺，听“瑜伽”三编，“顺正理论”一编，“显扬”“对法”各一编，“因明”“声明”“集量”等论各二编。“中论”“百论”各三编。其“俱舍”“婆沙”“六足”“阿量”等，先已在迦湿弥罗（即克什米尔）各处听过，至此又寻谈决疑罢了。

法师留住那烂陀五年，深通大乘及小乘之学，声华四布。于是南巡诸国，还途北指。向南行到东海岸的三摩呾吒（Samatata）及羯陵伽（Kalinga 即今麻打拉萨），再经建志补罗（Kanchipura），再西北行至西印度，遍历印度东南西诸部，在贞观十六年，还那烂陀寺，时法师年已四十七岁了。

贞观十七年（西元六四三年），法师年四十八岁北归。戒日王及鸠摩罗王强留不获，均厚赠法师。当赠法师大象，及金银等物。行至印度大河，河广五六里，法师乘象而渡，经像及同侣并乘船而进，当时法师并遣派一人在船看守经卷及奇花种子。将至中流，忽然风波乱起，船身几乎倾覆。守经的人惶恐坠水，待打救出来，已失五十夹梵经及奇花种子了。过河到罽宾境，王亲来接，并寄居一寺停五十余日补抄遗失的经本。

于是法师更西北行，经过帕米尔高原，积雪寒冽，号为难度。再东北行，忽遇群贼，大象被逐，溺水而死，经部幸免损失。出帕米尔以后，先到喀什噶尔（即疏勒县，传中译名为佉沙国 Kashgar），再到哈尔噶里克（即叶城县，传中译名为斫句迦国 Karghlik），以至于阗（即和阗 Khotan，传称瞿萨旦那国 Kustana）。于阗王亲到境界迎接，法师到此以后，并遣人到屈支及疏勒各处，搜求经本。于是修表使高昌人随商伴入朝，具述原委。

法师出境之时，因高昌王麴文泰殷勤招待，曾经允诺归后留住三年，所以法师决定归国之时，必循陆道。不意高昌王已于贞观十四年被唐所灭，麴王在受唐讨伐之时受惧成疾而死，其子麴智盛已投降唐朝。法师感今怀旧，不愿再往高昌，于是经天山南路大道经楼兰故国，直赴沙州（今敦煌县）。

归 国

当法师在于阗之时，于阗已成为天可汗唐太宗的属国，法师在于阗大受欢迎，每日有千余人听讲，历时七八月之久。法师当入京上奏之使还后，即蒙诏命，略云：

> 闻师访道殊域，今得归还，喜欢无量。可即速来，与朕相见。其国僧解梵语及经义者，亦任将来。朕已敕于阗等道使诸国送师。人力鞍乘，应不少乏。今敦煌官司于流沙迎接。鄯善于且末迎接。

法师奉敕，立即进发。既至沙州，时唐太宗因欲亲征高丽，正住在洛阳宫，得知法师渐行已近，因敕西京留守左仆射梁国公房玄龄，使留守诸官迎接。法师闻帝行斯不远，乃倍途而进。

贞观十九年（西元六四五年）春正月二十四日，法师一行归至长安。到西土已十七年，此时已年五十岁了。

房玄龄闻法师奉经像到，乃遣大将军侯英陈（三字姓）实、雍州司马李叔慎、长安县令李乾祐等，奉迎法师，并送经像等于弘福寺。次日，大会于朱雀街之南（按：长安城为正方形，宫城在正北方，宫城南门正对朱雀街，朱雀街亦称天街，为长安之全城主街）。帐舆华幡，大小凡数百件。当时法师在西城所得大乘经二百二十四部，大乘论一百九十二部。上座部经律论二十二部，迦叶臂［耶］部经律论十七部，法密部经律论四十二部，说一切有部经律论六十七部，因明论三十六部，声明论十三部，——

以上凡五百二十夹，六百五十七部。以二十匹驮子负载而至。到了正月二十八日并集朱雀街，将所有经像迎至弘福寺。

此时人增勇锐，各竞庄严，幡帐幢盖，宝案宝舆，穷诸丽好，后面随着整服的僧尼。前奏雅梵，后列熏炉，珠佩流音，金华散彩，自朱雀门以内，以至于弘福寺的门前数十里之间，都城中的士女及内外官僚，列道两旁，瞻仰而立，烟云赞响，处处连合。当时的人们以为如来创降迦毗，弥勒初升睹史，龙神供养，天众围绕，当时的盛况，此时也可以比拟其一二了。

二月，法师赴洛，在洛阳宫谒见唐太宗。次日又在仪鸾殿召见，皇帝迎慰甚为周到。坐定之后，皇帝说：“法师到西方去，为什么不告诉我？”法师站起来道歉，说：“玄奘当去之时，已经再三表奏，但诚愿微浅，不蒙允许，乃私自前行，专擅之罪，感觉到非常惭惧！”于是皇帝又再让他坐下，再说：“法师出家，与世俗相隔，但能冒险求法，惠利苍生，朕甚嘉尚，亦不须为愧。但念彼山川阻远，方俗异心，颇以师能到达彼处为惊异。”法师对答道：“自陛下握乾符，清四海，德笼九域，仁被八区，淳风达于炎景的南方，圣威远跨于葱山以外，所以戎夷君长见着东来的飞鸟，都疑发自上国，肃然起敬。况玄奘圆首方足亲承育化的人吗？既赖天威，故得往返无难。”皇帝说：“此自法师长者之言，朕何敢当也？”——在这一段对话之中，很可以看出唐太宗和玄奘两个人的口才。唐太宗和玄奘都是当时的第一等人才，我们看到他们的对话，也更为有兴趣。在初见之时，太宗对于法师擅自出境之时，当然还要质询一下，但等法师对答了之后，也就不深为计较了。

太宗当时广问途中所见，自雪岭以西以至印度之境，山川气象，物产风俗，八王故迹，四佛遗踪，以及昔时张骞所未到，班固所未记的，法师曾亲游其地，观光名邑，耳闻目治，记忆无遗，随问随答，皆有条理，帝大喜悦，其时赵国公长孙无忌在座，闻之亦大为钦佩。当时太宗请法师就见闻专修一书，这就是后来写定的《大唐西域记》。

当时因为讨伐高丽，天下兵马已集中洛邑，欲与法师同出东伐，法师辞谢，因请“在嵩山之南，少室之北，有少林寺，是后魏孝文帝所造，即菩提留支三藏翻译经之处，玄奘愿为国就彼翻译，伏听敕旨。"皇帝说："不须在山中翻译，自师去西方之后，朕奉为穆太后在西京造弘福寺，寺有禅院，十分虚静。师可就此翻译，在此停留休息以后，可还京赴弘福寺安置，诸有所须，可就房玄龄平章去问。"法师稽首称谢而去。

三月一日自洛阳返长安，入居弘福寺，并着手翻经，征选各方大德协助。当时证义大德，谙解大小乘经论为时辈推重的有十三人，缀文大德有九人，字学大德一人，梵经梵文大德一人。自余笔受，书手，一切供料俱已齐备。

自五月起，开演梵文，二十二年，太宗亲撰经序，即世所艳称的《大唐三藏法师圣教序》，凡七百八十一字。御书手写，帝升庆福殿，赐法师坐，并使弘文馆学士上官仪宣读。另由寺僧怀仁集晋右将军王羲之书刻石，至今仍为著名的法帖。

附《圣教序》文：

> 盖闻二仪有象，显覆载以含生。四时无形，潜寒暑以化物。是以窥天鉴地，庸愚皆识其端；明阴洞阳，贤哲罕穷其数。然而天地苞乎阴阳而易识者，以其有象也；阴阳处乎天地而难穷者，以其无形也。故知象显可征，虽愚不惑；形潜莫睹，在智犹迷。况乎佛道崇虚，乘幽控寂。宏济万品，典御十方。举威灵而无上，抑神力而无下。大之则弥于宇宙，细之则摄于毫厘。无灭无生，历千劫而不古；若隐若现，运百福而长今。妙道凝玄，遵之莫知其际；法流湛寂，挹之莫测其源。故知蠢蠢凡愚，区区庸鄙，投其旨趣，能无疑惑者哉？

> 然则大教之兴，基于西土；腾汉庭而皎梦，照东域以流慈。昔者分形分迹之时，言未驰而成化。当常现常之世，人仰德而知遵；及乎晦影归真，迁仪越世。金容掩色，不镜三千之光；丽像开图，空端四人之相。于是微言广被，拯含类于三途；遗训遐宣，导群生于十地。然而真教难仰，莫能一其指归；曲学易遵，邪正于焉纷乱。所以空有之论，或习俗而是非，大小之乘，乍沿时而隆替。

> 有玄奘法师者，法门之领袖也。幼怀贞敏，早悟三空之心；长契

神情，先包四忍之性。松风水月，未足比其清华；仙露明珠，讵能方其朗润。故以智通无累，神测未形；超六尘而迥出，只千古而无对。凝心内境，悲正法之陵迟；栖虑玄门，慨深文之讹谬。思欲分条析理，广彼前闻，截伪续真，开兹后学。是以翘心净土，往游西域；乘危远迈，杖策孤征。积雪晨飞，涂间失地；惊沙夕起，空外迷天。万里山川，拨烟霞而进影；百重寒暑，蹑霜露而前踪。诚重劳轻，求深愿达，周游西宇十有七年。穷历道邦，询求正教。双林八水，味道餐风，鹿苑鹫峰，瞻奇仰异。承至言于先圣，受真教于上贤。探赜妙门，精穷奥业。一乘五律之道，驰骤于心田；八藏三箧之文，波涛于口海。

爰自所历之国，总将三藏要文，凡六百五十七部。译布中夏，宣扬胜业。引慈云于西极，注法雨于东垂。圣教缺而复全，苍生罪而还福。湿火宅之干焰，共拔迷途；朗爱水之昏波，同臻彼岸。是知恶因业坠，善以缘升。升坠之端，唯人所托。譬夫桂生高岭，云露方得法其华；莲出绿波，飞尘不能污其叶。非莲性自洁而桂质本贞，良由所附者高，则微物不能累，所凭者净，则浊类不能沾。夫以卉木无知，犹资善而成善；况乎人伦有识，不缘庆而成庆。方冀兹经流施，将日月而无穷；斯福遐敷，与乾坤而永大。

至贞观二十二年冬十一月，皇太子为纪念其母长孙文德皇后，营大慈恩寺，将次修成，宣令度三百僧，别请五十大德，同奉神居降临行道。别造翻经院，迎法师去居住。当移居之时，备诸法物，又列鱼龙幢戏一千五百余乘，帐盖三百余车。京城僧众及文武百官一律陪从，幢幡钟鼓，望之极目，不知其前后，衢路观者千万人。

贞观二十三年（西元六四九年），太宗病逝。皇太子即位，是为高宗。永徽元年，法师已五十五岁，还慈恩寺后，专务翻译，不弃寸阴。每日自立课程，若昼日有事不充，必兼夜以赴，二更以后，方始停笔。五更复起，读诵梵本，朱点次第，并拟定明旦翻译节目。每日斋罢至黄昏讲新经论，寺内弟子百余人咸来请益，盈廊溢庑，皆曲为酬答，无一遗漏，日日如此，至暮年不衰。

永徽三年（西元六五二年）三月，就慈恩寺西院，造五级塔（武后长安中，增为七级，即今大雁塔。开元时岑参诗称"四角碍白日，七层摩苍穹"，与今塔相同。原拟用大石仿印度窣堵婆之法，用大石修造，高宗患其难成，代用砖瓦，但仍用印度形式，上有石室。武后时又改为中国式）。塔之两旁加设二碑，一为太宗《圣教序》，一为高宗的《序记》，均褚遂良书。

显庆元年（西元六五六年），法师得寒疾，病愈以后，次年高宗驾幸洛阳宫，法师陪从。当以长安、洛阳均有俗务，欲赴嵩山少林寺，不见许。三年，徙居皇帝新建的西明寺，伟丽尤过于慈恩寺。当以般若诸部，中土向无全本，法师以卷帙浩大，京师多务，请在南山玉华寺翻译。龙朔元年（西元六六一年）翻成，法师自觉身力衰竭，渐不如前。至麟德元年（西元六六四年），法师年六十九，二月五日夜半圆寂于玉华寺之嘉寿殿。是年四月十四日葬于白鹿原。总章二年（西元六六九年）徙葬于樊川，营建塔宇。

黄巢之乱，法师塔被发，至宋仁宗天圣五年，改葬顶骨于南京天禧寺之东冈。明洪武十九年，又改葬于寺之南冈三塔之上。至民国三十一年，日本人发掘南京大报恩寺遗址，发现法师顶骨。三十二年二月三日，移交于鸡鸣山下文物保管委员会（详见《中国一周》第一四五期，方豪：《关于玄奘的头骨》），复员以后由"中央"博物院接收。为着尊崇我们国家伟大的圣者（Saint），将来再复员时，在"中央"博物院内自然有修建专馆的必要。这些，除去纪念法师之外，并且还应当保存中亚中古交通的一般文物。因为不论法师顶骨的可靠性如何，但毫无问题，法师的人格远在马可波罗以上是不容置议的，并且也不容怀疑的；法师的顶骨，也比中古时大家争执的"真十字架"要可靠多了。

［引自《中国伟人小传（三）》，1953 年 12 月］

《中华百科全书》十个词条①

范　增

范增（西元前二七五—前二○四年），楚汉之际楚国居鄛人（安徽巢县东北五里）。陈胜及吴广起兵以后，各地纷纷起兵叛秦。故楚名将项燕子项梁起兵于吴，得陈婴及黥布众，总为六七万人，军下邳。而秦嘉别立景驹为楚王，又为秦军所击溃，秦嘉与景驹俱死。项梁确知陈胜及景驹已死，召诸将，会于薛。时范增年已七十，好奇计。往说项梁曰："今君起江东，楚蜂起之将皆争附君者，以君世世楚将，为能复立楚之后也。"项梁从其言，立楚嫡系，求得楚怀王之孙心，立以为楚怀王。

项梁虽屡败秦兵，卒因轻敌为秦兵击败而死。于是楚王以宋义为上将军，项羽为次将，范增为末将，北上救赵。项羽杀宋义，救赵，破秦军。招降秦将章邯等，鼓行而西，而范增实为项羽谋主，号为亚父。是时，刘邦已先入关中，秦王子婴降于刘邦。项羽与刘邦约会于鸿门（新丰以东十七里），范增力主击刘邦。项羽不听，仍封刘邦为汉王，王巴蜀及汉中。

及刘邦度陈仓，袭灭三秦，项羽返师仍连破汉军。汉用陈平计，设反间疏楚君臣，项王乃疑增与汉有私，稍夺其权。范增大怒曰："天下事大定矣，君王自为之。愿赐骸骨归卒伍。"遂回归楚都。行未至，于途中疽发背而死。

---

① 此篇为劳榦先生为《中华百科全书》写的词条汇总。——编者注

陈　胜

陈胜，字涉，秦颖川阳城（河南登封）人。少时曾被雇在田中工作，怅然的与同伴说："苟富贵，无相忘。"同伴惊笑，他说："燕雀安知鸿鹄之志哉？"秦二世元年（西元前二〇九），发兵九百人屯戍渔阳（北平附近），陈胜和楚郡阳夏（河南太康）人吴广俱为屯长（相当于营长），在大泽乡（安徽凤阳）大雨失期。秦法严，失期当死。陈胜和吴广诈称故秦公子扶苏及楚将项燕叛秦，夺诸屯军，陈胜自称将军，广为都尉。攻略附近各县，至陈（楚郡郡治，河南淮阳），已有兵数万人，车六七百乘，骑千余。攻入陈，当地三老及地方领袖共推陈胜为王，号张楚。吴广为假王（借用王号，到魏晋南北朝，都督仍分为持节或假节，假节的假与假王的假同义），监诸将的兵。当时进军相当顺利，而旧国亦纷纷立王。秦遣少府章邯率领赦免的刑徒出关，连破东方的反秦军。主将周章败死。将军田臧认为吴广不知军事的权宜，杀吴广，收精兵与秦兵战于敖仓，亦大败死。当时陈胜以朱房为中正，胡武为司过，严督诸将，以苛察为忠，诸将遂不亲附陈胜。及章邯再进兵，楚军不能御。其御庄贾杀陈胜降秦，张楚亡。但章邯军仍不能击溃各诸侯。项氏所立的楚，仍遣将刘邦及项羽灭秦。

吕　梁

吕梁，在山西离石县东北，方山县东南，为山西西部最高山。高峰为赫赫岩山、关帝山，及真武山。关帝山为最高点，海拔达二千六百六十公尺。全山成为一个山汇，沿黄河一带，从山西的方山及离石县境，陕西的葭县及吴堡县境，因为经过黄河的长期削刻，形成了一个峡谷。这就是《水经注》所说的"吕梁"。《水经注·河水注》："河水左合一水，出善无故城西南八十里，其水西流，历于吕梁之山，而为吕梁洪。……昔吕梁未辟，河出孟门之上，盖大禹所辟以通河也。"司马彪曰："吕梁在离石县西。今于县西历山寻河，并无过阻。至此乃为河之巨险，即巨梁矣。"善无县即今山西右玉县。在右玉县西南发源，再北行转西入黄河，即今日的"红河"。从此以南黄河即流入峡谷，再经四百余公里到龙门，才开始出峡。所以"吕梁"实际泛指两种地形：一、在离石县以东的是高耸的吕梁山，最高峰达到二千六百六十公尺。二、在离石县以西的是绵长四五百公里的吕梁峡谷，这是不必混淆的。（又吕梁应属于黄河本流，郦道元指为支流的"红河峡谷"虽不可取，但其大致的地方当不太错。）胡渭《禹贡锥指》认为吕梁亦即梁山，跨有黄河两岸，不用"两山之间必有一水"的旧原则，深为得实。但必需明了中国的西北为上升地带，吕梁峡谷由黄河削刻而成，才能说明其中真象。又龙门亦可称为吕梁。《庄子·达生篇》："孔子观于吕梁，县水三十仞，流沫四十里，鼋鼍鱼鳖之所不能游也。"（按孔子未尝入晋，庄子寓言，不必详诘。）《太平御览》卷一八三引司马彪注："吕梁，即龙门也。"这是说龙门为吕梁峡谷的一部分，所以龙门亦可称为吕梁。

吕梁峡谷在世界地理资料上，是一个比较特殊的例子，因为黄河本流在史前时代，应当是从兰州东南流经清水河入渭水，再到潼关归入黄河的河道。因为陇山的造山运动（这个运动尚在继续之中，民国八年，甘肃静宁县的大地震，表现着地层隆起仍未停止），使得华家岭一带高耸起来。兰州的黄河被迫东北流入绥远，然后再袭夺红河的河道，南下潼关。这种河流袭夺，在自然地理上，本为常见现象。只是像黄河这样的大河，袭夺了一个峡谷，而此峡谷又是雨量缺乏的上升地带。所以吕梁峡谷的风光，尤其是北段，有若干点可以和美国的大峡谷互相比拟的。

此外在江苏省北部，也有一处地名称吕梁的。《水经·泗水注》："泗水过吕县南，水上有石梁，谓之吕梁。"南朝宋明帝时，魏人大败宋师于吕梁，即此。这是因山西的吕梁特别著名，所以就当地情况取此地名，其重要性就不能和原有的吕梁比拟了。

吴大澂

吴大澂（西元一八三五——一九〇二年），江苏吴县人，字清卿。生于

清道光十五年，卒于清光绪二十八年。同治进士，朝考授编修。诏修颐和
园，大澂建言时势艰难，请停止工作，疏入，不报。以左宗棠、曾国荃、
李鸿章荐，为河北道御史。光绪六年（一八八〇），诏给三品卿衔，随吉
林将军办东北防务，始知珲春旧界，多为俄人侵占。十一年诏赴吉林与俄
人勘界，授旧图画清图们江走廊地方归中国，而图们江出海航行无阻。十
四年，郑州河再决，大澂精修底定。以母丧去职。十八年授湖南巡抚。朝
鲜事起，大澂主战，请率师赴敌。二十一年出关，会诸师收复海城。日本
军以主力在营口登陆进占牛庄，袭中国军后路，回师抵御皆不利，遂大
溃，诸军尽覆。大澂素负清望，至此遂为舆论所齐。诏革职留任，既返湖
南，诏开缺，大澂返里。二十八年卒，年六十八。中日甲午战争，在日本
方面早有计画作现代式的总体战，当时中国除在军械方面，勉强曾经准备
以外，其军部组织、训练参谋、指挥，以及后勤，无一处达到当时世界标
准。其不能战胜，几属定局。大澂远在湖南，援辽本不在职守之内，决意
请缨，虽其愚不可及，亦自出于忠尽。一旦败绩，全国弃之，亦失公正。
至于日本军之得胜，亦由采用敌后登陆战略，威力强大。韩战时，美军端
赖登陆仁川取得胜利。大澂虽不知兵，但易以他人，亦难免于败溃。大澂
善写篆书，精于金石文字。著有《说文古籀补》，以金文补《说文》，为金
文要籍，其后《说文古籀补补》《金文编》等书，实皆由大澂启发，而更
加广博。至于《古玉图考》，与瞿中溶《奕载堂古玉图考》各有短长。但
瞿氏书图未刊行，而大澂书则图版极精，为古玉研究之要籍。又《愙斋集
古录》《权衡度量考》《恒轩金石录》《愙斋诗文集》等皆并行于世。

吴　山

吴山，在陕西陇县西南四十里至八十里，古称为岳山，《尔雅·释职
方》："雍州，其山镇曰岳山。"《中庸》："载华岳而不重。"即指华山与岳
山而言。又名吴岳、虞岳，或汧山。《天问》"吴获迄古，南岳是止"，王
逸注以为指吴太伯奔吴事。太山居邠，吴山在邠的西南，所以称为南岳。
凡岳的称谓，据甲骨文的象形，是指高峰耸立，高出群山的而言。岳本指

在今山西的霍山，亦称岳山（或从形声作嶽山），这应当是商代原始的岳。吴岳在霍山之南，也具有岳形，所以赋予南岳之称（此非安徽的霍山，亦非湖南的衡山）。《汉书·地理志》右扶风汧县："吴山在西，古文以为汧山，雍州山。"亦即此山。吴和虞古通用，所以也称作虞山。至于从陕的吴山演变的有：一、山西的吴山，这是因为太伯的后人封于山西虞乡县附近，即春秋时晋献公所灭的虞，因而解山亦称为吴山，其中著名的一个在安邑县东南，另一个在永济县南，亦称雷首山，实际上都是一个山系的支脉。二、在浙江杭州西南西湖西畔亦称吴山，因为这是春秋时吴国的边境。金兀亮南侵，题诗说"立马吴山第一峰"，即指此山。三、在江苏苏州西南，这是因为苏州是春秋时吴国的都城，所以也称做吴山。从以上资料推论，吴山当以陕西陇县西南的吴山为最古，其次为山西虞乡的吴山，再以后才有江苏和浙江吴山的命名。

吴　回

吴回，周代楚国的祖先。宋代著录的"夜雨楚公钟"，实际上是"楚公作吴回钟"。可见吴回在楚国先公的地位上，是十分重要的。

吴回据《史记·楚世家》，他是颛顼高阳氏的后裔（屈原《离骚》也称为"帝高阳之苗裔"）。在帝喾高辛氏时，他继他的哥哥为重黎，主火正，仍被称做"祝融氏"。吴回生子陆终，仍司火正。吴回的回字，加上陆终的同音字禄字，合为"回禄"，代表火神，并且火灾也有时被称做回禄。

陆终娶于鬼方氏，名女隤，生子六人，成了六个支族，计为一、昆吾，为己姓；二、参胡，为斟姓；三、彭祖，为彭姓；四、会人，为妘姓；五、曹姓，为邾国的祖先；六、季连，为芈姓，是楚国的祖先。此外还有廖姓和舟人，总称为祝融八姓。

这许多祝融氏的部落，有的居在中国，有的居在边地。到周文王时，据说季连的后人鬻熊为文王师，鬻熊的曾孙熊绎被周室封在丹阳（据《史记集解》，在湖北枝江县，以后地志多以为在巴东县或秭归县。《集解》较先，当以《集解》为是）。封国的时期为周成王时，大致在周公东征以后，和"汉南诸姬"同时受封的。但后来楚国发展很快，尽并诸姬土地，成为南方最大的诸侯。

从考古方向的证据来看，长江流域以至于中南半岛，古文化的发展都很早。《诗经》中周、召二南的文采，还是出在当地的基础。但是就吴回子孙的故地来看，祝融氏却不是出于南方。昆吾故地是在河北濮阳；参胡故地在韩，即河南禹县；彭祖故地在彭城，即江苏徐州；会人故地在桧，即河南新郑；曹姓故地在邾，即山东邹县。至于楚国旧地，当在卫文公所迁的楚邱，即今河南滑县。其分布地区，仍在山东及河南一带，也就代表着吴回的故地并不在湖北地区，而楚国以湖北为根据地，是周室分封的结果。

再看陆终和鬼方为婚姻。昆吾的名产昆吾刀，显然有和西域交通的痕迹。至于楚国令尹子文由虎乳而存的传说，又很可能和西方狼乳的传说有若干联系。这些痕迹并不能证明吴回这一族由西方移来，但吴回一族来源华北，并非长江流域的土著，却是一个值得注意的事。这就表示着周代的楚，统治阶级是一个北方民族，而楚国的民众又是若干种的南方民族。这对于了解春秋战国的楚文化，以及西汉的南方文化，是一个先决问题。

吴其濬

吴其濬（西元一七八一？——八四六年），字瀹斋，清河南固始人，约生于乾隆四十六年，卒于道光二十六年。以举人纳赀为内阁中书，嘉庆二十二年（一八一七）进士，廷试第一（状元及第），授修撰。累迁鸿胪寺卿、兵部户部侍郎。署湖广总督，实授湖南巡抚，治苗疆甚有功绩。寻调云南巡抚，署云贵总督。调福建巡抚，再调山西巡抚。以病告归，旋病卒。所在有清名，事见《清史列传》一百六十八。卒后二年，所著《植物名实图考》，刊于太原（今通行商务印书馆排印本，附图仍照原书制版），此书分为《植物名实图考长编》及《植物名实图考》两部分：《长编》考证各种植物经典上的渊源，共为二十二卷，凡八百三十八种；《图考》重在目验，尤其所举植物，绘制形态，精细准确，为从来典籍所仅有，共为三十八卷，一千七百十四种，至今仍为植物学重要参考书。其在植物学上的科学地位，当为李时珍以后第一人。

吴昌硕

吴昌硕（西元一八四四——一九二七年），浙江安吉县人，清道光二十四年生，民国十六年卒。原名俊卿，字昌硕。后以字行，别署缶庐，有时亦署苦铁、大聋等笔名。清末曾任江苏安东县知县（江苏涟水），入民国，寓居上海，以诗书画及篆刻著名。昌硕曾致力于吉金文字，以石鼓文笔法入行楷，更以此入画。画法出于沈周、徐文长及石涛，以金石笔法行之，更增古朴。名画家齐璜、王震风靡画坛，实由昌硕开其风气。其篆刻仿秦汉印玺，杂有古意。其诗造句力求奇崛，同本中与秦桧亦惟古是尚。陈衍在《遗室诗话》谓其诗"生而不钩棘，古而不灰土，奇而不怪魅，苦而不寒乞。直欲举东洲（何绍基），巢经（郑珍），伏敬（江湜）而各得其所长"。当为确论。

吴伟业

吴伟业（西元一六〇九——一六七一年），字骏公，后自号梅村，江苏太仓人，生于明万历三十七年，卒于清康熙十年。崇祯进士，官至少詹事。与马士英、阮大铖等奸党不合，罢归。清康熙时，征明遗臣至都，伟业被迫往，累官至国子祭酒，但处心不愿仕异族，辞官归里。卒于家，遗嘱墓碑但记"诗人吴梅村之墓"，不得记官衔。著有《绥寇记略》《梅村家藏稿》五十九卷。集中收有诗二十二卷、诗余一卷、文三十六卷。《四库提要》批评他说："其少作大抵才华艳发，吐纳风流。有藻思绮合，精丽芊眠之致。及乎遭逢丧乱，阅历兴亡，激楚苍凉，风骨弥为遒上。暮年萧瑟，论者以庾信方之。"不错，他在清初诗人之中，当称首选。其中七言歌行，尤为著名，论者比于白居易。清人认为"韵协宫商，风华为胜"。

这确是他的特点，因为白居易歌行中，仍用传统方法，句中仍为古诗的拗体。梅村的古风却是每句都调协平仄，用近体诗法，虽特著风华，但失去古朴之致，其中得失，也难以一概而论。至于他和清廷合作，由他从来至孝，不肯以此累亲，原非出于本心，对他不论名利都毫无好处，或讥其对名节有亏，自不免于极端分子的见解。看他的《过淮阴有感》诗说"我本淮南旧鸡犬，不随仙去落人间"，可以表示出他的感慨。若责人必以死殉，不免残酷。台湾在日据时期在"皇民化运动之下"，逼迫华人改用日式姓名，吴姓决定改姓"梅村"，是有其字面以后的含义的。

吴　县

今江苏的吴县城，是长江三角洲最古的大城。自从周初封太伯的后人于吴，这个地区就成为中原移民的根据地。等到春秋的吴国成为长江下游的强国，吴国的都城，即今吴县地方，就成为长江下游的政治、经济和文化的中枢。现在的吴县城相传是吴王夫差时代建筑的。后来越国灭吴，也成为越国的都城（相传越王勾践曾一度迁都琅邪，但其主要的根据地还是吴）。秦灭楚以后，在长江下游置会稽郡，吴县仍为郡治。到西汉时代，初期的吴国以及景帝以后的会稽郡，均以吴县为治所。到了东汉时代，南方人口增加，才分吴郡和会稽。吴郡治今吴县，会稽郡治山阴县。吴郡和会稽郡虽然分治，但两郡关系极深，"吴会"成为一个通用名称。"吴会"连称，和如今"江浙"连称是一样的含意。许多辞典中，虽然认为"吴会"的会不是"都会"的会，但要知道这是东汉以后的习语，指吴郡及会稽郡两郡，用西汉制度，以会稽郡治在吴来解释，仍是十分牵强的。在西汉时期，南方满万户之县而置县会的（不满万户为长），只有吴和长沙。而这两个都市规模，都一直未变，保存到近代。吴县有宋石刻的平江城图，这是中国的一个最早的都市图，和现代苏州城的规画大致相同。开了八个城门，西面是阊门、金门、胥门和盘门，北面是平门和齐门，东面是娄门和葑门。只有南面未开城门。这表示运河在西面，运河的运输比较重要的缘故。不仅如此，城内也有纵横的运河，可以和意大利的维尼斯和泰国的曼谷相比。这也代表着古代吴人的水上生活。吴县自西汉为会稽郡治，东汉为吴郡治，隋文帝改郡为州，吴县为苏州治，宋为平江府治，元为平江路治，明清皆为苏州府治，清代吴县与长洲、元和同为苏州附郭县，民国并长洲及元和入吴县。

（引自《中华百科全书》，中国文化大学出版社，1981 年）

和《千家诗》七绝四十首

李书田先生近和有《千家诗》七绝四十首，谨再和之。撼诃系韵，无志可言，敢献博闻，聊笺明盍。

一

江城春草碧连天，不信高歌感逝川。
万里征尘归老骥，肯将弦柱问华年。

二

闻道雄图出渭滨，百年思辩古犹新。
莫将圭璧留为瑞，应许桑麻点作春。

三

山围积玉水流金，绣谷朝阳泽向阴。
梁父吟成师旷老，朱丝滴滴夜沉沉。

四

万里青阳化作春，谁家梁燕翦香匀，
佛狸祠下成荒径，翻忆当年击楫人。

五

平沙古塞戍楼残，二月风高送远寒。
日午凉州传牧笛，祁连积雪正阑干。

六

犁前粪土贵如酥，更问渠头下水无。
昔日种瓜人已渺，不知春色满皇都。

七

客里风光入岁除，天涯芳草未全苏。

情知乡思如花事，却把新符换旧符。

八

玉检金泥十二章，崇坛清秘夜焚香。

甘泉太室神仙事，后土祠前说武皇。

九

园林深锁压霜枝，物换星移总自知。

婉晚江城吹奏罢，沉窗清影月参差。

十

潼关溆濚对云开，泾渭流声次第回。

惟有终南明月好，闲情又照五陵来。

十一

殿阁遥看更几重，御园深闷灿芙蓉。

不知阅世知多少，昨夜瑶庭下玉龙。

十二

年年辇路误羊车，目送清渠去似蛇。

坐看满园红叶下，昭阳殿角日初斜。

十三

银汉遥看不计程，难忘此处是华清。

兴亡有泪无从诉，化作巴山夜雨声。

十四

尘寰芥子各为容，疏密沧溟碧竟浓。

历世色身时一见，千秋车笠故相逢。

十五

长天晚照镇余寒，西塞巍峨白鹭闲。

一自横江无铁锁，渔歌不再唱家山。

十六

巴渚龙门巇入地，越州雁荡峭连天。

诗情万丈无从说，谁在乌篷酒客船。

十七

万顷波涛涌夜光，山形如带展回廊。
嫦娥自古称姝丽，犹作人间半面妆。

十八

太乙雪寒生夜明，一峰危坐静如僧。
俗中仍有清斋供，遥对长安万户灯。

十九

万汇筌蹄事本纷，难将挂角认诗魂。
肩帷汗雨曾成市，野径茅檐且作村。

二十

今时寒畯盖轻肥，此日朱门故白扉。
儒墨短长同一辙，乾坤袖里竟何归。

二十一

插地群峰雪作花，冰河倒挂玉沟斜。
飘零云物依风去，又过重城几万家。

二十二

海上朝阳映晓红，鸥波千里静无风。
轻舟漾漾蓬瀛浅，无奈中原战伐中。

二十三

青鸟昨宵过岭来，瑶城桃树正堪栽。
垂红碎碧盈千里，倘许安排次第开。

二十四

清秋丽日竹枝篷，估客今朝尽向东。
为报长干深巷里，巴陵不见石尤风。

二十五

铜龙清漏滴成苔，双阙无言向日开。
三十六宫春画永，帘前不见上书来。

二十六

诗思如潮酒国香，千秋陶阮尚生光。

平生辜负骚人意，不认糟邱作故乡。

二十七

不教横槊建安闲，驴背风流亦自闲。

惆怅雁门关下路，兴亡何必问遗山。

二十八

咸京花放曲江流，楚塞猿啼杜若洲。

两地铸词同一慨，若为佳句询东流。

二十九

浩荡迟回路指秦，西征烽火及残春。

绿芒驱马他年路，江国何心识故津。

三十

猎猎惊沙卷地来，枯桑野火挟云回。

群狐一啸荒营柳，谁省将军旧日栽。

三十一

石径回旋半覆苔，依村藜藿杂花开。

旗亭寥落无佳客，竟是伧荒俗韵来。

三十二

一雨池塘春草生，云低几处乱蛙鸣。

轻风吹拂新芽柳，时见蜻蜓度草横。

三十三

细雨斜风郭隗台，千门杨柳画图开。

汶篁已尽昭王死，又见丰碑碣石来。

三十四

啼莺春树石门陂，正是归人返棹时。

犹似利州城外渡，隔江嘶马晚烟迟。

注，"陂"通行本作"波"，今改正。

三十五

春阴江上潜龙舞，秋雨溪头石燕飞。

为报斑骓杨柳岸，游丝又冒落花归。

注：原诗第一句"啼"字出韵，今不用。

三十六

千里风寒雪作毡，离离松桧列青钱。

重裘直指山前道，遥见群岸相对眠。

三十七

岁暮疏寒早放衙，卖饧声里下京华。

一灯风定潮声稳，归棹无人不忆家。

三十八

人海乘除历岁华，四时风物旧天涯。

重城夜雪风前絮，别院吟蛩雨后蛙。

三十九

五尺金牛一径开，严关鼓角自相催。

问谁识得闲中趣，瘦马斜阳侧帽来。

四十

陌上新晴护晓妆，十年芳草化成棠。

昨宵一梦飞花雨，半拂珠帘半粉墙。

（刊载于《文艺复兴》，第 46 期，1973 年 10 月）

编　后　记

　　早在 2012 年家兄延煊曾有意独自筹划出版父亲的著作集，并在上海与一家出版社讨论文集的事。可惜因为种种原因，未能实现这个愿望。直到 2015 年间，金发根兄和我提到此事，我才开始参与家兄的筹划。当年六月我和家兄商量，希望另找一个出版社，出版这个文集。经由岱峻兄的建议，我们得到福建教育出版社的同意，开始进行出版这部著作集。可惜这时家兄身体逐渐衰弱，不克分担文集的工作，搜集策划等事都只有我这外行人经手，否则这部著作集一定会完善很多。

　　筹划中最重要的事当然是著作集的内容。父亲曾经出版过两部文集。第一部是台湾艺文印书馆 1976 年 10 月发行的《劳榦学术论文集（甲编）》，共分上、下两册。第二部名为《古代中国的历史与文化》，由台湾联经出版事业股份有限公司出版，2006 年 6 月发行。那时父亲已经过世，但他曾经参与选文等工作，而且早已写好自序。我们原计划尽量搜集一些从前遗漏的文章，与这两部书并在一起，重新编排，印成一部全集。但最后还是决定只搜集能够找到的文章，印成这个新集。重印旧文集一事，另已委托台北兰台出版社出版一部《劳榦先生学术著作选集》。

　　1997 年，任长正女士编辑了一篇相当完整的父亲著作目录，共列了父亲的中英日文著作三百三十八项。这就是我们搜集的依据。计划中要搜集的文章不包括专著，大部分都在台北南港的傅斯年图书馆，其他的则分散在台北各大学中。我们请到一位在历史语言研究所工作的学生，经许可进出傅斯年图书馆，进行搜集。因为光线、环境、器材及技术等限制，搜集到的成品很多清晰程度都不够理想；编排时有很多困难，甚至有四篇需要我和舍妹延静手抄，经翻查《礼记》《汉书》等古籍来对照。这些篇章原载于各种不同的刊物，原刊物及发表日期都注在各篇章之后，在此谨向原刊物致谢！

这个著作集的工作是从 2016 年 5 月开始，当时负责与我联络的是徐建新先生。他不辞辛苦地整理、分类、档存了所有我们搜集的篇章，开始审理排版。2018 年 3 月徐先生迁职上海，著作集转由祝玲凤女士主持。针对稿中某些篇章模糊不清的问题，她很快确定了处理办法，包括提出让我们手抄的建议，解决了很多困难。直到 2020 年初，这个困难的工作又转由郭佳女士负责。她非常认真地校对、验证了著作集的内容，功不可没！现在著作集即将出版，在此真诚地向福建教育出版社及徐先生、祝女士和郭女士三位编辑深致谢意！

劳延炯谨识

2020 年 9 月